# 이야기로 배우는

# 대학한문

최성일 지음

현우사

# 머 리 말

신세대들에게 한자를 쉽게 익히는 책들이 요즈음 많이 발간되고 있다. 학교에서도 직장에서도 한자를 중시하는 풍조가 형성되어 무척 다행스럽게 생각한다. 우리의 한글이 창제된 것은 한자 독음 문제에서 출발하여 원활한 의사소통을 위한 대중성에 기인한 것이다. 한자가 생성된 이래로 중국이나 한국에서 사용되는 한자는 13만여 자에 달하지만, 한자의 뜻은 옛날이나 지금까지 변하지 않았다. 중국에서는 간체자와 한어병음으로 글자의 모양과 발음표기법이 정착되었고, 우리나라는 중국과 독음상의 차이로 인해 한자를 기피하는 현상이 널리 파급되어 왔다. 삼라만상의 이치를 내포하고 있는 한자에 대해 더 많은 관심과 노력을 기울여야 하고, 한자 학습에 보다 쉽고 유익한 지침서들이 더 많이 나와서 한자와 한문이 더욱 익숙하게 사용되기 바란다.

과연 한자는 중국의 것일까? 이러한 근원적인 질문에 대해 중국 사람은 당연히 긍정적으로 대답할 것이다. 반면 한국 사람이라면 당연히 부정해버리고 말 것이다. 이제 우리나라 사람이 한자를 익숙하게 사용하려면 일정한 학습과정이 필요하기 때문에 한자를 외국어처럼 느끼게 된다. 일반적으로 한자는 중국에서 사용되는 언어의 문자라고 인식하고 있다.

한자와 한문은 배우기 어렵다는 데 필자 역시 공감하지만, 오랜 학습과 연구를 거듭하면서 한글과 더불어 한자는 우리나라의 글자임을 밝혀둔다. 예를 들어 모순(矛盾)이란 한자어를 보면, 중국에서는 '마오뚠'에 가까운 음가로 발음되고 우리는 '모순'으로 읽는다. '盾'이란 음가만 보더라도, 원래 중국의 〈집운(集韻)〉에도 '숸'(竪尹切)과 '돈'(杜本切)이라는 두 가지 독음이 있었다. 그러나 현대 중국어사전에는 '숸'(shun/순)은 사라지고 '돈'(dun/뚠)만 사용되고 있다. 반면 우리나라는 두 가지 음가를 모두 사용하고 있는데, 대개 '순'으로 읽고 조돈(趙盾)처럼 이름에 사용되면 '돈'으로 발음한다. 그리고 '매매(賣買)'의 경우를 보더라도 '팔다'와 '사다'가 순차적으로 결합한 한자어인데, 중국어에서는 '買賣'라고 표현하여 '사다'와 '팔다'가 역순으로 배열되고 있다. 여기서 우리가 주목해야 하는 점은, 중국은 한자의 독음이나 활용에 변화를 가하고 있다는 점이고,

우리나라는 그대로 지키고 있다는 점이다. 변화는 기본적으로 불편함을 전제로 하는 명제이다. 오늘날 중국보다도 순수하게 한자의 특성을 보존하고 있는 우리에게서 한자의 정통성이 있다고 말하고 싶다. 중국정부에서 요녕성(遼寧省)을 토대로 삼았던 고대사를 왜곡하는 이유가 무엇이겠는가? 청동기문화의 발생지였을 뿐만 아니라 한자가 생성된 출발점이 바로 여기에 있기 때문이다. 우리나라의 한글은 매우 과학적인 표음문자로서 위대한 문자임에 분명하지만, 한국어사전에 70%이상이 한자임을 상기할 때 한자를 익히는 것은 당연하고도 중요하다.

한자로 이루어진 문장을 한문이라 규정한다면, 한문책은 한자를 풀이하는 책일 것이다. 그렇다면 어떻게 한자를 풀이할 것인가, 어떤 자료를 사용할 것인가, 얼마나 학습효과가 있을 것인가 등등은 한문서적의 기본요건일 것이다. 본서는 누구나 일상적으로 사용하는 사자성어(四字成語)의 원전을 기초자료로 삼았다. 그리고 원문의 한자를 가급적이면 초보자도 이해하도록 자세하게 풀이하려고 노력하였다. 한문을 숙달하려면 다독(多讀)해야겠지만, 시간적인 한계가 있을 것이다. 한문의 기초적인 문법을 정리하면서 틈틈이 읽어나간다면 다소 효율적인 학습이 되리라 본다.

필자는 일반 독자들이 쉽게 한자와 한문을 익히는 책으로 만들려고 의도했으나 부족한 면이 많으리라 생각된다. 삼가 본서의 오류나 미흡한 점에 대해 제현의 질정과 충고를 바라며, 한자문화에 대한 담론의 장이 더욱 확산되기를 간절히 바란다. 끝으로 이 책의 출간에 대해 깊은 관심과 격려를 보내준 현우사에 깊은 감사의 뜻을 표하는 바이다.

崔 盛 逸

# 차 례

# 01 英雄本色

Yīng Xióng Běn Sè

원문출처 유의경(劉義慶) ≪세설신어(世說新語)≫

한문상식 한자(漢字)의 생성(生成)과 변천(變遷)

문법정리 한문(漢文)의 품사(品詞) – 실사와 허사 규정

## 영웅본색

영웅의 진정한 모습

이 문장(文章)은 진정한 영웅의 모습은 숨길 수 없으며, 진정한 실체는 근본적인 정신 혹은 내면적인 심리에 의해 저절로 드러남을 전하고 있다. 동한(東漢) 말기에 실권을 장악했던 조조(曹操)는 스스로 남에게 위압감을 주지 못한다고 생각했으나, 천하를 호령하는 영웅의 풍모는 결코 감출 수가 없었다. 결국 흉노 사신은 조조(曹操)를 알아보았고, 조조는 '영웅은 영웅을 알아본다' 라는 속설을 스스로 두려워하여, 적국 사신이 비범한 통찰력을 지녔다는 이유로 추살했던 일화를 남기고 있다.

# 01 세설신어(世說新語)

원문읽기

容止篇第十四

① 魏武將見匈奴使,

② 自以爲陋, 不足雄遠國,

③ 使崔季珪代, 帝自捉刀立牀頭。

④ 旣畢, 令間諜問曰 : 魏王如何?

⑤ 匈奴使答曰 : 魏王雅望非常 ;

⑥ 然牀頭捉刀人, 此乃英雄也!

⑦ 魏武聞之, 追殺此使。

## 한자풀이 한자의 쓰임새와 원문의 뜻풀이

### 1 魏武將見匈奴使,

- 魏武전략가 · 문학가로서 자는 맹덕(孟德)이며, 아명(兒名)은 아만(阿瞞)이었다. 한말(漢末) 원소(袁紹)를 물리치고 북방지역을 장악했으며, 건안(建安) 13년(208)에 승상(丞相)의 자리에 올랐다. 건안 21년(216년)에 위왕(魏王)으로 책봉되었고, 건안 25년(220) 낙양(洛陽)에서 병으로 죽었다. 사후 아들 조비(曹丕)는 헌제(獻帝)를 강압하여 천자(天子)의 자리를 선양(禪讓) 받아 위문제(魏文帝)가 되었고, 국호를 위(魏)라고 고쳤다. 이후 조조(曹操)는 위무제(魏武帝)로 추존(推尊)되었다.
- 將 [장/jiang] (부사) '장차/곧'
  - ➤시간부사로 사용된 경우는 '곧 ─하려 할 때'라고 국역(國譯)한다.
  - ➤비교 : 將[장/jiàng] 거느리다, 통솔하다 → 將帥(장수)/將軍(장군)
- 見 [견/jiàn] 만나다, 접견(接見)하다
  - ➤비교 : 見[현/jiàn] 나타나다, 알현하다 → 露見(노현)/謁見(알현)
- 匈奴 [흉노/Xiōngnú] 훈족(Hun族). 고대 중원의 북방에 거주하던 오랑캐[北狄]로서 한때 험윤(玁狁)으로 불리다가, 한대(漢代) 이후로는 '흉노'라고 일컬어졌다.
- 使 [사/shǐ] 사신(使臣), 외교사절

> ※
> 직역 : 위나라 무제(武帝)는 장차 흉노의 사신(使臣)을 보려고 하는데,
> **위(魏)나라 무제(武帝) 조조(曹操)가 흉노족 사신을 접견하게 되었는데,**

## 2 自以爲陋, 不足雄遠國,

- 自 [자/zì] (명사) 스스로, 자기 자신
  - 목적어로 쓰이는 경우 항상 술어(述語/동사·형용사) 앞에 놓인다.
- 以爲 [이위/yǐwéi] 생각하다, 간주하다, 인식하다
  - 以 (A) 爲 (B) : (A)를 (B)라고 생각하다
  - (A)에는 명사·대명사가 놓이고, (B)에는 동사·형용사가 놓인다.
- 陋 [루/lòu] (형용사) 식견이 좁다, 못생기다, 초라하다, 누추(陋醜)하다
  - 鄙[비/bǐ](천하다), 淺[천/qiǎn](식견이 좁다), 醜[추/chǒu](못생기다)
  - ≪위씨춘추(魏氏春秋)≫에 '武王姿貌短小, 而神明英.(조조의 용모는 작았으나 총명했다)'라고 기록되어 있다.
- 不足 [부족/bùzú] 충분하지 않다, 넉넉하지 않다, 여의치 않다
- 雄 [웅/xióng] (형용사) 웅대하다, 웅장하다
  - 雌雄[자웅/cíxióng] 새의 암컷과 수컷
  - 여기서 웅(雄)은 '누(陋)'의 상대적 개념으로 사용되어 '멋지다, 폼나다, 제압하다, 압도하다'는 뜻이다. 특히 강대국의 면모를 보여주려 하였으므로 '위압감을 주다'라는 의미이다.
- 遠國 [원국/yuǎn guó] 먼 나라. 여기서는 흉노족을 지칭한다.

> 직역 : 자신을 초라하다고 생각하고, 먼 나라를 압도하기에 부족하였다.
>
> **자신의 초라한 용모로는 흉노족 사신에게 강력한 인상을 심어줄 수 없으리라고 생각했다.**

## 3 使崔季珪代，帝自捉刀立牀頭。

◉ 使 [사/shǐ] (사역동사) ~하도록 시키다

➤令[령/lìng], 教, [교/jiāo]

◉ 崔季珪 [최계규/Cuī Jìguī] 인명. 동무성(東武城) 출신으로 이름은 염(琰)이다. 어려서 무예(武藝)를 좋아했고, 나중에 정현(鄭玄)에게서 문장을 배웠다. 원래 원소(袁紹)의 부하였으나, 조조는 원소를 축출한 뒤 그를 등용했다. 태도는 활달했으며, 얼굴이 준수하고 위엄을 갖추었다.

◉ 代 [대/dài] 대신하다, 대행하다

◉ 帝 [제/dì] 제왕. 여기서는 '조조'를 지칭한다.

➤칭호의 배경 : 조조(曹操)는 생존 시 위왕(魏王 : 제후)의 직위에 있었으나, 이후 남조(南朝) 송(宋)나라의 유의경(劉義慶)은 이 글을 쓰면서 조조가 사후(死後) 위무제(魏武帝)로 추존(推尊)되었던 사실을 수용하여, 여기서 그를 황제로 격상시켜 '제(帝)'라는 칭호를 사용한 것이다.

◉ 捉刀 [착도/zhuōdao] 칼을 잡다, 집도(執刀)하다

➤현대중국어 : 捉刀 → 대필(代筆)하다, 대작(代作)하다

◉ 立 [립/lì] 서다. 여기서는 시위(侍衛)를 표현한 것이다.

◉ 牀頭 [상두/chuángtóu] 침상 끝부분, (회의용)탁자의 가장자리

※

직역 : 최계규로 하여금 대신하도록 시키고, 무제 스스로는 칼을 잡고 침상 끝에 섰다.
부하 최계규(崔季珪)를 대신 내세우고, 조조 자신은 칼을 잡은 채 탁자 옆에서 시위(侍衛)하였다.

## 4 旣畢, 令間諜問曰 : 魏王如何?

- 旣 [기/jì] (시간부사) 이미, 벌써, ~한 이후
- 畢 [필/bì] 마치다, 끝내다
  - ➤흉노족 사신과의 회담(會談)을 마치다.
- 令 [령/lìng] (사역동사) ~시키다
- 間諜 [간첩/jiàndié] 첩자(諜者), 염탐(廉探)하는 사람
  - ➤細作[세작/xìzuò], 諜候[첩후/diéhòu], 漢奸[한간/hànjiān](매국노)
- 問曰 [문왈/wèn yuē] 묻기를
  - ➤問+(匈奴使)+曰 : (흉노족 사신에게) 묻기를
- 魏王 [위왕/Wèi wàng] 위(魏)의 제후. 여기서는 최계규를 지칭한다.
- 如何 [여하/rúhé] (의문문) 어떻습니까? 어떠합니까?

> ※
> 직역 : 이미 마쳤고, 첩자를 시켜 "위왕(魏王)은 어떤가 ?"를 묻도록 시켰다.
> **회담을 마치자, 조조(曹操)는 첩자를 불러 흉노족 사신에게 "위왕이 어떠하였는가?"를 물어보도록 했다.**

## 5 匈奴使答曰 : 魏王雅望非常;

- 答曰 [답왈/dá yuē] 대답하기를
  - ➤答+(間諜)+曰 : (첩자에게) 대답하여 말하기를
- 雅望 [아망/yǎ,yawàng] 바르고 깨끗한 덕망(德望), 훌륭한 덕망
- 非常 [비상/fēicháng] 대단하다, 비범(非凡)하다, 특출(特出)나다

> ※
> 직역 : 이미 마쳤고, 첩자를 시켜 "위왕(魏王)은 어떤가 ?"를 묻도록 시켰다.
> **회담을 마치자, 조조(曹操)는 첩자를 불러 흉노족 사신에게 "위왕이 어떠하였는가?"를 물어보도록 했다.**

## 6 然牀頭捉刀人, 此乃英雄也!

- 然 [연/rán] (역접접속사) 그러나, 그런데
- 牀頭捉刀人 (생략법) 牀頭(之)捉刀人 (=牀頭有捉刀者 )
- 此 [차/cǐ] (지시대명사) 이 사람. 조조(曹操)를 지칭한다.
- 乃 [내/nǎi] (부사) 바로, 곧
  - ➤2인칭대명사로 사용될 경우 '너희(들)'이란 의미를 갖는다.
- 也 [야/yě] (서술종결사) -이다

> ※
> 직역 : 그런데 침상 끝에 칼 잡은 사람이, 바로 영웅이었습니다"라 했다.
> **그런데 탁자에서 칼로 시위(侍衛)했던 사람이야말로 정말 영웅다워 보였습니다"라 했다.**

## 7 然牀頭捉刀人, 此乃英雄也!

- 聞之 [문지/wén zhī] 그 말(흉노 사신의 대답)을 듣다
  - ➤之[지/zhī] : 지시대명사로서 흉노 사신이 대답한 내용을 말한다.
  - ➤술어+之(목적어) : 술어(述語)만 뜻을 새긴다. (之는 무시함)
- 追殺 [추살/zhuīsh shā,shài] 뒤따라가서 죽이다, 추적하여 죽이다
  - ➤앞뒤 문맥상 사역의미(-시키다)를 지닌다.
  - ➤殺의 음훈 : [살] 죽이다 → 殺生(살생), [쇄] 빠르다 → 殺到(쇄도)

> ※
> 직역 : 위무제는 그것을 듣고, 이 사신을 따라가서 죽였다.
> **위(魏) 무제(武帝) 조조(曹操)는 흉노족 사신의 말을 듣고서, 이 비범한 사신을 추적하여 죽이게 했다.**

## 한문상식 ◎ 한자(漢字)의 생성(生成)

한자(漢字)의 기본적인 특징

첫째: 절대다수 글자가 부분적으로 표음(表音)과 표의(表意)를 내포하지만 표의에 더 비중을 두는 표의문자(表意文字)이다.

둘째: 글자마다 하나의 독음(讀音)을 지니고 있으므로 단음절어(單音節語)이다.

셋째: 쓰임 위치에 따라서 문장성분과 품사가 결정되며 고정된 자형(字形)을 유지하는 고립어(孤立語)이다.

또한 자형의 고정성에 비해 여러 가지 음(音)과 훈(訓)을 지니는 다의어(多義語)이기도 하다.

전설상의 임금인 황제(黃帝) 때 사관(史官)을 지낸 창힐(倉頡/蒼頡)은 새와 짐승의 발자국을 본떠 한자(漢字)의 모체(母體)인 서계(書契)를 창제했다고 알려져 있다. 그러나 이것은 전설에 지나지 않으며, 학술적으로 갑골문에서 한자의 연원을 찾아야 할 것이다. 청동기문화를 지닌 하(夏)나라 우(虞)임금은 치수(治水)에도 탁월하여, 중국의 고대사에서 순(舜)임금의 왕위를 선양(禪讓)받았다고 알려져 있다. 고대사회의 미개한 문명 하에서 힘에 의한 왕조의 변화로 보아야 할 것이다. 따라서 우임금의 정치적 기반은 지금의 요녕성(遼寧省) 일대였고, 최근 이곳에서 은허(殷墟)보다 앞선 갑골문 유적이 출토되었다. 공교롭게도 고구려의 영토이기도 했던 이곳에서 갑골문이 발견되자, 중국정부는 소위 '동북공정(東北工程)'으로 일컬어지는 고대사 정비에 박차를 가하지 않을 수 없었던 것으로 사료된다. 한자(漢字)는 갑골문에서 정형화되기 시작하여 부단한 발전과정을 거쳐 오면서 새롭고 다양한 글자들로 형성된 문자이다.

한대(漢代) 허신(許愼)은 그 당시 사용되는 한자의 생성을 6가지 방법으로 설명하였는데, 이를 육서(六書)라고 말한다. 한자의 구조에서 보면, 상형(象形)과 지사(指事)에서 생성되면서 점차 회의(會意)와 형성(形聲)의 단계로 결합체계를 갖추게 되었다. 전주(轉注)와 가차(假借)는 좀더 복잡하고 다양한 표현에 의한 변형과 응용의 단계라고 볼 수 있다. 한편 자형(字形)의 변화는 갑골문(甲骨文), 금석문(金石文), 전문(篆文 : 秦), 예서(隸書 : 漢), 초서(草書), 해서(楷書), 행서(行書) 등으로 발전되어 왔다. 현재 사용되는 한자의 자수(字數)는 6만 여 글자에 이른다. 한자의 생성과 변형의 관점에서 육서(六書)를 정리하였다.

| 구 분 | 의 미 | 설 명 | 범 례 | 방식 | 비고 |
|---|---|---|---|---|---|
| 상형(象形) | 모양글자 | 객관적인 물체를 그려내는 글자 | 日・月・雨・象 | 기본 (文) | 생성 |
| 지사(指事) | 개념글자 | 추상적인 개념을 나타내는 글자 | 上・下・本・末 | | |
| 회의(會意) | 합의글자 | 〈뜻 + 뜻〉으로 결합하는 글자 | 明・朋・休・鳴 | 결합 (字) | |
| 형성(形聲) | 음훈글자 | 〈음 + 뜻〉으로 결합하는 글자 | 河・問・味・頭 | | |
| 전주(轉注) | 전환글자 | 다른 뜻과 음이 덧붙게 된 글자 | 惡・數・說・樂 | 활용 | 변형 |
| 가차(假借) | 임대글자 | 같은 음의 글자를 빌려 쓴 글자 | 豆・女・舍・燕 | | |

## 문법정리 한문(漢文)의 품사(品詞) – 실사와 허사 규정

언어의 형태로 보면 한자(漢字)는 어미(語尾)가 변하지 않으면서 위치나 성조에 따라 어법적 기능이 결정된다. 즉 한문(漢文)에서 품사(part of speech)를 규정하기란 결코 단순하지 않으며, 대체로 고정된 품사를 지니지 못하는 특성이 있다. 한자(漢字)는 사용된 위치에 의해 문장성분과 품사가 결정되는 고립어이다. 즉 전후 문맥에 따라 품사 특성을 파악해야 하며, 유동적인 쓰임새뿐만 아니라 기능에 의한 분류규정을 동시에 고려해야 한다. 이런 까닭으로 품사를 규정하는 학자들마다 견해를 달리하고 있다. 단어의 분류로서 품사 규정은 8품사에서 12품사에 이르기까지 다양하다. 중국의 대표적인 언어학자들이 주장하는 품사의 분류와 명칭을 요약해 보면 다음과 같다.

**1) 마건충(馬建忠), ≪마씨문통(馬氏文通)≫ : 9품사**

① 명자(名字 : 명사)
② 대자(代字 : 대명사)
③ 정자(静字 : 형용사와 수사)
④ 동자(動字 : 동사)
⑤ 개자(介字 : 전・후치사)
⑥ 상자(狀字 : 형용사와 부사)
⑦ 연자(連字 : 접속사)
⑧ 조자(助字 : 종결사)
⑨ 탄자(嘆字 : 감탄사)

**2) 양수달(楊樹達), ≪고등국문법(高等國文法)≫ : 9품사**

① 명사(名詞)
② 대명사(代名詞)
③ 동사(動詞)
④ 형용사(形容詞)
⑤ 부사(副詞)
⑥ 개사(介詞 : 전・후치사)
⑦ 연사(連詞 : 접속사)
⑧ 조사(助詞 : 어기사)
⑨ 탄사(嘆詞 : 감탄사)

③ 여숙상(呂叔湘), ≪어법수사강화(語法修辭講話)≫ : 8품사

| | |
|---|---|
| ① 명사(名詞) | ② 대사(代詞 : 대명사) |
| ③ 동사(動詞) | ④ 형용사(形容詞) |
| ⑤ 부사(副詞) | ⑥ 연접사(連接詞 : 접속사) |
| ⑦ 어기사(語氣詞) | ⑧ 상성사(象聲詞 : 의성어) |

④ 왕력(王力), ≪한어사고(漢語史稿)≫ : 10품사

| | |
|---|---|
| ① 명사(名詞) | ② 대사(代詞 : 대명사) |
| ③ 동사(動詞) | ④ 형용사(形容詞) |
| ⑤ 부사(副詞) | ⑥ 개사(介詞 : 전・후치사) |
| ⑦ 연사(連詞 : 접속사) | ⑧ 어기사(語氣詞) |
| ⑨ 단위사(單位詞 : 단위명사) | ⑩ 수사(數詞) |

⑤ 허가로(許嘉璐), ≪고대한어(古代漢語)≫(고등사범교육교재) : 12품사

| | |
|---|---|
| ① 명사(名詞) | ② 동사(動詞) |
| ③ 형용사(形容詞) | ④ 수사(數詞 : 단위명사) |
| ⑤ 양사(量詞 : 단위명사) | ⑥ 부사(副詞) |
| ⑦ 대사(代詞 : 대명사) | ⑧ 개사(介詞 : 전・후치사) |
| ⑨ 연사(連詞 : 접속사) | ⑩ 조사(助詞 : 개사/조사) |
| ⑪ 어기사(語氣詞) | ⑫ 탄사(嘆詞 : 감탄사) |

현재 중국의 학교문법에서는 11종류의 품사로 규정하고 있다. 즉 명사(名詞), 동사(動詞), 형용사(形容詞), 수사(數詞), 양사(量詞 : 단위명사), 대사(代詞 : 대명사), 부사(副詞), 개사(介詞), 연사(連詞 : 접속사), 조사(助詞), 탄사(嘆詞 : 감탄사) 등이다.

이상에서 살펴본 바, 용어상의 차이를 알 수 있을 뿐만 아니라, 실제 실사와 허사의 분류규정에 있어서도 상당한 견해차를 보여주고 있다. 본서에서는 한자의 기능을 분류의 기준으로 삼았고, 기존의 품사 체계와도 절충하여 9개 품사로 정리하였다.

## 실사(實辭) : 단독으로 뜻을 나타내는 말

| 품사명 | 세부분류 | 범 례 | 비 고 |
|---|---|---|---|
| 명사<br>(名詞) | 일반명사 | 江(강)·書(서)·春(춘)·花(화)·玉(옥)·馬(마) | 명제/기준 |
| | 고유명사 | 한국(韓國)·中國(중국)·曹操(조조)·黃河(황하) | 유일한 것 |
| | 추상명사 | 愛(애)·德(덕)·禮(예)·智(지)·法(법)·道(도) | 개념 형성 |
| | 단위명사 | 匹(필 : 말)·斤(근 : 중량)·三(삼)·千(천)·里(리) | 수/량/폭 |
| 대명사<br>(代名詞) | 인칭대명사 | 吾(오 : 나)·汝(여 : 너)·子(자 : 당신)·其(기 : 그) | 사람 지칭 |
| | 지시대명사 | 是(시 : 이)·彼(피 : 저)·此(차 : 이것)·別(별 : 다른것) | 사물 지칭 |
| | 의문대명사 | 誰(수 : 누구)·孰(숙 : 어떤)·何(하 : 무엇) | 사람/사물 |
| 동사<br>(動詞) | 일반동사 | 走(주 : 가다)·視(시 : 보다)·食(식 : 먹다)·死(사 : 죽다) | 동작/행위 |
| | 소유동사 | 有(유 : 있다)·無(무 : 없다)·亡(무 : 없다) | 물건/사건 |
| | 대동사 | 爲(위 : 행위)·得(득 : 성취) | 동사 대용 |
| 조동사<br>(助動詞) | 가능조동사 | 可(가 : 결단)·能(능 : 의지)·得(득 : 조건)·欲(욕 : 의도) | 동사 활용 |
| | 사역조동사 | 使(사)·令(령)·請(청)·敎(교)·俾(비)·爲(위) | 동사 활용 |
| | 피동조동사 | 見(견)·逢(봉)·爲(위)[+之결합] | 동사 활용 |
| 형용사<br>(形容詞) | 형용사 | 賢(현 : 현명하다)·善(선 : 좋다)·近(근 : 가깝다)<br>悅(열 : 기쁘다)·哀(애 : 슬프다)·懼(구 : 두렵다) | 모습/상태 |
| 부사<br>(副詞) | 부정부사 | 無(무)·不(불)·未(미)·莫(막)·勿(물)·微(미) | 동사연결 |
| | 모양부사 | 關關(관관 : 물새소리)·茫茫(망망 : 아득한 모양) | 형용사관련 |
| | 양보부사 | 況(황)·矧(신)·猶(유)·寧(녕)·亦(역)·雖(수) | 복문연결 |
| | 정도부사 | 極(극)·最(최)·甚(심)·必(필)·忽(홀)·疾(질) | 상황표현 |
| | 의문부사 | 安(안)·奚(해)·豈(기)·焉(언)·烏(오)·盍(합) | 의문문관련 |
| | 시간부사 | 嘗(상)·旣(기)·方(방)·將(장)·常(상)·遽(거) | 동사 수식 |
| | 한정부사 | 但(단)·只(지)·徒(도)·唯(유)·雖(수)·直(직) | 다만/오직 |

실사(實辭)와 허사(虛辭)의 '사(辭)'는 '언어의 분류'를 나타내는 '말'이란 뜻이며, 품사(品詞)의 '사(詞)'는 '언어의 지류' 즉 단어의 '품격(品格)'이란 측면에서 양자를 구별하였다. 중국에서는 실사(實詞)·허사(虛詞)라고 쓰며, 품사를 사류(詞類)라고 칭한다. 품사명칭은 최대한 우리 어법에 부합되거나 비교적 익숙한 명칭으로 명명하였다. 개사(介詞 : 전·후치사)와 어기사(語氣詞)를 포괄

적으로 정리하였고, 수사(數詞)와 양사(量詞)를 명사(名詞)에 귀속시켜 단위 명사(單位名詞)로 분류하였다.

**◉ 허사(虛辭) : 다른 단어와 결합하여 뜻을 나타내는 말**

| 품사명 | 세부분류 | | 범 례 | 비 고 |
|---|---|---|---|---|
| 개사(介詞) | 전치사(前置詞) | 기구격 | 以(이)·用(용) | -으로써 |
| | | 자격격 | 以(이)·爲(위) | -으로서 |
| | | 인과격 | 因(인)·由(유)·以(이)·任(임)·依(의) | -때문에 |
| | | 착발격 | 從(종)·自(자)·至(지)·比(비)·鄕(향) | 부터(까지) |
| | | 대상격 | 於(어)·與(여)·爲(위)·替(체)·乎(호) | -에게/위해 |
| | | 처소격 | 於(어)·于(우)·諸(제)·之於(지어) | -에서 |
| | | 비교격 | 於(어)·乎(호)·比(비)·如(여 : -처럼) | -보다 |
| | | 동반격 | 與(여)·同(동) | -와(함께) |
| | | 명사격 | 所(소) 〈所 + 수식어〉 | -하는 것 |
| | 후치사(後置詞) | 주 격 | 之(지)·也(야) | -은(는) |
| | | 관형격 | 之(지)·斯(사) | -의/에 |
| | | 목적격 | 之(지) | -을 |
| | | 명사격 | 者(자) 〈수식어+者〉 | -하는 것 |
| 접속사(接續詞) | 순접 접속사 | | 而(이)·以(이)·則(즉)·乃(내)·然後(연후) | 그리고 |
| | 역접 접속사 | | 而(이)·然(연)·但(단)·抑(억)·要且(요차) | 그러나 |
| | 병렬 접속사 | | 且(차)·而(이)·與(여)·及(급)·曁(기) | -와/아니면 |
| | 인과 접속사 | | 因(인)·故(고)·是故(시고)·由是(유시) | 이유/결과 |
| | 조건 접속사 | | 若(약)·使(사)·設(설)·令(령)·黨/儻(당) | 만약/다만 |
| 어기사(語氣詞) | 보조사(補助詞) | 발어사 | 夫(부)·其(기)·粤(월)·况(황)·薄(박) | 문장 앞 |
| | | 접두사 | 阿(아)·子(자)·有(유) | 인명 앞 |
| | | 접미사 | 子(자)·然(연)·若(약)·生(생) | 단어 뒤 |
| | | 보충사 | 之(지)·兮(혜)·焉(언)·諸(제)·矣(의) | 단어 중간 |
| | 종결사(終結詞) | 서술사 | 也(야)·矣(의)·焉(언) | -이다 |
| | | 한정사 | 耳(이)·已(이)·可(가)·而已矣(이이의) | -뿐이다<br>-만하다 |
| | | 의문사 | 乎(호)·哉(재)·與(여=歟)·耶(야)·居(거) | -입니까 |
| | | 감탄사 | 乎(호)·耶(야)·噫(희)·吁(우)·許(허) | -이로다 |

위(魏)나라 무제(武帝) 조조(曹操)가 장차 흉노족의 사신(使臣)을 접견하게 되었을 때, 스스로 초라한 용모라 여기며, 먼 나라 흉노족의 사신에게 강력한 인상을 심어 주기에 충분하지 않다고 생각하였다. 최계규(崔季珪)를 내세워 대신하도록 하고, 무제(武帝) 자신은 칼을 잡고 침상 끝에서 시위(侍衛)하였다.

회담을 마치자, 무제(武帝)는 첩자를 보내서 흉노족 사신에게 "위왕은 어떠했는가?" 라고 물어 보도록 하였다. 흉노족 사신이 무제(武帝)의 첩자에게 대답하기를, "위왕(魏王)의 훌륭한 덕망은 평범하지 않았습니다. 그러나 침상에 칼을 잡고 시위(侍衛)하였던 사람이, 바로 영웅으로 보였습니다." 라 하였다.

위(魏)나라 무제(武帝) 조조(曹操)는 흉노족 사신의 예리한 통찰력을 알고서, 이 비범한 사신을 추적하여 죽이게 하였다.

# 02 狐假虎威

Hú Jiǎ Hū Wēi

원문출처 ≪전국책(戰國策)≫

한문상식 우언(寓言)의 특징

문법정리 한문(漢文)의 판단문(判斷文) (1)

## 호가호위

여우가 범의 위세를 빌리다

이 문장(文章)은 남의 위세를 이용하여 자신을 뽐내는 것을 비유했다. 즉 남의 권세나 명예에 빌붙어서 자기의 약점을 숨기고 상대를 제압하는 경우에 적용된다. 원전에서는 신하가 임금의 권위를 빌어 뭇사람들에게 위협하는 일을 빗대어 말했다. 〈유사성어〉 호자호위(狐藉虎威)

※ 假[가/jiǎ]빌리다/거짓, [假jià]휴가/틈(＝暇)

※威[위/wēi]위엄/위협하다.

# 02

원문읽기

戰國策

楚策

① 虎求百獸而食之，得狐。

② 狐曰：子無敢食我也！

③ 天帝使我長百獸，今子食我，是逆天帝命也。

④ 子以我爲不信，吾爲子先行。

⑤ 子隨我後，觀百獸之見我而敢不走乎？

⑥ 虎以爲然，故遂與之行。獸見之皆走。

⑦ 虎不知獸畏己而走也，以爲畏狐也。

## 한자풀이 한자의 쓰임새와 원문의 뜻풀이

### 1 虎求百獸而食之，得狐。

- 求 [구/qiú] 원하다, 찾다, 구하다, 탐내다
  - 求[구/qiú] 희망하다, 救[구/jiù] 돕다
  - 求友[구우/qiúyǒu] 친구를 원하다, 救友[구우/jiùyǒu] 친구를 돕다
  - 求百獸 (온갖 짐승을 먹기 원하다), 救百獸 (온갖 짐승을 도와 구제하다)
- 百獸 [백수/bǎishòu] 많은 짐승, 온갖 들짐승
  - 禽獸[금수/qínshòu] 날짐승[禽]과 들짐승[獸] → 모든 짐승 (비유)
  - 鳥獸[조수/niǎoshòu] 날짐승[禽]의 총칭
  - 獸蹄鳥跡[수제조적/shòu tí ni niǎo jì] 온갖 짐승의 발자국 → 혼란한 세상
- 而 [이/ér] (순접접속사) ~하고(나서), ~하여, ~하니
- 食 [식/shí] 먹다
  - 음훈 : ① [식/shí] 밥을 먹다/음식, ② [사/sì] 먹이다/기르다, ③ [사/shí] 밥/곡식 ④[이/yì] 인명→역이기(酈食其)
- 得 [득/dé] (성취대동사) 붙잡았다.
  - 포획하다 → 獲과 求로 교체 가능
  - 동사 : 얻다 → 獲得(획득), 捕獲(포획)

※
직역 : 범은 온갖 짐승을 구하여 그것들을 먹었는데, 여우를 얻었다.
**범은 온갖 짐승을 찾아다니면서 잡아먹었는데, 어느 날 여우를 붙잡았다.**

## 2 狐曰：子無敢食我也!

- 子 [자/zǐ] (2인칭대명사) 당신은. 여기서는 범(=虎)을 지칭한다.
- 無 [무/wú] (금지형) ~하지 마라
  - 毋[무/wú], 勿[물/wù]
- 敢 [감/gǎn] (정도부사) 감히, 결코
  - 의문형 : 敢－乎[감－호/gǎn－hū] 감히/어찌 －할 수 있겠는가?
  - 부정형 : 敢不－乎[감불－호/gǎn bù－hū] 감히/어찌 ~하지 않을 수 있겠는가?
  - 절대부정 의문형 : 不敢－乎[불감－호/bù gǎn－hū] 결코 ~할 수 없겠는가?
- 也 [야/ye] (서술종결사) ~이다

*
직역 : 여우가 말하기를, "그대는 감히 나를 먹지 마시오!
**여우가 말했다. "그대는 감히 나를 잡아먹어서는 안 되오!**

## 3 天帝使我長百獸，今子食我，是逆天帝命也。

- 天帝 [천제/tiāndì] 하늘의 임금, 조물주, 하느님. (=上帝/玉皇上帝)
- 長 [장/長zhǎng] (동사) 어른이 되다, 우두머리가 되다
  - ① [장/zhǎng] 맏이/수령(首領)/우두머리/성장하다, ② [장/cháng] 길다/길이/뛰어나다/항상
- 使我長百獸 나를 모든 짐승의 우두머리로 삼았다
- 今 [금/jīn] 지금
- 是 [시/shì] (지시대명사) 이것은. 여우를 잡아먹는 일을 말한다
  - '是~也'(이는~이다)의 형태로 호응하여 중간에 놓인 말을 강조한다.
- 逆 [역/nì] 거스르다, 거역(拒逆)하다, 위배(違背)하다, 위반(違反)하다
- 命 [명/mìng] 명령(命令), 분부(分付), 품계(品階)

*

직역 : 하늘의 황제께서 나로 하여금 모든 짐승의 우두머리가 되도록 했는데, 지금 그대가 나를 먹는다면, 이것은 하늘의 황제가 내린 명령을 거역하는 것이다.

**하느님께서 나를 모든 짐승의 우두머리로 정했는데, 지금 당신이 나를 잡아먹게 된다면, 이것은 하느님의 명령을 어기는 것이오.**

## 4 子以我爲不信，吾爲子先行。

- 以~爲…[이~위/yǐ~wéi] ~을 …하다고 생각하다
- 不信 [불신/bú xìn] 믿지 못하다, 사실이 아니다
  - 信[신/xìn] 믿다/진실하다
- 爲 [위/wèi] (전치사) ―을 위해서, ―을 대신하여
- 行 [행/xíng] 보행하다, 한바퀴 돌다
  - 음훈 : ① [행/xíng] 걷다/돌다/행하다→步行(보행), ② [행/háng] 줄/길/상점→銀行(은행) ③ [항/héng]→道行(도항)

*

직역 : 그대는 나를 진실하지 않다고 생각한다면, 내가 그대를 대신하여 먼저 가겠습니다.

**그대가 나를 믿지 못하겠거든, 내가 그대보다 먼저 가겠습니다.**

## 5 子隨我後，觀百獸之見我而敢不走乎?

- 隨 [수/suí] 따르다, 수행(隨行)하다
- 觀 [관/guān] 구경하다, 보다
  - 觀[관/guàn] (건축물의)누각, 망루 → 宮觀[궁관/gōngguàn] 궁궐의 망루
  - 白雲觀[백운관/白báiyúnguàn] 건물명. 북경에 있는 도교의 사원[道宮]
- 之 [지/zhī] (후치사/주격) ~이(가)
- 而 [이/ér] (순접접속사) ~하고, ~하며

**⊙ 走 [주/zǒu] 도망가다**

> 亡[망/亡wáng], 奔[분/bēn], 逃[도/táo]

**⊙ 敢不走乎 [감부주호/gǎn bù zǒu hū] 감히 달아나지 않겠는가?**

> 敢-乎[감-호/gǎn-hū] 감히/어찌 -할 수 있겠는가?

*
직역 : 그대가 나의 뒤를 따라오면서, 모든 짐승들이 나를 보고서 감히 달아나지 않는지를 구경하겠습니까?"라고 했다.
**그대는 뒤따라오면서, 모든 짐승들이 나를 보고서 감히 달아나지 않는지 살펴보겠소?"**

## 6 虎以爲然, 故遂與之行。獸見之皆走。

**⊙ 以爲 [이위/yǐwéi] 생각하다, 여기다**

> (虎)以(狐說)爲然 [이지위연/yǐ zhī wéi rán] 여우의 말을 옳다고 여기다

**⊙ 然 [연/rán] 그러하다, 옳다, 맞다**

> 파자(破字) : 한자의 자획을 分合하여 뜻을 풀이한다. '然(연/그러하다)'은 원래 '燃(연/불태우다)'의 본래 글자였는데, '然'은 [月+犬+火]로 파자(破字)할 수 있다. 그 의미를 한 글자씩 풀어 보면 〈달밤에(=몰래)+개를+익혀먹다〉 정도의 뜻이 된다. 먹을거리가 부족하였던 고대에 개고기를 식용하는 것 자체가 어쩌면 '당연'했던 일이었거나 '허용'할만한 일이 아니었을까? 대체로 후세로 내려오면서 '然'은 '그러하다/옳다'라는 뜻으로 굳어졌다.

**⊙ 故 [고/gù] 그 까닭으로, 그래서, 고로**

**⊙ 與[여-/yǔ-] (전치사/동반격) ~와(과)**

> 음훈 : ① [여/yǔ] 주다/돕다/편들다/상대하다/더불어/~와(과)/~와 함께/~하느니, ② [여/yú] (의문조사)-인가?(=歟), ③ [여/yù] 참가하다→參與(참여)

**⊙ 之 [지/zhī] (지시대명사) 그(것). '여우(狐)'를 지칭한다**

**⊙ 皆 [개/jiē] (부사) 모두, 전부**

> ① 모두/전부/두루 미치다 (=咸[함/xián]), ② 함께/같이 (=偕[해/xié])

＊

직역 : 범은 그럴 듯하다고 생각했고, 그래서 마침내 그와 함께 갔다. 짐승들은 그들을 보고 모두 달아났다.

**범은 여우의 말이 옳다고 생각하여, 마침내 동행하게 되었다. 짐승들은 그들의 모습을 보고서 모두 달아났다.**

## 7 虎不知獸畏己而走也，以爲畏狐也。

- 不知 [부지/bù zhī] 알지 못하다, 깨닫지 못하다
- 畏 [외/wèi] 두려워하다, 무서워하다
  - ➤懼[구/jù], 怯[겁/qiè], 恐怖[공포/kǒngbù]
- 己 [기/jǐ] 자기 자신. 여기서는 범(虎)을 지칭한다.
- 而 [이/ér] (순접접속사) ~하고, ~하며, ~하여
- 以爲畏狐也 (단어의 생략) 여우를 두려워함이라 여겼다
  - ➤구조 : [虎] 以爲 [獸] 畏狐 [而走] 也.
    (호랑이는 짐승들이) 여우를 무서워하여 (도망한 것)이라 생각했다.

＊

직역 : 범은 짐승들이 자기를 무서워하며 달아나는 것임을 알지 못하고, 여우를 무서워하는 것이라 생각했다.

**범은 짐승들이 범을 무서워하여 달아나는 것이 아니라, 여우를 무서워하여 모두 달아난 것이라 생각했다.**

## 한문상식 우언(寓言)의 특징

우언(寓言)은 권고나 풍자의 이야기를 기본 내용으로 삼는 서사산문(敍事散文)의 일종이다. 즉 꾸며낸 이야기 속에 일정한 도리나 진실을 서사체로 규명하는 문학양식이다. 일상생활 제재(題材)로부터 비유(比喩)의 대상을 함축적으로 형상화하며, 철학과 풍자성을 뚜렷하게 담아내는 것이 우언(寓言)의 중요한 특징이다. 중국의 우언은 대체로 사람을 주인공으로 삼고 있지만, 의인화(擬人化)된 동물이나 식물도 등장한다. 비유의 형태로는 대등비유(對等比喩)·원근비유(遠近比喩)·고금비유(古今比喩)·대소비유(大小比喩) 등이 있으며, 이를 통해 심오한 명제를 구현하여 권고와 풍자의 목적에 도달한다. 우언의 문장은 주로 과장법(誇張法)·상징법(象徵法)·의인법(擬人法) 등 서사기교의 활용이 뛰어나다. 중국에서 우언(寓言)의 원형은 일찍이 구두(口頭)로 전승되어 오면서 각 민족의 생활 속에 널리 파급되었다. 춘추전국시대에 이르러, 귀족 사대부들이 부흥하면서 더욱 성행하게 되었는데, 특히 제자백가(諸子百家)의 저작 중에 훌륭한 우언들이 많이 포함되어 있다. 이들은 민간에 전승되어 오던 우언류(寓言類) 고사(故事)를 정치적 혹은 사상적 유추(類推)를 지닌 담론(談論)으로 용해시켜 자신의 정책이나 사상을 효과적으로 전달했다. 한편 우언은 언론의 자유가 없었던 봉건시대에 통치자 및 현실불만에 대한 비판을 대신하는 간접적인 언로(言路)의 기능도 했다. 이런 까닭으로 우언류의 문장들은 '천민의 언어'로 인식되었고, 허구(虛構)에 의한 소설류 문장들까지 포함하여 배척의 대상이 되었다. 그러나 우언 속에서 우리는 고대 중국의 생활상과 시대상을 구체적으로 발견할 수 있으며, 전통문화의 향수와 풍부한 해학성을 전하고 있다. 이러한 우언들을 통해 고대인의 지혜와 생명력을 확인할 수 있다.

## 문법정리 한문(漢文)의 판단문(判斷文)(1)

한문(漢文)에서 어떤 사실을 진술할 경우 '~은 ~이다'라는 뜻을 가진 판단사(判斷詞)를 사용한다. 여기에는 위[爲/wéi]가 있고, '~은 ~아니다'라는 뜻을 가진 부정 판단사는 비[非/fēi]가 있다. 현대중국어의 '是[shì]'와 '不是[búshì]'에 해당하지만, 활용의 범위에 있어서 상당한 차이점이 있다. 한문에 있어서 긍정 서술을 나타내는 판단문을 살펴보면 다음과 같다.

> 克己復禮爲仁。≪論語・顔淵≫
> (자기를 극복하고 예로 돌아감이 인이다.)
> 德爲聖人, 尊爲天子。≪中庸章句・第十七章≫
> (덕성으로는 성인이고, 존귀함으로는 천자이다.)

판단의 구문은 관용적인 용법으로 대체되는 경우가 허다하다. 즉 다른 용례(用例)로부터 '~이다'라는 의미를 나타낸다. 대표적인 유형으로 다음 4가지가 있다.

① 也의 활용 ⇒ <주어> + <보어> + 也(=술어)

※ 也(야)는 서술종결사이다. [……, ……也.] (…은…이다)

> 宋, 小國也。≪孟子・滕文公下≫
> (송나라는 작은 나라이다.)
> 董狐, 古之良史也。≪左傳・宣公二年≫
> (동호는 옛날 훌륭한 역사가이다.)

② 者-也의 연용 ⇒ …者(=주어) 또는 …<보어> + 也(=술어)

※ 者(자)는 후치사[介詞]이고, 也는 서술종결사이다.
[……者, ……也.] (……하는 것은, ……이다)

▸ 追我者, 誰也? ≪孟子 · 離婁下≫

(나를 뒤쫓는 자는 누구인가?)

▸ 庠상(향교)者, 養也; 校者, 教也。≪孟子 · 滕文公上≫

(상이란 기르는 것이고, 교란 가르치는 것이다.)

③ 者의 활용 ⇒ …者(주어=술어) + …<보어>

※ 者(자)는 후치사[介詞]이면서 판단의 어기(語氣)를 내포한다.

[……者, …….] (…하는 것은, …이다.)

▸ 天下者, 高祖之天下。≪史記 · 魏其武安侯列傳≫

(천하는 고조의 천하이다.)

▸ 粟者, 民之所種。晁錯〈論貴粟疏〉

(곡식은 백성이 심은 것이다.)

④ 명사의 활용 ⇒ <명사>(주어) + <명사>(보어=술어)

※ 명사(구) 자체가 판단의 서술을 포함한다.

[……, …….] (…는, …이다.)

▸ 劉備, 天下梟혀(올빼미)雄。≪資治通鑑 · 赤壁之戰≫

(유비는 세상에서 야심찬 영웅이다.)

▸ 秦, 虎狼랑(이리)之國。≪史記 · 屈原列傳≫

(진나라는 범[탐욕]과 이리[잔인]와 같은 나라이다.)

**원문해석**

범은 온갖 짐승을 찾아서 잡아먹었는데, 어느 날 여우를 붙잡았다.

여우는 "그대는 감히 나를 잡아먹지 마시오! 하느님께서 나를 모든 짐승의 우두머리로 정했는데, 지금 그대가 나를 잡아먹는다면, 이것은 하느님의 명령을 어기는 것이오. 그대가 나의 말을 믿지 못하겠거든, 내가 그대보다 먼저 가겠습니다. 그대는 뒤따라오면서, 짐승들이 나를 보고서 감히 달아나지 않는지 살펴보시오."라고 말했다.

범은 옳다고 생각하여, 마침내 그와 동행하게 되었다. 짐승들은 그들을 보고서 모두 달아났다. 범은 짐승들이 범을 무서워하여 달아나는 것이 아니라, 여우를 무서워하여 모두 달아난 것이라 생각했다.

# 03 葉公好龍

Shè Gōng Hào Lóng

**원문출처** ≪新序 · 雜事五≫

**한문상식** 옛날 이야기책 ≪신서(新序)≫

**문법정리** 한문(漢文)의 판단문(判斷文) (2)

## 섭공호룡

섭공이 용을 좋아하다

이 문장(文章)은 진실하지 않은 태도에 대한 비판을 담고 있다. 취사선택의 기준이나 현실생활의 소망에 있어서도 자기 자신을 속이거나 겉치레를 중시한다면, 결국 섭공(葉公)의 경우처럼 명목만 좋아하고 실질을 좋아하지 않은 것이다. 즉 자기 자신에게 더욱 진실할 수 있는 태도의 중요성을 전하고 있다. 〈용어〉 사이비(似而非)

※葉[섭/shè] 국명(國名)/섭(攝)과 통함, [엽/yè] 잎/성(Yè/姓)

新序

雜事五

① 葉公子高好龍，鉤以寫龍，鑿以寫龍，屋室雕文以寫龍。

② 於是天龍聞而下之，窺頭於牖，施尾於堂。

③ 葉公見之，棄而還走，失其魂魄，五色無主。

④ 是葉公非好龍也，好夫似龍而非龍者也。

## 한자풀이 한자의 쓰임새와 원문의 뜻풀이

### 1 葉公子高好龍, 鉤以寫龍, 鑿以寫龍, 屋室雕文以寫龍。

- 葉公 [섭공/Shè Gōng] 춘추시대(春秋時代) 초(楚)나라의 속국(屬國)이었던 섭(葉)나라를 말한다. 섭공(葉公)이란 섭(葉)나라의 군주를 지칭하는 일종의 작위명(爵位名)에 속한다.

  > 작위 : 춘추시대는 천자(天子) 아래에 5개의 작위(爵位)로서 신분을 구분 짓는데, 즉 공작(公爵)・후작(侯爵)・백작(伯爵)・자작(子爵)・남작(男爵)이다. 공(公)과 후(侯)는 천자(天子)와 긴밀한 관계를 유지하며 왕실(王室)로부터 근접해 있는 지역을 담당했던 제후이다. 그 나머지는 공작(公爵)과 후작(侯爵)에게 귀속되거나 조공을 바치는 영주(領主)를 말한다. 전국시대(戰國時代)에 이르면 경(卿)・대부(大夫)・사(士) 등의 칭호와 혼용되면서 엄격한 구별이 없어졌다.

- 子高 [자고/Zǐgāo] 섭공(葉公)의 이름
- 好 [호/hào] (동사) 좋아하다
- 鉤 [구/gōu] (명사) 허리띠, 대구(帶鉤)

  > 의미 : ① 갈고리, ② 당기다, ③ 낫(풀을 베는 도구), ④ 낚시

- 以 [이/yǐ] (목적어의 도치) 목적어 + 以 + 술어
- 寫龍 [사룡/xiě lóng] 용을 본떠서 그리다, 용의 모양을 새기다
- 鑿 [착/záo] 청동으로 만든 술잔의 일종. (=爵)

  > 음훈 : [착/záo] 뚫다/파다/끌(나무를 파는 도구), [조/zǎo] 구멍

- 屋室 [옥실/wūshì] 지붕과 실내

  > 비교 : 屋[옥/wū] 가옥(지붕), 房[방/fáng] 가옥(곁방), 邸[저/dǐ] 집(고관), 宅[택/zhái] 집(조상), 舍[사/shè] 집(민가), 館[관/guǎn] 관공서, 廬[려/lú] 오두막집

- 雕文 [조문/diāowén] 무늬를 새기다, 장식된 무늬

※

직역 : 섭공(葉公) 자고(子高)는 용을 좋아하여, 허리띠에 용을 그렸고, 술잔에도 용을 그렸으며, 지붕과 실내의 장식 무늬에도 용을 그렸다.

**섭(葉)나라의 임금 자고(子高)는 용을 좋아하여, 허리띠에 용무늬를 새겼고, 술잔에도 용무늬를 새겼으며, 집의 안팎 전체의 장식에도 용무늬를 새겼다.**

## 2 於是天龍聞而下之，窺頭於牖，施尾於堂。

- 於是 [어시/yúshì] 이리하여
  - ➤於(전치사/~로부터) + 是(지시대명사/이것)
- 天龍 [천룡/tiānlóng] 하늘의 용, 진짜 용
  - ➤북두성(北斗星)과 직녀성(織女星)의 중간에 있는 별이름
- 而 [이/ér] (순접접속사) ~하고, ~하여
- 窺 [규/kuī] 엿보다, 눈치를 보다, 남몰래 보다
- 於 [어/yú] (전치사/처소격) ~에
- 牖 [유/yǒu] 창문, 남쪽으로 난 창문
  - ➤窓[창/chuāng] (=窗=牕)
- 施 [시/shī] 뻗다, 펴다, 뽐내다, 보여주다
- 堂 [당/táng] 대청, 넓은 마당을 가진 건물의 중앙에 있는 거실

※

직역 : 이리하여 하늘의 용이 이 소문을 듣고 내려와서, 창문에다 머리를 대고 엿보다가, 대청에다 꼬리를 폈다.

**이리하여 하늘의 용이 섭공이 용을 좋아한다는 소문을 듣고 내려왔는데, 창문 틈으로 섭공을 살펴보다가, 대청에 꼬리를 길게 내밀었다.**

## 3 葉公見之，棄而還走，失其魂魄，五色無主。

- 之 [지/zhī] (지시대명사) 그것. '용의 꼬리(龍尾)'를 지칭한다.
- 棄 [기/qì] 버리다, 꺼리어 멀리하다, 기겁하다, 포기하다
- 還走 [선주/xuánzǒu] 빙글빙글 맴돌다
  - 還의 음훈 : ① [환/huán]돌아오(가)다/갚다/두르다(=環), ② [선/xuán]돌다(=旋)/가볍다/빠르다, ③ [환/hái]아직/또/더
- 失 [실/shī] (동사) 잃다/놓치다, (명사) 허물/실수
  - 佚[일/yì] 달아나다/없어지다, 迭[질(절)/dié] 번갈아, 秩[질/zhì] 차례/쌓다, 軼[일/yì] 범하다/지나치다/빠지다 [질/dié] 마주치다/서로/바퀴
  - 矢[시/shǐ] 화살, 夭[요/yāo] 어리다
- 魂魄 [혼백/húnpò] 넋, 정신
  - 魂[혼/hún] 양(陽)에 해당하는 몸 안의 기운
  - 魄[백/pò] 음(陰)에 해당하는 몸 안의 기운
- 五色 [오색/wǔsè] 온갖 색깔
  - 청(靑)·황(黃)·적(赤)·백(白)·흑(黑)
- 無主 [무주/wú zhǔ] 주된 것이 없다, 변화무쌍하다
  - 오색무주(五色無主) 공포에 사로잡혀 안색(顔色)이 수시로 바뀌다. 즉 잔뜩 겁에 질린 모양을 형용한 것이다.

*

직역 : 섭공은 이 모습을 보고, 내버려두고 빙빙 맴돌다가, 자기의 혼백을 잃어버리고, 안색은 여러 색이라 종잡을 수 없었다.

섭공은 용의 꼬리를 보자, 용이 새겨진 물건들을 모두 내버려두고 방안을 맴돌다가, 결국 정신을 잃어버렸고, 겁에 질려 안색은 형언할 수조차 없었다.

**4** **是葉公非好龍也，好夫似龍而非龍者也。**

- 是 [시/shì] (지시대명사) 이것. '용을 보고 달아나는 것'을 말한다.
- 非－也 [비－야/fēi－yě] (부정 판단문) ~이 아니다
- 夫 [부/fú] (지시대명사) 그러한 것
- 似 [사/sì] 닮다, 유사하다, 흉내 내다
  - ➤似龍[사룡/sì lóng] 가짜 용
- 者 [자/zhě] (후치사/명사격) ~하는 것. 〈수식어+者〉

※

직역 : 이는 섭공이 용을 좋아한 것이 아니라, 용을 닮았으면서 용이 아닌 것을 좋아한 것이다.

이는 섭공이 진짜 용을 좋아한 것이 아니라, 용을 닮았으나 용이 아닌 가짜 용을 좋아했기 때문이다.

## 한문상식 옛날 이야기책 ≪신서(新序)≫

한대(漢代) 수필체 문언(文言) 단편소설로서 ≪신서(新序)≫는 유향(劉向 : BC.77－6)이 편찬한 것으로 알려져 있다. 이는 필기소설집(筆記小說集)으로 분류된다.

유향은 한(漢) 왕족으로서 기회가 있을 때마다 당시 외척(外戚)들의 전횡에 대해 상소문을 올렸다.

그리고 고대의 일화(逸話) 가운데 비교적 교훈적이면서 짧은 이야기들을 모아서 ≪세설(世說)≫(전하지 않음) 및 ≪설원(說苑)≫과 함께 본서를 편찬했다. 이러한 저작의 의도는 임금에게 경각심을 주기 위한 것이었으나 거의 효과가 없었다.

그러나 고서에 대한 해설서인 ≪별록(別錄)≫(20권 : 전하지 않음)을 지어 아들 유흠(劉歆)의 ≪칠략(七略)≫에 영향을 끼쳤다.

이는 반고(班固)가 ≪한서(漢書)·예문지(藝文志)≫를 편찬하면서 근거로 삼았던 중요한 자료가 되기도 했다. 이외에 ≪홍범오행전(洪範五行傳)≫≪열녀전(列女傳)≫ 등이 현재 전하고 있다.

≪신서≫는 원래 30권으로 이루어져 있었는데, ≪한서·예문지≫에 유가류(儒家類)로 소개되어 있으며, 수당(隋唐)의 역사서에서도 분량이 30권(卷)이라 밝히고 있다. 그러나 송대(宋代)에 이르러 원본이 손상되었고, 증공(曾鞏)에 의해 재편집된 10권의 판본이 현전하고 있다. ≪신서≫의 내용은 선진(先秦) 시기부터 한대(漢代) 초기에 이르는 165편의 이야기를 담고 있다.

체재는 잡사(雜事 : 제1～5권), 자사(刺奢 : 제6권), 절사(節士 : 제7권), 의용(義勇 : 제8권), 선모(善謀 : 제9－10권)로 이루어져 있다. 한대의 이야기를 다룬 것은 11편 정도이고 나머지는 전부 선진시기에 있었던 고사(故事)를 기록한 것이다.

유향(劉向)은 고서(古書)를 통해 훌륭한 선행(善行)의 사례를 선별하여 ≪신서≫를 지었는데, 유가(儒家)의 윤리의식을 고취하려는 의도를 지니고 있다. 그러나 내용에 있어서, 이야기의 연원이 불확실하거나 역사적 사실과 부합되지 않는 점이 다분하여, 경사류(經史類)로 포함시키지 않고 소설류(小說類)로 분류한다.

이 책의 특징은 서사체 문장은 간략한 반면, 논설체의 주장에 치중한 점이다. 비교적 회자(膾炙)되는 이야기는 ＜잡사편(雜事篇)＞과 ＜자사편(刺奢篇)＞에 많이 실려 있다. 제1권에 손숙오(孫叔傲)가 머리 둘 달린 뱀과 마주친 이야기[見兩頭蛇], 호회(虎會)가 조(趙)나라 간자(簡子)에게 간언하는 일화[虎會諫趙簡子] 등이 유명하다. 제2권에 얼굴이 못생긴 여자 이야기[無鹽女], 제3권에 악의(樂毅) 고사 및 추양(鄒陽) 고사 등이 있다. 그리고 제5권에 섭공(葉公)이 용을 좋아하다가 낭패를 본 이야기를 싣고 있으며, 제6권에 위(衛)나라 영공(靈公)의 고사를 포함하고 있다.

이 책의 현전하는 판본은 ＜한위총서본(漢魏叢書本)＞＜사고전서본(四庫全書本)＞＜백자전서본(百子全書本)＞＜사부총간본(四部叢刊本)＞＜총서집성초편본(叢書集成初編本)＞ 등이 있다. 청대(淸代) 노문소(盧文紹)의 ≪신서교보(新序校補≫(1권)이 있는데, ≪포경당총서(抱經堂叢書)≫에 수록되어 있다. 청대 왕인준(王仁俊)이 수집한 ≪신서일문(新序佚文)≫(1권)은 ≪경적일문(經籍佚文)≫에 수록되어 전한다.

## 문법정리 한문(漢文)의 판단문(判斷文) (2)

한문(漢文)에서 부정부사(否定副詞)에 해당하는 '非[비/fēi]'는 어떤 사실을 부정(否定)하는 판단문에 사용된다. 이 경우 '非'는 부사어로서 주어와 보어의 관계를 부정하는 판단사(判斷詞) 역할을 한다.
한글로 풀이할 경우는 '~이 아니다' 또는 '~하는 것이 아니다'라고 새긴다.
현대중국어의 '不是[búshì]'에 해당하지만, 한문(漢文)에서 있어서 '不'은 용언류(동사/형용사)를 부정하는 판단사(判斷詞)로만 사용되는 특성을 지닌다.

> 今主非堯舜, 何能無過? ≪世說新語 · 方正≫
(지금 임금은 요임금 · 순임금이 아닌데, 어찌 허물이 없을 수 있겠는가?)
> 子非魚, 安知魚之樂? ≪莊子 · 秋水≫
(그대는 고기가 아닌데, 어찌 고기의 즐거움을 알겠는가?)

그리고 '非'는 동사나 형용사 앞에 놓여 동작이나 상황을 부정하는 부사어로 사용된다. 이와 유사한 부사어로는 無[무/wú] 不[불/bù] 否[부/fǒu] 未[미/wèi] 弗[불/fú] 勿[물/wù] 莫[막/mò] 毋[무/wú] 등이 있다.

> 非敢哭師也, 哭吾子也。≪春秋谷梁傳 · 僖公三十三年≫
(감히 군대 때문에 울지 않으며, 그대 때문에 우는 것이다.)
> 回也, 非助我者也。於吾言, 無所不說열(기쁘다)。≪論語 · 先進≫
(안회는 나를 돕지 않는 자이다. 나의 말에 대해 기뻐하지 않는 바가 없다.)

부정의 판단문은 다양한 관용적인 용법에 활용되는데, 즉 부정을 강조하거나 또는 강한 긍정을 표현하기도 한다.
그 대표적인 관용어휘를 정리하면 다음과 같은 유형이 있다.

① 강한긍정 ⇒ 非 …… 而何

※ 먼저 부정한 다음에 반문하는 방식을 취한다. '…(이) 아니고 또 무엇인'라는 뜻이다.

➢ 國勝君亡, 非禍화(재난)而何? ≪左傳 · 哀公元年≫
(나라가 승리하고 임금을 잃는다면, 불행이 아니고 또 무엇이겠습니까?)

➢ 吾用先生謀計, 戰勝克敵, 非功공(공로)而何? ≪史記 · 陳丞相世家≫
(내가 선생의 전략으로 전쟁에서 적을 물리쳤으니, 공훈이 아니고 또 무엇이겠습니까?)

② 양보절 ⇒ 非徒(非但/非獨/非特) …, 而(又/乃) …

※ 복문에서 앞 절에 활용되며, '……뿐만 아니라, 그리고'라는 뜻이다. 현대중국어의 不只'나 '不盡'에 해당된다.

➢ 非徒無益, 而又害之。≪孟子 · 公孫丑上≫
(비단 이로움이 없을 뿐만 아니라, 그리고 해로운 것입니다.)

➢ 此五者, 非但人事, 乃天道也。≪漢書 · 魏相傳≫
(이 다섯 가지는 비단 인간의 도리일 뿐만 아니라, 그리고 하늘의 섭리입니다.)

➢ 此非特無術也, 又乃無行。≪韓非子 · 六反≫
(이것은 술책이 아닐 뿐만 아니라, 또한 실천할 수도 없는 것이다.)

③ 이중부정 ⇒ 非不(無非) ……

※ 뒤에 놓인 술어나 보어를 강하게 긍정하여, '……이 아닌 것이 없다'라는 뜻을 나타낸다.

➢ 故王之不王, 不爲也, 非不能也。≪孟子 · 梁惠王上≫
(고로 왕께서 왕 노릇을 하지 않는 것은, 행하지 않는 것이지 할 수 없는 것이 아닙니다.)

➤始臣之解牛之時, 所見無非牛者。≪莊子・養生主≫

(처음 제가 소를 잡을 때, 눈에 보이는 것은 소가 아닌 것이 없었습니다.)

**원 문 해 석**

섭(葉)나라의 임금 자고(子高)는 용을 좋아하여, 허리띠에 용무늬를 새겨 넣었고, 술잔에도 용무늬를 새겨 넣었으며, 집의 안팎 전체의 장식에도 용무늬를 새겼다. 이리하여 하늘의 용은 섭공이 용을 좋아한다는 소문을 듣고서 내려왔고, 창문 틈으로 섭공을 살펴보다가, 대청에 꼬리를 길게 내밀었다. 섭공은 용의 꼬리를 보자, 용이 새겨진 물건들을 모두 내버려두고 방안을 맴돌다가, 결국 정신을 잃어버렸고, 안색은 겁에 질려 형언할 수조차 없을 지경이었다. 이는 섭공이 진정으로 용을 좋아한 것이 아니라, 용을 닮았으나 용이 아닌 가짜용을 좋아했기 때문이다.

# 04 畵蛇添足

Huà　　Shé　　Tiān　　Zú

원문출처 《戰國策 · 齊策二》

한문상식 《전국책(戰國策)》은 어떤 책인가

문법정리 이중목적어(二重目的語)

## 화사첨족

뱀의 다리를 그리다

이 우언(寓言)은 어떤 일을 함에 있어 실제 필요한 것인지 근거를 살피고, 적절할 때 그만두어, 부족하지도 않고 지나치지도 않도록 처리할 것을 전하고 있다. 즉 근거 없는 일을 하여 신세를 망치는 경우에 비유했다.

〈준말〉 사족(蛇足) ※ 添[첨/tiān] 더하다, 보태다, 술안주

# 04

## 세설신어(世說新語)

원문읽기

### 容止篇第十四

① 楚有祠者，賜其舍人卮酒。

② 舍人相謂曰：數人飮之不足，

一人飮之有餘，請畫地爲蛇，先成者飮酒。

③ 一人蛇先成，引酒且飮之，乃左手持卮，

右手畫蛇，曰：吾能爲之足。

④ 未成，一人之蛇成，奪其卮，

曰：蛇固無足，子安能爲之足？

遂飮其酒。爲蛇足者，終亡其酒。

## 한자풀이 한자의 쓰임새와 원문의 뜻풀이

### 1 楚有祠者, 賜其舍人卮酒。

楚 [초/Chǔ] 춘추전국시대(春秋戰國時代)의 초(楚)나라를 말하며, 현재의 호남성(湖南省)·호북성(湖北省)·안휘성(安徽省) 일대에 있었다.

祠 [사/cí] 제사(祭祀), 제사를 모시다, 봄 제사(=礿[약/yuè])

➤祭[제/jì](조상), 祀[사/sì](신령), 嘗[상/cháng](가을 제사)

➤祠堂[사당/cítáng] 신주(神主)를 모시는 곳

者 [자/zhě] (후치사[명사격]) -하는 사람(사물). 〈수식어+者〉

賜 [사/cì] 하사(下賜)하다 (상급자가 하급자에게 주다)

➤獻[헌/xiàn] 바치다, 施[시/shī] 베풀다

其 [기/qí] (지시대명사) 제사를 모시는 사람(祠者)을 지칭한다.

➤① [기/qí] 그, 그것, ② [기/jī] 의문부사/인명→역이기(酈食其 : 漢 高祖 때의 전략가)

舍人 [사인/shèrén] 식객(食客)

➤귀족의 집에 기거하는 측근 인물을 말한다. 이들은 재능이 있지만 뚜렷한 직위가 없는 지식인이며, 경제적으로 가난하여 귀족의 일을 도우며 식객(食客)으로 살아간다. 현대 집사(執事)나 비서(秘書)의 지위에 해당한다.

卮 [치/zhī] 술잔. (=巵)

➤고대 술그릇의 일종. 대략 4되 정도를 담을 수 있다.

※

직역 : 초(楚)나라에 제사를 모시는 사람이 있었는데, 자신의 식객들에게 작은 술그릇의 술을 하사했다.

**초(楚)나라에 제사를 모시는 사람이 있었는데, 자신의 식객들에게 약간의 술을 하사했다.**

2 舍人相謂曰：數人飮之不足，一人飮之有餘，請畫地爲蛇，先成者飮酒。

- 相謂 [상위/相xiāngwèi] 서로 알리다, 상의하다
  - ➤ 謂(술어)+相(간접목적어) → 相謂
  - ➤ 謂[위/wèi] 알리다/전하다/비평하다
- 數人 [수인/shùrén] 여러 사람
  - ➤ ①[수/shù] 숫자/운수/꾀/속셈→術數(술수) ②[수/shǔ] 헤아리다/손꼽히다/나열하다→數罪(수죄 : 죄목을 나열함) ③[삭/shuò] 자주/누차/빈번히→數遞(삭체 : 관리가 자주 바뀜) ④[촉] 촘촘하다→數罟(촉고 : 촘촘한 그물)
- 之 [지/zhī] (지시대명사) '하사 받은 술(卮酒)'을 지칭한다.
- 不足 [부족/bùzú] 만족하지 않다, 부족하다
  - ➤ 不足以[부족이/bùzúyǐ]
- 請 [청/qǐng] (동사) 요청하다, 바라다, 원하다
- 爲 [위/wéi] (동사) 이루어지다, 만들다

※

직역 : 식객들은 서로 알리기를, "여러 사람이 그것을 마시기에 충분하지 않고, 한 사람이 그것을 마시기에 남음이 있으니, 땅에 뱀의 모양이 되도록 그려서, 먼저 이룬 자가 술을 마십시다."라고 했다.

식객들은 서로 상의하기를, "여러 사람이 하사받은 술을 마시기에 부족하고, 한 사람이 그것을 마시기에 넉넉하니, 땅에다 뱀을 그려서, 먼저 그린 자가 그 술을 마시기로 합시다."라고 했다.

**3** **一人蛇先成，引酒且飮之，乃左手持卮，右手畵蛇，曰：吾能爲之足.**

- 一人蛇先成 (之의 생략) '一人[之]蛇先成' (한 사람의 뱀이 먼저 완성되다.)
- 引 [인/yǐn] 끌어당기다, 가져오다
- 且 [차/qiě] (병렬접속사) 그리고, ~하고
- 乃 [내/nǎi] (순접접속사) 이리하여
- 能 [능/néng] (조동사) 능히 ~할 수 있다
  - '能'은 원래 '곰'의 상형자(象形字)였는데, '곰의 재능'으로부터 '재능'라는 뜻이 널리 통용되었고, 곰을 구별하는 글자가 필요하여 '熊[웅/xióng]'으로 구분했다. 혹자는 '能'도 곰의 일종으로 보며, '熊'과 구별되는 것이라 한다.
- 持 [지/chí] 잡다, 거머쥐다
- 爲之足 [위지족/wèi zhī zú] 다리를 그리다
  - 爲[위/wéi] (행위대동사) → 畵(그리다)
  - 之[지/zhī] (지시대명사) → 蛇(뱀)

직역 : 어떤 사람의 뱀이 먼저 이루어지자, 술을 끌어당겨 그것을 마시게 되었는데, 이리하여 왼손으로 술잔을 잡고, 오른손으로 뱀을 그리면서 말하기를, "나는 능히 뱀의 다리를 그릴 수 있소"라 했다.

**어떤 사람이 먼저 뱀을 완성하여, 술을 당겨 마시려 하면서, 이리하여 왼손으로 술잔을 잡고, 오른손으로 계속 뱀을 그리면서 말하기를, "나는 뱀의 다리도 그릴 수 있도다."라 했다.**

**4** **未成, 一人之蛇成, 奪其卮, 曰 : 蛇固無足, 子安能爲之足? 遂飮其酒. 爲蛇足者, 終亡其酒。**

- 未 [미/wèi] 아직 ~아니다
- 之 [지/zhī] (후치사/관형격) ~의
- 奪 [탈/duó] 빼앗다, 탈취(奪取)하다
- 其 [기/qí] (지시대명사) '뱀의 다리를 그리는 사람'을 지칭한다.
- 固 [고/gù] (부사) 본래, 진실로
- 子 [자/zǐ] (2인칭대명사) '뱀의 다리를 그리는 사람'을 지칭한다.
- 安 [안/ān] (의문부사) 어찌 (~하는가)
- 遂 [수/suì] (부사) 마침내, 드디어, 이윽고
- 終 [종/zhōng] (부사) 결국, 끝내, 종국(終局)에
- 亡 [무/wú] (동사) 소유/차지하지 못하다. (=無[무/wú])

  ➤ '亡'은 '잃어버리다'로 해석할 수 없다. 왜냐하면 술은 하사 받은 것이고, 남의 물건을 잃어버릴 수는 없으므로, '소유/차지하지 못하다'라는 뜻으로 보아야 한다. 따라서 亡[망/wáng](죽다/잃다/도망가다/멸망하다)은 여기서 亡[무/wú]로 독음한다.

※

직역 : 아직 이루어지지 않았는데, 어떤 다른 사람의 뱀이 이루어졌고, 그 술잔을 가로채며 말하기를, "뱀은 본래 다리가 없는데, 당신은 어찌 다리를 그릴 수 있겠소?" 마침내 그 술을 마셨다. 뱀의 다리를 그린 사람은, 결국 그 술을 차지하지 못했다.

**아직 완성되지 않아서, 어떤 사람이 뱀을 완성하여, 그 술잔을 가로채며 말하기를, "뱀이란 본래 다리가 없는 동물인데, 당신은 어찌 뱀의 다리를 그릴 수 있겠소?" 마침내 그 술을 마셨다. 뱀의 다리를 그린 사람은 결국 그 술을 마시지 못했다.**

## 한문상식 ≪전국책(戰國策)≫은 어떤 책인가

전국시대(BC.475－BC.221)는 봉건제도가 형성되던 시기로서 영토국가의 출현으로 사회제도가 급격하게 변화되기 시작했다.

그 당시 천하는 여러 제후국으로 분열되어 있었는데, 그 중 강대한 제후국들은 점차 약소국을 병합하여 전국칠웅(戰國七雄)의 형세를 이루었다.

이들은 모두 천하의 패권(覇權)을 갈망했고, 이런 까닭으로 각 나라들은 첨예하고 복잡하게 대치했다.

이에 명쟁암투(明爭暗鬪)의 전략(戰略)이 절실하던 상황 하에서 많은 유세가(遊說家)들이 등장했으며, 그들은 전적으로 자기의 군주를 위해 정치적 주장과 계략을 제공했고, 게다가 각 나라와의 외교활동에 가담하여 중추적인 역할을 담당했다.

이 시기 혼란한 정세는 새로운 변혁의 시대를 창출했고, 군사·정치·경제·사회·문화 등 다원적인 변화를 추진했다.

≪전국책(戰國策)≫은 춘추전국시대 유세가의 언행을 기록한 책이며, 이를 국책(國策)·국사(國事)·단장(短長)·사어(事語)·장서(長書)·수서(修書) 등이라 불렀다. 작자는 정확하게 고증할 수 없지만, 대체로 전국시대(戰國時代) 말기와 진한(秦漢) 사이에 편찬되었을 것이다.

현재 전하는 판본(板本)은 서한(西漢)의 유향(劉向)에 의해 당시 남아있던 기록들이 수집되어 편찬된 것으로 "전국책"이란 서명을 사용하기 시작했다. 체제는 모두 12국(國) 33편(篇)으로 나누어져 있으며, '전국시대 유세가들이 국사를 보필하면서 책략으로 삼았던 것'이란 뜻을 담고 있다.

기록된 기간은 춘추말기(BC.454)부터 진(秦)나라가 6국(國)을 병합한 시기(BC.209)까지 총 240여 년간이다.

12제후국의 역사서로서 서주(西周)·동주(東周)·진(秦)·제(齊)·초(楚)·조(趙)·위(魏)·한(韓)·연(燕)·송(宋)·위(衛)·중산(中山) 등의 합종(合縱)과 연횡(連衡)의 정치적 외교술책을 담고 있다.

주된 내용은 전국시대 전략가들이 권모술수 및 임기응변의 투쟁적인 정치활동과 관련된 언행이며, 그들의 웅변과 재치를 묘사하면서, 전국시대 각 나라와 계층간의 첨예하고 복잡한 투쟁을 반영했다.

문체와 풍격에 있어서 생동감과 화려함을 갖추었고, 비유가 뛰어난 수사법으로 문학적 의의를 지닌 유명한 우언고사(寓言故事)도 남기고 있다.

주석본으로는 동한(東漢) 고유(高誘)의 판본이 있었으나 파손되었고, 송대(宋代) 증공(曾鞏)이 원래의 주석본을 재정리했으며, 요굉(姚宏)과 포표(鮑彪)가 계속 교정했으며, 원대(元代) 오사도(吳師道)가 교정했는데, 현재 이들의 주석본이 전하고 있다.

## 문법정리 이중목적어 〈 술어+간·목+직·목 〉

하나의 문장에서 두 개의 목적어를 취하는 술어(述語)를 자주 목격하게 된다. 이 경우 간접목적어는 주어의 대상(－에게)으로서 주로 '사람·물건'이 놓이며, 직접목적어는 동사의 대상(－을)으로서 주로 '물건'이 놓이게 된다. 즉 賜[술어] ＋ 其舍人[간접목적어/사람] ＋ 卮酒[직접목적어/사물]의 형태를 띤다. 이중목적어를 취하는 경우를 정리하면 다음과 같은 4가지 유형이 있다.

① 爲 ＋ <간접목적어> ＋ <직접목적어>

※ 여기에서 '爲'는 대동사(代動詞)와 개사(介詞)의 역할을 겸한다. 국역(國譯)할 때는 주로 ① '～을 위해 ～하다', ② '～에게 ～하다', ③ '～때문에 ～하다' 등의 뜻이다.

> 蛇固無足, 子安能爲之足? 《戰國策·齊策二》
(뱀은 본래 다리가 없는데, 그대는 어찌 그것에게 다리를 그릴 수 있소?)

> 叔孫爲孟鍾。《左傳·昭公四年》
(숙손은 맹병에게 종을 만들어 주었다.)

> 微子去之, 箕子爲之從。《論語·微子》
(미자는 그를 떠나가고, 기자는 그를 위해 종이 되었다.)

② 사역동사 ＋ <간접목적어> ＋ <직접목적어>

※ 여기에 사용되는 사역동사(使役動詞)는 '－시키다' 또는 '－하게 하다'라는 의미를 내포한다. 그리고 사역동사는 간접목적어와 직접목적어를 모두 취한다.

➤ 晋侯飮趙盾酒。≪左傳・宣公二年≫

(진후는 조돈에게 술을 마시도록 했다.)

➤ 太子帥師, 公衣之偏衣。≪左傳・閔公二年≫

(태자가 군대를 이끌자, 진후는 그에게 좌우 색이 다른 옷을 입도록 했다.)

### ③ 수여동사 + <간접목적어> + <직접목적어>

※ 여기에 사용되는 수여동사(受與動詞)는 '~에게 ~을 주다' 또는 '~에게 ~을 베풀다' 라는 뜻이며, 予・與・遺・賜・饋 등이 포함된다.

➤ 魏王遺荊王美人。≪韓非子・內儲說下≫

(위나라 왕은 초나라 왕에게 미인을 보냈다.)

➤ 我與女璧。≪左傳・哀公十七年≫

(내가 너에게 옥을 주겠다.)

➤ 昔者有饋生魚於鄭子産。≪孟子・萬章上≫

(옛날 어떤 사람이 정자산에게 살아 있는 고기를 선사했다.)

### ④ 語(謂/告) + <간접목적어> + <직접목적어>

※ 여기에 사용되는 전달동사(傳達動詞)는 '－에게 －을 말하다' 또는 '－에게 －을 보고하다'라는 뜻이며, 謂・語・告・復 등이 있다.

➤ 公語之故, 且告之悔。≪左傳・隱公元年≫

(장공은 그에게 까닭을 설명하고, 또 그에게 후회한다고 알려주었다.)

➤ 此之謂有道之國也。≪韓非子・八經≫

(이것은 이것을 도리가 행하여지는 나라라고 말한다.)

원문해석

초(楚)나라에 제사를 모시는 사람이 있었는데, 자신의 식객들에게 약간의 술을 하사하였다.

식객들은 서로 상의하기를, "여러 사람이 하사 받은 술을 마시기에는 부족하고, 한 사람이 그것을 마시기에는 넉넉하니, 땅에다 뱀을 그려서, 먼저 그린 자가 그 술을 마시기로 합시다."라고 하였다.

어떤 사람이 먼저 뱀을 완성하여, 술을 끌어당겨 마시려 하였는데, 곧 왼손으로 술잔을 잡고, 오른손으로 계속 뱀을 그리면서 말하기를, "나는 능히 뱀의 다리도 그릴 수 있소."라 하였다. 아직 완성되지 않아서, 어떤 사람이 뱀을 완성하여, 그 술잔을 가로채며 말하기를, "뱀이란 본디 다리가 없는 동물인데, 당신은 어찌 뱀 다리를 그릴 수 있겠소?"

마침내 그 술을 마셨다. 뱀의 다리를 그린 사람은 결국 그 술을 마시지 못했다.

# 05 矛盾之說

Máo Dùn Zhī Shuō

원문출처 ≪韓非子≫〈難勢〉

한문상식 ≪한비자(韓非子)≫는 어떤 책인가

문법정리 목적어의 도치(倒置)

## 모순지설

창과 방패에 대한 주장

이 우언(寓言)은 말의 앞뒤가 맞지 않는 것을 비유한 것이다. 즉 언행이 일치하지 않는 경우나 이치에 부합되지 못할 경우에 사용된다. 어떤 논리나 주장은 객관성과 진실성이 있어야 하며, 편협한 주관에 빠져 자가당착(自家撞着)의 어리석음을 범하지 말 것을 전하고 있다.

〈유사성어〉 자상모순(自相矛盾), 자가당착(自家撞着), 모순(矛盾＝矛楯)

# 05

韓非子

원문읽기

難勢

① 楚人有鬻盾與矛者

② 譽之曰："吾盾之堅，物莫能陷也."

③ 又譽其矛曰："吾矛之利，於物無不陷也."

④ 或曰：以子之矛，陷子之盾，何如？ 其人弗應也。

⑤ 夫不可陷之盾，與無不陷之矛，不可同世而立。

## 한자풀이 한자의 쓰임새와 원문의 뜻풀이

### 1 楚人有鬻盾與矛者,

- 楚人 [초인/Chǔrén] 초나라 사람
- 鬻 [육/yù] (동사) 팔다
  - ① [죽/zhōu]죽/미음(=粥), ② [육/yù]팔다(=賣), ③ [국/jū]어리다,기르다(=育)
  - '鬻'의 부수(部首)는 '鬲'(솥 력)인데, 현대중국어에서 부수는 '米'(쌀 미)이다. 이것은 현대중국어에 '鬲'의 부수가 없어졌기 때문이다.
- 盾 [순/dùn] 방패. (=楯)
  - ① [순/dùn] 방패/관명→구순령(鉤盾令/勾盾令)[한대(漢代)-수대(隋代)에 동물원 및 유원지를 관리했다.], ② [돈/dùn] 인명→조돈(趙盾 : 전국시대 진(晋) 고관(高官)을 지낸 인물)
  - 음가(音價) : '盾'은 원래 '楯'과 통용자(通用字)였는데, ≪집운(集韻)≫에 의하면 '盾'은 '돈'[dùn]과 '순'[shǔn]이라는 2개의 독음이 있었다. 중국(中國)에서는 '盾'의 음가를 [dùn]('돈'에 해당함)만 사용하는 반면, 우리나라에서는 [순]과 [돈] 모두 취하고 있다.
- 與 [여/yǔ] (병렬접속사) -와
  - 참고 : 체언(명사 · 대명사)을 나열하거나 연결하는 접속사로 사용한다.
- 矛 [모/máo] 창. (=槍)
  - 予[여/yú] 나, 予[여/yǔ] 주다, 茅[모/máo] 띠, 芧[서/xù] 상수리
- 有-者 [유-자/yǒu-zhě] (관용어) -하는 자가 있다

직역 : 초나라 사람 중에 방패와 창을 파는 사람이 있었는데,
**초나라에 방패와 창을 파는 사람이 있었는데,**

## 2 譽之曰 : "吾盾之堅, 物莫能陷也."

- 譽 [예/yù] (동사) 자랑하다, 찬양하다, 기리다
  - ➤ ① 명예(名譽)/영예(榮譽), ② 칭찬하다
  - ➤ ≪집운(集韻)≫에 의하면 [여/yú](羊諸切)와 [여/yù](羊茹切)의 독음이 있다.
- 之 [지/zhī] (지시대명사) 이것. 방패를 지칭한다.
- 堅 [견/jiān] 단단하다, 튼튼하다, 굳세다, 견고(堅固)하다
- 物 [물/wù] 만물(萬物), 삼라만상(森羅萬象)
- 莫 [막/mò] (부정부사) 아무도/누구도 -없다
  - ➤ 莫能[막능/mò néng] 아무것도 -할 수 없다
- 陷 [함/xiàn] (동사) 빠지다, 뚫다, 함락(陷落)되다
  - ➤ 穿[천/chuān], 徹[철/chè], 鑿[착/záo], 串[관/chuàn]

*

직역 : 그것을 자랑하여 말하기를, "내 방패의 단단함은, 만물이 뚫을 수 없습니다."라고 했다.

**그 방패를 자랑하여 "내 방패는 단단하여, 어떤 사물이라도 뚫지 못합니다."라고 말했다.**

## 3 又譽其矛曰 : "吾矛之利, 於物無不陷也."

- 其 [기/qí] (지시대명사) '자기'. 방패와 창을 파는 사람을 지칭한다.
- 利 [리/lì] 예리하다, 날카롭다.
  - ➤ 利[리/lì] 유리하다/이롭다 ↔ 害[해/hài]
  - ➤ 鈍[둔/dùn] 무디다, 둔하다

▶ 於 [어/yú] (전치사[대상격]) ~에(있어서)

➤於[오/wū] (감탄사) 아!, 오!

▶ 無不 [무불/wúbù] (이중부정) –하지 않는 것이 없다(강한 긍정)

> ※
> 직역 : 또 그 창을 자랑하여 말하기를, "내 창의 예리함은, 어떤 만물에 있어서도 뚫지 못하는 것이 없습니다."라고 했다.
> **자기의 창도 자랑하기를, "내 창은 예리하여, 어떤 물건이라도 뚫지 못하는 것이 없습니다."라고 주장했다.**

**4** **或曰 : "以子之矛, 陷子之盾, 何如?"其人弗應也。**

▶ 或 [혹/huò] (인칭대명사) 혹자(或者), 어떤 사람

▶ 以 [이/yǐ] (전치사[기구격]) ~로써, ~을(를) 갖고서. 목적어를 도치시킨다.

▶ 子 [자/zǐ] (2인칭대명사) 당신, 그대

➤卿[경/qīng], 吾子[오자/wúzǐ], 二三子[이삼자/èrsānzǐ] 그대들

▶ 何如 [하여/hérú] (의문문) 어떠합니까?

▶ 其 [기/qí] (지시대명사) 그(것)

▶ 弗 [불/fú] (부정부사) 전혀 ~하지 못하다

➤'弗'은 '不'보다 더 강한 부정(否定)의 어세를 띠며, 목적어를 취하지 않는다.

▶ 應 [응/yīng] (동사) 응하다, 받다, 대응(對應)하다, 대답(對答)하다, 응수(應酬)하다

> ※
> 직역 : 어떤 사람이 말하기를, "당신의 창으로써 당신의 방패를 찌른다면, 어떻게 되겠습니까?"라 하니, 그 사람은 전혀 대답하지 못했다.
> **어떤 사람이 "당신의 창을 사용하여 당신의 방패를 찌른다면, 어떻게 되겠습니까?"라 물으니, 그 창과 방패를 파는 사람은 전혀 대답하지 못했다.**

**5** **夫不可陷之盾，與無不陷之矛，不可同世而立。**

- 夫 [부/fú] (발어사) 무릇, 대저
- 不可 [불가/bùkě] –할 수 없다, –하지 못한다
- 與 [여/yǔ] (전치사/동반격) –과/와 더불어
- 不可陷之盾, 與無不陷之矛 : [不可陷]之[盾] ↔ [無不陷]之[矛]
- 同世 [동세/tóngshì] 같은 시기, 동시대, 동시(同時)
- 而 [이/ér] (순접접속사) ~이면서
- 立 [립/lì] 세우다, 성립(成立)되다

※

직역 : 무릇 뚫을 수 없는 방패는, 뚫지 못하는 것이 없는 창과 더불어, 같은 세상인데 성립되지 않는다.

**모든 것을 막는 방패와 모든 것을 뚫는 창은, 동시에 병존할 수 없는 것이다.**

## 한문상식 ◎ ≪한비자(韓非子)≫는 어떤 책인가

전국시대(戰國時代) 말기 망해 가는 한(韓)나라의 제공자(諸公子 : 서민출신의 王子)였던 한비(韓非 : BC.288?－BC.233)는 국난타개를 위해 <고분(孤憤)><오두(五蠹)><세난(說難)> 등 부국강병책(富國强兵策)을 주장했으나 관철되지 못했다. 선천적으로 말더듬이였고 언변이 뛰어나지 못했던 한비(韓非)는 저작에 있어서 훌륭한 재능을 발휘했다. 원래 '한자(韓子)'라고 했으나 당대(唐代) 한유(韓愈)와 혼동을 피하기 위해 송대(宋代)부터 '한비자(韓非子)'로 불렸다. 그는 순경(荀卿 : 荀子)의 성악설(性惡說)을 계승하여 군신/부자/부부 등의 인간관계 일체의 행위가 이기적인 동기에서 나온다는 인성이기설(人性利己說)을 주장했다. 그리고 황로사상(黃老思想)을 발전시켜 도(道 : 객관적 법칙)와 이(理 : 구체적 특수법칙)를 불가분의 관계로 파악했으며, 이들은 사물 속에서 부단히 변화하는 것으로 보았다. 이를 통해 인류사회 역사가 끊임없이 변화하며, 그 변화에 따라 법률이나 제도도 변해야 한다는 진보적인 역사관을 지녔다. 그는 상앙(商殃)의 법치(法治 : 법률통치), 신불해(申不害)의 술치(術治 : 권모술수), 신도(愼到)의 세치(勢治 : 위세활용) 등을 총괄하여 신상필벌(信賞必罰) 및 실무본위(實務本位)의 법치주의를 주장했다. 그의 정치관은 군주에 의한 중앙집권화에 핵심을 둔 통치술이었다. 현실정치에 대한 강력한 정치관은 진시황의 천하통일에 영향을 주었는데, 한(韓)나라 사신으로서 진(秦)나라에 갔을 때 진시황이 그를 등용하려 하였으나, 이사(李斯) 등의 반대로 인해 진시황 14년에 옥사하고 말았다.

≪한비자(韓非子)≫(BC.230년경)는 법가의 집성자인 한비(韓非)의 저작이며, 총 22권 55편으로 법(法)·술(術)·세(勢) 등 3가지 학술이 하나로 통합되어 있다. 전체 내용은 법(法)에 의한 통치 즉 법치주의에 귀착되며, 군권강화 및 부국책에 입각한 서술로 이루어져 있다. 특히 이 책은 우언(寓言)과 변론(辯論)의 특색을 지닌 논설문(論說文)이며, 선진시기 제자들의 산문과는 구별되는

문체를 이루었다. 치밀한 구성을 비롯하여 진지한 추리 및 명확한 논리가 잘 발휘되어 있다. 대체로 ≪한비자≫의 내용은 6가지로 분류할 수 있다.

(1) <오두(五蠹)><현학(顯學)><고분(孤憤)> : 군주의 강력한 통치술을 주장한 글이다. 군주는 기본적으로 이기적인 인간과 끊임없이 변화하는 세상에 대응하는 방법을 익혀야 하며, 인의(仁義)에 의한 인간본성의 발양을 강조한 유가(儒家)나 묵가(墨家)의 주장은 공론에 지나지 않는다고 주장했다. 특히 다섯 부류의 인물을 배척했는데, ① 도덕에만 얽매여 있는 학자(學者), ② 미묘한 정세를 악용하여 군주를 혼란케 하는 변설자(辯說者), ③ 소영웅주의에 빠진 협객(俠客), ④ 군주의 측근 간신(奸臣), ⑤ 상공업자(商工業者) 등을 사회를 해치는 인물들이라 규정했다.

(2) <난세(難勢)><문변(問辯)><정법(定法)> : 유가의 덕치론(德治論)은 물론이고 법가에 속하는 신도(愼到)·상앙(商殃)의 견해까지도 비판 수정했는데, 이 책이 법가학설의 집대성이라 일컬어지는 이유도 여기에 있다.

(3) <유도(有度)><팔간(八姦)><심도(心度)><제분(制分)> : 전국시대 말에서 한대(漢代)까지 활동했던 한비의 제자들이 남긴 정치론(政治論)이며, 신하를 통제하는 법[群臣統御]과 법의 활용[法術] 등에 관해 자세히 기록하고 있다.

(4) <주도(主道)><양권(揚權)><해로(解老)><유로(喩老)> : 도가(道家)의 영향을 받은 한비 후학들의 논저이며, 이 4편은 도가(道家)의 무위허정(無爲虛靜)에 입각하여 군주의 통치술을 다루었다.

(5) <초견진(初見秦)><존한(存韓)> : 한비의 사적(事蹟)을 기록하고 있다.

(6) <설림(說林)><내외저설(內外儲說)><십과(十過)> 등 : 한비학파(韓非學派)에 의해 전해지는 설화류(說話類)이며, 상고(上古) 이래 300여 편의 설화를 싣고 있다. 한편 편협한 인간상과 법률지상이 강조되어, 유가로부터 인성(人情)을 부정하는 냉혹한 술책이라는 비난을 받았다. 한대(漢代)에 55편이 전하였으나, 처음 판각된 것은 송대(宋代) 건도(乾道) 원년(元年)이며 가장 오래된 판본(板本)이다.

## 문법정리 목적어(目的語)의 도치(倒置)

어순(語順)과 허사(虛辭)는 한문(漢文)에 있어서 문법적으로 중요한 역할과 기능을 발휘하며 그 비중이 매우 크다. 한문(漢文)의 어순은 시대를 초월하여 큰 변화 없이 지속적으로 유지되어 왔다. 예를 들어 갑골문과 현대중국어에서 〈아군이 마방을 정벌했다〉는 문장을 비교해 보면, 〈주어+술어+목적어〉의 동일한 어순을 발견할 수 있다.

> 갑골문(甲骨文) : 我伐馬方. 董作賓≪殷墟文字 · 乙編≫

> 현대어(現代語) : 我軍討伐馬方.

위 문장을 보면 고금(古今)의 어순이 동일하지만, 한문(漢文) 가운데 특수한 어순들이 있는데, 그 특수한 어순은 현대중국어에서 사용되지 않지만, 고서(古書)를 판독할 경우에는 각별히 주의를 기울여야 한다. 특히 목적어의 도치는 일정한 요건 하에서 특수하게 어순의 변화를 보여준다. 소위 '목적어 도치'란 〈술어+목적어〉의 일반적인 구조가 〈목적어+술어〉로 바뀌어 표현하는 것을 말하는데, 즉 목적어가 술어 앞에 놓이는 어순 변화를 일컫는다. 이러한 변화는 대체로 7가지 유형으로 나누어 볼 수 있다.

① 의문문 ⇒ <목적어>(의문대명사) + <술어>?

※ 의문문(疑問文)에서 목적어가 의문대명사인 경우 술어 앞에 놓인다.

> 吾誰欺? 欺天乎? ≪論語 · 子罕≫
(내가 누구를 속이란 말인가? 하늘을 속일 것인가?)

> 王者孰謂? 謂文王也。≪公羊傳 · 隱公元年≫
(왕된 자라면 누구를 지칭한 것입니까? 문왕을 지칭한 것입니다.)

> 天下之父歸之, 其子焉往? ≪孟子 · 離婁上≫

(천하의 부친들은 그에게로 귀순했으니, 그들의 아들은 어디를 가겠는가?)

동사의 목적어뿐만 아니라, 개사(介詞,전치사와 후치사)의 목적어로서 의문대명사가 쓰이는 경우에도 개사의 앞으로 도치할 수 있다.

➤ 何由知吾可也? 《孟子 · 梁惠王上》
(무엇으로 말미암아 내가 할 수 있음을 아십니까?)
➤ 胡爲至今不朝也? 《戰國策 · 齊策四》
(왜 지금까지 입조하지 않았는가?)

② 부정문 ⇒ <목적어>(대명사) + <술어>

※ 부정문(否定文)에서 목적어가 대명사인 경우 술어 앞에 놓인다.

➤ 不患人之不己知, 患不知人也。《論語 · 學而》
(남이 자기를 알아주지 않는 것을 걱정하지 않고, 남을 알지 못하는 것이 걱정스럽다.)
➤ 吾有老父, 身死, 莫之養也。《韓非子 · 五蠹》
(나에게는 연로한 아버지가 있는데, 내가 죽으면, 그를 봉양할 사람이 없다.)
➤ 七十者衣帛食肉, 黎民不饑不寒, 然而不王者, 未之有也。《孟子 · 梁惠王上》
(70살의 노인이 비단옷 입고 고기 먹으며, 백성들은 굶지도 떨지도 않는데, 그러면서 왕 노릇을 못하는 것은, 아직 그런 일이 없었다.)

주의할 것은 부정의 구문에서 목적어가 도치되는 경우는 목적어가 대명사에 제한된다는 점이며, 만약 목적어에 일반적인 명사가 오면 도치할 수 없다. 예를 들면,

➤ 我非子, 固不知子矣。《莊子 · 秋水》
(나는 아들이 아니라서, 진실로 아들을 이해하지 못하네.)

③ 목적어의 반복 ⇒ (술어+목적어), … 之(是/焉) + <술어>

※ 목적어가 반복되는 경우 '之' '是' '焉' 등을 이용하여 다시 목적어를 지칭할 때 술어 앞에 놓인다. 이 경우 [之/是/焉]은 목적어를 대신하는 대명사인데, 혹자는 도치구문을 만드는 구조상의 조사로 보기도 한다.

> 日居月諸, 下土是冒。≪詩經・邶風・日月≫
(태양과 달은 밤낮으로 빛나고, 대지를 비추어 이를 덮어준다.)

> 姜氏何厭之有? ≪左傳・隱公元年≫
(강씨는 무엇이라도 그것을 싫어하지 않겠습니까?)

> '聞道百, 以爲莫己若'者, 我之謂也。≪莊子・秋水≫
('백가지 도를 듣고도, 자기만한 사람이 없다고 여기는' 자는, 나를 말하는 것이다.)

> 我周之東遷, 晋鄭焉依。≪左傳・隱公六年≫
(우리는 주나라 왕실이 동천할 때, 진나라와 정나라를 의지했다.)

④ 부정문 ⇒ <목적어>(대명사) + <술어>

※ 개사(介詞) '以'와 '於'를 사용하여 목적어를 술어 앞에 놓는다.

> 楚國方城以爲城, 漢水以爲池。≪左傳・僖公四年≫
(초나라는 방성산을 성벽으로 삼았고, 한수를 도랑으로 삼았다.)

> 是以君子遠庖廚也。≪孟子・梁惠王上≫
(이것을 이유로 군자는 푸줏간을 멀리하느니라.)

> 啓乃淫溢康樂, 野於飮食。≪墨子・非樂上≫
(하계는 여전히 방탕하게 향락을 즐기며, 야외에서 먹고 마셨다.)

> 日居月諸, 東方自出。≪詩經・邶風・日月≫
(태양과 달이 밤낮으로 빛나고, 동쪽으로부터 나오네).

⑤ 특수구문 ⇒ 自(목적어) + <술어> 또는 <목적어> + 請(술어)

※ 특정한 단어가 사용하여 목적어를 도치한다. 즉 '自'와 '請'의 경우, '自'는 술어 앞에 놓이는 목적어이며, '請'은 '－에게 요청하다'라는 뜻일 때 항상 목적어를 앞에 둔다.

➢ 山木自寇也, 膏火自煎也。≪莊子・人間世≫

(산의 나무는 스스로를 해치고, 기름불은 스스로를 불사른다.)

➢ 故略上報, 不復一一自辯。王安石＜答司馬諫議書＞

(그러므로 간단하게 복구되었고, 더 이상 하나하나 자기를 변명하지 않았다.)

➢ 王請無好小勇。≪孟子・梁惠王上≫

(왕에게 소인배의 용기를 좋아하지 않기를 요청합니다.)

➢ 釋齊秦, 他國請相見。≪左傳・襄公二十七年≫

(제나라와 진나라를 제외하고, 다른 나라의 군신에게 만날 것을 요청했다.)

⑥ 방위표현 ⇒ 東(西/南/北, 목적어) + 面(向, 개사) + <술어>

※ 착발격 개사인 '面과 向의 목적어가 방위를 나타내는 東・西・南・北일 경우 도치되며, 그 뜻은 '－을 향하여'이다.

➢ 遂散六國之縱, 使之西面事秦。李斯＜諫逐客書＞

(이리하여 여섯 나라의 연맹을 분리시키고, 그들에게 서쪽을 향하여 진나라를 섬기게 했다.)

➢ 若不能, 何不按兵束甲, 北面而事之? 司馬光＜赤壁之戰＞

(만약 할 수 없다면, 어찌 군사행동을 그만두고 무기를 묶어서, 북쪽을 향하여 그를 섬기지 않습니까?)

➢ 沛公北向坐, 張良西向侍。≪史記・項羽本紀≫

(패공은 북쪽을 향하여 앉아 있고, 장량은 서쪽을 향하여 시중든다.)

⑦ 唯(維)의 결합 ⇒ 唯(維) + <목적어> + (개사) + <술어>

※ 범위의 한정을 나타내는 '唯' 혹은 '維'는 목적어를 강조하기 위해 목적어 앞에 놓이며, 간혹 목적어와 술어 사이에 일정한 개사를 수반하기도 한다.

➢ 當臣之臨河持竿, 心無雜慮, 唯魚之求。≪列子・湯問≫
(내가 강에서 낚싯대를 잡고 있을 때, 마음속에 잡념이 없으며, 오직 고기만을 찾는다.)

➢ 鷄鳴而駕, 塞井夷竈, 唯余馬首是瞻。≪左傳・襄公十四年≫
(닭이 울 때 말을 수레에 매고, 우물을 묻어버리고 가마솥을 부수고서, 오직 내 말머리를 지켜보시오.)

**원문해석**

초나라 사람 중에 방패와 창을 파는 사람이 있었는데, 그 방패를 자랑하기를, "나의 방패는 단단하여, 어떤 물건에도 뚫리지 않습니다." 또 자기의 창을 자랑하기를, "내 창은 예리하여, 어떤 물건이라도 뚫지 못하는 것이 없습니다." 어떤 사람이 묻기를, "당신의 창을 사용하여 당신의 방패를 찌른다면, 어떻게 되겠습니까?"라 하니, 그 창과 방패를 파는 사람은 전혀 대답하지 못하였다.
무엇이든 막을 수 있는 방패와 모든 것을 뚫는 창은 동시에 존재할 수 없는 것이다.

# 06 濫竽充數

Làn Yú Chōng Shù

원문출처 ≪韓非子≫〈內儲說上〉, ≪戰國策≫〈楚策一〉

한문상식 고대의 음계(音階)와 장조(長調)

문법정리 뒤에 놓이는 수식어(修飾語)

## 남우충수

멋대로 피리를 불며 수를 채우다

이 우언(寓言)은 무능한 사람이 유능한 체하며 남을 속여 복을 누리는 것을 비유했다. 그러나 결국 진실은 드러나기 마련이므로 남을 속여서 목적을 이루지 말 것을 전하고 있으며, 인재의 등용에 있어서도 신중히 재능을 살필 것을 권하고 있다. 〈준말〉 남우(濫竽), 남취(濫吹)

※濫[람/làn] 넘치다, 지나치다, 외람(猥濫)되다, 함부로, 멋대로

# 06

≪韓非子≫〈內儲說上〉

≪戰國策≫〈楚策一〉

① 齊宣王使人吹竽，必三百人。

② 南郭處士請爲王吹竽，齊宣王說之，廩食以數百人。

③ 宣王死，湣王立，好一一聽之，處士逃。

## 오구뇨정

우물에 오줌 누는 개를 싫어하다

① 人有以其狗爲有執而愛之。其狗嘗尿井。

② 其隣人見狗之溺井也，欲入言之。

③ 狗惡之，當門而噬之。隣人憚之，遂不得入言。

## 한자풀이 한자의 쓰임새와 원문의 뜻풀이

### 1 齊宣王使人吹竽，必三百人。

- 齊宣王 [제선왕/Qí xuān wáng : BC.319−301] 전국시대 제나라의 임금이며 19년간 재위했다. 위왕(威王)의 아우로서, 성은 전(田)이며 이름은 강(疆)이다. 제후로서 왕(王)이라 참칭(僭稱)했다. 손무(孫武=孫子)의 학설을 인정하며 중용한 바 있으며, 문장과 웅변에 뛰어난 인재를 우대했다. 막내 동생 맹상군(孟嘗君)은 진(秦) 소양왕(昭襄王)에게 초빙 받았는데, '계명구도(鷄鳴狗盜)'의 유명한 일화(逸話)를 남겼다.
- 使 [사/shǐ] (사역동사) 시키다, (−로 하여금) −하게 하다
- 吹 [취/chuī] (입으로)불다, (관악기를)연주하다, (바람이)불다
- 竽 [우/Yú] 피리의 일종
  - ➤ 생황(笙簧,19개 대롱)과 비슷한 관악기이며, 고대에 원래 36개 대롱이었으나, 한대(漢代) 이래 주로 22~23개를 사용한다.
  - ➤ 竿[간/gān] 장대→竹竿(죽간)
- 必 [필/bì] 반드시, 꼭 −이어야 한다

직역 : 제(齊)나라 선왕(宣王)은 사람들에게 피리를 불게 했는데, 반드시 300명이 되어야 했다.

**제(齊)나라 선왕(宣王)은 악사들에게 피리를 합주하도록 했는데, 반드시 300명의 악사를 채웠다.**

## 2 南郭處士請爲王吹竽，齊宣王說之，廩食以數百人。

- 南郭 [남곽/nánguō] 복성(複姓)
- 處士 [처사/chǔshì] 재야인사, 처사, 거사(居士)
  - 벼슬하지 않은 사람에 대한 칭호로 사용되며, 민간이나 산중에 묻혀 사는 선비를 지칭한다. 간혹 이 칭호는 일반 지식인이나 재야에 묻혀 사는 인사까지 포괄한다.
- 請 [청/qǐng] 요청하다, 간청하다, 자청하다
- 爲 [위/wèi] (전치사/대상격) ~을 위해
- 說 [열/yuè] 기뻐하다. (=悅)
  - ① [설/shuō] 말하다/서술하다/설명하다→學說(학설), ② [세/shuì] 달래다/설득하다→遊說(유세), ③ [열/yuè] 기뻐하다→說樂(열락)
- 之 [지/zhī] (지시대명사) 그것을. '남곽(南郭)의 태도'를 지칭한다.
- 廩食 [늠식/lǐnshí] 봉록으로 받는 양식, ※廩[름/lǐn] 쌀을 저장하는 곳
  - 廩膳[늠선/lǐnshàn], 廩料[늠료/lǐnliào], 廩栗[늠속/lǐnsù]
- 以 [이/yǐ] (전치사/기구격) ~으로써
  - 廩食以數百人 → 以廩食數百人 (봉록으로써 수백 명의 양식을 받았다.)

직역 : 남곽(南郭) 처사는 왕을 위해 피리 부는 것을 요청했고, 제(齊)나라 선왕(宣王)은 그의 태도에 아주 기뻐하며, 봉록으로 수백 명의 양식을 주었다.

남곽(南郭) 처사는 선왕(宣王)을 위해 피리를 연주하기를 자청했는데, 제나라 선왕은 남곽의 태도를 치하하여, 수백 명이 먹을 수 있는 곡식을 하사했다.

## 3 宣王死, 湣王立, 好一一聽之 處士逃

- 死 [사/sǐ] 죽다(일반 서민의 죽음에 대한 표현)
  - ➤崩(붕) : 천자의 죽음, 薨(훙) : 제후의 죽음, 卒(졸) : 대부의 죽음
- 湣王 [민왕/Mǐn 王wáng, BC.301－284] 제나라의 군주이며, 선왕(宣王)을 이어 17년 동안 재위했다. 재임기간 동안 많은 실정(失政)으로 나라를 어지럽혔다.
  - ➤민(湣)은 시호(諡號)에만 쓰이는 글자이며, 閔[민/mǐn]과 같은 뜻이다.
- 立 [립/lì] 즉위하다, 옹립되다
- 好 [호/hào] (동사) 좋아하다
  - ➤好[호/hǎo] (형용사) 좋다/훌륭하다/건강하다
- 一一 [일일/yīyī] 한 명씩, 낱낱이, 차례대로
- 之 [지/zhī] (지시대명사) 그것. '피리 연주'를 지칭한다.
- 處士 [처사/chǔshì] 처사. 여기서는 '남곽(南郭)'을 지칭한다.
- 逃 [도/táo] 달아나다
  - ➤走[주/zǒu], 亡[망/wáng], 奔[분/bēn]

※

직역 : 선왕(宣王)이 죽고, 민왕(湣王)이 즉위하여, 한 명씩 듣기 좋아했는데, 처사는 달아났다.

**선왕(宣王)이 죽고, 민왕(湣王)이 즉위했는데, 민왕은 한 명씩 독주(独奏)하는 것을 좋아하자, 남곽 처사는 달아나 버렸다.**

## 4 人有以其狗爲有執而愛之。其狗嘗溺井。

- 以 [이/yǐ] (전치사/인과격) －때문에
- 爲有 [위유/wéiyǒu] (동사구) －할 수 있는 재주가 있다
  - ➢ 善於[선어/shàn yú]
- 執 [집/zhí] 막다, 지키다
  - ➢ 守[수/shǒu], 禦[어/yù], 衛[위/wèi], 防[방/fáng]
- 嘗 [상/cháng] (부사) 항상
  - ➢ 常[상/cháng], 恒[항/héng]
- 溺 [뇨/niào] 오줌을 누다 (=尿[뇨/niào], =滫[수/xiù])
  - ➢ 溺[닉/nì] 빠지다

※

직역 : 어떤 사람은 자기 개가 집을 잘 지켰기 때문에 좋아했다. 그 개는 항상 우물가에 오줌을 누었다.

**어떤 사람은 집을 잘 지키는 개를 좋아했다. 그 개는 항상 우물가에 가서 오줌을 누었다.**

## 5 其隣人見狗之溺井也，欲入言之。

- 隣人 [인인/línrén] 이웃 사람
- 之 [지/zhī] (후치사/주격) －이(가)
- 欲 [욕/yù] (조동사) －하려고 하다
- 入言 [입언/rù yán] 들어가서 말하다, 직접 알리다
- 之 [지/zhī] (지시대명사) 그것. '우물가에 개가 오줌 누는 사실'을 지칭한다.

※

직역 : 그 이웃 사람들은 개가 우물가에서 오줌 누는 것을 보고, 주인에게 가서 이 사실을 알려주려고 했다.

**이웃 사람들이 우물가에 오줌 누는 개를 목격하고, 개 주인에게 사실을 알려주려고 했다.**

6 狗惡之，當門而噬之。隣人憚之，遂不得入言。

惡 [오/wù] 싫어하다, 증오하다

> ① [악/è] 나쁘다/추악하다/조잡하다, ② [오/wū] 어찌(의문부사)/오오(감탄사), ③ [오/wù] 싫어하다, ④ [악/ě] 구역질나다

之 [지/zhī] (지시대명사) 그 사람들. '이웃 사람들'을 지칭한다.

當 [당/當dāng] 대항하다, 대적하다, 막다

> 當門[당문/dāng mén] 문을 막다/문을 지키다

而 [이/ér] (순접접속사) ~하고

噬 [서/shì] 물다, 씹다

憚 [탄/dàn] 꺼리다, 삼가다, 두려워하다

遂 [수/suì] 마침내, 이윽고, 결국에

不得 [부득/bù dé] (조동사) ~할 수 없다, ~하지 못하다

※

직역 : 개는 그들을 싫어했고, 문을 가로막고서 그들을 물려고 했다. 이웃 사람들은 그 개를 겁내고, 마침내 들어가서 말하지 못했다.

이 개는 이웃 사람들을 매우 싫어했고, 문에서 이웃 사람들을 저지하며 물려고 했다. 이웃 사람들은 그 개가 겁이 나서, 결국 주인에게 말을 할 수 없었다.

## 한문상식 ◎ 고대의 음계(音階)와 장조(長調)

고대(古代) 음악에서 사용되는 기본 음계는 오음(五音) 또는 오성(五聲)이다. 나중에 2개의 음계를 덧붙여서 칠음(七音)이라 칭하게 되었다. 고대 문헌(文獻)에 자주 보이는 5음(音) 6율(律)은 아래 도표와 같다.

| 5음(音) | 궁(宮 : 도) | | 상(商 : 레) | 각(角 : 미) | 치(徵 : 솔) | | 우(羽 : 라) |
|---|---|---|---|---|---|---|---|
| 7음(音) | 변궁(變宮 : 시) | 궁(宮 : 도) | 상(商 : 레) | 각(角 : 미) | 변치(變徵 : #파) | 치(徵 : 솔) | 우(羽 : 라) |

고대 음악에서 사용되는 기본 장조[음의 高低長短]는 12율(十二律)이다.

| 12율(律) | 6율(六律) | 황종(黃鍾) [C장조] | 태족(太簇) [D장조] | 고세(姑洗) [E장조] | 유빈(蕤賓) [#F장조] | 이칙(二則) [#G장조] | 무역(無射) [B장조] |
|---|---|---|---|---|---|---|---|
| | 6려(六呂) | 대려(大呂) [#C장조] | 협종(夾鍾) [#D장조] | 중려(中呂) [F장조] | 임종(林鍾) [G장조] | 남려(南呂) [A장조] | 응종(應鍾) [B장조] |

그리고 후대 연악(燕樂)에서 다양한 장조(長調)를 사용했는데, 당대(唐代)는 28궁조(宮調), 남송(南宋)의 사곡(詞曲)는 7궁 12조, 원대(元代) 북곡(北曲)은 6궁 11조, 명청(明淸) 이래 남곡(南曲)은 5궁 8조 등을 운용했다. 이 가운데 공통적으로 채용되었던 궁조(宮調)는 5궁(宮) 4조(調)이며, 통칭하여 구궁(九宮)이라 한다.

| 5궁(宮) | 정궁(正宮) | 중려궁(中呂宮) | 남려궁(南呂宮) | 선려궁(仙呂宮) | 황종궁(黃鍾宮) |
|---|---|---|---|---|---|
| 4조(調) | 대석조(大石調) | 쌍조(雙調) | 상조(商調) | 월조(越調) | |

## 문법정리 ◎ 뒤에 놓이는 수식어(修飾語)

한문(漢文)에서 〈수식어+중심어〉의 구조가 정격(正格)이며, 이를 지키지 않고 〈중심어+수식어〉의 형태로 표현되는 경우가 있다.

먼저 단위명사(單位名詞 : )나 수사(數詞)가 결합하여 수식어로 쓰이는 경우인데, 이 경우 단위명사나 수사는 중심어의 앞 혹은 뒤 어느 쪽에 놓아도 무방하다. 그리고 국역(國譯)할 때는 수식어의 위치에 상관없이 항상 〈수식어→중심어〉의 순서로 뜻을 새겨야 한다. 예를 들면,

> 命子封帥車二百乘以伐京。≪左傳・隱公元年≫ ※병거←200乘〈수+양사〉
(자봉에게 이백대의 병거를 이끌고 경성을 정벌하도록 명령했다.)

> 以乘韋先, 牛十二犒師。≪左傳・僖公三十三年≫ ※소 ←12〈수사〉
(먼저 4장의 소가죽을 헌상하고, 또 열두 마리의 소로 군대를 위로했다.)

> 復以弟子一人投河中。≪史記・滑稽列傳≫ ※제자←1명〈수+양사〉
(다시 한 명의 제자를 물속으로 던졌다.)

다음으로 수식어를 뒤에 놓음을 표시하는 형식이 있는데, 즉 일정한 허사(虛辭)를 사용하는 경우이다. 즉 者[자/zhě] 之[지/zhī] 而[이/ér] 등이 사용된다.

① 者의 활용 ⇒ <중심어> + <수식어> + 者

※ 者는 후치사[介詞]로서 수식어 뒤에 놓이며, 이 전체가 다시 그 앞에 놓인 중심어를 수식하는 경우이다.

> 求人可使報秦者。≪史記・廉頗藺相如列傳≫
(진나라에 사신으로 가서 복수할 만한 사람을 찾다.)

② 之-者의 활용 ⇒ <중심어> + 之 + <수식어> + 者

※ 之는 [수식어+者] 앞에 놓이는 구조상의 전치사[介詞]이며, 그 앞의 중심어를 수식한다.

▸馬之千里者, 一食或盡粟一石。≪馬說≫

(천리를 달리는 말이란, 한 끼에 간혹 한 말의 곡식을 다 먹기도 한다.)

③ 而-者의 활용 ⇒ <중심어> + 而 + <수식어> + 者

※ 而은 중심어 다음에 놓이는 구조상의 접속사이며, [수식어+者]를 중심어로 연결시키는 역할을 한다.

▸有一言而可終身行之者乎? ≪論語·衛靈公≫

(종신토록 받들 만한 한마디가 있습니까?)

③ 之의 활용 ⇒ <중심어> + 之 + <수식어>

※ 之는 수식어 앞에 놓이는 구조상의 전치사[介詞]이며, 그 앞의 중심어를 수식한다.

▸蚓無爪牙之利, 筋骨之强…… ≪荀子·勸學≫

(지렁이는 예리한 손톱과 이빨이 없지만, 강인한 체질을 지녔다.)

원문해석

제(齊)나라 선왕(宣王)은 악사들에게 피리를 합주하도록 했는데, 반드시 300명의 악사를 채워야만 했다. 남곽(南郭) 처사는 선왕(宣王)을 위해 피리를 연주하기를 자청했는데, 제나라 선왕은 이런 남곽의 태도를 환영하며, 수백 명이 먹을 수 있는 곡식을 하사했다. 선왕(宣王)이 죽고, 민왕(湣王)이 즉위했는데, 민왕은 한 명씩 독주(獨奏)하는 것을 좋아하자, 남곽 처사는 달아나버렸다.

---

어떤 사람은 집을 잘 지키는 개를 좋아하였다. 그 개는 항상 우물가에 가서 오줌을 누었다. 이웃 사람들이 우물가에 오줌 누는 개를 목격하고, 개 주인에게 사실을 알려주려고 하였다. 이 개는 이웃 사람들을 매우 싫어하였고, 문에서 이웃 사람들을 저지하며 물려고 하였다. 이웃 사람들은 그 개가 겁이 나서, 결국 주인에게 말하지 못하였다.

# 07 鄭人買履

Zhèng Rén Mǎi Lǚ

원문출처 ≪韓非子≫〈外儲說左上〉

한문상식 고대(古代)의 상업문화(商業文化)

문법정리 지시대명사(指示代名詞)

## 정인매리

정나라 사람이 신발을 사다

이 문장(文章)에서는 지나치게 근거를 중시하고 규범에 의존하여 일을 그르치게 되는 것을 비유했다. 즉 상황에 따라 규범을 적용하여 융통성 있게 처신할 것을 권하고 있다. 사회생활이나 종교생활에 있어서 사회통념이나 신앙교리를 절대시하다 보면 이미 자신의 생활 감각을 잃어버리는 경우에 적용되는 교훈이다.

# 07

韓非子

원문읽기

外儲說左上

① 鄭人有欲買履者，先自度其足而置之其坐

② 至之市，而忘操之。

③ 已得履，乃曰：吾忘持度。返歸取之。

④ 及返，市罷，遂不得履。

⑤ 人曰：何不試之以足？ 曰：寧信度，無自信也。

한자풀이 한자의 쓰임새와 원문의 뜻풀이

1 鄭人有欲買履者，先自度其足而置之其坐。

- 鄭人 [정인/Zhèngrén] 정나라 사람
  - 정(鄭)나라는 전국시대 제후국으로 하남성(河南省) 신정현(新鄭縣) 일대에 있었으나, BC.375년 한(韓)나라에 의해 멸망당했다.
- 欲 [욕/yù] (조동사) ~하려고 하다
  - 將[장/jiāng] 장차(부사), 且[차/qiě] 이제 막(부사)
  - 肯[긍/kěn] 기꺼이 ~하려 하다
- 履 [리/lǚ] 신발(총칭), 이행(履行)하다 → 履歷書(이력서)
  - 鞋[혜/xié](끈 구두), 靴[화/xuē](가죽신), 屣[사/xǐ](짚신), 躧[사/xǐ](춤신)
- 有~者 [유~자/yǒu~zhě] (관용어) ~하는 자가 있다
- 度 [탁/duó] (동사) 재다, 측량하다, 계산하다
- 置 [치/zhì] 놓아두다, 방치(放置)하다
- 之 [지/zhī] (지시대명사) 그것. 자기 발의 치수를 잰 끈을 지칭한다.
  - 〈술어+之(형식적 목적어)〉=술어. 之는 해석하지 않음
- 坐 [좌/zuò] 자리, 좌석(座席)
  - 坐[좌/zuò] 앉다, 座[좌/zuò] 자리, 席[석/xí] 자리

직역 : 정(鄭)나라 사람 중에 신발을 사려는 자가 있었는데, 먼저 스스로 자기의 발을 재고서 그 자리에 놓아두었다.

정(鄭)나라에 신발을 사려는 자가 있었는데, 먼저 자기 발 치수를 재고서 그 끈을 그 자리에 놓아두었다.

## 2 至之市，而忘操之。

- 至 [지/zhì] (동사) 이르다, 도달하다, 닿다
  - ➢ 至[지/zhì](시간) → 至今(지금), 到[도/dào](장소) → 到處(도처), 致[치/zhì](정도) → 致死(치사), 達[달/dá](완성) → 達道(달도), 及[급/jí](결과) → 及第(급제), 迄[흘/qì](범위) → 迄今(흘금), 迄至[흘지/qìzhì](시간 · 범위) → 迄至淸代(흘지청대)
- 之 [지/zhī] (동사) 가다
  - ➢ 至之市 (시장에 이르도록 가다) → 至之(술어) + 市(목적어)
  - ➢ 追至濮陽 : 복양에 이르도록 뒤따라가다. ≪史記 · 絳侯周勃世家≫
- 市 [시/shì] 장, 시장, 저자, 장사
- 而 [이/ér] (역접접속사) 그러나, 오히려
- 操 [조/cāo] 잡다, 가지다, 쥐다
- 之 [지/zhī] (지시대명사) 그것. '치수를 잰 끈'을 지칭한다.

※
직역 : 시장까지 이르도록 갔는데, 그러나 그것을 가져오는 것을 잊고 있었다.
**시장에 도착하였지만, 발을 잰 끈을 가져오는 것을 잊고 있었다.**

## 3 已得履，乃[17)]曰 : "吾忘持度." 返歸取之。

- 已 [이/yǐ] (부사) 이미, 벌써, ~한 이후에
- 得 [득/dé] (성취대동사) '손에 잡다'는 의미이다. (=持)
- 乃 [내/nǎi] (부사) 오히려, 도리어
  - ➢ 전후의 상황이 상반되었을 때 사용되며, 의외의 뜻이 가미되어 있다.
- 吾 [오/wú] (1인칭대명사) 나
  - ➢ 대체로 화자(話者) 스스로 부정적인 감정을 드러내거나, 간혹 자신을 하대(下待)하는 경우에 사용되는 겸칭(謙稱)이다.

⊙ 持 [지/chí] 가지다, 지니다 → 維持(유지)

➤여기에서는 앞에 사용된 操[조/cāo]와 중복을 피하기 위한 것이다.

⊙ 度 [도/dù] (명사) 치수, 척도, 정도

➤度[탁/duó](동사) 재다, 측량하다

⊙ 返 [반/fǎn] 돌아오다, 되돌아오다 → 返還(반환)

⊙ 歸 [귀/guī] 돌아가다, 되돌아가다 → 歸家(귀가)

⊙ 之 [지/zhī] (지시대명사) 그것. '자기 발의 치수를 잰 끈'을 지칭한다.

※

직역 : 이미 신발을 잡았지만, 도리어 말하기를, "나는 치수를 가져오는 것을 잊었군." 하고서, 그것을 가지러 집으로 돌아갔다.

**신발을 손으로 들고서, 그는 도리어 "내가 치수를 가져오는 것을 깜박했군."하며, 자기의 발을 잰 끈을 가지러 집으로 되돌아갔다.**

## 4 及返, 市罷, 遂不得履。

⊙ 及 [급/jí] (전치사/착발격) ~한 때에 이르러. 동작의 결과를 나타낸다.

⊙ 罷 [파/bà] 끝나다(제한), 그치다, 파장(罷場)하다

➤終[종/zhōng](결과), 畢[필/bì](과정), 窮[궁/qióng](정도), 盡[진/jìn](용량)

⊙ 遂 [수/suì] 마침내, 이윽고, 결국에

⊙ 得 [득/dé] (성취 대동사) '사다'는 의미를 대신한다. (=買)

※

직역 : 되돌아왔을 때, 시장은 끝나고, 결국 신발을 사지 못했다.

**다시 되돌아왔지만, 이미 시장은 파장했고, 결국 신발을 사지 못했다.**

**5** **人曰：何不試之以足？ 曰：寧信度，無自信也。**

- 人 [인/rén] (3인칭대명사) 어떤 사람
  - 或[혹/huò], 或者[혹자/huòzhě]
- 何不 [하불/hé bù] (반문형) 어찌-아니한가? (=盍[합/hé]/闔)
- 之 [지/zhī] (지시대명사) 그것. '신발(履)'을 지칭한다.
- 以 [이/yǐ] (전치사/기구격) -으로써
- 寧 [녕/nìng] 차라리(-하는 것이 낫다), 오히려(-할지언정)
  - ① 與其(A), 寧可(B) : (A)하느니, 차라리 (B)하는 것이 낫다,
    ② 寧[可](A), [也]不(B) : 차라리 (A)할지언정, (B)하지는 않겠다.
  - 寧[녕/níng] 안녕하다/편안하다
- 信 [신/xìn] 진실하다, 믿다
- 無自信也 나 자신에게 진실함이 없다 → 자신을 믿을 수 없다
  - 목적어 도치 : 無(부정부사어)+自(목적어)+信(술어)+也(종결사)

직역 : 어떤 사람이 "어찌 발로 그것을 신어보지 않았소?"라 묻자, 말하기를, "차라리 치수를 믿을지언정, 오히려 자신을 믿을 수는 없습니다."라 했다.
**어떤 사람이 묻기를 "어찌 당신 발로 신어보지 않았소?"라 하자, 대답하기를, "차라리 치수를 믿을지라도, 내 자신을 믿을 수는 없기 때문입니다."라 했다.**

## 한문상식 고대(古代)의 상업문화(商業文化)

옛날 중국은 중농정책(重農政策)을 기반으로 유지되는 농경사회였다. 이런 까닭으로 상인은 천시받는 계층이었고, 송대(宋代)에 이르러서야 사회적 신분을 보장받게 된다. 그러나 원시시대부터 상업은 어떤 형태로든 존재하였을 것이며, 자급자족의 공동체라 할지라도 내부적인 물물교환이나 상거래가 이루어졌을 것이다. 비록 상업에 관한 상세한 기록은 서주(西周) 이전에 보이지 않지만, ≪주역(周易)・계사편(繫辭篇)≫에 의하면, 신농씨(神農氏) 때부터 시장에서 상품의 교역(交易)이 이루어졌음을 기록하고 있다. 그리고 하(夏)나라 우(禹)임금 이래 각 지역의 부족(部族)으로부터 조공(朝貢)을 받은 역사적 사실로 미루어 보아, 원시 상업의 형태가 널리 파급되었음을 알 수 있다. 춘추전국시대는 정치적으로 혼란한 역사배경을 갖고 있지만, 오히려 각 지역의 왕래가 예전에 비해 자유로워졌으며, 교통의 발달과 함께 상업문화 역시 발전의 단계를 밟고 있다. 이 시기는 각 제후국들이 도시국가(都市國家)의 형태를 유지했고, 필요한 물자들은 다른 지역에서 유입되었으며, 부국강병책(富國强兵策)의 일환으로 다양한 상품의 수요와 가치를 인식하기에 이르렀다. 특히 전국시대(戰國時代)의 임치(臨淄)와 한단(邯鄲) 등은 유명한 상업지역이 되었다. 또한 기록에 의하면 자공(子貢)과 범려(范蠡)는 무역을 통해 거부(巨富)가 되었고, 노(魯)나라의 의돈(猗頓)은 소금제조업으로 갑부(甲富)가 되었다. 이러한 무역과 제조업은 화폐의 발달을 가져왔고, 금은을 비롯하여 청동과 철이 활용되었다. 한대(漢代)의 서역개척 및 당대(唐代)의 국제무역은 중국문화를 더욱 화려하게 장식했으며, 이후 송대(宋代)는 중상정책(重商政策)이 활발하게 전개되며 중세의 상업시대를 열었다.

## 문법정리 지시대명사 : 이것/그것/다른 것/어떤 것

지시대명사는 주로 다른 명사를 대신하는 역할을 한다. 문언(文言)에서도 어떤 단어를 대신하면 대명사(代名詞)라고 부르는데, 그 범위는 명사뿐만 아니라 동사·형용사·수사(數詞)까지도 포함한다. 가령 동사를 대신하면 대동사(代動詞), 형용사를 대신하면 부사(副詞), 그리고 명사(名詞)와 수량사(數量詞)를 대신하면 지시대명사(指示代名詞)이다. 이를 분류하면 화자(話者)의 거리에 의한 근칭(近稱)·원칭(遠稱)을 비롯하여, 범위에 의한 유칭(類稱)과 부정칭(不定稱) 등이 있다. 이를 정리하면 다음과 같다.

### 지시대명사(指示代名詞)의 분류

| 구분 | 단 어 | | 활용예문 | 의미 |
|---|---|---|---|---|
| 근칭<br>近稱 | 此 | (차/cǐ) | 此夫之勇, 敵一人者也. 《孟子·梁惠王下》<br>이 평범한 사나이의 용맹은, 한 사람만 대적할 뿐입니다. | 이<br>이것<br>이곳<br>이런 |
| | 是 | (시/shì) | 終而復始, 日月是也. 《孫子兵法·勢》<br>사라졌다가 다시 떠오르는 것은, 해와 달이 이러합니다. | |
| | 斯 | (사/sī) | 斯不自見之患也. 《論語·堯曰》<br>이것은 자기의 결점을 깨닫지 못하는 것입니다. | |
| | 茲 | (자/zī) | 我王來, 旣爰宅於茲. 《書經·商書·盤庚上》<br>우리의 선왕 이래로, 이미 이곳에서 정착하였다. | |
| | 之 | (지/zhī) | 昔君之惠也, 寡人未之敢忘. 《國語·晋語三》<br>옛날 임금의 은혜인데, 과인은 결코 이를 잊을 수 없다. | |
| | 時 | (시/shí) | 滿招損, 謙受益, 時乃天道. 《書經·虞書·大虞謨》<br>자만은 손해를 자초하고, 겸손은 이익을 얻는데, 이는 곧 하늘의 섭리입니다. | |
| | 以 | (이/yǐ) | 以告者過也. 《論語·堯曰》<br>이는 말을 전하는 사람이 잘못입니다. | |

| 구분 | 글자 | 음 | 예문 | 뜻 |
| --- | --- | --- | --- | --- |
| 원칭<br>遠稱 | 彼 | 〔피/bǐ〕 | 知彼知己, 百戰不殆. 《孫子兵法・謀攻》<br>저편을 알고 자기편을 알면, 백 번 싸워도 위태롭지 않다. | 저<br>저것<br>저곳<br>저런 |
| | 其 | 〔기/qí〕 | 天有其時, 地有其財. 《荀子・天論》<br>하늘에는 그 철이 있고, 땅에는 그 재원이 있다. | |
| | 厥 | 〔궐/jué〕 | 若藥不瞑眩, 厥疾不瘳. 《孟子・滕文公上》<br>만약 약이 혼미케 하지 않는다면, 그 병은 고칠 수 없다. | |
| | 夫 | 〔부/fú〕 | 好夫似龍而非龍者也. 《新序・雜事》<br>용을 닮았으나 용이 아닌 그런 것을 좋아하다. | |
| | 以 | 〔이/yǐ〕 | 以告者過也. 《論語・堯曰》<br>이는 말을 전하는 사람이 잘못입니다. | 그<br>그것<br>그곳<br>그런 |
| | 彼 | 〔피/bǐ〕 | 知彼知己, 百戰不殆. 《孫子兵法・謀攻》<br>저편을 알고 자기편을 알면, 백 번 싸워도 위태롭지 않다. | |
| | 其 | 〔기/qí〕 | 天有其時, 地有其財. 《荀子・天論》<br>하늘에는 그 철이 있고, 땅에는 그 재원이 있다. | |
| | 厥 | 〔궐/jué〕 | 若藥不瞑眩, 厥疾不瘳. 《孟子・滕文公上》<br>만약 약이 혼미케 하지 않는다면, 그 병은 고칠 수 없다. | |
| | 夫 | 〔부/fú〕 | 好夫似龍而非龍者也. 《新序・雜事》<br>용을 닮았으나 용이 아닌 그런 것을 좋아하다. | |
| 유칭<br>類稱 | 他 | 〔타/tā〕 | 王顧左右而言他. 《孟子・梁惠王下》<br>왕은 좌우를 돌아보며 다른 것을 말하였다. | 다른것 |
| | 每 | 〔매/měi〕 | 子入大廟, 每事問. 《論語・八佾》<br>공자가 태묘에 들어와서, 일마다 물었다. | ~것<br>마다 |
| 부정칭<br>不定稱 | 或 | 〔혹/huò〕 | 慈石召鐵, 或引之也. 《呂氏春秋・精通》<br>자석(磁石)은 철을 붙이는데, 어떤 것이 그것을 당긴다. | 어떤것 |
| | 莫 | 〔막/mò〕 | 溥天之下, 莫非王土. 《詩經・小雅・北山》<br>넓은 하늘 아래, 아무 곳도 왕의 땅이 아닌 것이 없다. | 아무<br>것도<br>~없다 |
| | 某 | 〔모/mǒu〕 | 欲作一屛風, 張於某所. 《漢書・孝成許皇后傳》<br>병풍 하나를 만들어, 어느 장소에 진열하려고 하였다. | 어느 |

**원문해석**

정(鄭)나라 사람 중에 신발을 사려는 자가 있었는데, 먼저 자기 발 치수를 재고서 그 끈을 그 자리에 놓아두었다. 시장에 도착했지만, 발을 잰 끈을 가져오는 것을 잊고 있었다. 신발을 손으로 잡은 이후에, 그는 도리어 "내가 치수를 가져오는 것을 깜박했군."이라 하며, 그 발을 잰 끈을 가지러 집으로 되돌아갔다.

다시 되돌아왔지만, 이미 시장은 파장했고, 결국 신발을 사지 못했다. 어떤 사람이 묻기를 "왜 당신 발로 신어보지 않았소 ? "라 하자, 대답하기를, "차라리 치수를 믿을지라도, 내 자신을 믿을 수는 없기 때문입니다."라 했다.

# 08 伯俞泣笞

Bó Yú Qì Chī

원문출처 ≪說苑≫〈卷三建本〉

한문상식 ≪설원(說苑)≫은 어떤 책인가

문법정리 사역문형(使役文型)

## 백유읍태

백유가 매를 맞으며 울다

이 문장(文章)은 과오에 대한 반성하는 태도를 세 가지 등급으로 나누어 설명하고 있다. 특히 백유(伯俞)의 눈물에 담긴 참회(懺悔)는 노모(老母)에 대한 진실한 존경심을 전달하고 있다. 비록 본문은 부모와 자식 간의 근본적인 도리에 국한되어 있지만, 남을 탓하기 전에 먼저 자신을 솔직하게 반성할 줄 알아야 하며, 그 이전에 자신을 사랑하는 사람들에게 깊은 이해심을 지녀야 훌륭한 인격자라 하겠다.

# 08







① 伯兪有過，其母笞之，泣。

② 其母曰：他日笞子，未嘗見泣，今泣，何也？

③ 對曰：他日兪得罪，笞嘗痛；今母之力衰，不能使痛，是以泣也。

④ 故曰父母怒之，不作於意，不見於色，深受其罪，使可哀憐，上也。

⑤ 父母怒之，不作於意，不見於色，其次。父母怒之，作於意，見於色，下也。

## 한자풀이 한자의 쓰임새와 원문의 뜻풀이

### 1 伯俞有過, 其母笞之, 泣。

- 伯俞 [백유/Bóyú] 인명.
- 過 [과/guò] (명사) 잘못, 과오(過誤), 과실(過失)
  - ➤過[과/guō] (동사) 초과하다/지나치다
  - ➤犯[범/fàn] 죄를 범하다
- 笞 [태/chī] 매질하다, 볼기치다
  - ➤고대의 형벌 : 죄인의 볼기를 죽편(竹鞭)이나 회초리로 때리는 것을 말한다.
  - ➤시대별 오형(五刑) : 〈우순(虞舜) · 주(周)〉 ① 묵(墨)－이마에 문신을 새김, ②의(劓)－코를 베는 것, ③ 비(剕)－발꿈치를 베는 것, ④ 궁(宮)－음란한 죄인의 거세/유폐, ⑤ 대벽(大辟)－사형 〈진한(秦漢)〉 ① 경(黥)－얼굴에 문신을 새김, ②의(劓)－코를 베는 것, ③ 참(斬)－목을 베는 것, ④ 참좌우지(斬左右趾)－발을 자름, ⑤ 효수(梟首)－목을 베어 매달아 놓음 〈수(隋)이후〉 ① 태(笞)－볼기를 회초리로 때림, ② 장(杖)－몽둥이로 볼기를 때림, ③ 도(徒)－막노동, ④ 유(流)－객지로 추방함, ⑤ 사(死)－사형
- 泣 [읍/qì] 흐느끼다, 소리를 내지 않고 눈물을 흘리며 울다
  - ➤涕[체/tì] 눈물방울, 淚[루/lèi] 눈물자국
  - ➤哭[곡/kū] 소리 내어 울다/통곡하다, 欷[희/xī](흑흑), 歔[허/xū](훌쩍)

※

직역 : 백유(伯俞)에게는 잘못이 있어, 그 모친이 그를 매질하자, 눈물을 흘렸다.

**백유가 잘못한 일이 있어, 모친이 그를 때렸는데, 백유는 말없이 눈물을 흘렸다.**

## 2 其母曰 : 他日笞子, 未嘗見泣, 今泣, 何也 ?

- 他日 [타일/tā rì] 다른 날, 다른 때
- 子 [자/zǐ] (2인칭대명사) 너. 여기서는 '백유'를 지칭한다.
- 未嘗 [미상/wèicháng] 일찍이 ~한 적이 없다, 결코 ~한 일이 없다
  - 未嘗見~[미상견~/wèicháng見jiàn~] 결코 ~하는 것을 본 적이 없다
- 何 [하/hé] (의문부사/이유) 왜, 무엇 때문인가?
  - 何泣也? 무엇 때문에 우는가?

> 직역 : 그 모친이 말하기를, "다른 때에 너를 때려도, 일찍이 우는 것을 본 적이 없는데, 지금 우는 것은 무엇 때문인가?"라 했다.
> **백유의 모친은 "다른 때에도 너를 때렸지만, 네가 우는 모습을 결코 본 적이 없었는데, 지금 무엇 때문에 울고 있느냐?"라고 물었다.**

## 3 對曰 : 他日俞得罪, 笞嘗痛 ; 今母之力衰, 不能使痛, 是以泣也.

- 對曰 [대왈/duì yuē] 대답하여 말하다
  - 對+〈간접목적어〉 + 曰 + 〈직접목적어〉 : 對〈其母〉曰〈~〉
- 俞 [유/yú] 백유(伯俞)
- 得 [득/dé] (성취대동사) '벌을 받다'를 대신한다. (=處罰)
  - 得罪[득죄/dézuì] 죄목(罪目)에 저촉(抵觸)되다
- 笞 [태/chī] (동사의 명사化) '매질/때리는 정도'를 나타낸다.
- 嘗 [상/cháng] 항상, 언제나 (=恒常)
- 衰 [쇠/shuāi] 쇠약하다, 약해지다
- 使 [사/shǐ] (사역동사) ~하게 하다
  - 使痛[사통/shǐ tòng] 아프도록 하다

是以 [시이/shìyǐ] 이런 까닭으로, 이로 말미암아

- 以(인과격 전치사)+是(지시대명사) → 是以 (그래서)
- 以(기구격 전치사)+是(지시대명사) → 以是 (이것으로써)

*

직역 : 대답하여 말하기를, "다른 때 제가 죄를 지어서, 맞으면 항상 고통스러웠는데, 지금 어머니의 힘이 쇠하여, 아프도록 때릴 수 없으니, 이런 까닭으로 우는 것입니다." 라 했다.

"다른 날 제가 잘못했을 때, 어머니가 때리는 매는 항상 고통스러웠습니다. 그런데 지금 어머니의 힘이 약해져서, 저를 아프게 때릴 수 없게 되었으니, 이런 까닭으로 울고 있습니다."라도 대답했다.

**4 故曰父母怒之, 不作於意, 不見於色, 深受其罪, 使可哀憐, 上也。**

故曰 [고왈/gù yuē] 이런 까닭으로 ~라고 말하다, 따라서

之 [지/zhī] (지시대명사) '자녀'를 지칭한다.

- 父母(주어)+怒(nù술어)+之(목적어) → 부모가 (자녀에게) 화내다

作 [작/zuò] 꾸며내다, 일으키다

於 [어/yú] (전치사/처소격) ~에

意 [의/yì] 마음, 생각

- 作意[작의/zuòyì] ① 글을 쓴 의도/의미, ② 무엇을 꾸미려는 마음
- 不作於意 마음속으로 불만을 품지 않는다.

見 [현/見xiàn] 나타내다, 드러내다

色 [색/sè] 얼굴, 표정

- 見色[현색/xiàn sè] 표정으로 나타내다, 표정을 짓다
- 不見於色 표정에 불만을 드러내지 않는다

受 [수/shòu] 받다, 받아들이다

≫ 受罪[수죄/shòuzuì] 죄가를 받다, 受罰[수벌/shòufá] 처벌을 받다

≫ 授[수/shòu] 주다/수여하다

使 [사/shǐ] (가정접속사) 가령 ~한다면

可 [가/kě] (조동사) ~할 수 있다

哀憐 [애련/āilián] (피동형) 불쌍하게 여겨지다

※

직역 : 이런 까닭으로 말하자면, 부모가 화를 내어도, 마음속에 불만을 품지 않고, 얼굴에 불만을 나타내지 않으며, 깊이 그 죄를 받아들여, 가령 불쌍하게 여겨질 수 있다면, 최상이다.

**따라서 부모가 화를 낼 때, 불만스런 마음을 품지 않고, 불만에 찬 표정을 짓지 않으면서, 자기의 죄를 깊이 반성하며, 부모로부터 불쌍히 여겨질 정도라면, 가장 좋은 태도이다.**

**5** **父母怒之, 不作於意, 不見於色, 其次。父母怒之, 作於意, 見於色, 下也。**

次 [차/cì] 버금, 그 다음, 둘째

※

직역 : 부모가 화를 내어도, 마음속에 불만을 품지 않으면서, 얼굴에 불만을 나타내지 않는다면, 그 다음이다. 부모가 화를 내면, 마음속에 불만을 품으면서, 얼굴에 불만을 나타낸다면, 최하이다.

**부모가 화를 낼 때, 불만스런 마음을 품지 않으면서, 불만스런 표정을 짓지 않는다면, 보통의 태도이다. 부모가 화를 낼 때, 마음속으로 불만을 품고, 그 불만을 표정으로 나타낸다면, 가장 나쁜 태도이다.**

## 한문상식 ≪설원(說苑)≫은 어떤 책인가

한대(漢代) 유향(劉向)이 지은 필기소설집(筆記小說集)이며, 원래 명칭은 ≪신원(新苑)≫(20권)이었다.

최초의 기록으로 ≪한서(漢書)·예문지(藝文志)≫에 '유가류(儒家類)'로 분류되어 있다.

유향(劉向)의 <상설원표(上說苑表)>에 의하면, 그는 조정에 수장하고 있는 옛날의 자료들을 20권으로 정리하여 "신원(新苑)"이라 이름을 붙였고, 모두 748종의 이야기를 수록했다.

≪설원≫의 체제는 군도(君道)·신술(臣術)·건본(建本)·입절(立節)·귀덕(貴德)·복은(復恩)·정리(政理)·존현(尊賢)·정간(正諫)·경신(敬愼)·선설(善說)·봉사(奉使)·권모(權謀)·지공(至公)·지무(指武)·설총(說叢)·잡언(雜言)·변물(辨物)·수문(修文)·반질(反質) 등으로 이루어져 있다.

매편마다 1권이며, 선진(先秦)부터 한대(漢代)초기까지 유가(儒家)의 경전과 제자백가(諸子百家)의 전적(典籍)에 전하는 역사 이야기들을 분류하여 수록하였는데, 개인적인 견해를 가미하여 인륜에 대해 권고하는 서술방식을 채택했다. 전편에 걸쳐 논설을 위주로 삼고 이야기를 후술했다.

현전하지 않는 고서(古書)의 기록은 이 책을 통해 단편적으로 살펴볼 수 있어 문헌고증에 소중한 가치를 지니고 있다.

일찍이 유협(劉勰)은 ≪문심조룡(文心雕龍)·제자편(諸子篇)≫에서 '잡다한 견해를 길게 늘여 놓았다'라고 평가하였지만, <설총편(說叢篇)>에서는 고서(古書)의 격언을 기록하면서, 고도의 함축적인 견해를 밝히고 있다.

덕의(德義)의 본성을 중시하고, 용병(用兵)의 무력을 강조하지 않았다.

이 책은 ≪수서(隋書)·경적지(經籍志)≫에 20권이 수록되어 있고, ≪구당서(舊唐書)≫와 ≪신당서(新唐書)≫에 30권이 수록되어 있는데, 당대(唐代) 유황(劉貺)의 ≪속설원(續說苑)≫10권을 합쳐서 30권으로 불어났다.

그러나 송대(宋代)에 이르면 원전(原典)이 훼손되자, 증공(曾鞏)의 손을 거쳐 20권으로 정비되었지만 678종으로 줄어들었다. 이 가운데 16종은 진한(秦漢) 때의 이야기이고, 나머지는 선진(先秦) 때의 이야기이다.

현존하는 판본(板本)으로는 ≪한위총서(漢魏叢書)≫본(本), ≪사고전서(四庫全書)≫본, ≪백자전서(百子全書)≫본, ≪사부총서(四部叢書)≫본, ≪총서집성초편(叢書集成初編)≫본, ≪사부약요(四部略要)≫본 등이 있다.

청대(淸代) 노문초(盧文弨)의 ≪설원교보(說苑校補)≫(1권)가 있으며, 현재 간행본으로 조선이(趙善詒)의 ≪설원소증(說苑疏證)≫(華東師範大學出版社,1985), 유문전(劉文典)의 ≪설원각보(說苑斠補)≫(雲南人民出版社,1959) 등이 중국에서 발간된 바 있다. 국내에서도 임동석(林東錫)교수가 완역한 ≪한글 설원(說苑)≫(東文選,1997)이 있다.

## 문법정리 사역문형(使役文型) : ~하게 하다

사역의 의미는 한문(漢文)에서 일반적으로 사역동사(使役動詞)를 사용하는 경우와 다른 단어에 사역의 의미가 내포된 경우로 나눌 수 있다. 먼저 사역동사로는 使[사/shǐ]·令[령/lìng]·命[명/mìng]·讓[양/ràng]·派[파/pài]·遣[견/qiǎn]·請[청/qǐng]·俾[비/bǐ] 등이 있다. 그 대표적인 용례를 살펴보면 다음과 같다.

- 愛我者唯祝我, 使我速死, 無及於難。≪左傳·成公十七年≫
  (나를 사랑하는 자라면 나를 축원하고, 나를 빨리 죽도록 하여, 곤경에 이르지 말라.)
- 五色令人目盲, 五音令人耳聾。≪老子·檢欲第十二章≫
  (오색은 사람의 눈을 멀도록 하고, 오음은 사람의 귀를 먹도록 한다.)
- 太守卽遣人隨其往。陶淵明<桃花源記>
  (태수는 즉시 사람을 보내 그 어부를 따라가도록 했다.)
- 遣從者懷璧間行先歸。≪十八史略≫
  (하인으로 하여금 옥을 품고 사잇길로 먼저 돌아가도록 했다.)
- 俾予從欲以治, 四方風動, 惟乃之休。≪書經·大禹謨≫
  (나로 하여금 마음대로 다스리게 하여, 세상이 내게로 쏠려서 감동하는 것은, 오직 그대의 진실함 때문이다.)
- 善哉, 吾請無攻宋矣。≪墨子·公輸≫
  (옳도다, 내가 송나라를 공격하지 못하도록 하겠다.)

사역동사 이외에 일반 동사를 비롯하여 의미상의 사역을 나타내는 경우인데, 대체로 문맥상의 사역과 음운상의 사역으로 나눌 수 있다.

① 의미상의 사역문형 ⇒ <일반동사> 또는 <형용사>

➢ 卒廷見相如, 畢禮而歸之。≪史記・廉頗藺相如列傳≫
(마침내 조정에서 인상여를 접견하고, 의례를 마치고 돌아가도록 했다.)
➢ 强本而節用, 則天不能貧。≪荀子・天論≫
(근본을 강화시키고 용도를 절제시킨다면, 하늘이 가난하게 만들지 않을 것이다.)

② 의미상의 사역문형 ⇒ <일반명사> 또는 <단위명사>

➢ 天子不得而臣也, 諸侯不得而友也。≪新序・節士≫
(천자가 그를 신하로 삼을 수 없고, 제후는 그를 친구로 삼을 수 없다.)
➢ "孰能一之?" 對曰 : "不嗜殺人者能一之." ≪孟子・梁惠王上≫
("어떤 사람이 천하를 통일시킬 수 있습니까?" 대답하기를, "살인을 좋아하지 않는 자라야 천하를 통일시킬 수 있습니다."라고 했다.)

③ 음운상의 사역문형 ⇒ 食(사), 衣(의), 飮(음), 見(현) 등
※ 食[식/shí](먹다) → [사/sì](먹이다), 衣[의/yī](옷입다) → [의/yì](옷입히다), 飮[음/yǐn] → [음/yìn](마시게 하다), 見[견/jiàn] → [현/xiàn](보이다) 등으로 사역의미를 지니면 음운상의 변화를 일으킨다.

➢ 非能耕而食之, 織而衣之也。晁錯<論貴粟疏>
(직접 경작하여도 그들을 먹일 수 있다거나, 직접 직조하여도 그들을 입힐 수 있는 것이 아니다.)
➢ 晉侯飮趙盾酒。≪左傳・宣公二年≫
(진나라 제후는 조돈에게 술을 마시게 했다.)
➢ 子墨子曰 : 胡不見我於王? ≪墨子・公輸≫
(묵자가 말하기를, "어찌하여 나를 왕에게 보여주지 않습니까?"라 했다.)

➢ 止子路宿, 殺鷄爲黍而食之, 見其二子焉。≪論語 · 微子≫

(자로를 가로막아 묵게 하고, 닭을 잡고 기장밥을 지어 먹이고, 두 아들을 보여주었다.)

**원문해석**

백유(伯兪)가 잘못한 일이 있어서, 모친이 그를 때렸는데, 백유는 말없이 눈물을 흘렸다. 모친이 "다른 때에도 너를 때렸지만, 결코 네가 우는 모습을 본 적이 없었는데, 지금 무엇 때문에 울고 있느냐?"라고 물었다. 대답하기를, "다른 때 제가 어머니를 화나게 하였을 때, 맞는 매는 항상 고통스러웠습니다. 그런데 지금 어머니의 힘이 약해져서, 저를 아프게 때릴 수 없게 되었으니, 이런 까닭으로 울고 있습니다."라 했다.

따라서 부모가 화를 낼 때, 불만스런 마음을 품지 않고, 불만에 찬 표정을 짓지 않으면서, 자기의 죄를 깊이 반성하며, 부모로부터 불쌍히 여겨질 정도라면, 가장 좋은 태도이다. 부모가 화를 낼 때, 불만스런 마음을 품지 않으면서, 불만스런 표정을 짓지 않는다면, 보통의 태도이다. 부모가 화를 낼 때, 마음속으로 불만을 품고, 그 불만을 표정으로 나타낸다면, 가장 나쁜 태도이다.

# 09 中州之蝸

Zhōng Zhōu Zhī Wō

원문출처 ≪於陵子≫〈人間〉, ≪韓非子≫〈五蠹〉

한문상식 년(年)과 세(歲)의 비교

문법정리 피동문형(被動文型)

## 중주지와

중주지역에 사는 달팽이

이 우언(寓言)은 분수도 모르고 원대한 희망만을 추구하는 달팽이를 내세워 과대망상과 근본을 무시하는 세상사를 풍자했다. 즉 자기의 본분을 잊고서 막연한 기대에 사로잡혀 있는 사람과 무모한 계획을 세웠다가 자포자기하는 경우에 적용되는 교훈이다.

# 09

≪於陵子≫〈人問〉

≪韓非子≫〈五蠹〉

① 中州之蝸，將起而責其是非。

② 欲東之泰山，會程三千餘歲；欲南之江漢，亦會程三千餘歲。

③ 因自量其齒，則不過旦暮之間，於是悲憤莫勝，而枯於蓬蒿之上，爲螻蟻所笑。

**수주대토**
그루터기에서 토끼를 기다리다

宋人有耕者，田中有株，兎走觸株,折頸而死。

因釋其耒而守株，冀復得兎。

兎不可復得，而身爲宋國笑。

今欲以先王之政，治當世之民，皆守株之類也。

## 한자풀이 한자의 쓰임새와 원문의 뜻풀이

### 1 中州之蝸, 將起而責其是非。

- 中州 [중주/Zhōngzhōu] 고대의 행정구역명. 원래 중토(中土) 혹은 중원(中原)을 지칭하는데, 여기서는 하남성(河南省) 일대를 말하며, 고대의 구주(九州)의 중심지역이었다.
  - 요순(堯舜)시대 ① 기(冀 : 河北/山西/＋河南일부), ② 연(兗 : 河北/＋山東일부), ③ 청(靑 : 山東), ④ 서(徐 : 山東＋江蘇＋安徽일부), ⑤ 형(荊 : 湖南/湖北/廣西/貴州＝楚), ⑥ 양(揚 : 浙江/江西/福建), ⑦ 예(豫 : 河南/＋湖北＋山東), ⑧ 양(梁 : 四川/＋陝西＋甘肅), ⑨ 옹(雝 : 陝西/甘肅＝雍)
  - 주대(周代) ① 양(揚 : 浙江/江西/福建), ② 영(營 : 山東북부), ③ 예(豫 : 河南/＋湖北＋山東), ④ 청(靑 : 山東), ⑤ 연(兗 : 河北/＋山東일부), ⑥ 옹(雝 : 陝西/甘肅＝雍), ⑦ 유(幽 : 河北＝北京일대), ⑧ 기(冀 : 河北/山西/＋河南일부), ⑨ 병(幷 : 山西省＝大原府)
- 蝸 [와/wō] 달팽이 ※蛙[와/wā] 개구리
- 將 [장/將jiāng] (시간부사) 장차, 막(～하려고 하다)
- 起 [기/qǐ] 기동하다, 분기(奮起)하다, 오기(傲氣)를 부리다
- 而 [이/ér] (순접접속사) ～하여
- 責 [책/zé] 꾸짖다, 책망(責望)하다 → 밝히다
- 其 [기/qí] (지시대명사) 자기 자신. 여기서는 '달팽이(蝸)'를 지칭한다.
- 是非 [시비/shìfēi] 가부(可否), 판별
  - 여기서는 달팽이 스스로 판별하려는 '능력 여부'를 의미한다.

> ※
> 직역 : 중주(中州)의 달팽이는 분기(奮起)하여 자기의 능력 여부를 밝히고자 했다.
> 중주(中州)의 달팽이는 느림보라는 오명을 씻기 위해 의욕을 내어 자기의 능력을 스스로 밝혀보고자 했다.

**2 欲東之泰山，會程三千餘歲；欲南之江漢，亦會程三千餘歲。**

- 之 [지/zhī] (동사) 가다. 뒤에 목적지에 해당하는 단어가 놓인다.
- 泰山 [태산/tàishān] 산동성(山東省) 봉안현(奉安縣)에 있는 명산.
- 會 [회/kuài] 통계, 회계, 계산하다
- 程 [정/chéng] 한도(限度), 헤아리다
- 歲 [세/suì] 년, 해
  - 年[년/nián], 載[재/zài], 週[주/zhōu]
- 江 [강/jiāng] 양자강(揚子江). 일명 장강(長江)·대강(大江)으로도 불린다. 청해성(青海省) 서남쪽 파안객나산(巴顏喀喇山)에서 발원하여, 서강(西康)·운남(雲南)을 지나 사천성(四川省) 의빈현(宜賓縣)에 이르러, 민강(岷江)과 합류되고 이곳부터 '장강(長江)'으로 부른다. 총길이 5,700여 Km로 중국뿐만 아니라 아시아에서 가장 긴 강이다.
- 漢 [한/hàn] 한수(漢水). 섬서성(陝西省) 영강현(寧羌縣)에서 발원하여 호북성(湖北省)을 관류하는 양자강(揚子江)의 지류이다.

직역 : 동쪽으로 태산을 가려고, 계산해보니 3천여 년이나 되었다. 남쪽으로 양자강(揚子江)과 한수(漢水)를 가려고, 또 계산해보니 3천여 년이나 되었다.

동쪽의 태산으로 가려니, 3천여 년이나 소요되었다. 남쪽의 양자강(揚子江)과 한수(漢水)로 가려니, 3천여 년이나 소요되었다.

**3** **因自量其齒，則不過旦暮之間，於是悲憤莫勝，而枯於蓬蒿之上，爲螻蟻所笑。**

- 因 [인/yīn] (부사) 이리하여, 곧. 동사 수식
  - 因[인/yīn](접속사)왜냐하면 ~때문이다, ~하는 까닭에 (문장 연결)
  - 宅邊有五柳樹，因以爲號焉. (집 주위에 버드나무 5그루가 있었는데, 그래서 그것을 호(號)로 삼았다.) ≪陶淵明集·五柳先生傳≫
  - 因造玉淸宮，伐山取材. (옥청궁을 만들기 때문에, 산을 벌목하여 건자재를 취했다.) ≪夢溪筆談·雜志一≫
- 自量 [자량/zìliàng] 자신의 능력을 측정하다, 자평(自評)하다
- 齒 [치/chǐ] 연령(年齡), 나이를 세다
- 則 [즉/zé] (부사) 곧, 바로
- 不過 [불과/bú guò] 넘지 아니하다, 불과하다
- 旦暮之間 [단모지간/dànmù zhī jiān] 아침에서 저녁까지, 아주 짧은 시간
- 於是 [어시/yúshì] (순접접속사) 이리하여
- 悲憤 [비분/bēifèn] 분노, 슬픔
- 莫勝 [막승/mò shēng] 감당하지 못하다, 극복하지 못하다
- 枯 [고/kū] (형용사의 동사化) 마르다(형) → 말라죽다(동)
- 蓬蒿 [봉호/pénghāo] 쑥
- 螻蟻 [누의/lóu yǐ] 땅강아지와 개미, 미물(微物)의 총칭
- 爲~所… [위-소-/wéi-suǒ-] (피동구문) ~에게 …당하다
  - 爲螻蟻所笑 : 땅강아지와 개미에게 웃음거리가 되다

직역 : 이리하여 자기의 수명(壽命)을 측정해보니, 곧 아침에서 저녁까지 정도에 지나지 않았다. 그래서 슬픔을 이기지 못하고, 쑥 위에서 말라죽었는데, 땅강아지와 개미에게 웃음거리가 되는 바였다.

이리하여 자기의 수명(寿命)을 따져보니, 곧 하루살이에 불과했다. 그래서 슬픔에 못이겨, 쑥 위에서 말라죽었는데, 땅강아지나 개미와 같은 미물들에게 웃음거리가 되었다.

## 4 宋人有耕者，田中有株，兎走觸株，折頸而死。

- 宋人 [송인/Sòngrén] 송나라 사람
  - 송(宋)나라는 전국시대 제후국으로서 지금의 하남성(河南省)의 동부지역과 산동성(山東省)·강소성(江蘇省)·안휘성(安徽省)의 경계지역을 관할했다. 예전 주(周) 초기에 은(殷)나라 후예들의 보호구역이었다가, 춘추시대에 미자(微子)에 의해 제후국으로 성립되면서 춘추12열국의 하나가 되었다. 그 후 점차 제(齊)·위(魏)·초(楚)와 싸우다가 망했다.
- 耕 [경/gēng] (논/밭을)갈다, 경작(耕作)하다
- 有−者 [유−자/yǒu−zhě] (관용어) ~하는 자가 있다
- 田 [전/tián] 밭
  - 沓[답/dá] 논, 畓[답/dá] 수전(水田)
  - 畔[반/pàn] 논의 경계, 町[정/tǐng] 밭의 경계, 頃[경/qǐng] 밭이랑
- 株 [주/zhū] 그루터기, 나무 밑줄기
- 走 [주/zǒu] 달아나다
  - 逃[도/táo], 亡[망/wáng], 避[피/bì], 奔[분/bēn]
- 觸 [촉/chù] 닿다, 부딪히다, 접촉(接觸)하다
- 折 [절/zhé] 꺽(이)다, 결단하다, 값을 할인하다, 일찍 죽다 → 요절(夭折)
  - ① [절/zhē] 뒤집다(=飜/覆)/식히다, ② [제] 천천히 걷다, ③ [설/shé] 손해보다/끊어지다
- 頸 [경/jǐng] 목
  - 頷[함/hàn] 턱(=頤[이/yí]), 須[수/xū] 수염, 顋[시/sāi] 뺨
- 而 [이/ér] (순접접속사) ~하고, ~하여

직역 : 송(宋)나라 사람 중에 밭을 경작하던 자가 있었는데, 밭 가운데에 그루터기가 있었는데, 토끼가 달아나다가 그루터기에 부딪쳤고, 목이 부러져서 죽었다.

송(宋)나라에 농사짓는 자가 있었는데, 그의 밭에 그루터기가 있었고, 토끼가 달아나다가 그루터기에 부딪쳤는데, 목이 부러져서 죽었다.

## 5 因釋其耒而守株，冀復得兎。

⊙ 因 [인/yīn] (부사) 이리하여, 곧. 동사 수식

⊙ 釋 [석/shì] 내버리다, 내팽개치다, (풀다)

> 釋放(석방), 放棄(방기), 解放(해방)

⊙ 其 [기/qí] (지시대명사) '밭을 갈던 농부(耕者)'를 지칭한다.

⊙ 耒 [뢰/lěi] 서가래, 쟁기(의 술) → '농기구의 총칭'

> 耜[사/sì] 쟁기의 보습, 鋤[서/chú] 호미, 臿[삽/chā] 가래(=鍤[삽/chá])

⊙ 守 [수/shǒu] 지키다, 간수(看守)하다

> 當[당/dāng] 간수하다, 顧[고/gù] 살펴보다

⊙ 冀 [기/jì] 바라다, 희망하다, 기대하다

> 望[망/wàng], 願(愿)[원/yuàn], 欲(慾)[욕/yù], 企[기/qǐ], 希[희/xī]

⊙ 復 [부/fù] 다시, 재차, 거듭

> ① 복[fù] 되풀이하다/회복하다, ② 부[fù] 다시

⊙ 得 [득/dé] (동사) 얻다, 획득(獲得)하다

※

직역 : 그래서 자기의 쟁기를 버리고 그루터기를 지키면서, 토끼를 재차 얻는 것을 기대했다.

**그래서 그 농부는 농기구를 내버려둔 채 그루터기를 지키면서, 다시 토끼를 얻으려고 기대했다.**

## 6 兎不可復得, 而身爲宋國笑。

- 不可[불가－/bùkě－] (상황) ～할 수 없다
  - 不能[불능/bùnéng](능력), 不爲[불위/bùwéi](의지), 不容[불용/bùróng](허락)
- 兎不可復得 [tù bùkě fù dé] 토끼를 다시 얻을 수 없다
  - 목적어 도치 : 不(부정부사) ＋ 可(조동사) ＋ 復(부사) ＋ 得(술어) ＋ 兎(목적어)
  - 得의 피동형 : 兎(주어) ＋ 不(부정부사) ＋ 可(조동사) ＋ 復(부사) ＋ 得(술어/피동)
- 而 [이/ér] (순접접속사) 그리고, 게다가
- 身 [신/shēn] 자기 자신
- 爲 [위/wéi] (피동구문) ～에게 당하다
  - 爲(A : 체언) ＋ 所(B : 용언) : A에게 B(를) 당하다
  - 爲＋宋國＋[所/피동]＋笑 : 송나라의 웃음거리가 되다.
- 宋國 [송국/Sòngguó] 송나라
  - 邦[방/bāng](천자), 國[국/guó](제후), 畿[기/jī](도읍지＝京師), 都[도/dū](대도시), 邑[읍/yì](소도시), 鄕[향/xiāng](周漢/12,500가구, 隋唐/500가구)
- 笑 [소/xiào] 웃음, 웃음거리

※
직역 : 토끼는 다시 얻어질 수 없었고, 그리고 그 자신은 송나라에서 웃음거리가 되었다.
**토끼를 다시 얻을 수 없었고, 그 사람은 송나라의 웃음거리가 되었다.**

## 7 今欲以先王之政, 治當世之民, 皆守株之類也。

- 欲 [욕/yù] (조동사) -하려고 하다, -하고 싶다
- 以 [이/yǐ] (전치사/기구격) -으로써
- 政 [정/zhèng] 정치, 정책(政策), 법령(法令)
- 治 [치/zhì] 다스리다, 평화롭게 다스리다
- 當世 [당세/dāngshì] 현재의 세상, 현세(現世)
- 皆 [개/jiē] 모두, 전부
  - ① 모두/전부/두루 미치다(=咸[함/xián]), ② 함께/같이(=偕[해/xié])
- 類 [류/lèi] 무리, 같은 종류, 부류
  - 屬[속/shǔ]

*

직역 : 지금 선왕의 정책으로써 현재 세상의 백성들을 다스리려고 한다면, 모두 그루터기를 지키는 것과 같은 부류이다.

**오늘날 옛 선왕의 법령을 그대로 적용하여, 현세의 백성들을 잘 다스리려는 자는, 모두 그루터기를 지키는 농부와 같은 부류이다.**

## 한문상식 년(年)과 세(歲)의 비교

년(年)과 세(歲)는 기본적으로 동의어(同義語)이며, 둘 다 '해', '나이', '수확' 등의 의미를 지니고 있다. 그러나 사용법에 있어서 약간의 차이점이 있다. 년(年)은 수사(數詞) 뒤에 쓰이며 세(歲)와 바꿔 쓸 수 없다. 마찬가지로 세(歲)를 사용해야 되는 경우에 년(年)으로 교체할 수 없다.

> 禹八年於外, 三過其門而不入。≪孟子・滕文公上≫
(우임금은 8년간 밖에서 지냈으며, 세 번이나 자기 집 앞을 지나면서 들어가지 않았다.)

> 將軍百戰死, 壯士十年歸。≪樂府詩集・木蘭辭≫
(장군은 수없이 싸우다 죽고, 건장한 병사는 십년 만에 돌아오네.

이상의 두 구절에서 사용된 년(年)과 세(歲)는 서로 바꿔 사용될 수 없다.

> 上古有大椿樹, 以八千歲爲春, 八千歲爲秋。≪莊子・逍遙遊≫
(상고시대 대춘이라는 나무가 있었는데, 8천 년을 봄으로 삼고, 8천 년을 가을로 삼았다고 한다.)

> 然令遠方之卒守塞, 一歲而更。晁錯<言守邊塞疏>
(그런데 변방에 부대를 보내 지키게 한 지, 한 해가 또 바뀝니다.)

그러나 위의 두 구절에서 사용된 세(歲)는 년(年)과 바꿔 쓸 수 있다.
그리고 대체로 '나이'를 표시할 경우, 년(年)은 수사(數詞)의 앞에 놓으며, 세(歲)는 수사(數詞)의 뒤에 놓는다.

> 是時賈生年二十餘。≪史記・屈原賈生列傳≫
(이 시기 가의는 나이 20여 세였다.)

▸[崔氏]三歲知讓, 五歲知戒, 七歲能女事。柳宗元＜郎州員外司盧薛君妻崔氏墓志＞

(최씨는 3세에 겸손을 알았고, 5세에 경계를 알았으며, 7세에 능히 여성의 도리를 알았다.)

▸年十三歲, 莊襄王死, 政(嬴政)代爲秦王。≪史記・秦始皇本紀≫

(나이 13세에, 장양왕이 죽자, 영정은 진나라 임금을 대신했다.)

수명(壽命)을 나타내는 경우, 년(年)을 사용하고 세(歲)를 사용하지 않는다.

▸小年不及大年。≪莊子・逍遙遊≫

(수명이 짧은 것은 수명이 긴 것에 미치지 못한다.〈=차이가 크다〉)

▸養怡之福, 可得永年。曹操＜步出夏門行＞

(물질과 정신의 측면에서 절제하는 장점은 수명을 연장시킬 수 있다.)

시간적 관념으로 사용되는 경우, 세(歲)를 사용하고 년(年)을 사용하지 않는다.

▸日月逝矣, 歲不我與。≪論語・陽貨≫

(해와 달이 지나가고, 세월이 우리를 기다려주지 않는다.)

▸歲忽忽而遒盡兮, 老冉冉而愈弛。≪楚辭・九辯≫

(세월이 빨리도 저물어 감이여, 늙음도 깊어져 더욱 무뎌지는 도다.)

그리고 첩어(疊語)의 경우에 있어서 연년(年年)과 세세(歲歲) 모두 '매년/해마다'라는 뜻이지만, '세세(歲歲)'는 단독으로 사용되지 않는다.

## 문법정리 피동문형(被動文型) : -당하다

피동(被動)의 문장은 일반적으로 '被[피/bèi](-입다)'를 사용하지 않는다. 대체로 피동의 구문(構文)에 피동을 나타내는 허사(虛辭)를 사용하거나, 아니면 아무런 표시를 하지 않는다. 즉 '於[어/yú]', '見[견/jiàn]', '爲[위/wèi]' 등을 활용하거나 평서문[주어+술어]으로 피동의 뜻을 표시하는 유형이 있다. 먼저 피동을 나타내는 대표적인 허사의 활용을 보면 다음과 같다.

① 於의 활용 ⇒ <동사>(술어) + 於 + <가해자>

※ 於는 대상을 표현하는 전치사[介詞]로서 동사와 가해자 사이에 놓이며, 그 뜻은 '~에게 당하다'이다.

▸懷王以不知忠臣之分,故內惑於鄭袖,外欺於張儀。≪史記・屈原賈生列傳≫
(초나라 회왕은 충신의 직분을 깨닫지 못했고, 그래서 안으로는 정수에게 유혹당하고, 밖으로는 장의에게 기만당했다.)

▸故有備則制人, 無備則制於人。晁錯〈鹽鐵論・險固〉
(그러므로 준비되어 있으면 남을 제압할 수 있고, 준비되지 않으면 남에게 제압당한다.)

▸勞心者治人, 勞力者治於人。≪孟子・滕文公上≫
(진심으로 애쓰는 사람은 남을 다스리고, 무력으로 애쓰는 사람은 남에게 통치 당한다.)

② 見의 활용 ⇒ 見 + <동사>(술어)

※ 동사 앞에 '見'(조동사)을 사용하여 '-당하다'라는 피동을 나타낸다.

▸故君子恥不修, 不恥見汚; 恥不信, 不恥不見信; 恥不能, 不恥不見用。
(그래서 군자는 수양하지 못함을 부끄러워하며, 창피당하는 것을 부끄러

워하지 않는다. 성실하지 못함을 부끄러워하며, 신임 받지 못함을 부끄러워하지 않는다. 무능한 것을 부끄러워하며, 등용되지 못함을 부끄러워하지 않는다. ≪荀子 · 非十二子≫)

➢ 秦城恐不可得, 徒見欺기(속다)。≪史記 · 廉頗藺相如列傳≫

(진나라의 성은 아마 얻을 수 없을 것이며, 헛되이 속임을 당했다.)

③ 見-於의 활용 ⇒ 見 + <동사>(술어) + 於 + <사람/사건>

※ '見'의 피동형식에 가해자를 제시하는 방법으로서 於를 덧붙이며, 그 뜻은 '-에게 ~당하다'이다

➢ 吾長見笑於大方之家。≪莊子 · 秋水≫

(나는 항상 대인들에게 웃음거리가 된다고 여겼다.)

➢ 然而公不見信於人, 私不見助於友。韓愈<進學>

(그러나 공적으로 남에게 신임 받지 못하고, 사적으로 친구에게 도움 받지 못한다.)

④ 爲의 활용 ⇒ 爲 + <가해자>(생략가능) + <동사>(술어)

※ 동사 앞에 '爲'와 가해자를 사용하여 피동의 의미를 나타내는데, 간혹 가해자를 생략할 때도 있으며, 그 뜻은 '-에게 ~하게 되다'이다.

➢ 多多益善, 何以爲我禽금(사로잡다=擒)? ≪史記 · 淮陰侯列傳≫

(〈자네는 병사가〉 많으면 많을수록 좋다면서, 어찌하여 나에게 잡혔는가?)

➢ 吳廣素愛人, 士卒多爲用者。≪史記 · 陳涉世家≫

(오광은 평소 남을 애호하니, 사병들이 대다수 등용되고자 한다.)

⑤ 爲-所의 활용 ⇒ 爲 + <가해자> + 所 + <동사>(술어)

※ 동사 앞에 [爲+가해자]와 '所'가 결합하여 피동을 표시하는데, 간혹 가

해자나 所 중 하나를 생략할 수 있으며, '-에게 ~당하다'는 뜻이다.

> 如姬父爲人所殺。≪史記·魏公子列傳≫
(여희의 부친은 어떤 사람에게 피살당했다.)

> 岱不從, 遂與戰, 果爲所殺。≪三國志·魏書·武帝紀≫
(유대는 말을 듣지 않고, 이윽고 싸우다가, 결국 피살당했다.)

한문(漢文)에서 아무런 표시가 없는 피동의 문장이 많은 편이다. 이런 경우 전후 문맥을 통해 알 수 있을 뿐인데, 어느 것이 일반 주술구조(主述構造)인지, 무표시 피동구문(被動構文)인지 잘 살펴보아야 한다.

⑥ 가해자만 표시 ⇒ <가해자>(대상/사람) + <동사>(술어)

※ 동사 앞에 〈가해대상〉이나 〈가해자〉를 제시하고 술어의 뜻을 피동으로 새긴다.

> 又荊州之民附操者, 逼兵勢耳? 司馬光〈赤壁之戰〉
(또 형주의 백성들은 조조에게 귀속되자, 군대위세에 의해 핍박받았다.)

> 大國以下小國, 則取小國; 小國以下大國, 則取大國. 故或下以取, 或下而取。≪老子·61章≫
(강대국은 약소국과 가깝게 지내면, 약소국을 차지할 수 있다. 소국은 대국과 가깝게 지내면, 강대국에게 점령당할 수 있다. 그러므로 어떤 사람은 가까이 했기 때문에 상대를 차지하고, 어떤 사람은 가까이했기 때문에 독점 당한다.)

⑦ 무표시 ⇒ <동사>(술어)

※ 일반 평서문이지만, 전후 문맥에 의해서 피동구문이 되는 경우이다.

➤龍逢斬，比幹剖。≪莊子・胠篋≫
(용봉은 참수당하고, 비간은 할복 당했다.)
➤風至苕折。≪荀子・勸學≫
(바람이 불어 갈대 줄기가 꺾어졌다.)
➤兵挫地削，亡其六郡。≪史記・屈原賈生列傳≫
(군대는 패배당하고 땅은 빼앗겼는데, 여섯 개의 군을 잃었다.)

**원문해석**

중주(中州)의 달팽이는 느림보라는 오명을 씻기 위해 의욕을 내어 자기의 능력을 스스로 밝혀보고자 했다. 동쪽의 태산(泰山)으로 가려니, 삼천여 년의 시간이 소요되었다. 남쪽의 양자강(揚子江)과 한수(漢水)로 가려니, 또 삼천여 년이나 소요되었다. 이리하여 자기의 수명(壽命)을 따져보니, 곧 하루살이에 불과했다. 그래서 슬픔을 못 이겨, 쑥 위에서 말라죽었는데, 땅강아지나 개미와 같은 미물들에게 웃음거리가 되었다.

---

송(宋)나라에 농사짓는 자가 있었는데, 그의 밭에 그루터기가 있었고, 토끼가 달아나다가 그루터기에 부딪쳐, 목이 부러지고 죽었다. 이리하여 그 농부는 농기구를 내버려두고 그루터기를 지키면서, 다시 토끼를 얻으려고 기대하였다. 토끼를 다시 얻을 수 없자, 그 자신은 송나라의 웃음거리가 되었다. 오늘날 옛 선왕의 법령을 적용하여, 현세의 백성들을 잘 다스리려는 자는, 모두 그루터기를 지키는 농부와 같은 부류이다.

# 10 苛政猛於

Kē Zhèng Měng Yú

원문출처 ≪禮記≫ 〈檀弓〉

한문상식 ≪예기(禮記)≫는 어떤 책인가

문법정리 개사(介詞)의 종류와 활용법(1)

## 가정맹어호

가혹한 정치는 범보다 사납다

이 문장(文章)은 범 때문에 온 가족을 잃을지라도 가혹한 착취가 없는 곳이기에 떠날 수 없다는 극단적인 비유를 보여준다. 한편 봉건체제 하에서 집권자의 횡포는 민심을 이반(離叛)시킬 뿐만 아니라, 결국 백성들은 쉽게 통치구역을 벗어날 것임을 시사하고 있다. 그래서 공자(孔子)는 제자들에게 혹독한 정치를 경계할 것을 당부했는데, 그릇된 기준이나 법은 생명보다 더 근본적인 문제임을 암시했다.

# 10



원문읽기

檀弓

① 孔子過泰山側，有婦人哭於墓者而哀。夫子式而聽之。

② 使子路問之；曰：子之哭也，壹似重有憂者。

③ 而曰：然。昔者吾舅死於虎，吾夫又死焉，今吾子又死焉。夫子曰：何以不去也？ 曰：無苛政。

④ 夫子曰：小子識之！ 苛政猛於虎也！

한자풀이 ◎ 한자의 쓰임새와 원문의 뜻풀이

**1** **孔子過泰山側, 有婦人哭於墓者而哀。**

- 過 [과/guò] 지나가다, 경과(經過)하다
- 泰山 [태산/tàishān] 산동성(山東省) 봉안현(奉安縣)에 있는 명산.
- 側 [측/cè] 옆, 측면, 기슭
  - ➤側[측/zhāi] 기울다, [측/zè] 측성(仄聲)
- 哭 [곡/kū] 울다, 노래를 부르다, 통곡하다, 곡(哭)하다
- 於 [어/yú] (전치사/처소격) ~에서
- 墓 [묘/mù] 묘지, 무덤, 분묘(墳墓)
- 者 [자/zhě] (후치사/명사격) ~하는 사람
  - ➤有+(A)+者 → (A)하는 것(사람/사건/경우)이 있다.
- 而 [이/ér] (순접접속사) -하며
- 哀 [애/āi] 슬퍼하다, 구슬프다, 애절(哀切)하다

※

직역 : 공자(孔子)가 태산(泰山) 기슭을 지나가는데, 어떤 부인이 묘지에서 통곡하며 슬퍼했다.

공자(孔子)가 태산(泰山) 기슭을 지날 무렵, 어떤 부인이 무덤가에 앉아서 구슬피 통곡하고 있었다.

**2** **夫子式而聽之。使子路問之; 曰 : 子之哭也, 壹似重有憂者。**

- 夫子 [부자/fūzǐ] 선생님. 여기서는 공자(孔子)를 지칭한다.
- 式 [식/shì] (동사) 수레 앞 기둥을 잡고 고개를 숙이다. (=俯[부/fǔ])
  - 軾[식/shì]수레의 전대(前臺) =輿[여/yú], 軒[헌/xuān]대부(大夫)의 수레
- 使 [사/shǐ] (사역동사) −하여금 −시키다
- 子路 [자로/Zǐlù, BC.543−481] 춘추시대(春秋時代) 공자의 문하생으로서, 성은 중(仲)이며 이름은 유(由)이다. 자는 자로(子路) · 계로(季路)이다. 노(魯)나라 변(卞/山東省) 출신이며, 사과십철(四科十哲)의 한 사람으로서 정사(政事)에 밝았다. 그는 무용(武勇)에 뛰어났으며 호방하고 산만한 편이었다. 그는 무술로써 공자를 수호하며 스승에 대해서도 솔직한 의견을 피력했으며, 공자는 여러 차례 그의 산만한 태도를 타이르는 경우가 많았다. 노(魯)나라와 위(衛)나라에서 벼슬을 하였으나, 위나라 괴외의 내란 때 전사했다. 공자는 자로의 시체가 소금에 절여진 것을 매우 슬퍼했다고 전한다.
- 子 [자/zǐ] (2인칭대명사) 그대
  - '子'는 주로 남자에게 사용하지만, 간혹 여성을 높여 칭하기도 하는데, 본문에서 구슬피 통곡하던 부인을 지칭했다.
- 也 [야/yě] (후치사/주격) ~은(는)
- 壹 [일/yī] 확실히, 분명히
- 似 [사/sì] ~듯하다
  - 보통 뒤에 '者'가 놓이며, '마치 ~인 듯하다'라는 의미이다.
- 重 [중/chóng] 중복하다, 겹치다, 거듭, 재차, 누차
  - 重[중/zhòng] (비중)무겁다/(관심)중시하다/(정도)심하다/대단하다
- 有憂者 [유우자/yǒu yōu zhě] 슬픈 일이 있다

직역 : 공자는 수레의 가로기둥을 잡고서 그 소리를 듣게 되었다. 자로(子路)를 시켜 물어보도록 했다. 말하기를 "당신의 통곡 소리는, 분명 슬퍼할 일이 겹친 듯합니다."라고 했다.

공자는 고개를 숙이고 그 소리를 듣게 되었다. 자로(子路)에게 그 사연을 물어보도록 시켰다. "당신의 통곡 소리를 들으니, 분명 슬픈 일이 많은 듯합니다."라고 했다.

**3 而曰 : 然。昔者吾舅死於虎, 吾夫又死焉, 今吾子又死焉. 夫子曰 : 何以不去也? 曰 : 無苛政.**

- 然 [연/rán] (긍정의 대답) 그렇습니다, 네, 옳습니다
- 昔者 [석자/xīzhě] 옛날에
- 舅 [구/jiù] 시아버지, 외삼촌, 장인. 여기서는 시아버지를 지칭한다.
- 於 [어/yú] (전치사/대상격) ―에게~당하다 (피동문형)
- 夫 [부/fū] 남편
- 死 [사/sǐ] (단어의 생략) 死+(於虎) : 호랑이에게 죽음을 당하다
- 何以 [하이/héyǐ] 무슨 까닭으로. 以[이/yǐ]는 명사로서 까닭/이유의 뜻이다.
- 去 [거/qù] 떠나다, 옮겨가다, 이사하다
- 苛政 [가정/kēzhèng] 가혹한 정치/혹독한 정치

직역 : 그리하여 말하기를, "그렇습니다. 옛날에 저의 시아버지께서 범에게 물려 죽었고, 나의 남편도 또한 그렇게 물려 죽었고, 이제 나의 자식도 또한 물려 죽었습니다." 라고 했다. 공자가 말하기를, "무엇 때문에 떠나지 않습니까?"라 하자, "가혹한 정치가 없습니다."라 말했다.

이리하여 설명하기를, "그렇습니다. 옛날 시아버지가 범에게 물려 죽었고, 남편도 물려 죽었는데, 이제 내 자식까지 물려 죽었습니다."라고 했다. 이에 공자가 "왜 이곳을 떠나지 않습니까?"라 묻자, "가혹한 정치가 없기 때문입니다."라고 대답했다.

**4** **夫子曰 : 小子識之! 苛政猛於虎也!**

- 小子 [소자/xiǎozǐ] 젊은이. 여기서는 공자의 제자를 지칭한다.
- 識 [지/zhì] 표하다, 표시하다, 새겨두다. (=銘心, =志)
- 於 [어/yú] (전치사/비교격) -보다
- 猛於虎 [맹어호/měng yú hǔ] 호랑이보다 더 사납다(잔혹하다)

※

직역 : 공자가 말하기를 "제자들은 명심하라! 가혹한 정치는 범보다 무섭다!"라 했다.

**공자는 "제자들은 이 말을 명심하라! 가혹한 정치는 범보다 사납도다!"라 했다.**

## 한문상식 ≪예기(禮記)≫는 어떤 책인가

유가(儒家)의 5경(經) 중의 하나로서, ≪시경(詩經)≫≪서경(書經)≫≪주역(周易)≫≪춘추(春秋)≫와 함께 유가경전으로 존숭되었다. 각 내용의 제작 연대는 일정치 않으며, 대부분 공자의 제자들에 의해 기록되었고, 일부분은 진한(秦漢)의 유생(儒生)들이 덧붙인 것도 있다.

서명에 경(經)을 붙이지 않는 것은 예전의 모범적인 것을 후세 유가들에 의해 기록되었기 때문일 것이다. 완전히 편찬을 마친 것은 서한(西漢)시기이며, ≪십삼경주소(十三經注疏)≫에 현전본 ≪예기≫49편이 수록되어 있다. 전국시대(戰國時代)부터 한(漢) 초기까지의 예법(禮法)과 관련된 내용을 46편으로 종합한 것이다.

편찬과정을 살펴보면, 유향(劉向)이 정리한 ≪예기(禮記)≫131편, ≪명당음양(明堂陰陽)≫33편 등이 있었고, 후한(後漢)의 대덕(戴德)이 편찬한 것은 85편이었지만 실제 전하는 것은 39편뿐이며, 이를 ≪대대예기(大戴禮記)≫라 부르고, 조카 대성(戴聖)이 49편을 골라낸 것을 ≪소대예기(小戴禮記)≫라 부른다. 후자가 현전하는 ≪예기≫이다. 후한의 대학자 정현(鄭玄)이 ≪소대예기≫에 주석을 붙이면서 ≪주례(周禮)≫≪의례(儀禮)≫와 더불어 '삼례(三禮)'라고 칭한 이래로 ≪소대예기≫가 현전하는 ≪예기≫로 정착되었다.

≪대대예기≫는 점차 망실(亡失)되어 39편만이 전하며, 구체적인 전모를 알 수 없지만 정현(鄭玄)이 "대덕 · 대성이 전하는 것이 곧 예기이다"라고 평한 뒤부터 '예기'라는 서명이 정식으로 통용되었다. 당(唐)나라 때 공영달(孔穎達)이 편찬한 '오경정의(五經正義)' 중의 ≪예기정의(禮記正義)≫는 정현의 주석을 바탕으로 삼았고, 웅안생(熊安生) · 황간(皇侃)의 ≪예기의소(禮記義疏)≫를 참작하여 새롭게 정리한 것이다. 공영달의 주석본은 이후 '정주공소(鄭註孔疏)'라 하여 원전(原典) 이상으로 높은 평가를 받았다.

원래 ≪예기≫에 포함되어 있던 <대학(大學)>과 <중용(中庸)> 부분은 남송(南宋)의 주희(朱熹)에 의해 정비되었고, 성리학(性理學)에 있어서 기본적인 경전의 지위를 차지하게 되었다.

그리고 <왕제(王制)>와 <예운(禮運)>은 청대(淸代)말 금문학자(今文學者)들에게 존중받아 후세 사상적인 공헌과 영향력이 지대하다. ≪예기≫의 내용은 예의(禮儀)에 관련한 논의뿐만 아니라, 전장제도(典章制度) 및 일상생활에 이르기까지 세밀한 규정을 포괄하고 있다. 정현(鄭玄)은 유향의 견해를 수렴하여 <통론><제도><명당음양기><세자법(世子法)><제사><길례(吉禮)><길사(吉事)><악기(樂記)>로 나누었다. 그리고 청대(淸代) 주빈(朱彬)의 ≪예기훈찬(禮記訓纂)≫, 손희단(孫希旦)의 ≪예기집해(禮記集解)≫가 고증학적 가치를 지닌 주석본으로 알려져 있다.

≪예기≫의 판본은 대체로 ① 원문(原文/經文)만을 수록한 것, ② 원문(原文)과 주석(注釋)을 합친 20권본, ③ 정의(正義)만을 수록한 70권의 단소본(單疏本), ④ 원문(原文)·주(注)·소(疏)를 모두 담고 있는 63권본 등이 있다. 우리나라에서는 명대(明代) 호광(胡廣) 등이 편집한 ≪예기집설대전(禮記集說大全)≫(30권)이 판각되어 널리 읽혔다. ≪예기≫가 정식으로 우리 나라에 유입된 경로와 시기는 분명하지 않지만, 중국의 ≪삼국지(三國志)·위지(魏志)·동이전(東夷傳)≫이나 ≪주서(周書)≫ 등의 기록에 의하면, 삼국시대 초기에 이미 유입된 듯하며, 통일신라 이후에 과거시험의 필수과목으로 사용되었다. 고려 말기 권근(權近)의 주석본 ≪예기천견록(禮記淺見錄)≫(26권 11책)을 비롯하여 조선시대의 주석본들이 전하고 있다.

## 문법정리 개사(介詞)의 종류와 활용법(1)

개사(介詞) 가운데 전치사(前置詞)에 해당하는 단어는 매우 다양하고 복잡하다. 일반적으로 전치사는 명사와 결합하여 대명사・동사・형용사 등과 연결되는 부사구를 이룬다. 그 세부 분류의 유형을 살펴보면 처소격[處所格 : ~에(서)]・착발격[着發格 : ~로부터/까지/향해]・기구격[器具格 : ~으로써/이용하여]・자격격[資格格 : ~으로서/신분으로] 등이 있다.

① 처소격 전치사 ⇒ 於(乎/于/諸/之於) + <명사>

※ 특정한 장소나 상황에 제한시키는 의미를 나타내며, 於[어/yú]가 가장 자주 사용된다.

> 龐涓死於此樹之下。≪史記・孫子吳起列傳≫
(방연은 이 나무 아래에서 죽었다.)

> 楚人生乎楚, 長乎楚。≪呂氏春秋・用叢≫
(초나라 사람은 초나라에서 태어나고, 초나라에서 자란다.)

> 吾十有五而志于學。≪論語・爲政≫
(나는 열 다섯이 되어 학문에 뜻을 두었다.)

> 投諸渤海之尾, 隱土之北。≪列子・湯問≫
(발해의 연안에다 던져 버리고, 북쪽의 땅에 은거했다.)

② 착발격 전치사 ⇒ 自(從/至/**迨**/比) + <명사>(시간/장소)

※ 특정한 시간이나 장소에 도달하거나 떠나는 것을 나타내며, 도착의 경우 至 이외에 到, 及, 當, 迄, 迨 등이 있으며, 출발의 경우 自이외에 從, 始, 由 등이 있다. 比는 '−에 이르러/−한 후'라는 의미를 나타낸다.

> 自漢初定已來七十二年, 吳越人相攻擊者不可勝數。≪漢書・嚴助傳≫
(한나라 초기 영토가 정해진 이래로부터 72년 동안, 오・월나라 사람이

공격한 일이 매우 많다.)

➢ 我從去年辭帝京, 謫居臥病潯陽城。≪白居易集・琵琶行≫

(나는 작년부터 경사를 떠나, 심양성으로 좌천되어 병들어 누웠네.)

➢ 至其時, 西文豹往會至河上。≪史記・滑稽列傳≫

(그때가 되어서, 서문표는 물가까지 가서 그들을 만났다.)

➢ 由文王至孔子, 五百有餘歲。≪孟子・盡心下≫

(주 문왕시대부터 공자시대까지, 100여 년이 되었다.)

### ③ 기구격 전치사 ⇒ 以(用) + <명사>

※ 재료나 기구를 표시하며 '－로써/－을 이용하여'라는 뜻을 나타내며, 以・用등이 사용된다. 그리고 '以－爲－'(－로써 －삼다, －를 －라 생각하다)에서 '以' 역시 기구격 전치사이다. 단 '用'의 경우 명사가 아닌 의미상의 명사구가 올 때도 있다.

➢ 百工爲方以矩, 爲圓以規, 直以繩, 正以縣, 平以水。≪墨子・法儀≫

(모든 공인들은 굽은 자로써 네모꼴을 그리며, 그림쇠로써 원을 그리며, 먹줄로써 직선을 그리며, 추달린 자[현縣]로써 수직을 그리며, 물로써 수평을 그린다.)

➢ 以子之矛陷子之盾, 何如? ≪韓非子・外儲說左上≫

(그대의 창으로써 그대의 방패를 찌른다면, 어떻게 됩니까?)

➢ 是直用管闚天, 用錐指地也。≪莊子・秋水≫

(이것은 마치 대롱으로써 하늘의 높이를 엿보고, 송곳으로써 땅의 깊이를 재려는 것이다.)

➢ 用善騎射, 殺首虜多, 爲漢中郞。≪史記・李將軍列傳≫

(승마와 궁술에 뛰어난 것으로써, 적을 참수하거나 많이 생포하여, 한나라의 중랑이 되었다.)

④ 자격격 전치사 ⇒ 以(爲) + <명사>

※ 신분이나 직책을 표시하며 '~으로서'라는 뜻을 나타내며 직접 술어에 연결되는 부사구를 형성한다.

> 齊使者如梁, 孫臏以刑徒陰見。≪史記・孫子吳起列傳≫

(제나라 사신이 양나라에 이르자, 손빈은 죄인으로서 몰래 그 사신을 만났다.)

> 使爲司城以聽政。≪左傳・哀公七年≫

(그를 사성(司城 : 법관)으로 삼아 정치하도록 했다.)

⑤ 인과격 전치사 ⇒ 因(由/以/爲/依/任 등) + <명사>

※ 원인/근거를 표시하여 '－때문에/－에 의거하여'라는 뜻을 나타낸다.

> 狄實滅衛, 因桓恥而不書。≪史通・惑經≫

(오랑캐가 실제 위나라를 멸망시켰는데, 제나라 환공의 수치심 때문에 기록하지 않았다.)

> 我不殺周侯, 周侯由我而死。侯冥中負此人。≪世說新語・尤悔≫

(내가 주후를 죽이지 않았지만 주후는 나 때문에 죽었다. 나도 모르는 사이 그를 배반한 것이다.)

> 晋侯以我有喪故, 未之見也。≪左傳・襄公三十一年≫

(진나라 임금은 우리 임금이 상중이라서, 아직 만나지 않았다.)

> 天行有常, 不爲堯存, 不爲桀亡。≪荀子・天論≫

(하늘의 운행이 불변하는 것은, 요임금 때문에 존재하는 것이 아니며, 걸임금 때문에 없어지는 것이 아니다.)

> 依人性而作儀, 其所由來尙矣。≪史記・禮書≫

(사람의 습성에 의거하여 예의가 만들어졌고, 그 유래는 이미 오래되었다.)

> 禹別九州, 隨山浚川, 任土作貢。≪尙書・禹貢≫

(우는 9개 지역으로 구분했는데, 산세와 하천의 깊이에 따랐으며, 토지에 의해 공물을 정했다.)

## 원문해석

공자(孔子)가 태산(泰山) 기슭을 지날 무렵, 어떤 부인이 무덤가에 앉아서 구슬피 통곡하고 있었다. 공자는 고개를 숙이고 그 소리를 듣게 되었다. 자로(子路)에게 그 사연을 물어보도록 시켰다. "당신의 통곡 소리를 들으니, 분명 슬픈 일이 많은 듯합니다."라 물었다. 그리하여 설명하기를, "그렇습니다. 옛날에 시아버지께서 범에게 물려 죽었고, 남편도 또한 물려 죽었는데, 이제 나의 자식까지도 물려 죽었습니다."라고 했다. 이에 공자가 "무엇 때문에 이곳을 떠나지 않습니까 ? "라 묻자, "가혹한 정치가 없기 때문입니다."라고 대답했다. 공자가 말했다. "제자들은 이 말을 명심하라 ! 가혹한 정치는 범보다 사납다는 것을 !"

# 11 論語選讀

Lún Yŭ Xuăn Dú

원문출처 ≪論語≫

한문상식 **유교(儒教)는 종교인가 사상인가**

문법정리 **개사(介詞)의 종류와 활용법(2)**

## 논어선독

≪논어≫ 문장 읽기

논어의 문장 가운데 공자(孔子)의 인식론을 살펴볼 수 있는 것과 유가사상(儒家思想)의 기본개념을 포괄하는 것 등을 선별했다. 특히 학문하는 태도, 지성인의 정신자세, 냉정한 인물평 등의 주제들을 다루었다. 질서와 사랑을 추구하였던 공자(孔子)는 그 이념인 인(仁)의 실천을 위해 언제나 성실(誠實)과 진실(眞實)한 마음가짐을 강조했다.

# 11

≪論語≫

원문읽기

〈學而〉〈爲政〉〈公冶長〉

① 學而時習之, 不亦說乎? 有朋自遠方來, 不亦樂乎? 人不知而不慍, 不亦君子乎? <學而>

② 不患人之不己知, 患不知人也。<學而>

③ 詩三百, 一言以蔽之, 曰思無邪。<爲政>

④ 溫故而知新, 可以爲師矣。<爲政>

⑤ 學而不思則罔, 思而不學則殆。<爲政>

⑥ 由, 誨女知之乎! 知之爲知之, 不知爲不知, 是知也。

⑦ 學而不思則罔, 思而不學則殆。<爲政>

⑧ 子貢曰：孔文子何以謂之文也? 子曰：敏而好學, 不恥下問, 是以謂之文也。<公冶長>

⑨ 宰予晝寢。子曰：朽木不可雕也；糞土之墻不可杇也。於予與何誅!

⑩ 子曰：始吾於人也, 聽其言而信其行；今吾於人也, 聽其言而觀其行。於予與改是。<公冶長>

## 한자풀이 한자의 쓰임새와 원문의 뜻풀이

**1** **學而時習之, 不亦說乎? 有朋自遠方來, 不亦樂乎? 人不知而不慍, 不亦君子乎?**

- 子 [자/zǐ] (2인칭대명사) 선생님. 여기서는 스승 '공자(孔子)'를 지칭한 것이다.
  - ① 남자에 대한 미칭(美稱), ② 성씨 아래 붙이는 자칭(自稱), ③ 남자에 대한 총칭(總稱), ④ 2인칭대명사(代名詞)
- 學 [학/xué] 배우다
  - 여기서는 대체로 인생・사회 전반에 걸친 진리학습을 의미한다.
  - 춘추전국시대 학교[庠序]에서는 육예(六藝)를 기본적으로 가르쳤다. 즉 ① 예절[禮], ② 음악[樂], ③ 궁술[射], ④ 승마[御], ⑤ 서예[書], ⑥ 산술[數] 등이다.
- 而 [이/ér] (순접접속사) 그리고
- 時 [시/shí] 때를 맞추다, 제때에, 적시(適時)에
  - 여기서는 '때때로, 가끔'의 뜻이 아니라, '때에 맞추어, 제때에'라는 의미로 사용되었다.
  - 時(부사어) + 習(술어) + 之(목적어)
- 習 [습/xí] 익히다, 실습(實習)하다, 실천하다
- 說 [열/yuè] 기쁘다, 즐겁다. (=悅)
  - 說[설/shuō] 말(씀)하다 → 說明(설명), 說[세/shuì] 설득하다 → 遊說(유세)
- 不亦~乎 (반어문형) 또한 ~하지 않겠는가?
- 朋 [붕/péng] 친구, 벗, 무리, 주로 동문(同門)의 관계
  - 友[우/yǒu] (교제)벗 → 友情(우정), 故[고/gù] 옛 친구 → 故人(고인)
- 自 [자/zì] (전치사/착발격) ~으로부터
  - 自遠方來(자원방래) 해석순서 : ① 遠(먼곳), ② 自(으로부터), ③ 方(바야흐로), ④ 來(찾아오다)
- 方 [방/fāng] (부사) 바야흐로, 방금, 이제 막, 비로소

- 有－ [유－/yǒu－] ~하는 일이 있다, 생기다, 발생(發生)하다
- 樂 [락/lè] 즐겁다, 기뻐하다
  - ➤ 악[yuè]풍류 → 音 樂(음악), 요[yào]좋아하다 → 樂山樂水(요산요수)
- 人 [인/rén] 남(들), 사람(들)
- 不知 [부지/bù zhī] 알아주지 않다
  - ➤ 知己[지기/zhījǐ] 절친한 사이(자기를 알아주는 사람)
- 而 [이/ér] (역접접속사) －하지만
- 慍 [온/yùn] 화내다, 성내다
  - ➤ 怒[노/nù], 憤[분/fèn], 忿[분/fèn], 慨[개/kǎi]

> ※
> 직역 : 배우고 제때에 그것을 익히면, 또한 기쁘지 않은가? 친구가 먼 곳으로부터 바야흐로 찾아오면, 또한 즐겁지 않은가? 남들이 알아주지 않아도 화내지 않는다면, 또한 군자가 아니겠는가?
> **배우고 나서 제때에 배운 바를 실천하게 되면, 또한 기쁘지 않던가? 친구가 먼 곳으로부터 바야흐로 찾아오는 일이 있다면, 이 또한 즐겁지 않던가? 남들이 자기를 알아주지 않아도 화를 내지 않는다면, 이 또한 군자다움이 아니겠는가?**

## 2 不患人之不己知, 患不知人也。

- 患 [환/huàn] 걱정하다, 근심하다
  - ➤ 憂[우/yōu], 愁[수/chóu], 慽[척/qī]
- 之 [지/zhī] (후치사/주격) －이/가
- 不己知 (목적어 도치) 不(부사어)＋己(목적어)＋知(술어)
  - ➤ 不知己 : 지기(知己)가 아니다, 不知吾 : 나를 알아주지 않다
- 也 [야/yě] (종결사) －이다, －이로다

*

직역 : 남들이 나 자신을 알아주지 않는 것을 걱정하지 않고, 남들을 알지 못하는 것을 걱정한다.

**남들이 나를 알아주지 않는 것을 걱정하지 않고, 내가 남들을 알지 못하는 것을 걱정한다.**

## 3 詩三百, 一言以蔽之, 曰思無邪。

- 詩三百 [시삼백/Shī sānbǎi] 시(詩) 300수(首), 즉 현전하는 ≪시경(詩經)≫을 지칭한 것이다.
- 一言 [일언/yìyán] 한마디, 짧게 말하다
- 蔽 [폐/bì] 덮다, 가리다, 포괄(包括)하다, 총괄(總括)하다
- 一言以蔽之 한마디로 총괄(總括)하여 말하다.
- 思無邪 [사무사/sī wú xié] 나쁜 생각을 하지 않게 되다
  - 思(주어)+無(술어)+邪(목적어) → 생각함에 사악함이 없다.

*

직역 : 시 300수를, 한마디 말로 총괄하면, '생각함에 사악함이 없다'라고 한다.

**시 300여 수를 한마디로 총괄하여, '생각함에 사악함이 없다'라 한다.**

## 4 溫故而知新, 可以爲師矣。

- 溫 [온/wēn] 복습(復習)하다, 익히다, 따뜻하다
- 故 [고/gù] 오래되다, 옛날에, 예전부터. (=古)
  - ① 일/사건 → 事故(사고), ② 옛 친구 → 故人(고인), ③ 죽다 → 故人(고인), ④ 본디/근본적으로(=固), ⑤ 이유/까닭 → 緣故(연고), ⑥ 일부러 → 故意(고의)
- 知 [지/zhī] 깨닫다, 알다, 알리다
  - 智[지/zhì] 슬기/지혜(智慧)

▶ 新 [신/xīn] 새롭다, 새롭게 하다, 나라이름 → 왕망(王莽)의 신(新 : 8－23)

▶ 以 [이/yǐ] (전치사/기구격) ~으로써

➤ 以(之) → 이것으로써. '溫故而知新'하는 사실을 일컫는다.

➤ (足)以 → 충분히

▶ 爲 [위/wéi] 되다, 삼다

▶ 可－矣 [가－의/kě－yǐ] (한정용법) －라 할만하다

※

직역 : 옛 것을 익혀서 새로운 것을 깨닫는다면, 그것으로써 스승이 될 만하다.

**선생님께서 말했다. 옛 규범을 실천하며 새로운 사실을 깨닫는 사람이라면, 스승으로 삼을 만하도다.**

## 5 學而不思則罔，思而不學則殆。

▶ 而 [이/ér] (역접접속사) －하지만

▶ 思 [사/sī] 생각하다, 유의(留意)하다, 사색(思索)하다

➤ 不思[불사/bù sī] 대책・계획을 세우지 않다, 배운 바를 실천・적용하지 않다

▶ ~則, －則 [~즉, －즉/~zé, －zé] (가정접속사) ~한다면 ~하고 －한다면 －하다

▶ 罔 [망/wǎng] 어리석다, 멍하다. (＝惘[망/wǎng])

➤ 여기서는 '자신의 학문을 망치다'라는 뜻이다.

➤ ① 그물(＝網) → '법률/제도'의 은어, ② 엮다/얽어매다, ③ 속이다/기만(欺瞞)하다 → 罔民(망민), ④ 없다 → 罔極(망극)

▶ 殆 [태/殆dài] 위태롭다, 해치다

➤ 여기서는 '남에게 해를 끼치다'라는 뜻이다.

직역 : 배웠지만 생각하지 않는다면 어리석음이요, 생각하지만 배우지 않는다면 위태롭다.
선생님께서 말했다. 배우고 나서도 사색할 줄 모른다면 어리석은 사람이요, 사색을 하면서도 배우려고 하지 않는다면 위험한 사람이다.

## 6 由, 誨女知之乎！知之爲知之, 不知爲不知, 是知也。

- 由 [유/Yóu] 자로(子路)의 이름. 성은 중(仲), 자(字)는 자로(子路) 또는 계로(季路)이다. 공자보다 9살 아래 제자로서 용기(勇氣)가 출중하고 성격이 활발하였으나, 공자로부터 경거망동(輕擧妄動)한 결점을 지적 받는 인물이다. 특히 그는 신중하고 실천역행(實踐力行)하는 안회(顔回)와 상반된 성격을 지니고 있었다.
- 誨 [회/huì] 가르치다, 깨우치다, 교도(敎導)하다
- 女 [여/rǔ] (2인칭대명사) 너, 자네 (＝汝[여/rǔ])
  - ➢女[녀/nǚ]는 여자의 뜻이지만, 2인칭대명사로 사용되면 [여/rǔ]가 된다.
- 知之 [지지/zhī zhī] (동사의 명사용법) 안다는 것
- 乎 [호/乎] (감탄종결사) －(하)노라
- 爲 [위/wéi] (대동사) '말하다'는 의미로 사용되었다. (＝謂)
- 是 [시/shì] (지시대명사) 이것. '知之爲知之, 不知爲不知'를 지칭한다.

직역 : 중유(仲由)야, 너에게 안다는 것을 가르쳐주겠노라! 아는 것은 아는 것이라 하고, 모르는 것은 모르는 것이라 하면, 이것이 아는 것이다.
자로(子路)야, 자네에게 안다는 것을 가르쳐주겠노라! 아는 것은 아는 것이라 말하고, 모르는 것은 모르는 것이라 말하는 것이, 곧 아는 것이다.

**7** **子貢曰：孔文子何以謂之文也？ 子曰：敏而好學，不恥下問，是以謂之文也。**

- 子貢 [자공/Zǐgòng] 공자의 제자. 성은 단목(端木), 이름은 사(賜)이다. 공자보다 36살 아래로서 재여(宰予)와 더불어 언어(言語)에 능숙했다.
- 孔文子 [공문자/Kǒng Wénzǐ] 위(衛)나라 대부(大夫). 성은 공(孔)이며, 이름은 어(圉)이다. 시호(謚號)가 '문(文)'이다.
- 何以 [하이/héyǐ] (의문문) 무슨 까닭인가, 왜?
- 之 [지/zhī] (지시대명사) '공문자(孔文子)'를 지칭한다.
- 文 [문/Wén] 여기서는 공어(孔圉)의 시호(謚號)를 가리키며, 그 의미는 '문화(文化)적인 인물' 내지는 '지성(知性)적인 인물'이란 뜻을 포괄하고 있다.
- 敏 [민/mǐn] 민첩(敏捷)하다, 총민(聰敏)하다, 재빠르다
- 好 [호/hào] (동사) 좋아하다
- 不恥 [불치/bù chǐ] 부끄럽게 여기지 않다
- 下問 [하문/xiàwèn] (학식/지위) 아랫사람에게 묻다
- 是以 [시이/shì yǐ] 이 때문에, 이런 까닭으로

*

직역 : 자공(子貢)이 말하기를, 공문자(孔文子)는 어찌하여 '문(文)'이라 부르는 것입니까 라고 물었다. 선생님께서 말하기를, 민첩하면서 배우기를 좋아하고, 아랫사람에게 묻는 것을 부끄러워하지 않았으니, 이 때문에 '문(文)'이라 부르는 것이다라고 했다.

자공(子貢)이 공문자(孔文子)에게는 어찌하여 '문(文)'이란 시호로 칭하게 되었습니까 라고 묻자, 선생님께서는 대답하기를, 부지런하고 배우기를 좋아하며, 아랫사람에게 묻는 것을 부끄러이 여기지 않았다. 그래서 '문(文)'이라 칭하는 것이다라고 하였다.

## 8 宰予晝寢。子曰：朽木不可雕也；糞土之墻不可杇也。於予與何誅！

- 宰予 [재여/zǎiyǔ] 공자의 제자. 재(宰)는 성이고 여(予)는 이름이며, 자(字)는 자아(子我)이다.
- 晝寢 [주침/zhòuqǐn] 낮잠(자다)
- 朽木 [후목/xiǔmù] 썩은 나무
- 雕 [조/diāo] (무늬/글자) 새기다, 조각(彫刻)하다
- 糞土 [분토/fèntǔ] 더러운 땅
- 墻 [장/墻qiáng] 담
- 杇 [오/wū] (벽에) 흙을 바르다
- 於 [어/yú] (전치사/대상격) —에 대해서
- 與 [여/yú] 어기사(語氣詞)
- 誅 [주/zhū] 책망(責望)하다, 벌주다, 처단(處斷)하다
  - ➤ 고대에 죄인(罪人)이나 적(敵)에 대한 형벌의 총칭이다.
  - ➤ 誅伐(주벌), 誅殺(주살), 誅戮(주륙)

※

직역 : 재여(宰予)가 낮잠을 자고 있었다. 선생님께서 말하기를, 썩은 나무에 조각할 수 없는 것이다. 더러운 땅의 담에 진흙을 바를 수 없는 것이다. 재여에 대해 무슨 벌을 주겠는가라고 했다.

재여(宰予)가 낮잠을 자고 있었다. 선생님께서 말했다. 썩은 나무에 조각할 수 없다. 더러운 곳의 담에 흙을 바를 수 없다. 재여를 어찌 비난하겠는가!

**9** **子曰：始吾於人也，聽其言而信其行；今吾於人也，聽其言而觀其行。於予與改是。**

- 始 [시/shǐ] (시간부사) 애초에, 처음에, 예전에
- 而 [이/ér] (순접접속사) 그리고
- 於 [어/yú] (전치사/착발격) －로부터
- 改 [개/gǎi] 태도를 바꾸다

직역 : 선생님께서 말하기를, 애당초 나는 사람에 대해서, 그 사람의 말을 듣고서 그 사람의 행실을 믿었다. 이제 나는 사람에 대해서, 그 사람의 말을 듣고서 그 사람의 행실을 살피게 되었다. 재여로부터 이렇게 바뀌었다.

선생님께서 말하였다. 애당초 나는 남을 대할 때, 그 사람의 말을 듣고 나서 행동을 믿어 왔다. 그러나 이제 사람에 대할 때, 그 사람의 말을 듣고 나서 그 사람의 행실을 살피게 되었다. 재여로부터 이런 태도로 바꾸었다.

## 한문상식 ◎ 유교(儒教)는 종교인가 사상인가

유가사상(儒家思想)은 춘추시대(春秋時代) 공자(孔子)로부터 성립되기 시작했고, 전국시대(戰國時代)에 제자백가(諸子百家) 중 가장 중추적인 역할을 담당하였던 학설이었다. 한대(漢代) 무제(武帝)를 비롯하여 각 왕조의 정치이념이 된 이래 청말(清末)까지 정교일치(政教一致)의 학문으로서 중국의 대표적인 사조(思潮)를 이루었다.

또한 주변 국가에까지 파급되어 동양의 문화를 주도했으며, 정신적 지주로서 지대한 공헌과 영향을 끼쳤다. 유교(儒教)라는 용어는 학문(學問)으로서 '유학(儒學)'과 학파(學派)로서 '유가(儒家)'를 포괄하고 있다. 공자(孔子)가 죽은 후 한대(漢代)에 이르면 참위설(讖緯說)·천인합일설(天人合一說) 등 인간중심의 사상에다가 신비한 경문해석을 가미하게 되었다.

그 후 송대의 성리학에 이르러 다시 인간의 본성에 대한 학설을 완성하며 다른 종교와 배타적 지위에 놓이게 되었다. 이리하여 유교(儒教)는 공자(孔子)의 학설을 절대적 신앙의 단계로 승화시켰다.

특히 전통의 보존과 인류의 행복에 귀결되는 일체의 의식절차(儀式節次)를 숭상하는 종교적 단체를 형성하였던 것이다. 그런데 중국에서는 원래 유교라는 용어를 거의 사용하지 않지만, 대체로 불교가 민간에 크게 성행되었던 위진(魏晋)시기부터 사용되었던 것으로 추정되며, 후세에 유(儒)·불(佛)·도(道) 3교를 병칭하는 경우에 국한되었다.

따라서 유교(儒教)는 일체의 신비주의(神秘主義)나 환상적(幻想的)인 교리(教理)를 배격하며, 현실주의(現實主義)적인 인식을 숭상하며 마음을 다스리는 방법론을 추구한다.

한편 유교(儒教)는 교화적(教化的)인 측면에서 공자(孔子)와 그 사상을 신성시(神聖視)하고 절대화(絶對化)하며, 인간의 행복에 귀착되는 정신적인 교리

(教理)를 탐구하고, 삶과 죽음에 대한 종교적(宗教的) 해석까지 포괄하는 교단(教團)을 지칭한다. 요컨대 유교(儒教)는 학문의 형태에 바탕을 둔 범사회적인 교화(教化)와 전통보존의 신념(信念)이 결부된 윤리적(倫理的) 종교형태라 하겠다.

## 유교의 특징

유교(儒教)는 근본적으로 수기치인(修己治人)의 이념을 발현하는 데 목표를 둔다. '수기(修己)'란 자기 자신의 도덕적 수양을 의미하며, 나아가 '치인(治人)'이란 인류사회의 질서유지를 의미한다.

전자의 경우는 개인적인 성격을 지닌 데 비해 후자는 사회적인 성격을 띤다. 따라서 개인과 사회를 규범화하는 목표가 성립된다. 유교에서 말하는 사회질서란 제도적인 법률과 형벌로써 규제하는 것이 아니라, 도덕적인 교리와 수양을 통해 자아(自我)와 타인(他人)을 선도하는 것을 의미한다.

따라서 먼저 자기 자신의 정신적 수양을 근본으로 삼고 나아가 사회를 위한 공익적인 실천을 숭상하게 된다. 이러한 덕목을 발현하는 사람을 '군자(君子)'라고 부르며, 군자는 곧 위정자(爲政者)를 의미하기도 했다. 그러나 이러한 덕목에 이르지 못하는 자를 '소인(小人)'이라 구별했고, 군자의 교화를 본받고 도덕적 실천을 함양하는 자를 '학생(學生)'이라 불렀다.

이와는 달리 타인의 사표(師表)가 되고 최고의 지덕(知德)을 갖춘 사람을 '성인(聖人)'으로 존중했다. 고대 봉건체제 하에서는 최고의 성인(聖人)은 곧 타인을 교화하고 선도하는 황제(皇帝)나 그를 훌륭하게 보필하였던 고관(高官) 사대부(士大夫)들에게 부여되는 칭호가 되었다.

이것은 결국 국가 전체가 윤리도덕을 준수하는 이상적인 사회를 구축할 수 있고, 나아가 천하가 평화를 유지하는 이상적인 정치형태를 달성할 수 있다고 믿었던 것이다.

요컨대 유교(儒教)는 각자 올바른 정신수양과 지식체계를 배양하기를 권하며, 통치자를 도와서 도덕적인 정치 즉 덕치(德治)를 성취하려는 궁극적 이상(理想)을 추구한다. 이를 정교일치(政教一致)라고 말한다.

〈유가사상(儒家思想)〉

학파로서의 유가(儒家)는 인(仁)을 근본이념으로 삼는다. 인(仁)이란 인간의 사회학적 개념을 함축적으로 표현한 것이다. 즉 '나로부터 너에게로 이르는 공동체의식'이며 여기에 공공의 규범까지 포괄하는 개념이다.

공자(孔子)는 사상적으로 사랑의 실천을 적극 주장했는데, 즉 '충(忠 : 진실)'과 '서(恕 : 배려)'의 개념으로 설명했다. 따라서 나를 진실되이 하는 수신(修身)을 근본으로 삼고, 인(仁)의 실천으로서 부모를 사랑하는 '효(孝)'를 맨 먼저 내세웠고, 다음으로 형제에 대한 사랑인 '제(悌)'를 주장했다.

이것은 인류에 대한 사랑으로 확산되어 인(仁)에 의한 공동체를 형성하는 바탕이 되는데, 정치학의 측면에서 보면 인정(仁政)의 실현이라 하겠다. 이러한 인(仁)과 더불어 의(義)·예(禮)·지(智)를 추가해서 '사덕(四德 : 4가지 덕목)'으로 통칭되며, 여기에 신(信)을 추가하면 '오상(五常 : 5가지 진리)'이 된다. '의(義)'는 인(仁)의 절제력을 전제한 의리(義理)이며, '예(禮)'는 예의범절을 포함하여 사회적 규범과 관습을 총칭한다. '지(智)'는 사물에 대한 시비선악(是非善惡)의 판단력을 말한다. '신(信)'은 '충신(忠信)'의 동의어로서 진실/성실한 마음의 상태와 태도를 일컫는 용어이다.

그리고 '오륜(五倫 : 5가지 윤리)'은 대인관계에 필수적인 요건을 규정한 것인데, 즉 부자유친(父子有親)·군신유의(君臣有義)·부부유별(夫婦有別)·장유유서(長幼有序)·붕우유신(朋友有信) 등을 말한다.

## 문법정리 ◎ 개사(介詞)의 종류와 활용법(2)

개사(介詞) 가운데 전치사(前置詞)에 해당하는 단어는 매우 다양하고 복잡하다. 일반적으로 전치사는 명사와 결합하여 대명사·동사·형용사 등과 연결되는 부사구를 이룬다. 그 세부 분류의 유형 가운데 대상격[對象格 : −에게/대신하여/위하여/을]·비교격[比較格 : −에 비해/보다]·동반격[同伴格 : −와 함께/따라서]·명사격[名詞格 : −하는 것/사람] 등이 있다.

① 대상격 전치사 ⇒ 爲(與/於/替 등) + <명사>

※ 어떤 대상을 표시하기 위해 사용되며, '−을 위해/에게/대신하여'라는 의미를 나타낸다. 특히 '爲'의 중국어 성조는 2성[wéi]에서 4성[wèi]으로 변한다.

➢ 具爲天子言之。《史記·大宛列傳》
(전부 천자에게 말을 했다.)

➢ 今子與我取之, 而不與我治之。《韓非子·外儲說左上》
(지금 당신은 나를 위해 나라를 쟁취하되, 나를 대신하여 다스리지 마시오.)

➢ 余不愛衣食於民, 不愛犧玉於神。《國語·魯語上》
(나는 백성들에게 입히고 먹이는 것을 아끼지 않았고, 신께 바치는 제물을 아끼지 않았다.)

➢ 蠟燭有心還惜別, 替人垂淚到天明。《樊川文集·贈別》
(촛불을 밝혀 석별을 아쉬워했는데, 나를 위해 새벽녘까지 눈물을 흘린다.)

② 비교격 전치사 ⇒ 於(比/乎 등) + <명사>

※ 양자의 비교나 정도의 차이를 표시하며, '−에 비해/−보다'라는 뜻을 나타낸다.

›青取之於藍, 而青於藍° ≪荀子 · 勸學≫

(푸른색은 쪽풀에서 그 빛을 취하지만, 쪽풀보다 더 푸르다.)

›方響則金聲, 比德則玉亮° ≪世說新語 · 文學≫

(비유하자면 소리는 마치 듣기 좋은 황금의 소리 같고, 덕성에 비하면 옥과 같이 빛난다.)

›生乎吾前, 其聞道也固先乎吾, 吾從而師之° ≪韓昌黎全集 · 師說≫

(나보다 앞에 태어나서, 그는 견문도 나보다 앞서며, 나는 그를 따르며 스승으로 모신다.)

③ 동반격 전치사 ⇒ 與(於) + <명사>

※ 상대방을 포함하여 '~와 함께/더불어'라는 뜻을 나타낸다.

›道者, 令民與上同意也° ≪列子 · 湯問≫

(도리는, 백성에게 임금과 함께 한결같은 마음을 갖도록 하는 것이다.)

›尊唐八子爲唐太后, 而合其葬於先王° ≪史記 · 秦本紀≫

((孝文王)은 생모 당팔자를 추존하여 당태후라 부르고, 선왕(昭襄王)과 함께 합장했다.)

④ 명사격 전치사 ⇒ 所(所以) + <수식어>

※ 수식어 앞에 '所'를 사용하여 하나의 명사구를 만들며, '-하는 바(이유/방법)'라는 의미를 나타낸다.

›上舍法, 任民之所善, 故奸多° ≪商君書 · 弱民≫

(임금은 법도를 버리고, 백성들이 좋아하는 바를 방치하여, 그래서 간사함이 많아집니다.)

›親賢臣, 遠小人, 此先漢所以興隆也° 諸葛亮＜出師表＞

(현명한 자를 가까이하고, 소인배를 멀리하는 것은, 곧 한나라가 융성해지는 원인입니다.)

## 원문해석

- 배우고 제때에 실천하면, 또한 기쁘지 않던가? 친구가 먼 곳에서 바야흐로 찾아오면, 이 또한 즐겁지 않던가? 남들이 자기를 알아주지 않아도 화내지 않는다면, 이 또한 군자가 아니겠는가?
- 남들이 나를 알아주지 않는 것을 걱정하지 않고, 내가 남들을 알지 못하는 것을 걱정한다.
- 시 300수를, 한마디로 총괄하여 말하자면, '생각함에 사악함이 없음'이라 하겠다.
- 옛날 규범을 실천하며 새로운 사실을 깨닫는다면, 스승으로 삼을 만하다.
- 배우고 나서도 사색할 줄 모른다면 어리석은 자요, 사색을 하면서도 배우려고 하지 않는다면 위험한 사람이다.
- 자로(子路)야, 너에게 안다는 것을 가르쳐주겠노라! 아는 것은 아는 것이라 말하고, 모르는 것은 모르는 것이라 말하는 것이, 곧 아는 것이다.
- 자공(子貢)이 "공문자(孔文子)에게 어찌하여 '문(文)'이란 시호를 붙이게 되었습니까?"라 묻자, 선생님께서 "부지런하고 배우기를 좋아하였으며, 아랫사람에게 묻는 것을 부끄러이 여기지 않았다. 그래서 '문(文)'이라 칭하는 것이다."라고 말했다.
- 재여(宰予)가 낮잠을 자고 있었다. 선생님께서 말하였다. "썩은 나무에는 조각할 수 없다. 더러운 곳의 담에는 흙을 바를 수 없다. 재여를 어찌 비난하겠는가!" 선생님께서 말하기를, "애당초 나는 남을 대할 때, 그 사람의 말을 듣고 나서 행동을 믿어 왔다. 그러나 이제 나는 사람에 대해서, 그 사람의 말을 듣고 나서 그 사람의 행실을 살피게 되었다. 재여로부터 이런 태도로 바꾸었다."라 하였다.

# 12 刻舟求劍

Kè Zhōu Qiu Jiàn

**원문출처** ≪呂氏春秋≫〈察今〉

**한문상식** 선(船)과 주(舟)의 차이점

**문법정리** 개사(介詞)의 종류와 활용법(3)

## 각주구검

배에 표시하여 칼을 찾다

이 문장(文章)은 낡은 사고방식을 포괄적으로 풍자하고 있다. 즉 물에 빠진 칼을 찾기 위해 배에 표시하여 나중에 물로 들어가 찾는 어리석음을 비유했다. 이것은 시대적 변화에 순응하지 못하고 언제나 낙오자가 되는 것을 경계하고 있다. 현대인들도 타성에 빠지는 매너리즘이나 시대착오의 발상을 하여 손해를 입는다면 이와 상통하는 사례일 것이다.

# 12

≪呂氏春秋≫

〈察今〉

① 楚人有涉江者，其劍自舟中墜於水，遽契其舟

② 曰：是吾劍之所從墜。舟止，從其所契者入水求之。

③ 舟已行矣，而劍不行。求劍若此，不亦惑乎？

④ 以故法爲其國，與此同。時已徙矣，而法不徙，以爲治，豈不難哉！

⑤ 有過於江上者，見人方引嬰兒而欲投之江中，嬰兒啼。

⑥ 人問其故，曰：此其父善游。

⑦ 其父雖善游，其子豈遽善游哉！以此任物，亦必悖矣。

## 한자풀이 한자의 쓰임새와 원문의 뜻풀이

### 1 楚人有涉江者, 其劍自舟中墜於水, 遽契其舟,

- 楚人 [초인/Chǔrén] 초나라 사람.
- 涉 [섭/shè] 강을 건너다
  - ➤渡[도/dù], 航[항/háng], 過[과/guò]
- 江 [강/江jiāng] 양자강(揚子江), 장강(長江)
- 其 [기/qí] (지시대명사) '강을 건너는 초나라 사람'을 지칭한다.
- 劍 [검/劍jiàn] 검, 칼(무기)
  - ➤刀[도/刀dāo] 도구, 刃[인/rèn] 칼날, 劒[검/jiàn] 무기
  - ➤檢[검/檢jiǎn] 조사하다→檢討(검토), 儉[검/jiǎn] 儉素(검소), 臉[검/臉liǎn]뺨/얼굴, 險[험/險xiǎn]험하다→危險(위험), 驗[험/yàn]증거/효능→經驗(경험)
- 自 [자/zì] (전치사/착발격) ~로부터. 뒤에 〈시간〉에 해당하는 단어가 놓인다.
- 舟中 [주중/zhōu zhōng] 배타고 건너는 도중에
- 墜 [추/zhuì] 떨어지다(실수), 추락(墜落)하다
  - ➤墮[타/duò](정도), 落[락/luò](질량), 降[강/降jiàng](현상)
  - ➤무너지다 : 崩[붕/bēng] 붕괴, 壞[괴/壞huài] 침하, 破[파/pò] 조각
- 於 [어/yú] (전치사/처소격) -에. 뒤에 〈장소〉에 해당하는 단어가 놓인다.
- 遽 [거/jù] 갑자기, 재빨리, 즉각
  - ➤忽[홀/hū], 奄[엄/yǎn], 乍[사/zhà], 疾[질/jí], 猝[졸/cù], 暴[포/bào]
- 契 [결/qì] 새기다
  - ➤① [계/qì] 계약(契約)/합치하다, ② [결/qì] 새기다/끊다, ③ [설/xiè] 이름 → 은(殷)의 시조, ④ [글/qì] 부족명 → 글안(契丹 : 거란족)
  - ➤刻[각/kè], 彫[조/diāo], 銘[명/míng]
  - ➤絜[혈/xié] 헤아리다, 潔[결/jié] 깨끗하다
- 契其舟 전치사의 생략. 〈契+(於/처소격) + 其舟〉

※

직역 : 초나라 사람 중에 강을 건너는 자가 있었는데, 자기의 칼이 배를 타고 오던 중에 물속으로 떨어지자, 재빨리 그 배에다 표시했다.
초나라에 강을 건너는 자가 있었는데, 배를 타고 오다가 자기의 칼이 물에 떨어졌는데, 재빨리 배에다 떨어진 위치를 표시했다.

## 2 曰 : 是吾劍之所從墜。舟止, 從其所契者入水求之。

- 是 [시/shì] (지시대명사) 이곳
- 之 [지/zhī] (후치사[주격]) －이/가
- 從墜 [종추/cóngzhuì] 실종(失踪)되다. 踪[종/zōng](흔적)의 통용자
- 止 [지/zhǐ] 멈추다, 정박(碇泊)하다
- 從 [종/cóng] (전치사/착발격) －로부터. 뒤에 〈장소〉의 단어가 놓인다.
- 所契者 [소결자/suǒ qì zhě] 표시한 곳. 〈所+(수식어)+者〉 : (수식어)한 곳
- 入水 [입수/rù shuǐ] 물속으로 들어가다
- 求 [구/qiú] 찾다, 구하다

※

직역 : 말하기를, "이곳은 내 칼이 떨어진 지점입니다."라 했다. 배가 멈추자, 그 표시된 곳으로부터 물 속으로 들어가서 그것을 찾으려 했다.
"이곳은 내 칼이 떨어진 곳입니다."라 말했다. 배가 정박하자, 그 표시해둔 곳에서 물 속으로 들어가 그 칼을 찾으려 했다.

## 3 舟已行矣, 而劍不行。求劍若此, 不亦惑乎 ?

- 已 [이/yǐ] 이미, 벌써
- 行 [행/xíng] 지나오다
- 矣 [의/yǐ] (어기사) 문장의 자수(字數)를 맞추기 위한 글자이다.

而 [이/ér] (역접접속사) 그러나

若 [약/ruò] ~와(과) 같다

➤① 접속사 → 만약~이라면, ② 형용사 → 같다, ③ 대명사 → 너/당신

惑 [혹/huò] 의혹(疑惑)스럽다, 현혹(眩惑)시키다, 헷갈리게 하다

➤(형용사의 명사적 용법) '의심스러운 사람/어리석은 짓'

不亦~乎 (반어문) 또한 ~이 아니겠는가?

> 직역 : 배는 이미 지나왔고, 칼은 따라오지 못한다. 칼을 이와 같이 하여 찾으려 한다면, 또한 어리석지 않은가?
>
> **배는 이미 그 지점을 지나왔고, 칼은 따라오지 않았다. 이와 같이 해서 칼을 찾으려 한다면, 또한 어리석은 짓이 아니겠는가?**

## 4 以故法爲其國, 與此同°時已徙矣, 而法不徙, 以爲治, 豈不難哉!

以 [이/yǐ] (전치사/기구격) −으로써

故法 [고법/gùfǎ] 낡은 법률(法律), 과거의 법령(法令)

爲 [위/wéi] 다스리다, 정치하다

➤'爲'(다스리다)의 뒤에는 백성[民]/나라[國]에 해당하는 단어가 놓임

與 [여/yǔ] (전치사/동반격) ~와(과) 함께

➤① [여/yǔ]주다/~와 함께, ② [여/yù]참여하다, ③ [여/yú](의문조사=歟)

同 [동/tóng] 동일한 것이다, 동류(同類)이다

時 [시/shí] 시대(時代), 시속(時俗), 세월(歲月)

徙 [사/xǐ] 옮기다, 변하다, 바뀌다

以爲 [이위/yǐwéi] 인식하다, 생각하다

治 [치/zhì] 다스리다

➤'治'는 대체로 '잘 다스리다/평화롭게 다스리다'라는 뜻으로 사용된다.

豈不~哉 [기불~재/qǐ bù~zāi] (반어문) 어찌 ~하지 않겠는가?

※

직역 : 낡은 법률로써 그 나라를 다스리는 것은, 이와 같음이다. 시대는 이미 옮겨왔는데, 그러나 그 법률은 옮겨오지 않고서, 잘 다스려지리라 생각한다면, 어찌 어렵지 않겠는가!

**옛 법률로써 나라를 다스린다면, 이와 같은 유형이다. 시대가 이미 변했는데도 그 법률을 바꾸지 않고, 잘 통치되리라 생각한다면 어찌 곤란하지 않겠는가!**

## 5 有過於江上者,見人方引嬰兒而欲投之江中,嬰兒啼。

- 於 [어/yú] (전치사/처소격) ~에/을. 뒤에 〈장소〉에 해당하는 단어가 놓인다.
- 見 [견/jiàn] 목격하다, 보다
- 方 [방/fāng] 이제 막, 금방
- 嬰兒 [영아/yīngér] 젖먹이 아기, 갓난아기
- 欲 [욕/yù] ~하려 하다
- 投 [투/tóu] 던지다, 빠뜨리다
- 之 [지/zhī] (지시대명사) '갓난아기'를 지칭한다. (=嬰兒)
  - 장소의 부사어가 뒤에 놓여 있으므로 '之於'(=諸) 형태로 표현할 수 있다.
- 啼 [제/tí] 울다, 울부짖다
  - 泣[읍/qì], 哭[곡/kū], 鳴[명/míng], 嚎[호/háo], 嘶[시/sī], 嗚[오/wū], 咽[열/yè], 嘯[소/xiào], 哽[경/gěng]

※

직역 : 강을 지나오는 사람이 있었는데, 어떤 사람이 막 갓난아기를 끌어 가서 강 가운데에 그 아기를 던지려 하자, 갓난아기가 우는 것을 목격했다.

**강을 건너던 사람은, 금방이라도 갓난아기를 강에 집어던지려 하자, 아기가 울부짖는 일을 목격하게 되었다.**

## 6 人問其故 曰 : 此其父善游。

- 故 [고/gù] 까닭, 이유(理由), 연유(緣由)
- 此 [차/cǐ] (부사) 곧, 바로
- 其 [기/qí] (지시대명사) '갓난아기'를 지칭한다. (=嬰兒)
- 善 [선/善shàn] 뛰어나다, 잘하다
  - 爲有[위유/wéi yǒu], 有爲[유위/yǒu wéi]
- 游 [유/yóu] 헤엄치다, 물놀이(하다), 수영(水泳)하다

※

직역 : 그 사람이 그 까닭을 묻자, 말하기를, "이러는 것은 그 아기의 아버지가 수영을 잘하기 때문입니다."라 했다.

**강을 건너던 사람이 그 까닭을 묻자, "이는 갓난아기의 아버지가 수영을 잘하기 때문입니다."라 대답했다.**

## 7 其父雖善游,其子豈遽善游哉! 以此任物,亦必悖矣.

- 雖 [수/suī] (부사) 오직, 다만
- 豈~哉 [기~재/qǐ~zāi] (반어적 감탄문) 어찌 ~하겠는가!
- 此 [차/cǐ] (지시대명사) '수영을 잘하는 아버지의 태도'를 지칭한다.
- 任物 [임물/rèn wù] 일(사물)을 맡기다 → '국사(國事)를 담당한다'
- 悖 [패/bèi] 도리에 어긋나다, 위배(違背)되다

※

직역 : 그 아버지는 오직 수영을 잘하지만, 자기의 아기는 어찌 갑자기 수영을 잘하겠는가! 이런 사람의 태도로써 세상만물에 적용한다면, 또한 반드시 사리에 어긋날 것이다.

**그 아버지는 다만 수영을 잘하겠지만, 그 아기가 어찌 갑자기 수영을 잘할 수 있겠는가! 이런 식으로 국사(国事)에 임하면, 또한 반드시 잘못될 것이다.**

## 한자풀이 선(船)과 주(舟)의 차이점

선(船)과 주(舟)는 기본적으로 '배'라는 의미를 지닌 동의어이지만, 규모나 용도에 있어서 차이가 있다.

허신(許愼)의 ≪설문해자(說文解字)≫에 의하면, "舟, 船也. 船, 舟也."(주는 선이다. 선은 주이다)라 밝히고 있는데, 두 글자가 '배'를 나타내는 동의어(同義語)임을 알 수 있다.

먼저 선진시기(先秦時期)에 두 글자가 사용된 예를 살펴보면 다음과 같다.

- 二子乘舟, 泛泛其逝。≪詩經 · 邶風 · 二子乘舟≫
  (두 아들이 배를 타고 두둥실 떠나가네.)
- 作舟以行水。≪周禮 · 考工記 · 總序≫
  (배를 만들어 물위를 건너간다.)
- 假舟楫者, 非能水也, 而絶江河。≪荀子 · 勸學≫
  (배와 노의 힘을 빌린 자는, 능히 수영을 하지 않지만, 강물을 건너간다.)
- 有漁父者, 下船而來。≪莊子 · 漁父≫
  (어떤 고기 잡는 사람이, 배에서 내려왔다.)
- 絶江者托於船, 致遠者托於驥, 覇王者托於賢。≪呂氏春秋 · 知度≫
  (강을 건너려는 자는 배에 의존하고, 멀리 가려는 자는 준마에 의존하며, 패권을 잡으려는 임금은 현명한 자에게 의존한다.)
- 陸行乘車, 水行乘船。≪史記 · 夏本紀≫
  (육지는 수레를 타고 다니고, 수로는 배를 타고 다녔다.)

선(船)과 주(舟)는 때때로 혼용하면서도 서로 비유적으로 사용했다.

▸謂舟人曰 : 子嘗見兩蛟繞船能兩活者乎 ? 船人曰 : 未之見也。
(뱃사공에게 말하기를, "그대는 두 교룡이 배를 휘감았는데도 능히 살아난 사람을 본 적이 있습니까?"라 하자, 뱃사공은 "결코 본 적이 없습니다"라 대답했다. ≪呂氏春秋 · 知分≫)

▸江 · 湘委輸, 方船連舟; 巴峽舟艦, 精甲百萬。≪梁書 · 元帝紀≫
(장강과 상수로 운송했고, 줄지은 배를 만들기 위해 배들을 연결했다. 파협의 함선과, 정예 군인은 백만이었다.)

원래 선(船)과 주(舟)는 크고 작은 구별을 했는데 선(船)은 비교적 큰 배를 말하며, 주(舟)는 작은 배를 지칭했다.

▸刳木爲舟, 剡木爲楫, 舟楫之利, 以濟不通。≪周易 · 繫辭下≫
(나무를 파내어 배를 만들고, 나무를 깎아서 배의 노를 만들었는데, 배와 노의 편리함은, 예전에 가지 못했던 곳을 건너갈 수 있었다.)

여기에서 알 수 있는 것은 배[舟]의 제작방법인데, 나무를 파내어 만들었다는 사실이다. 따라서 하나의 통나무를 이용하여 제작되었으므로, 가느다란 쪽배를 지칭한다.
이를 뒷받침하는 공영달(孔穎達)의 주석과 단옥재(段玉裁)의 해설이 있다.
그리고 주(舟)의 규모를 짐작하게 해주는 기록을 살펴보면,

▸夫藏舟於壑, …謂之固矣, 然而夜半有力者負之而走, 昧者不知也。
(골짜기에 배를 숨겨 두고, …이것을 염려없다고 말하겠지만, 그러나 한밤중에 어떤 힘센 사람이 등에 지고 달아났는데, 어리석은 자들은 이 사실을 모른다. ≪莊子 · 大宗師≫)

라고 하여, 힘센 자가 등에 지고서 뛰어갈 정도였다면 분명 그다지 크고 막중한 규모는 아니었을 것이다.

또한 계복(桂馥)은 ≪설문해자의증(說文解字義證)≫에서 주(周)지역을 소개하는 <풍토기(風土記)>를 인용하면서, "小曰舟, 大曰船."(작은 것을 주라 하고, 큰 것을 선이라 한다)라고 밝히고 있다.

여러 전적을 보더라도 주(舟)를 수식하는 형용사는 주로 小(소 : 작다) 또는 輕(경 : 가볍다)을 사용한다.

> [范蠡]遂乘輕舟, 以浮於五湖。≪國語 · 越語≫
> ([범려는] 이리하여 가벼운 배를 타고, 다섯 호수를 지나다녔다.)
> [范蠡]乃乘扁舟浮於江湖。≪史記 · 貨食列傳≫
> ([범려는] 바로 자그마한 배를 타고서 강호를 지나다녔다.)

반면, 선(船)은 大(대 : 크다) 또는 重(중 : 무겁다)의 형용사로 수식받는다.

> 又豫備走舸, 各繫大船後。≪三國志 · 吳書 · 周瑜傳≫
> (또 달아날 배를 준비하여, 각각 큰 배 뒤에 매달았다.)
> 千鈞得船則浮, 錙銖失船則沈, 非千鈞輕錙銖重也, 有勢之與無勢也。
> (삼만근의 무게는 배에 실으면 물에 뜨지만, 치수의 분량이라도 배가 없으면 가라앉는데, 삼만근이 가볍고 치수가 무거워서가 아니라, 기세가 있고 없음 때문이다. ≪韓非子 · 功名≫)

이상에서 살펴본 바, 선(船)과 주(舟)의 구별은 후대로 내려오면서 더욱 명확해졌다. 당대(唐代) 이후에 이르면, 크고 작은 개념이 굳어져서 큰 배를 선(船), 작은 배를 주(舟)라고 불렀다. 따라서 배를 나타내는 두 단어가 서로 혼용되지 않고 교환하여 쓰이지 않게 되었다.

➤兩岸猿聲啼不住, 輕舟已過萬重山° 李白<早發白帝城>

(양쪽 언덕에서 원숭이 소리가 끊이지 않고, 가벼운 배는 이미 많은 산을 지나왔네.)

➤至其夜月明, 獨與邁乘小舟, 至絶壁下° 蘇軾<石鍾山記>

(그날 밤이 되자 달이 밝아, 오직 아들 소매와 함께 작은 배를 타고, 절벽 아래까지 이르렀네.)

위의 구절에 나타난 주(舟)는 작은 개인용 돛단배를 지칭하며, 선(船)으로 바꿔 쓸 수 없다. 이러한 두 글자의 발생시기도 서로 다르며, 주(舟)가 비교적 이른 시기부터 사용되었다. 단옥재(段玉裁)의 주가 달린 ≪설문해자(說文解字)≫에 선(船) 아래에 "古言舟, 今言船."(옛날에 주라 말하는 것은 오늘날 선을 말한다)라고 설명하면서, 옛날에 사용된 주(舟)는 오늘날의 큰 배[船]까지 포함한다고 밝히고 있다.

춘추시대의 전적(典籍) ≪좌전(左傳)≫, ≪국어(國語)≫, ≪논어(論語)≫ 등은 주(舟)만 사용하고 선(船)을 사용하지 않았다. 전국시대(戰國時代)로 내려오면서 ≪장자(莊子)≫, ≪여씨춘추(呂氏春秋)≫, ≪한비자(韓非子)≫ 등에서 비로소 선(船)이 사용되지만, 대체로 주(舟)자를 많이 사용했음을 알 수 있다. 한편 한대(漢代)로 내려와서 이 두 글자에 대한 지역적인 차이점을 언급한 기록이 있는데, 양웅(揚雄)의 ≪방언(方言)≫권9에 "舟, 自關而西謂之船, 自關而東或謂之舟, 或謂之航."(주[舟]는 관서지역에서 선[船]이라 부르고, 관동지역에서 주[舟] 혹은 항[航]이라 불렀다)라고 밝히고 있다.

## 문법정리 개사(介詞)의 종류와 활용법(3)

개사(介詞)란 단어와 단어 사이에 놓여 특정한 의미를 나타내는 품사이다. 이를 전치사(前置詞) 또는 후치사(後置詞)라고 부르는 것은 현대 중국어의 품사명칭과 영어 문법 용어를 절충한 것이다.

개사는 다른 단어에 의존하므로 허사(虛辭)에 속하며, 체언뿐만 아니라 용언과도 결합하므로 국문법의 조사(助詞)와 유사한 성격을 지니고 있다. 예를 들어 "强秦之爲漁夫(막강한 진나라가 어부가 되다)"에서 '之(지)'는 우리말의 주격 조사 '－이(가)'에 해당되며, 이를 후치사[주격 개사]라고 부른다.

그러나 "以修身身爲本(수신으로써 근본으로 삼다)"에서 '以(이)'는 기구격 조사 '－으로써'의 의미를 나타내지만, 단어의 앞에 놓이므로 우리말의 조사와는 다르다. 한문(漢文)에서 이러한 전치사와 후치사의 활용이 비교적 복잡하지만 사용빈도와 중요도는 매우 높은 편이다.

① 주격 후치사 ⇒ <주어> + 之(也/者/兮 등)

※ 국문법의 후치사[주격 介詞]와 동일하며, 반드시 주어 뒤에 놓여서 '－은/는' 또는 '－이/가'라는 뜻을 나타내며, 간혹 강조용법으로 '－이야말로' '－이란'의 뜻을 나타내기도 한다.

› 皮之不存, 毛將安傅? ≪左傳・僖公十四年≫
(가죽이 닳아 없어지면, 털은 장차 어디에 붙어 있겠는가?)

› 子朱曰 : 朱也當御。 ≪國語・晋語八≫
(자주가 말하기를, "내가 마땅히 영접하겠습니다."라 했다.)

› 兵者, 詭道也。 ≪孫子兵法・計篇≫
(용병(用兵)이란 속이는 술수이다.)

> 禍兮福之所倚。≪老子・五十八章≫
(재앙이란 복이 의존하는 곳이다.)

② 관형격 후치사 ⇒ <수식어> + 之(者) + <중심어>

※ 국문법의 관형격 조사와 의미는 동일하나 쓰임은 다르다. 반드시 중심어 뒤에 놓여서 '－의(에)' 또는 '－하는'라는 뜻을 나타내며, 중심어의 소유나 상태를 구체적으로 나타낸다.

> 冀北之土, 馬之所生。≪左傳・昭公四年≫
(기주 북쪽의 땅은, 말이 자라는 곳이다.)

> 雖有田常子罕之臣不敢欺也。≪韓非子・五蠹≫
(가령 전상이나 자한과 같은 신하가 있어 감히 속이지 못합니다.)

> 小大之獄, 雖不能察, 必以情。≪左傳・莊公十年≫
(크고 작은 소송은, 비록 철저히 살필 수 없었지만, 필히 진심으로 다스렸습니다.)

> 古者未有君臣上下之時, 民亂而不治。≪商君書・君臣篇≫
(옛날에 아직 군신간의 상하 위계질서가 없을 때, 백성들이 문란했고 평화롭지 못했습니다.)

> 昔者吾舅死於虎。≪禮記・檀弓≫
(지난날에 저의 시아버지가 호랑이에게 물려 죽었습니다.)

③ 목적격 후치사 ⇒ <술어> + 之

※ 목적어 뒤에 놓여서 '－을(를)'의 격을 나타내며, 일종의 목적어 도치구문이라 하겠다. 그리고 동사 또는 형용사 뒤에 '之'를 습관적으로 붙여서 형식상의 목적어를 나타내는데, 이런 경우는 목적어를 대신하는 지시대명사이다.

▸女罪之不恤, 而又何請焉? ≪左傳 · 昭公二年≫

(네가 죄를 걱정하지 않으면서, 오히려 또 무엇을 바라는가?)

▸前事之不忘, 後事之師° ≪戰國策 · 趙策一≫

(옛 일을 잊지 않고, 곧 다음 일의 교훈으로 삼는다.

▸天命之謂性, 率性之謂道, 修身之謂教° ≪中庸章句 · 第一章≫

(하늘의 운명을 본성이라 하고, 본성에 따르는 것을 도리라고 하고, 자신을 수양하는 것을 가르침이라 한다.)

▸故用兵之法, 十則圍之, 五則攻之° ≪孫子兵法 · 謀攻篇≫

(그러므로 용병술에 있어서 적보다 병력이 열 배가 되면 그들(적군)을 포위하고, 다섯 배가 되면 그들(적군)을 공격한다.)

③ 명사격 후치사 ⇒ <수식어> + 者

※ 수식어 뒤에 '者'를 사용하여 하나의 명사구를 만들며, '－하는 것(사람)'이라는 의미를 나타낸다.

▸狂者東走, 逐者亦東走° ≪韓非子 · 說林上≫

(미친 자가 동쪽으로 달아나면, 좇는 자도 동쪽으로 달려간다.)

▸至廷見, 如不能言者° ≪史記 · 萬石張叔列傳≫

(조정에서 알현할 때는, 말을 못하는 사람과 같았다.)

원문해석

초나라에 강을 건너는 자가 있었는데, 배를 타고 오다가 자기의 칼이 물에 떨어졌는데, 재빨리 배에다 떨어진 위치를 표시하며, "이곳은 내 칼이 떨어진 곳입니다."라 말했다. 배가 정박하자, 그 표시했던 곳에서 물속으로 들어가 그 칼을 찾으려 했다. 배는 이미 그 지점을 지나왔고, 칼은 따라오지 않았다. 이처럼 칼을 찾으려 한다면, 또한 어리석은 짓이 아니겠는가? 낡은 옛 법률로써 나라를 다스리는 것은, 이와 같은 유형이다. 시대는 이미 바뀌었는데, 그러나 옛 법을 바꾸지 않고, 잘 다스려지리라 생각한다면, 어찌 곤란하지 않겠는가!

강을 건너던 사람은, 어떤 사람이 막 갓난아기를 강물에 집어던지려 하고, 아기가 울어대는 것을 목격했다. 그 강을 건너던 사람이 그 까닭을 묻자, "이는 갓난아기의 아버지가 수영을 잘하기 때문입니다."라 대답했다. 그 아버지는 다만 수영을 잘하겠지만, 그 아기는 어찌 갑자기 수영을 잘할 수 있겠는가! 이런 태도로써 국사(國事)를 처리한다면, 또한 반드시 잘못될 것이다.

# 13 管鮑之交

Guǎn Bào Zhī Jiāo

원문출처 ≪史記≫ 〈管晏列傳〉

한문상식 사마천(司馬遷)과 ≪사기(史記)≫

문법정리 접속사(接續詞)의 종류와 활용법

## 관포지교

관중과 포숙아의 사귐

이 문장(文章)은 관중(管仲)과 포숙아(鮑叔牙)의 교우관계를 통해 절친한 친구로서의 마음가짐을 전하고 있다. 즉 친구관계에 있어서 현실적인 이해타산을 따지지 않고 오직 상대를 먼저 이해하기를 권한다. 표면적인 시비(是非)나 과오(過誤), 내면적인 애증(愛憎)과 비교(比較) 등을 멀리할 수 있다면, 친구뿐만 아니라 사회 전체가 평화롭고 진실해질 것이다. 특히 본문에서 막역한 관계는 포숙아처럼 상대를 알아주는 지기(知己)에서 비롯됨을 새겨두어야 하겠다.

[유사] 문경지교(刎頸之交), 금란지교(金蘭之交)

# 13

원문읽기

≪史記≫

〈管晏列傳〉

① 管仲曰：吾始困時，嘗與鮑叔賈，分財利，多自與，鮑叔不以我爲貪，知我貧也；

② 吾嘗爲鮑叔謀事，而更窮困，鮑叔不以我爲愚，知時有利不利；

③ 吾嘗三仕三見逐於君，鮑叔不以我爲不肖，知我不遭時也；

④ 吾嘗三戰三走，鮑叔不以我爲怯，知我有老母也；

⑤ 公子糾敗，召忽死之，吾幽囚受辱，鮑叔不以我爲無恥，知我不羞小節，而恥功名不顯於天下也。

⑥ 生我者父母，知我者鮑子也。

⑦ 鮑叔旣進管仲，以身下之。

⑧ 子孫世祿於齊，有封邑者十餘世，常爲名大夫。

⑨ 天下不多管仲之賢，而多鮑叔能知人也。

## 한자풀이 한자의 쓰임새와 원문의 뜻풀이

**1 管仲曰 : 吾始困時, 嘗與鮑叔賈, 分財利, 多自與, 鮑叔不以我爲貪, 知我貧也;**

- 管仲 [관중/guǎnzhòng] 인명. 춘추시대(春秋時代) 제(齊)나라의 재상(宰相)을 지냈다. 이름은 이오(夷吾)이며 자(字)가 중(仲)이다. 경(敬)이라는 시호(諡號)를 받았고, 후세 '관경중(管敬仲)'이라고 부르기도 한다. 그는 제(齊)나라 환공(桓公)을 섬기면서 부국강병과 외교사절로 뛰어난 활약을 했다. 이에 제나라는 강력한 제후국으로 부상했고, 환공(桓公)은 춘추오패(春秋五覇) 가운데 가장 영향력이 있는 군주가 될 수 있었다.
- 始 [시/shǐ] (부사) 애초에, 예전부터
- 困 [곤/kùn] 가난하다, 빈곤(貧困)하다, 곤궁(困窮)하다
- 嘗 [상/cháng] (부사) 일찍이, 항상(=常)
- 與 [여/yǔ] (전치사/동반격) -와 더불어, -와 함께
- 鮑叔 [포숙/bàoshū] 인명. 춘추시대 제나라의 대부(大夫)를 지냈다. 이름은 숙아(叔牙)이다. 그는 관중(管仲)과 더불어 '관포(管鮑)'의 칭호를 받는 절친한 친구였다. 그러나 제(齊)나라 양공(襄公)이 암살당하자, 그는 거(莒) 땅에 망명해 있던 서자(庶子) 소백(小白 : 桓公)의 즉위를 도왔다. 당시 친구 관중(管仲)은 환공의 형 공자(公子) 규(糾)를 돕고 있었다. 결국 환공이 즉위했고, 규(糾)는 노(魯)나라로 돌아가 사형되고 말았다. 포숙(鮑叔)은 투옥된 친구 관중(管仲)을 천거했는데, 자기보다 직위가 높은 재상(宰相)이 되도록 했다.
- 賈 [고/gǔ] 장사하다. 주로 앉아서 파는 장사를 일컫는다.

  ➤ 商[상/shāng]행상, 鬻[육/yù]생계수단, 賣買[매매]거래.

➤ 賈[가/賈jiǎ]가격(=價[가/jia]), 성(姓/Jia) → 가의(賈宜)/가도(賈島)

⊙ 財利 [재리/財cáilì] 이윤, 이익, 수지

⊙ 多自與 [다자여/duō zì yǔ] 나에게 주는 몫을 많게 하다 → 몫을 더 챙기다

⊙ 不以(A)爲(B) [불이-위-/bùyǐ-wéi-] (A)를 (B)라고 생각하지 않다

⊙ 貪 [탐/貪tān] 탐욕스럽다

⊙ 知 [지/zhī] 알아주다, 이해하다, 인정해 주다

⊙ 貧 [빈/pín] 가난하다, 빈궁하다, 구차하다

➤ 知我貧也 : 나의 가난함을 알아주었다.

> ※
> 직역 : 관중(管仲)이 말했다. "나는 예전 가난했던 시절에, 일찍이 포숙(鮑叔)과 더불어 장사를 했는데, 재물의 이익을 나누면서, 내에게 많도록 했는데, 포숙(鮑叔)은 나를 탐욕스럽다고 생각하지 않고, 나의 가난함을 알아주었다.
>
> **관중(管仲)이 말했다. "내가 애초에 가난했던 시절부터, 포숙(鮑叔)과 더불어 장사한 적이 있었는데, 이익을 분배하면서, 내가 많이 챙겨도, 포숙(鮑叔)은 나를 탐욕스런 사람으로 여기지 않고, 나의 가난함을 알아주었다.**

## 2 吾嘗爲鮑叔謀事, 而更窮困, 鮑叔不以我爲愚, 知時有利不利;

⊙ 爲 [위/wèi] (전치사/대상격) -을(를) 위해, -을(를) 대신하여

⊙ 謀事 [모사/móushì] 일을 도모하다, 일을 꾸미다, 도와주다

➤ 吾嘗爲鮑叔謀事 : 나는 일찍이 포숙의 일을 도왔다.

⊙ 而 [이/ér] (역접접속사) 그러나, 하지만

⊙ 更 [갱/gèng] 다시, 재차

➤ 更(부사어) + 窮困(술어) : 재차 가난해졌다

⊙ 愚 [우/yú] 어리석다, 어리석은 사람

➤ 1인칭대명사/(겸칭) 어리석은 나

⊙ 時 [시/shí] 때때로

有利不利 [유리불리/yǒulì búlì] 이익이 있을 때와 이익을 남기지 못하는 때

> 利[리/lì](명사)이익, (형용사)예리하다

*

직역 : 나는 일찍이 포숙(鮑叔)을 위해 일을 도와주었는데, 그러나 재차 가난해졌고, 포숙(鮑叔)은 나를 어리석다고 생각하지 않고, 때에 따라 이롭고 이롭지 못함이 있음을 알아주었다.

**내가 포숙(鮑叔)을 위해 (장사하는) 일을 도와준 적이 있었지만, 더욱 궁색해졌는데, 포숙(鮑叔)은 나를 어리석은 사람이라 여기지 않고, 이롭고 이롭지 못한 시기가 있음을 알아주었다.**

## 3 吾嘗三仕三見逐於君，鮑叔不以我爲不肖，知我不遭時也;

仕 [사/shì] 벼슬하다

逐 [축/zhú] 내쫓다, 몰아내다, 물리치다

> 見[견/見jiàn](피동)－당하다

於 [어/yú] (전치사/대상격) －에게

君 [군/jūn] 임금, 제후, 영주(領主)

> ① 군주(주권자), ② 제후/영주, ③ 남편의 호칭, ④ 남의 호칭

不肖 [불초/búxiào] 현명하지 못하다

> 肖[초/xiào] 닮다, 훌륭하다

> 不肖 : 품행이 바르지 않다(자녀), 못나다(자평)

遭時 [조시/zāo shí] 적당한 시기를 만나다

*

직역 : 나는 일찍이 세 번 벼슬을 하다가 세 번 임금에게 쫓겨났는데, 포숙(鮑叔)은 나를 현명하지 못하다고 여기지 않고, 적절한 시기를 만나지 못했음을 알아주었다.

**내가 세 차례 출사하였으나 세 번 모두 임금에게 쫓겨난 적이 있는데, 포숙(鮑叔)은 나를 무능한 사람으로 여기지 않고, 적절한 때를 만나지 못했음을 알아주었다.**

## 4 吾嘗三戰三走，鮑叔不以我爲怯，知我有老母也；

- 戰 [전/zhàn] 출전(出戰)하다, 전쟁에 나가다
  - 出戰[출전/chūzhàn], 出師[출사/chūshī] 종군(從軍)하다
- 走 [주/zǒu] 달아나다, 도망가다
  - 亡[망/wáng], 奔[분/bēn], 逃[도/táo]
- 怯 [겁/qiè] 비겁하다, 겁쟁이
- 老母 [노모/lǎomǔ] 늙으신 어머니

> 직역 : 나는 일찍이 세 번 전쟁에 나갔다가 세 번 도주했는데, 포숙(鮑叔)은 나를 비겁하다고 여기지 않고, 나에게 늙으신 어머니가 있음을 알아주었다.
> **내가 세 차례 출전했다가 세 번 모두 도주한 적이 있었는데, 포숙(鮑叔)은 나를 비겁한 사람이라 여기지 않고, 나에게 늙으신 모친이 있음을 알아주었다.**

## 5 公子糾敗，召忽死之，吾幽囚受辱，鮑叔不以我爲無恥，知我不羞小節，而恥功名不顯於天下也。

- 公子 [공자/gōng zǐ] 공작(公爵)의 아들
  - 춘추시대의 제후(諸侯)에게는 대체로 공(公)의 작위를 부여했으며, 제(齊)나라 양공(襄公)의 아들이므로 공자(公子)라고 불렀다.
- 糾 [규/Jiū] 인명.
  - 양공(襄公)의 맏아들로서 양공(襄公)이 피살된 후 노(魯)나라의 보호를 받으며 집권을 시도하였으나, 동생이었던 소백(小白) 즉 환공(桓公)에게 패배했다.
- 敗 [패/敗bài] 패배(敗北)하다

- 召忽 [소홀/zhàohū] 인명.
  - ➤공자(公子) 규(糾)를 도와서 소백(小白)과 맞서 싸웠으나 전사(戰死)했다.
- 之 [지/zhī] (지시대명사) 그곳. '공자였던 규가 패배했던 곳'을 지칭한다.
  - ➤보통 앞 문장을 대신하기 때문에 해석하지 않는다.
- 幽囚 [유수/yōuqiú] 잡아 가두다, 투옥(投獄)시키다, 감금(監禁)하다
  - ➤여기서는 '투옥되다'라는 의미로서 피동으로 사용되었다.
  - ➤幽[유/yōu] 가두다/그윽하다, 囚[수/qiú] 가두다/죄인
- 受辱 [수욕/shòurǔ] 모욕을 받다, 수치를 당하다
- 恥 [치/chǐ] 부끄러움
  - ➤無恥[무치/wú chǐ] 부끄러움도 모르다
- 小節 [소절/xiǎo jié] 하찮은 절개(節槪), 사사로운 절개
  - ➤'小節'은 개인적이고 사소한 도리를 지키는 절개를 말한다.
  - ➤羞[수/xiū] 부끄러워하다/바치다
- 而 [이/ér] (역접접속사) 그러나
- 功名 [공명/gōngmíng] 공적(功績)과 명예(名譽)
- 顯 [현/xiǎn] 드러나(내)다, 나타나(내)다

※

직역 : 제후의 아들 규(糾)가 패하면서, 소홀(召忽)은 죽고, 나는 감옥에 갇혀서 모욕을 당했는데, 포숙(鮑叔)은 나를 염치없다고 여기지 않고, 내가 하찮은 절개를 부끄러워하지 않고, 공적과 명예를 천하에 드러내지 못하는 것을 부끄러워한다고 알아주었다.

제후의 아들 규(糾)가 패배하면서, 소홀(召忽)은 죽었고, 나는 투옥되어 모욕을 당했는데, 포숙(鮑叔)은 나를 몰염치한 사람이라 여기지 않고, 내가 개인적인 절개를 부끄러워하는 것이 아니라, 공명(功名)을 천하에 떨치지 못하는 것을 부끄러워함을 알아주었다.

## 6 生我者父母，知我者鮑子也.

- 生我者 [생아자/shēng wǒ zhě] 나를 낳아주신 사람
- 知我者 [지아자/zhī wǒ zhě] 나를 알아주는 사람
- 鮑子 [포자/bàozǐ] 포숙(鮑叔) 선생
  - 子[자/zǐ] (존칭접미사) -분/-님/-선생

> ※
> 직역 : 나를 낳은 사람은 부모이고, 나를 알아주는 사람은 포씨(鮑氏)이다."
> **나를 낳아주신 분은 부모이지만, 나를 알아주는 사람은 포숙(鮑叔) 선생이다."**

## 7 鮑叔旣進管仲，以身下之。

- 旣 [기/jì] 이미, 먼저, 기왕에 (-하고)
  - 해석할 때 '상황 변화'라는 뜻을 가미하여 '-했을 때'라고 새긴다.
- 進 [진/jìn] (임금 앞으로) 나아가게 하다, 천거(薦擧)하다, 추대(推戴)하다
- 以 [이/yǐ] (전치사/기구격) -로써
  - 보통 술어 앞에 놓여서 목적어를 도치시킨다.
- 身 [신/shēn] 자기 자신
- 下 [하/xià] 하대(下待)하다, 직위를 낮추다
  - 下(술어) + 之(대명사) : 之는 포숙(鮑叔)의 지위
  - 포숙(鮑叔)은 대부(大夫)였는데, 관중(管仲)을 추천하면서 자신보다 높은 재상(宰相)이 되도록 했다.

> ※
> 직역 : 포숙(鮑叔)은 이미 관중(管仲)을 천거했는데, 자신의 지위를 낮게 하였다.
> **포숙(鮑叔)이 관중(管仲)을 천거했을 때, 자신보다 높은 신분을 청하였다.**

**8** **子孫世祿於齊，有封邑者十餘世，常爲名大夫。**

- 世祿 [세록/shìlù] 대대로 국록(國祿)을 받다
- 封邑 [봉읍/fēngyì] 임금으로부터 땅을 부여받는 일
  - ➤有封邑者 : 영지(領地)를 하사 받은 사람
- 世 [세/shì] 세대
- 常 [상/cháng] 항상, 언제나
- 爲 [위/wéi] 되다, 간주하(되)다
- 名大夫 [명대부/míng dàfū] 이름난 대부, 유명한 대부

> ✻
> 직역 : 자손은 제(齊)나라에서 대를 이어 국록(國祿)을 받았고, 영토를 부여받는 일이 10여 세대였고, 항상 명대부(名大夫)가 되었다.
> 자손들은 계속해서 제(斉)나라에서 국록(国禄)을 받았고, 영토를 부여받은 것이 10여 세대였으며, 항상 유명한 대부(大夫)가 되었다.

**9** **天下不多管仲之賢，而多鮑叔能知人也。**

- 多 [다/duō] 아름답게 여기다, 칭찬하다
- 而 [이/ér] (역접접속사) 오히려, 반대로
- 能 [능/néng] (부사) 잘, 아주
- 知人 [지인/zhī rén] 남을 알아주다, 남을 인정하다

> ✻
> 직역 : 세상 사람들은 관중(管仲)의 현명함을 칭찬하지 않고, 포숙(鮑叔)이 능히 남을 알아주었던 것을 칭찬했다.
> 세상 사람들은 관중(管仲)의 현명함을 칭찬하기 보다, 남을 잘 이해하였던 포숙(鮑叔)을 칭찬했다.

## 한자풀이 사마천(司馬遷)과 ≪사기(史記)≫

중국의 역사서 가운데 ≪사기(史記)≫는 한 무제(武帝;BC141－BC87) 시대에 기전체(紀傳體)로 이루어져 후세 역사서뿐만 아니라 문장의 표준이 되었다. 한(漢)나라는 건국(BC206)이후 60년간 국가기강의 기초를 마련하는 과정을 밟았다. 무제(武帝) 때에 이르면 사회는 안정되고 농업·수공업·상업이 번창했고 문화의 재건이 이루어지는 황금기를 맞게 된다. 춘추전국시대(春秋戰國時代)와 진대(秦代)를 거치면서 중원(中原)은 징병(徵兵)과 압정(壓政)의 악순환 속에 피폐(疲弊)의 참극(慘劇) 속에 빠져들었다. 이 참극의 대단원은 진승(陳勝)의 반란이 도화선이 되어 항우(項羽;西楚의 霸王)와 유방(劉邦;漢高祖)에 의해 막을 내렸다. 그후 한왕(漢王) 유방은 항우의 세력을 물리치고 한(漢)왕조를 세워 어지러운 민심을 수습하는 데 전력을 기울였다. 한나라는 여태후(呂太后)의 섭정과 오초칠국(吳楚七國)의 난을 겪으면서도 부강책(富强策)에 성공하여 수많은 현신과 인재들을 등용하며 200년간 중원을 지배하는 대제국으로 군림했다. 이러한 시대를 살다간 사마천(司馬遷)은 중국고대사(中國古代史)의 보고(寶庫)인 ≪사기≫130권을 찬술했다.

### 명칭과 체재

≪사기≫의 본래 명칭은 ≪태사공서(太史公書)≫였다. 이것은 사마천 자신이 쓴 <태사공자서(太史公自序)>에 연유한 서명이었다. 그러나 후세에 와서 본래의 명칭은 사용되지 않고 '사기(史記)'라고 통용되었다. 일반적으로 '사기'라는 명칭은 선진시대(先秦時代) 이전에 열국(列國)의 역사서로 통칭되는 대명사였고, 한대(漢代)에 와서도 선대(先代)의 역사서를 범칭했다. 동한(東漢)에 이르러 반표(班彪)·반고(班固) 부자는 ≪태사공서≫를 ≪사기≫라고 부르기 시작했으며, 동한 말기의 순열(荀悅)과 진(晉) 진수(陳壽) 등의 역사가들을 거

쳐오는 동안 차츰 ≪사기≫라는 서명으로 널리 통용되었다. 당대(唐代)에 편찬된 ≪수서(隋書) · 경적지(經籍志)≫로부터 비로소 정식으로 사마천의 ≪태사공서≫를 ≪사기≫라 부르게 되었다.

### 사기의 내용

≪사기≫는 본기(本紀)12권, 표(表)10권, 서(書)8권, 세가(世家)30권, 열전(列傳)70권 등 도합 130권으로 이루어져 있다. 본기(本紀)는 세계(世系)와 연대순(年代順)에 따라 역대 제왕들의 통치내용, 인사(人事) 등을 기록했다. 표(表)는 역사사건의 기록. 이중 세표(世表)는 비교적 간략한 것, 연표(年表)는 보통인 것, 월표(月表)는 상세한 것을 기록하고 있다. 서(書)는 당시의 전장제도(典章制度)의 내용을 기록했는데, 사회적 규범(規範), 제도적 법식(法式) 등을 서술했다. 세가(世家)는 각 제후와 왕의 사적(史蹟)과 흥망성쇠(興亡盛衰)를 영토에 따라 기록했다.(孔子世家/陳涉世家 예외) 열전(列傳)은 고대부터 한대(漢代)에 이르기까지 제왕(帝王) 및 제후(諸侯)를 제외한 유명인물을 선별하여 활동내용들을 차례대로 열거했다. 또한 변방의 소수민족에 관한 기록도 포함되어 있으며, 후세 소설과 희곡에 지대한 영향을 끼쳤다. 그리고 끝으로 태사공자서(太史公自序)는 전체적인 총론을 밝히고 있다.

### 사기의 판본

≪사기≫는 이미 남북조(南北朝)에 이르러 수많은 판본들이 나돌기 시작했다. 그래서 서광(徐廣)은 여러 초본(抄本)들을 비교 검토하여 ≪사기음의(史記音義)≫13권을 지었으나, 현전하지 않으며 비교적 정확한 주본(注本)으로 알려져 있을 뿐이다. 그러나 남조(南朝) 송(宋)나라의 배인(裵駰)은 서광의 ≪사기음의≫를 더욱 확대시켜 ≪사기집해(史記集解)≫80권을 지었고, 제(齊)나라의 추탄생(鄒誕生)은 ≪사기음의(史記音義)≫3권을, 수대(隋代)의 허자유(許子儒)는 ≪사기주의(史記注義)≫130권을, 유고언(柳顧言)은 ≪사기음의≫30권

을, 당대(唐代) 유백장(劉伯莊)은 ≪사기음의≫20권을, 사마정(司馬貞)은 ≪사기색은(史記索隱)≫30권을, 장수절(張守節)은 ≪사기정의(史記正義)≫30권을 각각 지어, 원래의 모습을 회복할 수 있었다. 송대(宋代)로 접어들면서 비로소 각인(刻印) 작업이 이루어졌는데, 북송(北宋) 태종(太宗) 순화(淳化)연간에 ≪사기집해(史記集解)≫가 간행되었다. 이 판본의 특징은 정문(正文)과 주석(註釋)을 병행한 최초의 판본이었으나, 전권(全卷)은 전하지 않고 부분적인 잔본만 북경도서관(北京圖書館)에 남아 있다. 그후로도 이 판본은 북송 경우(景祐)연간과 남송(南宋) 소흥(紹興)연간에, 그리고 명대(明代) 홍치(弘治)연간에 계속 중간(重刊)되었고, 가장 오래된 현전 각본(刻本)으로 일컬어진다. 특히 남송시기에 간행된 판본만도 20종에 가깝고, 원대(元代)의 판본도 10여 종이 전하고 있으며, 명청대(明·淸代)로 내려오면 그 수를 헤아릴 수조차 없을 정도로 불어났다.

### 사마천의 생애

사마천(司馬遷:BC.145?-BC85?)은 자가 자장(子長)으로 용문(龍門:지금의 陝西省 韓城縣 남부지역)에서 태어났다. 그의 가문은 대대로 사관(史官)을 역임한 관료계층에 속했다. 그의 부친 사마담(司馬談)도 한 무제(漢武帝) 때 태사령(太史令)을 지냈다. 사마담은 일찍이 천문학(天文學)과 역학(易學)을 익힌 박식한 지식인으로서 특히 명주(明主)·현군(賢君)·충신(忠臣)·사의(死義) 등의 사적을 밝히는 역사서를 저술하려는 원대한 포부를 품고 있었다. 그러나 뜻을 이루지 못하고 아들 사마천에게 그 유업을 남겼던 것이다. 사마천은 10살 때 이미 고서(古書)를 익히기 시작했고, 당시 유명했던 경학가(經學家) 동중서(董仲舒)와 공안국(孔安國)을 따라서 ≪춘추공양전(春秋公羊傳)≫≪고문상서(古文尙書)≫를 배웠다. 그는 선진시대부터 한대에 이르는 학술사상과 흥망성쇠의 역사를 깊이 파악했고, 그 밖에도 천문학과 역수(曆數)에도 상당한 지식을 쌓았다. 청년시절(20살무렵)에 전국 각지를 두루 돌아다니면서, 역사적인 유적지와 공자(孔子)의 유풍이 남아 있는 곡부(曲阜)를 비롯하여 옛 성현의 발자취를 현장답사했다. 그는 이러한 유람을 통해 각 지방의 풍습을 살피고 역사적인 인물들의 기문일사(奇聞逸事) 등의 자료를 수집했다. 사마천은 22, 23살에 낭중(郎中)이 되었고, 수년 뒤에 다시 이민족의 거주지를 중심으로 현장답사의 길에 올랐다. 답사를 마치고 돌아온 사마천에게 부친상이라는 불행이 닥쳤다.(36살, BC.110) 이 해에 한 무제(武帝)는 동쪽으로 순수(巡狩)하여 태산(泰山)에서 봉선(封禪)한 다음 연호를 원봉(元封)이라 고쳤다. 이때 사마담은 태사령(太史令)으로서 주남(周南)에 체류하고 있었기 때문에 봉선의식에 참가하지 못했다. 이 일로 인해 병이 생겨 죽고 말았다. 역사기록에 전하지 않으나 당시 무제(武帝)의 의례의식 행사 자체가 신선화(神仙化)하는 경향이 다분했고, 정통적인 유가론자였던 사마담이 반대하는 견해를 피력하였던 것으로 추정되며, 이것이 죽음의 직접적인 화근이 되었는데, 사마담에 대한 일종의 보복조치로써 봉선행사에 불참케 한 것으로 생각할 수도 있다. 아무튼 부친의 임종이 임박하여 사마천은 휴가를 얻어 부친으로부터 '사기'의 완성이라는 유언을 받게 된다. 부친이 죽은 지 3년 뒤(BC.108)에 사마천은 태사령(太史令)의 직위에 오른다. 이로써 궁정에 보관된 자료의 열람과 예전의 답사체험을 통해서 ≪사기≫ 집필에 몰입하기 시작했다. 그로부터 4년 뒤(42살, BC.104) 태초(太初) 원년에 집필을 시작했다. 그러나 사마천에게는 두 번째 불행이 다가오고 있었다. 흉노와의 전쟁에서 패한 이릉(李陵)을 변호했다는 이유로 사마천은 궁형(宮刑)에 처해졌는데, 이른바 '이릉의 화(李陵之禍)'로 인해 투옥되고 말았다.(48살) 그러나 2년 뒤에 다시 사면되어 중서령(中書令;환관)으로 복직했고, 정화(征和) 2년(BC.91)에 ≪사기≫의 편찬을 끝맺게 되었다. 망부(亡父)의 유언대로 ≪춘추(春秋)≫의 정신에 입각하여 자신에게 가해지는 모든 수모와 분노를 뒤로 한 채, 오직 살아남아 하늘과 사람의 관계를 구명하고, 고금의 변화에 통달하여 일가지언(一家之言)을 이룩하려는 신념으로 불후의 대작 역사서(歷史書)를 완성하였던 것이다.

## 사기의 가치

중국의 서지학(書誌學)에서 최고의 사서로 분류되는 ≪사기(史記)≫는 기전체(紀傳體)의 효시인 동시에 전기문학(傳記文學)의 출발점이 되기도 한다. 유구한 역사를 가진 중국에서 사마천을 '역사의 아버지'로 숭상하는 것은 사학(史學) 분야에서 남긴 걸출한 공헌 때문일 것이다. 그의 ≪사기≫는 고금을 통해 난잡한 역사자료를 망라하여 체계적이고 전반적인 탐색을 보여줌으로써, 중국 사학사상(史學史上) 새로운 발전의 단계로 이끌었다. 반표(班彪)와 반고(班固) 부자의 ≪한서(漢書)≫를 비롯하여, 이른바 정사(正史)로 분류되는 저작들이 모두 그 체재나 형식 그리고 문장의 기교 등에 있어서 ≪사기≫를 전범(典範)으로 삼고 있다. 그리고 <열전(列傳)>70권은 '전기체(傳記體)'의 형식을 빌어 인간의 외면적 · 내면적 특징을 정확히 기술하고 있는데, 물론 이전의 사서(史書)인 ≪춘추(春秋)≫≪국어(國語)≫≪좌전(左傳)≫ 등에서도 개인의 행적을 서술하고 있지만, 대개 저작자의 관점은 그 개인 자체에 있지 않고 유가의 사상이나 교훈에 따른 부차적인 의도에 더욱 치중했다. 역대 인물에 대한 매우 상세하고 박식한 견해는 ≪사기≫와 견줄 만한 저작이 전무후무하다. 또한 사마천이 남긴 공헌은 여기에 국한되지 아니하고 천문학 · 사상사 · 문화사 · 민족사 등등 수많은 학술분야에 지대한 영향력을 끼치고 있다. 이러한 업적은 사관으로서의 천재성과 시대성이 결부한 것으로 말할 수 있다. 진(秦) · 한(漢) 이래 정치상의 분열이 안정으로 이어지고, 사상적으로 제자백가의 쟁명(爭鳴)이 통일된 국면으로 전변(轉變)되는 시대에 처해 있었다. 게다가 사마천은 구사회(舊社會)의 역사와 문화를 총괄하고 신사회(新社會)에 대한 철학적 · 역사적 해석을 요구하던 시대에 살았던 것이다. 아무튼 2,000여 년이 지난 지금까지도 ≪사기≫는 모든 역사서의 표준이 될 뿐만 아니라, 산문체(散文體)의 모범이며 전기문학(傳記文學)의 비조(鼻祖)가 되었다.

## 문법정리 접속사(接續詞)의 종류와 활용법

접속사(接續詞)는 단어와 단어, 구와 구를 연결하는 허사(虛辭)이다. 문장의 구조에 있어서 특정한 관계를 나타내며, 그 관계의 성격에 따라 다양하게 활용된다. 일반적으로 한문(漢文)의 접속사는 5가지로 규정할 수 있는데, 즉 앞의 단어와 구의 관계에 있어서 어감이나 문맥을 이어주는 순접접속사(順接接續詞), 어감이나 문맥이 상반되는 역접접속사(逆接接續詞)가 있으며, 동등한 관계를 표시하며 나열 또는 선택의 의미를 지닌 병렬접속사(竝列接續詞), 원인 또는 결과의 의미를 지닌 인과접속사(因果接續詞), 양보 또는 조건의 의미를 지닌 가정접속사(假定接續詞) 등이 있다.

### ❶ 순접접속사(順接接續詞) ⇒ 그리고

| 구분 | 접속사 | 활용예문 | 의미 |
|---|---|---|---|
| 순접접속사 | 而〔ér〕 | 王顧左右而言他. 《孟子·梁惠王下》<br>왕은 좌우 측근들을 돌아보고 **그리고** 다른 말을 하였다. | 그리고 |
| | 以〔yǐ〕 | 屬予作文以記之. 范仲淹의 <岳陽樓記><br>나에게 문장을 지어서 그 일을 기록해 달라고 부탁하다. | ~하여(서) |
| | 則〔zé〕 | 居安思危, 思則有備. 《左傳·襄公十一年》<br>편안할 때 위험을 생각하고, 생각**하면 곧** 대비하게 된다. | ~하면 곧 |
| | 乃〔nǎi〕 | 觀孔子宅, 乃至沙丘. 《論衡·實知》<br>공자의 옛집을 둘러보고, **그런 다음** 모래 언덕에 이르렀다. | ~한 다음 |
| | 斯〔sī〕 | 我欲仁, 斯仁至矣. 《論語·述而》<br>내가 인을 행하려 하면, **그러면 곧** 인에 이르게 된다. | ~하면 곧 |
| | 於是〔yúshì〕 | 於是天龍聞而下之. 《孟子·梁惠王下》<br>**이리하여** 하늘의 용이 소식을 듣고서 내려왔다. | ~이리하여 |
| | 然後〔ránhòu〕 | 世有伯樂然後有千里馬. 《馬說》<br>세상에 백락이 있은 **다음에야** 천리마가 있게 되었다. | ~한 후에야 |
| | 而后〔érhòu〕 | 知止以后有定, 定以后能靜. 《大學章句·經一章》<br>경지를 안 **후에** 정립되고, 정립된 **후에** 흔들리지 않는다. | ~한 후에 |

## 역접접속사(逆接接續詞) ⇒ 그러나

| 구분 | 접속사 | 활용예문 | 의 미 |
|---|---|---|---|
| 역접접속사 | 然(rán) | 詩書雖缺, 然虞夏之文可知. 《史記 · 伯夷列傳》<br>시경과 서경은 비록 결함이 있지만, 그러나 우·하의 문물을 알 수 있다. | 그러나 |
| | 而 (ér) | 學射於甘蠅, 而巧過其師. 《列子 · 湯問》<br>감승에게 궁술을 배웠는데, 그러나 기교는 스승을 능가했다. | 그러나 |
| | 但(dàn) | 人體欲勞動, 但不能使極爾. 《三國志 · 魏書 · 方技傳》<br>몸은 노동을 원하지만, 다만 모두 소비하게 할 수 없을 뿐이다. | 다만 |
| | 抑(yì) | 吾不忘也, 抑未有以致罪焉. 《國語 · 晋語二》<br>나는 잊지 않았는데, 그러나 아직 그에게 죄를 씌울 만한 빌미가 없다. | 그러나 |
| | 要且(yàoqiě) | 玉泉潭畔松間宿, 要且經年無一人. 白居易 <夜題玉泉><br>옥천못가 소나무 숲에 머물렀지만, 그러나 몇해 동안 인적이라곤 없다. | 그러나 |
| | 然而(ránér) | 益愈, 然而未中旨. 《史記 · 商君列傳》<br>더욱 철저히 말했지만, 그러나 마음을 움직이게 하지 못했다. | 그러나 |
| | 然則(ránzé) | 是人情之所同欲也. 然則從人之欲, 則勢不能容.<br>이것은 인정상 모두 바라는 바이다. 그러나 사람이 바라는 대로 좇는다면, 곧 대부분 그렇게 허용될 수 없다. 《荀子·榮辱》 | 그러나 |

## 병렬접속사(竝列接續詞) ⇒ ~와(과), 또, 혹은

| 구분 | 접속사 | | 활용예문 | 의 미 |
|---|---|---|---|---|
| 병렬접속사 | 且 | (qiě) | 狄應且憎, 是用告我. 《左傳 · 成公十三年》<br>오랑캐는 수긍하면서도 싫어하여, 이로써 우리에게 알려주다. | ~하면서도 |
| | 而 | (ér) | 察言而觀色. 《論語 · 顔淵》<br>사람의 말을 따져 보고 또 얼굴빛을 살펴본다. | ~하고 또 |
| | 與 | (yǔ) | 植松與桂. 《元次山集 · 右溪記》<br>소나무와 월계수를 심다. | |
| | 及 | (jí) | 紹及操聞趙岐至. 《後漢書 · 趙岐傳》<br>원소와 조조는 조기가 도착한 것을 들었다. | ~와(과) |

| | | | | |
|---|---|---|---|---|
| | 曁 | 〔jì〕 | 書畵琴曁古物, 無不略具. ≪續夷堅志 · 古錢≫<br>서예·그림·거문고와 골동품들은, 중요하게 다룰 만한 것이 못된다. | ~와(과) |
| | 意 | 〔yì〕 | 不識世無明君乎? 意先生之道固不通乎? ≪說苑 · 善說≫<br>세상에 명군이 없음을 모르는 것인가? 아니면 선생의 학설이 본디 신통하지 않은 것인가? | ~아니면 [=將/抑/且] |
| | 若 | 〔ruò〕 | 時有軍役若水旱, 民不困乏. ≪漢書 · 食貨志≫<br>그때 징병되거나 혹은 가뭄이 들었더라도, 백성들은 궁핍하지 않았다. | ~혹은 |

## 인과접속사(因果接續詞) ⇒ 그러므로, 때문에, 말미암아

| 구분 | 접속사 | | 활 용 예 문 | 의 미 |
|---|---|---|---|---|
| 인과접속사 | 因 | 〔yīn〕 | 孔子適衛, 因嬖臣彌子瑕以見衛夫人, 子路不悅.<br>공자가 위나라에 갔을 때, 총신 미자하가 위부인을 만나게 하였기 때문에, 자로는 기분이 상했다. ≪鹽鐵論 · 論儒≫ | 때문에 |
| | 以 | 〔yǐ〕 | 以晏子短, 楚人爲小門於大門之側而延晏子. ≪晏子春秋 · 雜下≫<br>안자는 키가 작았기 때문에, 초나라 사람들이 대문 옆의 작은 문을 열고 안자를 맞이했다. | 때문에 |
| | 故 | 〔gù〕 | 吾視其轍亂, 望其旗靡, 故逐之. ≪曹劌論戰≫<br>제가 적군의 수레바퀴 자국이 흐트러진 것을 보고, 적기가 쓰러지는 것을 관망하였는데, 그러므로 적을 추격하라고 하였습니다. | 그러므로 |
| | 爲 | 〔wéi〕 | 爲其老, 强忍下取履. ≪史記 · 留侯世家≫<br>그가 노인이었기 때문에, 억지로 참고 다리 아래로 가서 신발을 주워 왔다. | 때문에 |
| | 蓋 | 〔gài〕 | 屈平之作離騷, 蓋自怨生也. ≪史記 · 屈原賈生列傳≫<br>굴원이 ≪이소≫를 지어, 이로 말미암아 원망하는 감정이 생겨났다. | 말미암아 |
| | 是故 | 〔shì gù〕 | 其言不讓, 是故哂之. ≪論語 · 先進≫<br>그의 말에 겸손하지 않아서, 그래서 그를 비웃었다. | 그래서 |
| | 由是 | 〔yóu shì〕 | 諮臣以當世之事, 由是感激. 諸葛亮<出師表><br>신에게 당시의 일을 자문하였는데, 이로 말미암아 감격하였다. | 말미암아 |

## 가정접속사(假定接續詞) ⇒ 만약(가령) ~한다면

| 구분 | 접속사 | | 활용 예문 | 의미 |
|---|---|---|---|---|
| 가정접속사 | 若 | (ruò) | 若兵敵强弱, 將賢則勝, 將不如則敗. 《商君書·戰法》<br>만약 병력의 강약이 대등하다면, 장수가 현명한 쪽이 곧 승리할 것이며, 장수가 상대방보다 못하다면 패전할 것이다. | 만약 ~하다면 |
| | 如 | (rú) | 如孔子知津, 不當更問. 《論衡·知實》<br>만약 공자가 나루터를 알았다면, 더 이상 묻지 않겠다. | 만약 ~하다면 |
| | 使 | (shǐ) | 使驕且吝, 其餘不足觀也已. 《論語·泰伯》<br>만약에 교만하고 인색하다면, 그 나머지는 더 볼 것조차 없다. | 만약 ~하다면 |
| | 卽 | (jí) | 蕭相國卽死, 令誰代之? 《史記·高祖本紀》<br>소상국이 만약 죽는다면, 누구에게 그를 대신하도록 하겠소? | 만약 ~한다면 |
| | 令 | (lìng) | 令秦來復攻, 王得無割其內而媾乎? 《戰國策·趙策三》<br>만약 진나라가 다시 공격해 온다면, 왕께서는 자기의 땅을 할양하지 않고 화의를 맺을 수 있겠습니까? | 만약 ~한다면 |
| | 設 | (shè) | 聞先生高議, 設爲不宦, 而願爲役. 《戰國策·齊策四》<br>어르신의 고상한 견해를 들었는데, 만약 벼슬하지 않는다면, 당신의 종이 되길 원합니다. | 만약 ~한다면 |
| 가정접속사 | 猶 | (yóu) | 猶有鬼神, 於彼加之. 《左傳·襄公十年》<br>만약 귀신이 있다면, 반드시 그들에게 벌할 것이다. | 만약 ~하다면 |
| | 儻/倘 | (tǎng) | 倘能屈威, 誠副其所望. 《資治通鑑·漢紀·獻帝建安13年》<br>만약 (유비가) 몸을 낮추어 온다면, 진실로 기대와 부합되는 것이다. | 만약 ~하다면 |
| | 設使 | (shè shǐ) | 設使國家無有孤, 不知當幾人稱帝, 幾人稱王! 《三國志·武帝紀》<br>설령 나라에 내가 없었다면, 몇 사람이 황제를 칭하고 몇 사람이 왕을 칭했을지 모른다! | 설령 ~하다면 |
| | 假令 | (jiǎ lìng) | 假令悼惠王王齊, 元王王楚, …當此時陛下卽位能爲治乎? 《漢書·賈宜傳》<br>가령 도혜왕이 제나라에서 왕이 되고, 원왕이 초나라에서 왕이 되고, … 이 시기에 폐하께서 즉위했다면 능히 잘 다스릴 수 있겠습니까? | 가령 ~하다면 |
| | 藉使 | (jiè shǐ) | 藉使子嬰有庸主之材, …秦之地可全而有.<br>가령 자영이 보통 군주의 재능을 갖추었다면, …진나라의 땅은 전부 보유할 수 있었을 것이다. 《史記·秦始皇本紀》 | 가령 ~한다면 |

원문해석

관중(管仲)이 말했다. "내가 애초에 가난했던 시절부터, 포숙(鮑叔)과 더불어 장사한 적이 있었는데, 이익을 분배하면서, 내가 많이 챙겨도, 포숙(鮑叔)은 나를 탐욕스런 사람으로 여기지 않고, 나의 가난함을 알아주었다. 내가 포숙(鮑叔)을 위해 (장사하는) 일을 도와준 적이 있었지만, 더욱 궁색해졌는데, 포숙(鮑叔)은 나를 어리석은 사람이라 여기지 않고, 이롭고 이롭지 못한 시기가 있음을 알아주었다. 내가 세 차례 출사하였으나 세 번 모두 임금에게 쫓겨난 적이 있는데, 포숙(鮑叔)은 나를 무능한 사람으로 여기지 않고, 적절한 때를 만나지 못했음을 알아주었다. 내가 세 차례 출전(出戰)하였다가 세 번 모두 도주한 적이 있었는데, 포숙(鮑叔)은 나를 비겁한 사람이라 여기지 않고, 나에게 늙으신 모친이 있음을 알아주었다. 제후의 아들 규(糾)가 패배하면서, 소홀(召忽)은 죽었고, 나는 투옥되어 모욕을 당하였는데, 포숙(鮑叔)은 나를 몰염치한 사람이라 여기지 않고, 내가 개인적인 절개를 부끄러워하는 것이 아니라, 공명(功名)을 천하에 떨치지 못하는 것을 부끄러워함을 알아주었다. 나를 낳아 주신 사람은 부모이지만, 나를 알아주는 사람은 포숙(鮑叔) 선생이다."

포숙(鮑叔)이 관중(管仲)을 천거했을 때, 자신의 지위를 낮추었다. 자손들은 계속해서 제(齊)나라에서 국록(國祿)을 받았고, 영토를 부여받는 경우가 10여 세대로 이어졌으며, 항상 유명한 대부(大夫)가 되었다. 세상 사람들은 관중(管仲)의 현명함을 칭찬하지 않고, 남을 잘 이해했던 포숙(鮑叔)을 칭찬했다.

# 14 晏子之宅
Yàn Zǐ Zhī Zhái

원문출처 《左傳》〈昭公三年〉

한문상식 고대 시장(市場)의 변천과정

문법정리 의문문(疑問文)의 종류와 활용법

## 영웅본색
영웅의 진정한 모습

이 문장(文章)은 제(齊)나라의 재상 안자(晏子)가 임금 경공(景公)에게 그릇된 정치에 대한 충고를 효과적으로 전달한 일화이다. 대인관계에 있어서도 충고의 방법은 매우 중요한데, 안자(晏子)는 부드럽고 간접적인 방법으로써 임금의 실정(失政)을 바로잡도록 유도했다.

## 14

《左傳》

원문읽기

〈昭公三年〉

① 初，景公欲更晏子之宅，曰：子之宅近市，湫隘囂塵，不可以居，請更諸爽塏者。

② 辭曰：君之先臣容焉，臣不足以嗣之，於臣侈矣。且小人近市，朝夕得所求，小人之利也，敢煩里旅？

③ 公笑曰：子近市，識貴賤乎？ 對曰：旣利之，敢不識乎？

④ 公曰：何貴？ 何賤？ 於是景公繁於刑，有鬻踊者。故對曰：踊貴，屨賤。………… 景公爲是省於刑。

## 한자풀이 한자의 쓰임새와 원문의 뜻풀이

**1** **初, 景公欲更晏子之宅, 曰 : 子之宅近市, 湫隘囂塵, 不可以居, 請更諸爽塏者。**

- 初 [초/chū] 애당초, 애초에
  - 지난 일을 회상할 경우에 사용하는 상투적인 표현이다.
- 景公 [경공/Jǐnggōng] 춘추시대(春秋時代) 때의 제(齊)나라 제후(諸侯)
- 更 [경/gēng] 바꾸다, 변경(變更)하다, 이사(移徙)하다
  - 更[갱/gèng]다시, 改[개/gǎi] 改善(개선), 移[이/yí] 移徙(이사), 革[혁/gé] 革新(혁신), 替[체/tì] 交替(교체)
- 晏子 [안자/yànzǐ] 춘추시대 제(齊)나라에서 경대부(卿大夫)를 지냈으며, 이름은 안영(晏嬰), 자는 중평(仲平)이다. 검소하고 실천을 중시하며 웅변가로서 유명하며, 영공(靈公)·장공(莊公)·경공(景公) 3대에 걸쳐 임금에게 간언했던 뛰어난 재상이었다. 환공(桓公)을 보필했던 관중(管仲)과 더불어 제나라의 명신(名臣)으로 병칭된다. ≪논어(論語)·공야장(公冶長)≫에 공자(孔子)의 품평이 있다.
- 近市 [근시/jìn shì] 시장 근처
- 湫 [추/jiǎo] 낮다, 움푹하다, 저습(低濕)하다
- 隘 [애/ài] 좁다, 협소(狹小)하다
- 囂 [효/xiāo] 소란하다. (=騷[소/sāo], =鬧[료/nào], =喧[훤/xuān])
- 塵 [진/chén] (동사) 먼지가 날다
- 居 [거/jū] 살다, 거주하다
  - 住[주/zhù] 住所(주소), 棲[서/qī] 棲息(서식), 處[처/chǔ] 居處(거처)
- 諸 [제/zhū] '之於'의 준말, '-에(서)'
- 爽塏 [상개/shuǎngkǎi] 밝고 건조하다

➢ 爽塏者[상개자/shuǎngkǎi zhě] 밝고 건조한 곳

※

직역 : 애초에, 제(齊)나라 경공(景公)은 안자(晏子)의 집을 옮기길 원하며, "그대의 집은 시장터 근처라서, 낮고 좁으며 소란하고 먼지가 많아서, 살 만한 곳이 아니니, 밝고 건조한 곳으로 옮기길 바라오."라 말했다.

애초에, 제(齊)나라 경공(景公)은 안자(晏子)의 집을 옮기길 원하며, "그대의 집은 시장터 근처라서, 낮고 좁으며 소란하고 먼지가 많아서, 살 만한 곳이 아니니, 밝고 건조한 곳으로 옮기길 바라오."라 말했다.

**2 辭曰 : 君之先臣容焉, 臣不足以嗣之, 於臣侈矣。且小人近市, 朝夕得所求, 小人之利也, 敢煩里旅 ?**

- 辭 [사/cí] 사양(辭讓)하다, 양보(讓步)하다
  ➢ ① 말/문장, ② 알리다/타이르다, ③ 산문(散文)의 문체/감상문(感想文)의 일종
- 先臣 [선신/先xiān chén] 과거의 신하
  ➢ 여기서는 안자(晏子)의 조상을 의미하며, 군주 경공(景公)에 대한 겸손한 표현으로서, 스스로 조상(祖上)을 낮춘 말이다.
- 容 [용/róng] 수용하다, 받아들이다, 용인(容認)하다, '안주(安住)하다'라는 뜻
- 焉 [언/yān] (지시대명사) '안자(晏子)의 집'
- 不足以~ [부족이~/bùzúyǐ-] ~하기에 부족하다 (자격/능력)
- 嗣 [사/sì] 이어받다, 계승(繼承)하다
- 之 [지/zhī] (지시대명사) 조상의 유업(遺業)
- 於 [어/yú] (전치사/대상격) -에게 있어서
- 侈 [치/chǐ] 사치스럽다, 과분하다, 분수에 넘치다
- 且 [차/qiě] (부사) 게다가, 또한
- 朝夕 [조석/zhāoxī] 아침저녁으로, 날마다

所 [소/suǒ] (전치사/명사격) ~하는 바/것

➤〈所+동사/형용사〉: 所求 (구하고자 하는 물건)

利 [리/lì] 유익(有益)하다, 유리(有利)하다, 편리(便利)하다

敢 [감/gǎn] (의문부사) 어찌 -하랴?

煩 [번/fán] 귀찮다, 번거롭다, 괴롭다

里旅 [이려/lǐlǚ] 경대부(卿大夫)의 집을 관리하는 관리

※

직역 : 사양하며 말했다. "임금의 예전 신하들이 이곳에서 살아왔으며, 저는 조상의 유업(遺業)을 계승하기에 힘이 부족한데, 제게는 과분합니다. 그리고 소인은 시장을 가까이 두어, 아침저녁으로 찾는 물건을 구할 수 있는 것이, 소인의 편리함인데, 어찌 집 관리인을 번거롭게 하겠습니까?"

안자는 사양하며 말했다. "임금의 예전 신하였던 저의 선조께서 이곳에 살아왔으며, 저는 조상의 유업(遺業)을 계승하기에도 역부족인데, 제게는 분수에 넘치는 일입니다. 그리고 소인은 시장이 가까이 있어, 아침저녁으로 쉽게 물건을 구할 수 있으며, 이것은 소인의 편리함인데, 어찌 저택 관리인을 번거롭게 하는 이사를 하겠습니까?"

### 3 公笑曰 : 子近市, 識貴賤乎? 對曰 : 旣利之, 敢不識乎?

識 [식/shí] 인식하다, 알다

貴賤 [귀천/guìjiàn] 비싼 것과 싼 것

乎 [호/hū] (의문종결사) ~인가?

旣 [기/jì] (부사) 기왕에 ~한 이상

利之 [이지/lì zhī] (형용사의 동사용법) 편리하게 이용하다

➤〈동사/형용사 + 之〉: 동명사(動名詞)

不~乎 [불~호/bù-hū] (반어문) ~아니겠는가?

※

직역 : 경공이 웃으며 말하기를, "그대는 시장이 가까워, 비싸고 싼 것 알겠군요?"라 하자, 안자가 대답하여, "이미 편리한진대, 어찌 모르겠습니까?"라 했다.

경공이 웃으면서 물었다. "그대가 시장근처에 사니, 물건 가격을 알겠군요?" 안자는 "편리하게 이용하고 있는데, 어찌 모르겠습니까?"라고 대답했다.

**4** **公曰 : 何貴? 何賤? 於是景公繁於刑, 有鬻踊者。故對曰 : 踊貴, 屨賤. …… 景公爲是省於刑。**

- 於 [어/yú] (전치사/처소격) -에(있어서)
- 是 [시/shì] (지시대명사) 이 시기
- 繁 [번/fán] 많다, 복잡하다, 넘치다, 빈번하다
  - 繁刑[번형/fánxíng] 형벌의 남용
  - 繁[번/Pó] 성(姓)/지명(地名)
- 繁於刑 [번어형/fán yú xíng] 형집행(刑執行)을 남용하다
- 鬻 [육/yù] 팔다(생계유지)
  - 賣[매/賣mài] 거래, 衒[현/衒xuàn] 가판(街販), 賈[고/gǔ] 좌상(坐商)
- 踊 [용/yǒng] 신발
  - 발꿈치를 자르는 월형(刖刑)을 받은 죄인이 신는 신발
- 屨 [구/jù] 신발
  - 거친 삼베 등으로 만든 홑겹의 신발
  - 屨賤踊貴(구천용귀) : 경공의 형벌 남용으로 월형(刖刑)을 받은 죄인이 신는 용(踊)의 값이 비싸게 된 현상을 일컫는다.
- 爲 [위/wèi] (전치사/인과격) -때문에
  - 爲是[위시/wèi shì] 이 때문에
- 省 [생/shěng] 덜다, 감소하다, 생략(省略)하다
  - 省[성/xǐng] 살피다/반성하다/깨닫다, 省[성/shěng] 행정구역/성(姓)

*

직역 : 경공이 묻기를, "무엇이 비쌉니까? 무엇이 쌉니까?"라 했다. 이 시기에 경공은 형벌을 남용하여, 죄수용 신발을 파는 사람이 있었다. 그래서 안자가 대답하기를, "죄수용 신발은 비싸고, 보통의 신발은 쌉니다."라고 했다. …… 경공은 이것으로 인하여 형벌을 줄였다.

경공이 물었다. "무엇이 비싸고, 무엇이 쌉니까?" 이 시기에 경공이 형벌을 남용하여, 죄수용 신발을 파는 사람이 생겨났다. 그래서 안자는 "죄수용 신발은 비싸고, 보통의 신발은 쌉니다."라고 대답했다. …… 경공은 이 대답으로 인해 형벌을 줄이게 되었다.

**5 君子曰 : 仁者之言, 其利博哉! 晏子一言, 而齊侯省刑.**

- 君子 [군자/jūnzǐ] 여기서는 ≪춘추(春秋)≫의 편찬자 공자(孔子)를 지칭한다.
- 博 [박/bó] 넓다
  - ➤廣[광/廣guǎng], 宏[굉/hóng]
- 哉 [재/哉zāi] (감탄조사) -(이/로)구나!
- 而 [이/ér] (접속사) 이리하여
- 齊侯 [제후/Qíhóu] 제(齊)나라 제후, 즉 경공(景公)을 지칭한다.

*

직역 : 공자(孔子)께서 말하기를, "어진 자의 말은, 그 이로움이 넓구나! 안자가 한마디를 했는데, 이리하여 제나라 제후가 형벌을 줄였다."라고 했던 것이다.

그래서 공자(孔子)께서 "어진 자의 말은 널리 유익하도다! 안자가 한마디하자, 제나라 제후는 형벌을 줄였다."라고 기록했던 것이다.

## 한자풀이 고대 시장(市場)의 변천과정

옛날 사람들이 물건을 거래하는 장소인 저잣거리를 열(列) 또는 항(行)이라 불렀는데, 이것은 동업자들이 줄지어 집단적이고 공동체제의 형태를 띠고 있음을 말해 준다. 그리고 성곽문화가 발달한 관계로 고대의 시장은 완전히 자유롭게 공개된 개방형 시장을 형성하지 못했으며, 국가 혹은 제후 등의 통치자 아래에서 철저하게 통제되었다. 따라서 시장의 형태는 폐쇄적인 경영단계에 머물러 있었고, 주요고객은 관료층과 귀족들이었으며, 결코 농민이나 서민 중심의 시장형태는 아니었다.

더욱이 춘추·전국시대에 도시국가의 형태가 유지되었다고는 하나, 성곽 안에 농노를 수용하는 정도였으며, 순수한 도시문화나 상업문화를 형성하지는 못했다. 고대 중국의 시장은 봉건적 촌락공동체를 배경으로 형성되었으며, 자율적인 시장의 형성은 송대(宋代) 이후로 나타난다.

광활한 중국대륙에서 물건의 수송은 주로 배가 이용되었는데, 전통적으로 하천의 활성화는 고대 각 왕조의 국책사업이기도 했다. 이것은 홍수대비 및 군사와 경제 등의 다원적인 필요성에 기인한 것이었고, 비교적 안정된 사회기반 위에 운하와 육로가 개척되었다. 그러나 역사적 아이러니는 혼란한 시대일수록 새로운 문화가 더욱 활성화된다는 점일 것이다. 춘추시대부터 각 제후의 자율적인 통치는 오히려 부족한 물자를 수급해야 하는 문제에 봉착했고, 화폐의 통일과 발전을 가져왔다. 당시 주요 수로는 남쪽의 주강(珠江)·양자강(揚子江), 중부의 회수(淮水), 그리고 북쪽의 황하(黃河)였으며, 이러한 하천들이 대운하로 이어지면서 각 지역 간의 교통이 원활했다.

또한 상품의 수송과 정보의 교환이 수많은 나루터에서 이루어졌고, 물물교환이나 화폐경제의 기반이 싹트기 시작했던 것이다. 한편 수로와 멀리 떨어진 산악지역은 험난한 육로의 개발이 절실했다. 환언하면 주요한 도시국가들은 교통이 원활한 수로에 연접해 있었고, 농산물과 금속・섬유・목재・소금 외에 먼 바다와 육지의 무역품과 공납품, 향료・약물이 결집되어 제후를 비롯한 귀족들에게 공급되며 상업문화가 형성되기 시작했다.

읍(邑)에 시리(市里)라는 공간이 확보되어 집회나 의식행사는 물론이고 상품거래나 오락의 장소로 활용되었다. 중국 도시국가의 역사는 유럽지역보다 짧고, 상업적 제도 역시 확립되지 않았지만, 춘추시대(春秋時代) 말부터 철기(鐵器)가 등장하면서 농경의 발전과 더불어 화폐가 주조되기에 이른다.

이리하여 시리(市里)를 통한 유통과 부의 축적이 가속화되었고, 생산의 분업(分業)도 촉진되었다. 여기에 영토국가의 통합이 이루어져 진(秦)・한(漢)의 대제국이 탄생했다. 한대(漢代)는 1,587개의 현(縣), 6,622개의 향(鄕), 29,635개의 정(亭)을 설치했는데, 예전의 성곽형태를 띤 읍(邑)은 거의 현(縣)으로 확대되어 재편성된 것으로 여겨진다. 왕실에서는 국내의 상공업을 독점적으로 통제하기 위하여 각 현(縣)마다 시장(市場)을 공설(公設)했고, 집단적인 상업지역에 업종별로 배치했다. 영업시간은 일정하게 정해져 있었고, 상인은 시적(市籍)에 등록되어 세금을 납부했으며, 물건의 가격을 정기적으로 보고하도록 규정했다. 민치(民治)를 근본으로 삼았던 봉건체제 하에서 시장의 가격안정은 법의 집행만큼이나 중요한 문제가 되었다.

또한 각 지역의 시장통제와 병행하여 국경지역에도 시장을 설치했는데, 이를 관시(關市)・호시(互市)라 불렀다. 육조시대(六朝時代)에 이르면, 변방 일대와 현의 경계지역에 취락구조(聚落構造)가 확산되기 시작했고, 농촌지역에 조정의 허가를 받지 않은 초시(草市) 혹은 촌시(村市)로 불리는 시장이 형성되었다. 요컨대 중국의 고대에 나타나는 시장의 형태는 엄격한 통제를 받았던 비자율적인 상업문화였고, 주요고객은 귀족 중심이어서 권력형 계층문화의 특징을 이루었다. 이러한 상업문화는 당대(唐代) 중반까지 계속 전승되었다.

## 문법정리 의문문(疑問文)의 종류와 활용법

의문 문형의 경우 한문에서는 크게 세 가지로 구분할 수 있는데, ① 일반(一般)의문문, ② 반박(反駁)의문문, ③ 추측(推測)의문문 등이 있다. 일반적으로 의문문은 상대방에게 가부(可否)를 묻거나 사실을 확인(確認)하는 문형인데, '乎[호/hū]' '與/歟[여/yú]' '哉[재/zāi]' '耶[야/yé] 등 의문종결사(疑問終結詞)가 활용된다. 그러나 ②와 ③의 문형에서 의문대명사 또는 의문종결사의 활용법이 다르다.

① 일반여부형 ⇒ [ 평서문 ] + <의문종결사>?

※ 상대방의 대답으로는 '그렇다'[然]와 '그렇지 않다'[否]를 요구하며, 여기에 활용되는 의문종결사는 乎·與/歟·哉·耶 등이 있다.

▸子亦有異聞乎? ≪論語·季氏≫
(그대 또한 다른 말씀을 들은 것이 있는가?)

▸王之所大欲, 可得聞與? ≪孟子·梁惠王上≫
(왕께서 크게 바라는 바를, 들려주실 수 있겠습니까?)

▸公子畏死耶? ≪史記·魏公子列傳≫
(공자께서는 죽음을 두려워합니까?)

② 일반확인형 ⇒ <의문대명사>?

※ 상대방의 대답은 의문대명사에 해당하는 구체적인 내용을 요구하며, 의문종결사가 필요 없다. 그러나 주로 진술의 어기(語氣)를 나타내는 也와 감탄의 어기를 나타내는 哉가 연용 되기도 한다.

▸長沮曰 : 夫執輿者爲誰? ≪論語·微子≫ ※어기사 없음
(장저가 말했다. "저 수레의 고삐를 잡고 있는 자는 누구인가?")

➤ 王曰 : 誰可使者? ≪史記 · 廉頗藺相如列傳≫ ※ 어기사 없음
(왕께서 말했다. "누가 사신으로 가는 것이 좋겠소?")

➤ 孟嘗君曰 : 客何好? ≪戰國策 · 齊策≫ ※ 어기사 없음
(맹상군이 말했다. "손님은 무엇을 좋아합니까?")

➤ 鮑點曰 : 此誰之命也? ≪左傳 · 哀公六年≫ ※ 也 사용
(포점은 말했다. "이것은 누구의 명령입니까?")

➤ (齊宣王)曰 : 何由知吾可也? ≪孟子 · 梁惠王上≫ ※ 也 사용
((제선왕이) 말했다. "무엇으로 내가 백성을 보호할 수 있음을 알았습니까?)

➤ 責收畢乎? 來何疾也? ≪戰國策 · 齊策≫ ※ 乎와 也의 비교
(빚은 다 거두었는가? 어떻게 이렇게 빨리 돌아왔는가?)

➤ 예외 子張問 : 十世可知也? ≪論語 · 爲政≫ ※ 問과 也의 혼용
자장이 물었다. "십년 뒤의 일을 알 수 있습니까?"

설명 : '十世可知也'는 평서문이지만, 앞에 '問'이 있기 때문에 의문문이 된다. 그러나 후세로 내려오면 '也'는 의문대명사가 없는 문장에 사용되어 점차 의문종결사의 어기(語氣)를 나타낸다.

➤ 上曰 : 汲黯何如人哉? ≪史記 · 汲鄭列傳≫ ※ 哉 사용
(황제께서 말했다. "급암은 어떤 사람입니까?")

### ③ 선택형 ⇒ [의문문] + 且(將/抑/意) + [의문문]?

※ 두 개의 의문문을 제시하여 상대방의 대답을 요구하는 형태로서, 보통 질문자의 의도는 주로 전자에 비중을 두지만, 간혹 후자나 양쪽 모두에 비중을 두는 경우가 있으므로 반드시 고정된 것은 아니다. 그리고 且, 將, 抑, 意 등은 '-아니면'이라는 의미를 나타낸다.

> 富貴者驕人乎? 且貧賤者驕人乎? ≪史記 · 魏世家≫ ※ 전자에 비중
(부귀한 자가 교만한 사람입니까? 아니면 가난한 자가 교만한 사람입니까?)

> 豈吾不當侯耶? 且固命也? ≪史記 · 李將軍列傳≫ ※ 후자에 비중
(어째서 내가 후작이 될 수 없는 것인가? 아니면 본디 운명지어진 것인가?)

> 知不足邪? 意知而力不能行邪? ≪莊子 · 盜跖≫ ※ 후자에 비중
(지혜가 부족한 것인가? 아니면 지혜롭지만 힘이 없어 실천할 수 없는 것인가?)

> 求之與? 抑與之與? ≪論語 · 學而≫ ※ 전자에 비중
(그에게 요구하는 편입니까? 아니면 그쪽에서 들려주는 편입니까?)

> 滕, 小國也, 間於齊楚, 事齊乎? 事楚乎? ≪孟子 · 梁惠王下≫ ※ 양자에 비중
(등은 소국이며, 제 · 초 사이에 있는데, 제를 섬기겠습니까? 초를 섬기겠습니까?)

설명 : 선택의 어기를 나타내는 병렬접속사(~아니면)를 사용하지 않는다.

> 不知周之夢爲蝴蝶與? 蝴蝶之夢爲周與? ≪莊子 · 齊物≫ ※ 양자에 비중
(장주가 꿈에 나비가 된 것인가? 나비가 꿈에 장주가 된 것인가? 알지 못했다.)

④ 정반형 ⇒ [평서문] + 否(不/未/無)?

※ 평서문의 끝에 부정부사 否, 不, 未, 無를 붙여서 사실의 여부나 선택을 요구하는 문형이다.

> 秦王以十五城請易寡人璧, 可予否? ≪史記 · 廉頗藺相如列傳≫
(진왕이 15개 성을 과인의 옥과 바꾸자고 하는데, 주어도 되겠소 안되겠소?)

> 旣已告矣, 未知中否°° ≪莊子 · 天地≫
(이미 말씀을 드렸는데, 일찍이 (그의 마음에) 부합되었는지 아닌지 모르겠습니다.)

➢ 武帝每見濟, 輒以湛調之, 曰 : 卿家痴叔死未? ≪世說新語 · 賞譽≫

(무제는 왕제를 만날 때마다, 번번이 그를 놀리는 투로 말했다. 너의 집에 바보 삼촌은 죽었느냐 아직 살아있느냐?라고 했다.)

➢ 晩來天欲雪, 能飮一杯無? 白居易<問劉十九>

(저녁에 날씨가 눈이 오려고 하는데, 나와 한잔 마실 수 있는지 못 마시는지?)

➢ 예외 今病小愈, 趨走於朝, 我不識能至否乎° ≪孟子 · 公孫丑下≫

(지금 병세가 좀 나아져서, 궁궐로 서둘러 나갔는데, 잘 도착했는지 아닌지 저는 모르겠습니다.)

설명 : 의문종결사가 덧붙여 '추측'의 어기가 강조된다.

다음으로 ② 반박의문문의 경우, 여부형(與否型) · 확인형(確認型) · 반문형(反問型) 등이 있다.

⑤ 반박 여부형 ⇒ 豈(獨/甯) + <술어> + <의문종결사>?

※ 술어 앞에 의문부사 '어찌'라는 뜻을 나타내는 豈가 자주 사용되며, '獨', '甯'도 활용된다.

➢ 予豈好辯哉? 予不得已也° ≪孟子 · 滕文公下≫

(내가 어찌 변론을 좋아하겠느냐? 나는 부득이하기 때문이다.)

➢ 且公子縱輕勝, 棄之降秦, 獨不憐公子姊邪? ≪史記 · 魏公子列傳≫

(또한 공자께서 나 조승(趙勝)을 가볍게 여기시고, 나를 버리고 진나라에 투항하려는데, 어찌 공자의 누나를 불쌍히 여기지 않습니까?)

➢ 王侯將相, 甯有種乎? ≪史記 · 陳涉世家≫

(왕후와 장상의 기질이, 어찌 후손에게 이어지겠는가?)

> 子儀在位十四年矣, 而謀召君者, 庸非貳乎?

(자의께서 14년간 재위했는데, 당신에게 소환되어 일을 꾸미는 것은, 어찌 두 마음을 품은 것이 아니겠습니까?) (→ 임금의 신하는 두 마음을 갖지 않습니다.)

> 예외 物之飮食, 天不能知; 人之飮食, 天獨知之? ≪論衡 · 雷虛≫

(동물의 음식도 하늘이 다 알 수 없는데, 사람의 음식을, 하늘이 어찌 알겠는가?)

설명 : 의문종결사를 생략하고, 의문부사만으로 의문문을 이룬 경우이다.

⑥ 반박 확인형 ⇒ 何(安/烏) + <술어> + <의문종결사>?

※ 술어 앞에 의문부사'어찌'라는 뜻을 나타내는 何, 焉, 安, 烏 등이 놓이며, 의문종결사 焉, 乎, 哉 등이 함께 쓰인다.

> 齊魯之故, 吾子何不聞焉? ≪左傳 · 定公十年≫

(제와 노나라의 옛 사정은, 그대는 어찌 듣지 못했느냐?)

> 焉有君子而可以貨取乎? ≪孟子 · 公孫丑下≫

(어찌 군자의 도리를 지니고 재물로써 매수할 수 있는가?)

> 燕雀安知鴻鵠之志哉? ≪史記 · 陳涉世家≫

(제비와 참새가 어찌 기러기와 고니의 뜻을 알겠는가?)

> 齊楚之事又烏足道哉? ≪漢書 · 司馬相如傳≫

(제와 초나라의 일은 또한 어찌 말할 만한가?)

⑦ 반박 반문형 ⇒ 不亦(不當/不爲) + <의문종결사>?

※ 不을 이용하여 반박 의문문을 만드는 경우이며, 여기에 亦, 當, 爲 등과 의문종결사가 연용 되어 반문하는 어기를 나타낸다.

> 學而時習之, 不亦說乎? ≪論語 · 學而≫

(배우고 제때에 그것을 실천하면, 또한 즐겁지 않은가?)

> 吏不當若是邪? ≪史記 · 張釋之馮唐列傳≫

(관리란 마땅히 이렇게 해야 되지 않겠는가?) (임무와 관련된 일을 상세히 설명하는 것)

> 此不爲遠者小而近者大乎? ≪列子 · 湯問≫

(이것은 먼 것을 가볍게 보고, 가까운 것을 중시하는 것이 아니겠는가?)

끝으로 ③ 추측(推測) 의문문의 경우, 확신형(確信型) · 의심형(疑心型) · 예측형(豫測型) 등의 유형이 있다. 이런 경우는 의미상 평서문이지만 문장 끝에 의문종결사(疑問終結詞) 乎[호/hū] 與[여/yú] 耶[야/yé] 등을 사용한다. 간혹 矣[의/yǐ] 夫[부/fú] 등의 어기사가 놓일 때도 있다.

⑧ 추측 확신형 ⇒ 其 + <술어> + <의문종결사> ?

※ 술어 앞에 '아마'라는 추측의 어기를 나타내는 부사 其를 활용하며, 의문종결사가 연용 되지만 상대방에게 대답을 요구하지 않는다.

> 道不行, 乘桴浮於海, 從我者其由與? ≪論語 · 公冶長≫

(나의 주장이 실행되지 않아, 뗏목을 타고 바다로 가려는데, 나를 따라 나설 자는 아마 중유이겠지? → 아마 중유일 것이다.)

> 王室其將卑乎? ≪國語 · 周語≫

(왕실의 지위는 아마 실추되겠군요? →아마 실추될 것이다.)

> 千金重幣也, 百乘顯使也, 齊其聞之矣. ≪戰國策 · 齊策≫

(천금은 중대한 예물이며, 백대의 수레는 빛나는 사신을 의미하는데, 제나라에서도 아마 이 소식을 듣게 되겠지? →아마 듣게 될 것이다.)

⑨ 추측 의심형 ⇒ 無乃(得無) + <술어> + <의문종결사>?

※ 술어 앞에 '어쩌면 ~아닐까'라는 부정어기를 나타내는 無乃, 得無와 함께 사용되며, 의문 종결사를 활용하여 추측의 문형을 이룬다.

≫居簡而行簡, 無乃太簡乎? ≪論語・雍也≫ ※대답 요구

(마음가짐도 소탈하고 행동도 소탈한데, 어쩌면 너무 소탈한 것이 아닙니까?)

≫曰 : 日飮食得無衰乎? 曰 : 恃鬻耳. ≪戰國策・齊策≫ ※대답 요구

([촉섭이] 말하기를, "하루 식사량이 어쩌면 줄지 않았습니까?" (태후가) 대답하기를, "죽에 의지할 뿐입니다.")

≫先君有恭德, 而君納諸大惡, 無乃不可乎? ≪左傳・莊公二十四年≫

※ 대답 불필요

(선군 환공께서는 공손한 덕성을 지녔는데, 그러나 임금께서는 (선군의 신당을 장식하여) 큰 악을 끌어들임은, 어쩌면 옳지 않은 처사가 아니겠습니까?)

≫入楚則盜, 得無楚之水土使民善盜耶? ≪晏子春秋・內篇雜下≫

※ 대답불필요

(초나라로 들어오면 도둑질을 하니, 어쩌면 초나라의 물과 토양이 사람에게 도둑질을 잘 하도록 만드는 것이 아니겠습니까?)

⑩ 추측 예측형 ⇒ 殆(或者) + <술어> + <의문종결사>?

※ 술어 앞에 '아마/혹시'라는 추측의 어기를 나타내는 殆, 或者를 사용하고, 의문 종결사를 붙여서 반신반의의 예측을 나타낸다.

≫子桑殆病矣? ≪莊子・大宗師≫

(자상은 아마 병이 났겠군요?)

≫昔者辭以病, 今日弔, 或者不可乎? ≪孟子・公孫丑上≫

(어제는 병환으로 거절하시고, 오늘 조문가시는 것은, 혹시 옳은 처사가 아니겠지요?)

원문해석

옛날 제(齊)나라 경공(景公)은 안자(晏子)의 집을 옮기길 원했는데, "그대의 집은 시장 근처에 있어서, 저습하고 협소하며 또 시끄럽고 먼지가 많은 곳이니, 살기에 적합하지 않을 터이니, 밝고 건조한 고지대로 옮기도록 하시오."라고 권했다. 안자는 사양하며 말했다. "임금의 예전 신하였던 저의 선조께서 이곳에 살아왔으며, 저는 조상의 유업(遺業)을 계승하기에도 역부족인데, 제게는 분수에 넘치는 일입니다. 그리고 소인은 시장이 가까이 있어, 아침저녁으로 쉽게 물건을 구할 수 있으며, 이것은 소인의 편리함인데, 하필이면 저택 관리인을 번거롭게 하는 이사를 하겠습니까?" 경공이 웃으면서 물었다. "그대가 시장근처에 사니, 물건 가격의 높고 낮음을 알겠군요?" 안자는 대답했다. "편리하게 이용하고 있는데, 어찌 모르겠습니까?" 경공이 물었다. "무엇이 비싸고, 무엇이 쌉니까?" 이 시기 경공은 형벌을 남용하여, 죄수용 신발을 파는 사람이 생겨날 지경이었다. 그래서 안자는 "죄수용 신발은 비싸고, 보통의 신발은 쌉니다."라고 대답했다. …… 경공은 이 대답으로 인해 형벌을 줄이게 되었다.

그래서 공자(孔子)께서 "자애로운 자의 말은, 그 유익함이 넓도다! 안자의 한마디가 제나라 제후의 형벌을 줄였다."라고 적었던 것이다.

# 15 仁者無敵

Rén Zhě Wú Dí

원문출처 《孟子》〈梁惠王上〉

한문상식 성선설(性善說)과 성악설(性惡說)

문법정리 종결사(終結詞)의 종류와 활용법

## 인자무적

어진 자에게는 적이 없다

이 문장(文章)은 맹자(孟子)의 왕도정치(王道政治)의 사상이 잘 반영된 글이다. 적대국을 제압하길 원하는 위(魏)나라 혜왕(惠王)에게 맹자는 먼저 자국(自國)의 안정을 요구했다. 오로지 목표를 달성하려면 먼저 자신을 돌아볼 줄 알아야 하며, 충분한 내실(內實)을 갖추었을 때 저절로 상대를 제압하게 된다는 주제를 담고 있다. 즉 진정한 정복이란 먼저 자기를 정복한 자에게로 귀착된다는 진리를 강조했다.

# 15

《孟子》

원문읽기

〈梁惠王上〉

① 梁惠王曰：晋國，天下莫强焉，叟之所知也。

② 及寡人之身，東敗於齊，長子死焉；西喪地於秦七百里；南辱於楚。

③ 寡人恥之，願比死者一灑之，如之何則可？

④ 孟子對曰：地方百里而可以王。

⑤ 王如施仁政於民，省刑罰，薄稅斂，深耕易耨；

⑥ 壯者以暇日修其孝悌忠信，入以事其父兄，出以事其長上，

⑦ 可使制梃以撻秦，楚之堅甲利兵矣。

⑧ 彼奪其民時，使不得耕耨以養其父母，父母凍餓，兄弟妻子離散。

⑨ 彼陷溺其民，王往而征之，夫誰與王敵？ 故曰：'仁者無敵.' 王請勿疑。

## 한자풀이 한자의 쓰임새와 원문의 뜻풀이

### 1 梁惠王曰：晋國，天下莫强焉，叟之所知也。

- 梁惠王 [양혜왕/Liáng Huì Wáng] 전국시대 위(魏)나라 제후 영(瑩 : BC.400−BC.370). 스스로 왕(王)이라 칭했다. 위나라는 황하(黃河)를 중심으로 섬서성(陝西省)과 하남성(河南省)의 일부를 점유했는데, 동쪽으로 한(韓)・조(趙)・제(齊)와 연접해 있었고, 서쪽으로 강한 전투력을 지닌 진(秦)과 대치했다. 만년에 진(秦)의 공격을 받아 수도 안읍(安邑)을 잃었고 대량(大梁 : 현재의 開封)으로 옮기게 되었다. 도읍지였던 대량(大梁)과 시호(諡號)인 혜(惠)를 합쳐서 '양혜왕(梁惠王)'이라 불렀다.
- 晋國 [진국/Jìnguó] 위(魏)나라의 전신.
  - 춘추시대(春秋時代)에 위(魏)나라는 한(韓)・조(趙)와 더불어 하나의 진(晋)나라였는데, 분열되면서 가장 강력했던 위(魏)나라였기에 진(晋)이라 칭했다.
- 莫 [막/mò] 아무도 ~하지 않다
- 叟 [수/sǒu] (3인칭존칭) 어진 분
  - ① 늙은이 → **叟傖**(수창 : 시골 노인), ②쌀 이는 소리
- 之 [지/zhī] (후치사/주격) −은(는), ~이(가)

※

직역 : 대량(大梁)의 혜왕(惠王)이 말하기를, "진(晋)나라는 천하에서 어떤 나라보다 강대했었음을, 어르신께서 잘 아시는 바입니다.

**대량(大梁)으로 수도를 옮긴 위(魏)나라 혜왕(惠王)이 말하기를, "진(晋)나라는 천하에서 어떤 나라보다 강대하였던 것을, 어르신께서도 잘 아시는 바입니다.**

**2 及寡人之身，東敗於齊，長子死焉；西喪地於秦七百里；南辱於楚。**

- 及 [급/jí] 이르다, 다다르다. 여기서는 '시기가 도래(到來)하다'라는 의미이다.
- 寡人 [과인/guărén] (1인칭겸칭) 부족한 사람
- 於 [어/yú] (피동형) 당하다 〈동사 + 於 + 가해자(사람/국가)〉
  - ➢ 원문에서 '敗於齊'(제나라에게 패배당하다)라 했는데, 실제 혜왕은 즉위 30년에 조(趙)나라를 상대로 싸웠고, 이에 제(齊)나라는 조(趙)나라를 구원했다. 이때 위(魏)나라 태자 신(申)이 이끄는 군대가 마릉(馬陵)에서 제(齊)나라와 격전하여 패배당했고, 태자 신(申)은 제(齊)나라의 포로가 되어 잡혀갔다. 이듬해 혜왕은 혁(赫)을 태자로 책봉(策封)했다.
- 長子 [장자/zhăngzĭ] 맏아들
  - ➢ 마릉(馬陵) 전투에서 제(齊)나라로 잡혀간 신(申)을 말한다.
- 死 [사/sĭ] (피동형) 죽음을 당하다
  - ➢ 역사배경 : 제(齊)나라 군대에 의해 포로로 잡혀갔다.
  - ➢ 피동 : 死於齊 → 제나라에 의해 목숨을 잃다.
- 喪地 [상지/sàngdì] (피동형) 땅을 잃다
  - ➢ 여기에서는 혜왕31년 진(秦)·조(趙)·제(齊)의 3국 연합군의 공격에 패배를 거듭하다가, 결국 조(趙)·제(齊)의 계속된 공격으로 인해 위(魏)나라는 영토가 위축되었다. 이에 수도 안읍(安邑)은 강대국 진(秦)나라와 가까워 대량(大梁)으로 천도했다. 따라서 원문에서 '喪地'(땅을 잃었다)라는 표현은 '땅은 진(秦)에게로 귀착(歸着)되었다'라는 의미이다.
- 秦 [진/Qín] 전국시대(戰國時代) 강력한 제후국이며, 원문의 내용으로 보아 효공(孝公)이 집정(執政)하던 시기이다.
- 辱 [욕/rŭ] 욕보다, 수치를 당하다
  - ➢ 역사배경 : 초(楚)나라가 위(魏)나라를 공격한 양릉(襄陵) 전투를 말한다. 이 전투는 대량(大梁)으로 천도한 후 17년이 지난 뒤의 일이다. 그러나 ≪사기(史記)·위세가(魏世家)≫에서는 혜왕(惠王)은 즉위 36년 만에 사망했고, 뒤를 이어 아들 양왕(襄王)이 즉위했으며, 양왕 12년 양릉(襄陵)에서 초(楚)나라에게 패배한 것으로 적고 있다. 따라서 위(魏)의 천도는 혜왕31년에 이루어졌고, 원문에 의하면 초(楚)와의 전투는 혜왕 48년이 된다. ≪전국책(戰國策)≫에서는 혜왕이 즉위 37년에 새로운 연호(年號)를 사용했고, 이로부터 16년이 지난 즉위 52년 만에 사망했다고 기록되어 있다.

※

직역 : 과인이 직접 즉위한 시기에 이르러, 동쪽으로는 제(齊)나라에게 패배당하며, 맏아들을 잃었고, 서쪽으로는 진(秦)나라에게 700리 땅을 잃었으며, 남쪽으로는 초나라에게 수모를 당했습니다.

**그러나 과인이 집정하는 시기에 이르러, 동쪽의 제(齊)나라에게 패배를 당하며, 맏아들을 잃었고, 서쪽의 진(秦)나라에게 700리의 땅을 내주었으며, 남쪽의 초나라로부터 수치를 당했습니다.**

## 3 寡人恥之，願比死者一灑之，如之何則可？

- 恥 [치/chǐ] 부끄러워하다, 수치(羞恥)라고 생각하다
- 比 [비/bǐ] (전치사/대상격) ―을 대신하여, ―을 위하여
- 一 [일/yī] 완전히, 말끔히
- 灑 [쇄/sǎ] (물)뿌리다, 씻다
  - ➤ 여기서는 복수(復讐)나 만회(挽回)의 의미이다.
- 如之何 [여지하/rú zhī hé] 어떻게 하다
  - ➤ 之[지/zhī]는 지시대명사로서 바로 앞 문장의 내용을 가리킨다.
- 則 [즉/zé] (가정 접속사) ~하면 ~하다

※

직역 : 과인은 이런 일을 부끄럽게 생각하며, 원컨대 죽은 자를 대신하여 말끔히 회복하고 싶습니다. 어떻게 하면 좋겠습니까?"

**과인은 이러한 일들을 수치스럽게 생각하니, 원컨대 희생된 자들을 위해 말끔히 명예를 회복하고 싶습니다. 어떻게 하면 되겠습니까?"**

## 4 孟子對曰：地方百里而可以王。

- 地方 [지방/dìfāng] 땅의 사방, 지역(地域)
- 而 [이/ér] (역접접속사) ~이지만
- 可以 [가이/kěyǐ] 넉넉하다, 충분하다 (=可(足)以)
- 王 [왕/wàng] (동사) 왕 노릇을 하다, 다스리다
  - 可以王 : 충분히 왕 노릇을 할 수 있다

> ※
> 직역 : 맹자(孟子)가 대답하기를, "지역이 100리이지만 왕 노릇을 하기에 충분합니다.
> **맹자(孟子)의 대답은, "땅이 100리라도 왕 노릇을 하기에 충분합니다.**

## 5 王如施仁政於民，省刑罰，薄稅斂，深耕易耨；

- 如 [여/rú] (가정접속사) 만약 ~한다면. (=如~, 則~ :則 생략 가능)
- 施 [시/shī] 베풀다, 시행하다
- 仁政 [인정/rénzhèng] 어진 정치
  - 백성을 사랑하는 도덕적인 정치 즉 왕도정치(王道政治)를 지칭한다.
- 於 [어/yú] (전치사/대상격) ~에게
- 省 [생/shěng] 줄이다, 감축(減縮)하다
- 薄 [박/bó] 가볍다, 낮추다, 경미(輕微)하다. (=薄[박/báo] 얇다/물다)
- 稅斂 [세렴/shuìliǎn] 세금을 거두다, 징세(徵稅)하다
  - 斂[렴/liǎn] 거두다, 賦[부/fù] 세금
- 深耕 [심경/shēn gēng] 깊숙이 밭을 갈다, 밭갈이에 몰두하게 하다
- 易耨 [이누/yì noù] 쉽게 김매다, 제때에 김매다

> 직역 : 왕께서 만약 백성들에게 어진 정치를 시행하실 것이라면, 형벌을 줄이고, 세금 징수를 줄이고, 깊이 밭을 갈고 쉽게 김매게 하십시오.
> 
> 왕께서 만약 백성들에게 인자한 정치를 시행하실 것이라면, 형벌을 줄이고, 세금부담을 가볍게 해주고, 밭갈이에 몰두하게 하고 제때에 김매게 하십시오.

## 6 壯者以暇日修其孝悌忠信, 入以事其父兄, 出以事其長上,

- 壯者 [장자/zhuàngzhě] 성인(成人). (=壯年(장년) : 30－40세 남자)
- 以 [이/yǐ] (전치사/기구격) ~을 이용하여
- 暇日 [가일/暇xiárì] (명사) 한가한 날, (부사용법) 틈틈이
- 孝悌 [효제/xiàotì] 효성과 공경심
  - 인(仁)의 근본적인 실천덕목을 말한다.
- 忠信 [충신/zhōngxìn] 성실과 진실
  - 인(仁)의 근본적인 정신자세를 말한다.
- 入 [입/rù] 집으로 들어오다 → 생활습관을 들이다
- 以 [이/yǐ] (병렬접속사) －하고 또
- 事 [사/shì] 섬기다, 모시다, 받들다
- 出 [출/chū] 집에서 나가다 → 행동으로 발현하다
- 長上 [장상/zhǎng shàng] 어른과 상급자

> 직역 : 건장한 젊은이는 한가한 시기를 이용하여 효성과 공경심을 함양하여, 집안에 들어와서 자기 부모와 손위 형제를 받들고, 집밖에 나가서 어른과 상급자를 섬긴다면,
> 
> 젊은이들은 틈틈이 효성과 공경심을 함양하여, 집 안으로 들어와서는 자기 부모형제를 받들고, 집 밖으로 나가서는 어른들을 받들게 된다면,

## 7 可使制梃以撻秦，楚之堅甲利兵矣。

- 使 [사/shǐ] 보내다, 파견(派遣)하다
  - ➤뒤의 문맥을 고려하면 '농민을 출전시키다'라는 의미가 내포된다.
- 制 [제/zhì] 만들다, 제작(製作)하다
- 梃 [정/tǐng] 몽둥이, 곤장
- 撻 [달/tà] 매질하다
  - ➤여기서는 '공격하다'라는 의미이다.
- 堅甲利兵 [견갑이병/jiānjiǎ lìbīng] 견고한 갑옷과 예리한 무기 → 군사력

> 직역 : 몽둥이를 만들어 진·초나라의 견고한 무기를 공격하도록 파병해도 됩니다.
> **몽둥이로 무장해서 진(秦)·초(楚)나라의 강력한 무기에 맞서도 됩니다.**

## 8 彼奪其民時，使不得耕耨以養其父母，父母凍餓，兄弟妻子離散。

- 彼 [피/bǐ] (지시대명사) 그들. 여기서는 '진(秦)·초(楚)의 군주'를 지칭한다.
- 奪 [탈/duó] 빼앗다
- 使 [사/shǐ] (동사) 부리다
- 不得 [부득/bùdé] (조동사) ~하지 못하게 하다(허용 불가)
- 以 [이/yǐ] (병렬접속사) ~하고 또
- 養 [양/養yǎng] 봉양하다, 보살피다
- 凍餓 [동아/dòng'è] 헐벗고 굶주리다 (=凍餒[동뇌/dòngněi])
- 離散 [이산/lísàn] 뿔뿔이 흩어지다

직역 : 저들은 자기 백성들의 시기를 빼앗고, 밭갈고 김매지 못하게 하고 자기 부모를 봉양하지도 못하도록 부려먹고, 부모는 헐벗고 굶주리며, 형제와 처자는 뿔뿔이 흩어지게 됩니다.

저들은 백성들의 시간을 빼앗아, 경작하지도 부모를 봉양하지도 못하게 하여, 결국 부모는 헐벗고 굶주릴 것이며, 형제와 처자는 뿔뿔이 흩어지게 될 것입니다

**9 彼陷溺其民, 王往而征之, 夫誰與王敵？ 故曰：仁者無敵。王請勿疑。**

- 陷溺 [함닉/xiànnì] 궁지에 빠지다, 도탄(塗炭)에 빠지다
  - 陷溺(동사)의 목적어가 其民(그 나라 백성)이므로 '백성을 학대(虐待)하다'라는 사역의 뜻이다.
- 征 [정/zhēng] 정벌하다, 공격하다
- 夫 [부/fú] (발어사) 무릇
- 與 [여/yǔ] (전치사/동반격) -와 (함께)
- 請 [청/qǐng] 바라다, 원하다, 요청하다
  - '請'은 간접목적어를 앞에 놓이는 술어이다.
- 勿 [물/wù] (금지) -하지 마라

직역 : 저들이 백성을 궁지로 몰아넣을 때, 왕께서 달려가서 공략한다면, 무릇 누가 왕과 대적하겠습니까? 그러므로 '어진 자에게는 적이 없다'라고 말하는 것이니, 의심치 말기를 왕에게 바랍니다."

저들의 백성이 도탄에 빠져 있을 때, 왕께서 정벌하신다면, 누가 왕에게 대적하겠습니까? 그래서 '어진 자에게는 적이 없다'라고 말하는 것이니, 왕께서 의심치 마십시오."

## 한문상식 성선설(性善說)과 성악설(性惡說)

성선설(性善說)은 맹자(孟子)의 인간 본성(本性)에 대한 철학적 해명을 말한다. 즉 사람의 본성이란 선천적(先天的)으로 부여받은 것으로서 누구에게나 본질적인 올바른 마음[本善]을 지니고 있다고 보았다. 맹자는 "인간의 본성이 선(善)한 것은 마치 물이 아래로 흐르는 것과 같다.

선(善)하지 않은 사람은 없으며, 아래로 흐르지 않는 물이란 있을 수 없다."[人性之善也, 猶水之就下也. 人無有不善, 水無有不下.<告子上>]라고 하며, 인간의 본성을 선량(善良)한 것으로서 설명했다. 이것은 크게 윤리적인 문제까지 포괄하는 개념으로서 인간의 내면세계(內面世界)에 대한 신뢰(信賴)를 역설한 것이다. 그리하여 맹자는 이를 논증하기 위해 사단(四端 : 4가지 단서)을 주장했는데, 모든 인간의 마음속에 공통적으로 내재하는 본성임을 주장했다. 4단의 요체(要諦)는 인의예지(仁義禮智)의 근원을 밝히는 데 있다.

즉 인(仁)의 단서로서 남의 불행이나 고통을 차마 무시하지 못하는 측은지심(惻隱之心), 의(義)의 단서로서 올바르지 않는 것을 부끄러워하고 미워하는 수오지심(羞惡之心), 예(禮)의 단서로서 어른들을 공경하며 다른 사람에게 겸손하는 사양지심(辭讓之心), 지(智)의 단서로서 옳은 것과 옳지 않는 것에 대해서 판단하는 시비지심(是非之心) 등을 인성(人性)과 수성(獸性)의 근원적 차이점이라고 말했다.

따라서 맹자는 인간이라면 누구나 군자(君子)가 될 수도 있고 성인(聖人)이 될 수도 있는 자질(資質)을 갖추고 있는 반면, 본질적 선(善) 속에 인위적으로 파손하거나 스스로 포기할 수 없는 숭고한 존엄성(尊嚴性)까지도 포괄하고 있음을 인식했다.

맹자의 성선설(性善說)은 50년 후 순자(荀子)의 성악설(性惡說)과 더불어 인간본성(人間本性)에 대한 상반된 학설로서 후세 논란을 야기했다.

맹자의 견해는 인의(仁義)를 중심으로 사변적(思辨的) 인식론을 살펴보면, 공자로부터 사랑의 이치[愛之理]와 마음의 아름다움[心之德]을 수용했고, 여기에 합리적 이치[事之宜]와 심리적 통제[心之制]를 가미했다. 환언하면 정신적인 편안함과 더불어 이성적인 노력에 의해 인간의 본성을 확충하고 유지할 수 있다고 보았다.

그리하여 그는 그 당시 본성의 선악을 논할 수 없다는 고자(告子)의 성무선무불선설(性無善無不善說)을 반목(反目)했고, 차별없는 사랑을 주장하는 묵자(墨子)의 겸애설(兼愛說)과 절대적 이기주의를 견지했던 양주(楊朱)의 자애설(自愛說) 등을 배격하면서, 윤리적인 성선설(性善說)을 주장하여 유가(儒家)의 교화이념을 구체화시켰다.

이러한 사변적 인식론은 전통적인 유가사상(儒家思想)의 통일이라는 자발적 노력의 일환이었고, 이후 송대(宋代) 유가(儒家)의 부흥을 주도한 성리학(性理學)의 이론적 근거를 제공했다.

성악설(性惡說)은 인성(人性)에 대한 순황(荀況)의 학설로서 ≪순자(荀子)·성악(性惡)≫에서 비롯되었다. 이것은 맹자(孟子)의 성선설(性善說)과 대립적인 견해이다. 순황(荀況)은 인간의 본성이란 태어나면서 정해져 있는 것이며, 예의(禮義)는 인위적인 형식으로 파악했다.

그의 핵심적인 견해는 다음과 같은 표현 속에서 잘 나타나 있다. "오늘날 사람들의 본성은, 태어나면서부터 이익을 좋아하는 성질을 지녔으며, 이에 순응하게 된다. 그래서 다투며 살아가고 사양하지 않는 것이다. 태어나면서부터 나쁜 습성을 지녔으며, 이에 순응하게 된다.

그래서 해치며 살아가고 진실함이 없는 것이다. 태어나면서부터 감각적인 탐욕을 지녔고, 음악과 여색을 좋아하는 성질을 지녔는데, 이에 순응하게 된다. 그래서 음란하게 살아가고 예의와 이성이 없는 것이다." 즉 순황은 선천적으로 인간은 '이기적'이고 '악습적'이며 '탐욕적'이라 파악했다.

그리고 만약 이러한 본성을 마음대로 하도록 내버려둔다면, 반드시 '투쟁적'이고 '잔인'하며 '음란'할 것이라 우려했다. 성인을 포함하여 모든 인간의 본성은 악한 것이므로, 예의(禮義)에 입각하여 인성을 교화시켜야 한다는 당위성을 주장하였던 것이다.

그 결과 성현(聖賢)들은 인성을 선한 것으로 전환시키기 위해 인의(仁義)에 의한 도덕률(道德律)을 제창했으며, 만인의 행동규범을 제시했다고 분석했다. 그러나 순황의 성악설을 자세히 살펴보면, 인간의 생리적인 탐욕성을 지나치게 강조하여 본성과 결부시켰으며, 후세 학자들 역시 그의 성악설을 피상적인 관념론이며 추상적인 인성론(人性論)이라 비판하였던 것이다.

한편 후세 유가(儒家) 사상가들은 전통적으로 맹자(孟子)의 성선설(性善說)을 추종했는데, 현대 인류학자나 심리학자들은 성악설이나 성선설 양자 모두 편협한 도덕주의자들의 이론이라 비판한다. 그러나 이러한 비판은 근본적인 개념을 오인하는 데서 비롯된 것이다.

즉 순황이 말하는 성(性)이란 본성(本性) 또는 천성(天性)이 아니라, 바로 감성(感性)이었다. 성악설(性惡說)은 바로 이성(理性)과 분리시켜 감각적인 기질에 드러난 인간의 실체를 논증하려고 교육을 강조한 것이다. 순황이 말하는 교육의 대상 역시 유아(幼兒)가 아니라 성인(成人)이며, 교육의 궁극적인 목표 또한 근원적 체질개선이 아니라 사회구성원으로서의 역할에 초점을 두었다.

그리고 순황은 선(善)에 이르는 기준에 대해 일체의 의심이나 이론을 제시하지 않았는데, 이것은 바로 유가(儒家)의 사상적 체계를 원용하였음을 의미한다. 따라서 성악설은 유가의 예의(禮義)와 학습(學習)을 결합시키기 위한 의식개혁의 성격을 띠며, 과학적인 방법론으로 그 가능성을 추론(推論)했고, 궁극적으로 인류에게 육신의 해방과 천하의 공영(共榮)을 소망하는 철학적 모색이었다. 요컨대, 후천적(後天的) 감성(感性)의 통제를 거쳐 이성적(理性的) 세계를 구현하려 했던 사유체계였다.

## 문법정리 종결사(終結詞)의 종류와 활용법

문장의 말미에 놓이는 종결사는 구나 절을 이루는 문장의 전체 어기(語氣)를 나타낸다. 그 유형은 어떤 사실을 진술하는 서술사(敍述詞), 일정한 제한이나 범위를 나타내는 한정사(限定詞), 의심이나 추측을 나타내는 의문사(疑問詞), 화자의 강한 느낌을 표현하는 감탄사(感歎詞) 등이 있다. 이러한 종결사들은 문장의 '어감'을 전달하는 주된 기능을 하는데, 간혹 문형에 따라 종결사의 성격이 바뀌는 경우가 있다. 예를 들어 호(乎)의 경우는 의문사(疑問詞)로 사용되기도 하고 감탄사(感歎詞)로 사용되기도 한다. 이것은 문언문(文言文)의 문형구조 및 문맥을 파악하는 데 다소 어려움을 준다. 따라서 종결사의 기본적인 활용을 숙지할 필요가 있다. 문언문의 기본적인 4가지 종결사를 정리하면 다음과 같다.

① 서술사 ⇒ [ 주어+술어+목적어 ] + 也 (矣/焉) 。

※ 문말에 也, 矣, 焉 등을 사용하여 사실 진술을 나타낸다. 也는 사실의 해명이나 원인, 정적(靜的)인 진술인 반면, 矣/焉은 상태의 변화를 강조하는 동적(動的)인 진술에 사용된다.

▸所謂誠其意者, 毋自欺也。 ≪大學章句・第六章≫ ※－하는 것이다
(소위 그 뜻을 참되게 한다는 것은, 자신을 속이지 않는 것이다.)

▸肅又謂諸葛亮曰 : 我, 子瑜友也。卽共定交。 ≪資治通鑑・漢記・獻帝建安十三年≫ ※－이다
(노숙이 또 제갈량에게 말하기를, "나는 제갈근의 친구이다."라 하자, 곧 교의를 맺었다.)

▸吾說公以覇道, 其意欲用之矣。 ≪史記・商君列傳≫ ※～했다
(저는 법치의 도리로써 진효공에게 말씀드렸는데, 그의 의도는 적용하고

자 했습니다.)

> 我二十五年矣, 又如是而嫁, 則就木焉° 《左傳 · 僖公二十三年》
(나는 현재 이십 오세 인데, 또 이만큼 지나서 시집간다면, 곧 관 속에 있을 것입니다.) ※ ~한 상태이다

② 한정사 ⇒ [ 주어 + 술어 + 목적어 ] + 耳 (已/爾)。

※ 문말에 耳, 爾, 已矣, 也已, 而已矣 등을 사용하여 제한이나 범위를 나타낸다.

> 從此道至我軍, 不過二十里耳° 《史記 · 項羽本紀》 ※ ~일 뿐이다
(이곳으로부터 아군의 진영까지는, 불과 이십 리 떨어져 있을 뿐이다.)

> 直不百步耳, 是亦走也° 《孟子 · 梁惠王上》 ※ ~일 뿐이다
(단지 백보를 달아나지 않을 뿐이며, 이 또한 달아난 것이다.)

> 葉公子高入据楚, 誅白公, 定楚國, 如反手爾°《荀子 · 非相》 ※ ~일 뿐이다
(섭공 자고는 초나라 수도로 쳐들어가서, 백공을 죽이고, 초나라를 안정시켰는데, 손바닥을 뒤집는 것과 같을 뿐이었다.)

> 賜也, 始可與言詩已矣° 《論語 · 學而》 ※ ~할 만하다
(자사야말로, 비로소 더불어 《시경》을 말할 만하다.)

> 今又遇難於此, 命也已° 《史記 · 孔子世家》 ※ ~일 뿐이다
(지금 또 여기에서 난관을 만나는 것은, 운명일 뿐이다.)

> 子無罪於寡人, 子爲子之臣禮, 吾爲吾之王禮而已矣°《戰國策 · 齊策六》
(그대는 과인에게 죄를 범하지 않았으며, 그대는 신하의 예를 행했고, 나는 왕의 예를 행할 따름이오.) ※~할 따름이다

③ 의문사 ⇒ [주어 + 술어 + 목적어] + 乎 (哉/與/邪)?

※ 문말에 乎, 哉, 與/歟, 邪/耶 등을 사용하여 의문문을 만든다.

> 子路曰 : 君子尙勇乎? 《論語 · 陽貨》 ※ ~합니까?

(자로가 말하기를, "군자는 용맹을 숭상합니까?"라고 물었다.)

> 公曰 : 民死, 寡人將誰爲君乎? 寧獨死。 ≪呂氏春秋 · 制樂≫ ※ -하는가?

(공이 말하기를, "백성이 죽는다면, 과인은 장차 누구에게 임금 노릇하겠는가? 차라리 홀로 죽겠노라."라 했다.)

> 晋, 吾宗也, 豈害我哉? ≪左傳 · 僖公五年≫ ※ -하는가?

(진나라는, 나의 종족인데, 어찌 나를 해치겠는가?)

> 漁父見而問之曰 : 子非三閭大夫與? ≪楚辭 · 漁父≫ ※ ~입니까?

(어부가 그를 보고서 묻기를, "그대는 삼려대부가 아닙니까?")

> 曰 : 操舟可學邪? 曰 : 可。 ≪莊子 · 達生≫ ※ ~입니까?

("배를 조종하는 기술은 배울 수 있는 것입니까?"라 묻자, "그렇습니다."라 대답했다.)

④ 감탄사 ⇒ [ 주어+술어+목적어 ] + 乎 (而/哉/嘻/許) !

※ 문말에 乎,而,哉,邪/耶,嘻,吁,許등을 사용하여 놀람/탄식을 나타낸다.

> 微乎微乎, 至於無形。 ≪孫子兵法 · 虛實≫ ※ ~하도다!

(미묘하도다! 미묘하도다! 형체를 볼 수 없게 되었다.)

> 善哉, 鼓琴峨峨乎若泰山。 ≪呂氏春秋 · 本味≫ ※ ~하도다!

(훌륭하도다! 거문고 연주가 높고 높음이여! 태산과 같도다!)

> 曠安宅而弗居, 舍正路而不由, 哀哉! ≪孟子 · 離婁上≫ ※ ~이로다!

(편안한 집을 비워두고 살지 않으며, 올바른 길을 버리고 따르지 않으니, 슬픈 일이로다!)

> 從者曰 : 嘻! 速駕, 公斂陽在。 ≪左傳 · 定公八年≫ ※ 오!

(수행하는 자가 말하기를, "오! 서둘러 말에 오르시오. 공렴양이 끼어 있습니다."라 했다.)

> 彼雖有過, 然遭君亦甚矣。 可憐許! ≪太平廣記 · 幻術三 · 板橋三娘子≫

(저들이 잘못을 저질렀지만, 그러나 그대의 복수 또한 심한 것이다. 가련하도다!) ※ -하도다!

원문해석

[대량(大梁)으로 수도를 옮긴 위(魏)나라의] 혜왕(惠王)이 맹자에게 말하기를, "진(晋)나라는 천하에서 어떤 나라보다 강대하였던 것을, 어르신께서도 잘 아시는 바입니다. 그러나 과인이 집정하는 시기에 이르러, 동쪽으로는 제(齊)나라에게 패배당하여, 맏아들을 잃었고, 서쪽으로는 진(秦)나라에게 700리 땅을 내주었으며, 남쪽으로는 초나라에게 수치를 당했습니다. 과인은 이러한 일들을 수치스럽게 여기며, 원컨대 희생된 자들을 위해 말끔히 명예를 회복하고 싶습니다. 어떻게 하면 되겠습니까?"

맹자(孟子)가 대답했다. "땅이 100리라도 왕 노릇 하기에 충분합니다. 왕께서 만약 백성들에게 인자한 정치를 시행하실 것이라면, 형벌을 줄이고, 세금부담을 가볍게 해주고, 밭갈이에 몰두하게 하고 제때에 김매게 하십시오. 젊은이들은 틈틈이 효성과 공경심을 함양하여, 집안으로 들어와서는 자기 부모형제를 받들고, 집밖으로 나가서는 어른들을 받들게 된다면, 몽둥이로 무장해서 진(秦)나라와 초(楚)나라의 강력한 무기에 맞서 싸워도 됩니다. 저들은 백성들의 시간을 빼앗아, 경작하지도 부모를 봉양하지도 못하게 하여, 부모는 헐벗고 굶주릴 것이며, 형제와 처자는 뿔뿔이 흩어지게 될 것입니다. 저들의 백성이 도탄에 빠져있을 때, 왕께서 정벌하신다면, 누가 왕에게 대적하겠습니까? 그래서 '어진 자는 적이 없다'라고 말하는 것이니, 왕께서 의심치 마십시오."

# 실용 한자쓰기

최성일 지음

현우사

# 차 례

# 1. 한자(漢字)의 부수(部首)

## (1) 부수(部首)란

한자(漢字) 한 글자 한 글자의 뜻을 풀어 모아 자전(字典)을 만들 경우에 찾아보기 쉽게 배열하기 위하여 수많은 한자의 형태를 분석하여 서로 공통되는 부분이 있는 글자들끼리 모을 필요가 있었다. 이 글자 집단을 부(部)라 하고, 각 부의 글자들에게 서로 공통되는 부분을 부수(部首)라 한다.

이를테면, 일부(日部)에는 '日', '時', '曜', '春', '是', '星' 따위와 같이 '日'을 바탕으로 해서 이루어진 글자들을 모으고, '日'을 부수로 하고 있다.

## (2) 부수(部首)의 구실

㉠ 부수는 주로 상형자와 지사자로 되어 있으며, 그 부의 가장 기본이 되는 글자 구실을 한다.
㉡ 글자의 개략적인 뜻을 나타낸다.
㉢ 자전에서 글자의 음과 뜻을 찾는 데에 활용된다.
　이를테면, '水(氵)' 부수인 한자는 물과 관계가 깊음을 나타낸다.

江(강 강),　河(물이름 하),　海(바다 해),
泉(샘 천),　深(깊을 심),　淚(눈물 루)

## (3) 부(部)의 수(數)와 부수(部首)의 명칭(名稱)

부는 현재 214부로 확정되어 있다. 따라서 부수도 214글자이다. 관습적인 명칭보다 원래의 음과 뜻을 기억해야 뜻을 짐작할 수 있다. 예를 들어 '宀'을 관습적으로 '갓머리'라고 하나, 원래 '집 면'이다. 이것을 '집 면'으로 기억하면 '宀'이 부수인 한자는 집과 관련이 있음을 쉽게 알 수 있다.

## (4) 부수(部首)의 변형(變形)

부수 글자는 다른 글자와 합쳐져 새로운 글자를 이룰 경우, 놓여지는 위치에 따라 모양이 달라진다. 몇 가지 예를 도표로 보이면 다음과 같다.

| 변형된 부수 | 원래의 부수 | 변형된 부수 | 원래의 부수 |
|---|---|---|---|
| 乚(새 을 방) | 乙(새 을) | 犭(개사슴록 변) | 犬(개 견) |
| 亻(사람 인 변) | 人(사람 인) | 阝(좌부방 변) | 阜(언덕 부) |
| 儿 {걷는 사람 인<br>발} | 人(사람 인) | 阝(우부방 변) | 邑(고을 부) |
| 巛 {내 천 머리<br>개미 허리} | 川(내 천) | 王(구슬 옥 변) | 玉(구슬 옥) |
| 冫 {얼음 빙 변<br>이 수 변} | 氷(얼음 빙) | 灬(불 화 발) | 火(불 화) |
| 氵 {물 수 변<br>삼 수 변} | 水(물 수) | 月(육달 월) | 肉(고기 육) |
| 忄 {마음 심 변<br>심방 변} | 心(마음 심) | 艹 {풀 초 머리<br>초 두} | 艸(풀 초) |
| 扌 {손 수 변<br>던질 투 변} | 手(손 수) | 示(보일 시 변) | 示(보일 시) |

(5) 부수(部首)의 위치(位置)와 명칭(名稱)

부수의 위치를 크게 구분하면 대체로 다음과 같이 나눌 수 있다.

① 변(偏: 편): 왼쪽 부분을 차지하는 부수

〈보기〉 亻(〈人〉 사람 인) → 仁(어질 인), 信(믿을 신)
彳(자축거릴 척) → 往(갈 왕), 待(기다릴 대)
扌(〈手〉 손 수) → 持(가질 지), 指(손가락 지)

② 방(旁: 방): 오른쪽 부분을 차지하는 부수

〈보기〉 攵(〈복〉 칠 복) → 收(거둘 수), 改(고칠 개)
欠(하품 흠) → 次(버금 차), 欲(바랄 욕)
頁(머리 혈) → 頭(머리 두), 順(순할 순)

③ 머리(冠: 관): 위 부분에 놓여 있는 부수

〈보기〉 宀(집 면) → 宇(집 우), 安(편안할 안)
艹(〈艸〉 풀 초) → 花(꽃 화), 落(떨어질 락)
⺮(〈竹〉 대 죽) → 笑(웃음 소), 筆(붓 필)

④ 발(=다리, 脚: 각):아래 부분에 놓인 부수

〈보기〉 皿(그릇 명) → 益(더할 익), 盛(그릇 성)
心(마음 심) → 忠(충성 충), 意(뜻 의)
儿(어진 사람 인) → 光(빛 광), 元(으뜸 원)

⑤ 밑(=엄, 垂: 수):위와 왼쪽을 싸는 부수

〈보기〉 广(집 엄) → 店(전방 점), 度(법도 도)
尸(주검 시) → 居(살 거), 屋(집 옥)
虍(범 호) → 虎(호랑이 호), 虛(빌 허)

⑥ 받침(辶: 착):왼쪽과 밑을 싸는 부수

〈보기〉 辶(쉬엄쉬엄 갈 착) → 道(길 도), 近(가까울 근)
走(달아날 주) → 起(일어설 기), 越(넘을 월)
廴(길게 걸을 인) → 建(세울 건), 廻(돌 회)

위에서 부수 이름은 辶(쉬엄쉬엄 갈 착), 走(달아날 주), 廴(길게 걸을 인)이고, 놓인 자리의 이름이 '받침'이므로 辶(쉬엄쉬엄 갈 착 받침), 走(달아날 주 받침), 廴(길게 걸을 인 받침)이라 한다.

⑦ 몸과 안(構: 구):아래와 같은 형태로 결합된 경우, 검게 된 구분을 '몸'이라 하고, 검게 치지 아니한 부분을 '안'이라고 한다.

國 (나라 국)

閑 (한가할 한)

區 (구역 구)

街 (거리 가)

⑧ 독립형(부수 글자):하나의 부수 글자로만 짜여진 경우를 일컬음.

〈보기〉 山 (메 산) 土 (흙 토) 木 (나무 목) 言 (말씀 언) 金 (쇠 금)

## 2. 부수(部首)의 명칭(名稱)

### 1 획

| 부수 | 명칭 |
|---|---|
| 一 | 한일 |
| 丨 | 뚫을곤 |
| 丶 | 점 |
| 丿 | 삐침 |
| 乙(乚) | 새을변 |
| 亅 | 갈고리궐 |

### 2 획

| 부수 | 명칭 |
|---|---|
| 二 | 두이변 |
| 亠 | 돼지해밑 |
| 人(亻) | 사람인변 |
| 儿 | 어진사람인발 |
| 入 | 들입 |
| 八 | 여덟팔 |
| 冂 | 먼데경 |
| 冖 | 민갓머리 |
| 冫 | 이수변 |
| 几 | 안석궤 |
| 凵 | 위터진입구몸 |
| 刀(刂) | 칼도변 |
| 力 | 힘력변 |
| 勹 | 쌀포 |
| 匕 | 비수비 |
| 匚 | 터진입구몸 |
| 匸 | 터진에운담 |
| 十 | 열십 |
| 卜 | 점복 |
| 卩(㔾) | 병부절 |
| 厂 | 민엄호밑 |
| 厶 | 마늘모 |
| 又 | 또우 |

### 3 획

| 부수 | 명칭 |
|---|---|
| 口 | 입구 |
| 囗 | 큰입구몸 |
| 土 | 흙토변 |
| 士 | 선비사 |
| 夂 | 뒤져올치 |
| 夊 | 천천히걸을쇠 |
| 夕 | 저녁석 |
| 大 | 큰대 |
| 女 | 계집녀변 |
| 子 | 아들자 |
| 宀 | 갓머리 |
| 寸 | 마디촌 |
| 小 | 작을소 |
| 尢(兀) | 절름발이왕 |
| 尸 | 주검시 |
| 屮 | 풀철 |
| 山 | 뫼산변 |
| 巛(川) | 개미허리 |
| 工 | 장인공 |
| 己 | 몸기 |
| 巾 | 수건건 |
| 干 | 방패간 |
| 幺 | 작을요 |
| 广 | 엄호밑 |
| 廴 | 민책받침 |
| 廾 | 밑스물입 |
| 弋 | 주살익 |
| 弓 | 활궁 |
| 彐 | 터진가로왈 |
| 彡 | 터럭삼 |
| 彳 | 두인변 |
| 忄(心) | 심방변 |
| 扌(手) | 재방변 |
| 犭(犬) | 개사슴록변 |
| 氵(水) | 삼수변 |
| 阝(邑) | 우부방 |
| 阝(阜) | 좌부방 |

### 4 획

| 부수 | 명칭 |
|---|---|
| 心(忄) | 마음심 |
| 戈 | 창과 |
| 戶 | 지게호 |
| 手(扌) | 손수 |
| 支 | 지탱할지 |
| 攴(攵) | 등글월문 |
| 文 | 글월문 |
| 斗 | 말두 |
| 斤 | 날근 |
| 方 | 모방 |
| 无(旡) | 이미기몸 |
| 日 | 날일변 |
| 曰 | 가로왈 |
| 月 | 달월 |
| 木 | 나무목변 |
| 欠 | 하품흠몸 |
| 止 | 그칠지 |
| 歹(歺) | 죽을사변 |
| 殳 | 갖은등글월문 |
| 毋 | 말무 |
| 比 | 견줄비 |
| 毛 | 터럭모 |
| 氏 | 각씨씨 |
| 气 | 기운기엄 |
| 水(氵) | 물수 |
| 火(灬) | 불화변 |
| 爪(爫) | 손톱조 |
| 父 | 아비부 |
| 爻 | 점괘효 |
| 爿 | 장수장변 |
| 片 | 조각편 |
| 牙 | 어금니아 |
| 牛 | 소우변 |
| 犬(犭) | 개견 |
| 王(玉) | 구슬옥변 |
| 耂(老) | 늙을로 |
| 月(肉) | 육달월변 |
| 艹(艸) | 초두밑 |
| 辶(辵) | 책받침 |

### 5 획

| 부수 | 명칭 |
|---|---|
| 玄 | 검을현 |
| 玉(王) | 구슬옥변 |
| 瓜 | 오이과 |
| 瓦 | 기와와 |
| 甘 | 달감 |
| 生 | 날생 |
| 用 | 쓸용 |
| 田 | 밭전 |
| 疋 | 짝필 |

- 疒 병질엄
- 癶 필발밑
- 白 흰백
- 皮 가죽피
- 皿 그릇명
- 目(罒) 눈목
- 矛 창모변
- 矢 살시변
- 石 돌석변
- 示(礻) 보일시변
- 禸 자귀유
- 禾 벼화변
- 穴 구멍혈밑
- 立 설립
- 四(网) 넉사밑
- 衤(衣) 옷의변

## 6 획

- 竹 대죽변
- 米 쌀미변
- 糸 실사변
- 缶 장군부
- 网(四·罒) 그물망
- 羊(⺶) 양양
- 羽 깃우
- 老(耂) 늙을로
- 而 말이을이
- 耒 쟁기뢰변
- 耳 귀이변
- 聿 붓율
- 肉(月) 고기육변
- 臣 신하신
- 自 스스로자
- 至 이를지
- 臼(𦥑) 절구구
- 舌 혀설
- 舛(牟) 어길천
- 舟 배주변
- 艮 머무를간
- 色 빛색
- 艸(艹) 초두밑
- 虍 범호밑
- 虫 벌레충변
- 血 피혈변
- 行 다닐행
- 衣(衤) 옷의
- 襾 덮을아

## 7 획

- 見 볼견
- 角 뿔각
- 言 말씀언변
- 谷 골곡
- 豆 콩두
- 豕 돼지시
- 豸 갖은돼지시
- 貝 조개패
- 赤 붉을적
- 走 달아날주변
- 足 발족
- 身 몸신
- 車 수레거변
- 辛 매울신
- 辰 별진
- 辵(辶) 책받침
- 邑(阝) 고을읍
- 酉 닭유
- 釆 분별할변
- 里 마을리변

## 8 획

- 金 쇠금변
- 長(镸) 긴장변
- 門 문문
- 阜(阝) 언덕부변
- 隶 미칠이
- 隹 새추
- 雨 비우
- 靑 푸를청
- 非 아닐비

## 9 획

- 面 낯면변
- 革 가죽혁
- 韋 가죽위
- 韭 부추구
- 音 소리음
- 頁 머리혈
- 風 바람풍
- 飛 날비
- 食(飠) 밥식변
- 首 머리수
- 香 향기향

## 10 획

- 馬 말마변
- 骨 뼈골변
- 高 높을고
- 髟 터럭발밑
- 鬥 싸울투
- 鬯 술창
- 鬲 솥력
- 鬼 귀신귀

## 11 획

- 魚 고기어변
- 鳥 새조변
- 鹵 소금밭로
- 鹿 사슴록
- 麥 보리맥
- 麻 삼마

## 12 획

- 黃 누를황
- 黍 기장서
- 黑 검을흑
- 黹 바느질할치

## 13 획

- 黽 맹꽁이맹
- 鼎 솥정
- 鼓 북고
- 鼠 쥐서변

## 14 획

- 鼻 코비
- 齊 가지런할제

## 15 획

- 齒 이치

## 16 획

- 龍 용룡
- 龜 거북귀

## 17 획

- 龠 피리약

# 3. 한자(漢字)의 필순(筆順)

한자의 필순은 원칙적으로 글자마다 일정한 순서로 정해져 있으나, 예외적인 필순도 일반적으로 인정되는 경우가 있다. 여기서는 필순의 일반적인 개념을 설명한다.

(1) 위로부터 아래로 써 내려간다.

言 = 丶 亠 亠 亖 言 言 言

工 = 一 丅 工

(2) 왼쪽에서 오른쪽으로 써 내려간다.

川 = 丿 川 川

休 = 丿 亻 仁 付 休

(3) 가로획을 먼저 세로획을 나중에 쓴다.

用 = 丿 冂 月 月 用

無 = 𠂉 二 午 無 無 無 無 無

(4) 세로획을 먼저, 가로획을 나중에 쓴다.

田 = 丨 冂 冊 冊 田

曲 = 丨 冂 巾 曲 曲 曲

(5) 가운데를 먼저 쓴다.

小 = 亅 小 小

水 = 亅 刁 水 水

(6) 바깥쪽을 먼저 쓴다.

同 = 丨 冂 冂 冋 同 同

區 = 一 丅 戸 戸 戸 戸 戸 品 區

(7) 왼쪽 삐침을 먼저, 파임을 나중에 쓴다.

文 = 丶 亠 ナ 文

大 = 一 ナ 大

(8) 가로획과 왼쪽 삐침

ㄱ 가로획이 길고 왼쪽 삐침이 짧은 글자는 왼쪽 삐침을 먼저 슨다.

右 = 丿 ナ 才 右 右

友 = 丿 ナ 方 友

ㄴ 가로획이 짧고 왼쪽 삐침이 긴 글자는 가로획을 먼저 쓴다.

左 = 一 ナ 𠂇 左 左

存 = 一 ナ 才 疒 存 存

(9) 좌우로 꿰뚫는 획(畫)은 맨 나중에 쓴다.

女 = く 夂 女

母 = ㄥ 口 母 母

(10) 위 아래로 꿰뚫린 획은 맨 나중에 쓴다.

車 = 一 厂 戸 戸 亘 亘 車

平 = 一 ㇀ 丷 平

• 아래가 막힌 세로획은 먼저 쓴다.

生 = 丿 𠂉 屮 牛 生

虫 = 口 虫 虫

(11) 오른쪽 어깨의 '丶'은 맨 마지막에 쓴다.

犬 = 一 ナ 大 犬

伐 = 亻 仁 代 伐 伐

(12) 走, 夊, 免, 是은 맨 먼저에 쓴다.

起 = 一 十 土 丰 丰 走 走 起 起

勉 = 丿 ⺈ 𠂊 𠂊 𠂊 争 免 勉 勉

(13) 辶, 廴, 匚은 맨 나중에 쓴다.

近 = 丿 厂 斤 斤 斤 䜣 近

直 = 一 十 冇 冇 有 有 直

(14) 특히 주의해야 할 필순(筆順)

足 = 丨 口 口 口 早 𧾷 足

必 = 丶 ソ 义 必 必

花 = 丨 十 艹 艹 艹 花 花

# 4. 한자(漢字)의 기본 점 · 획(毛筆)

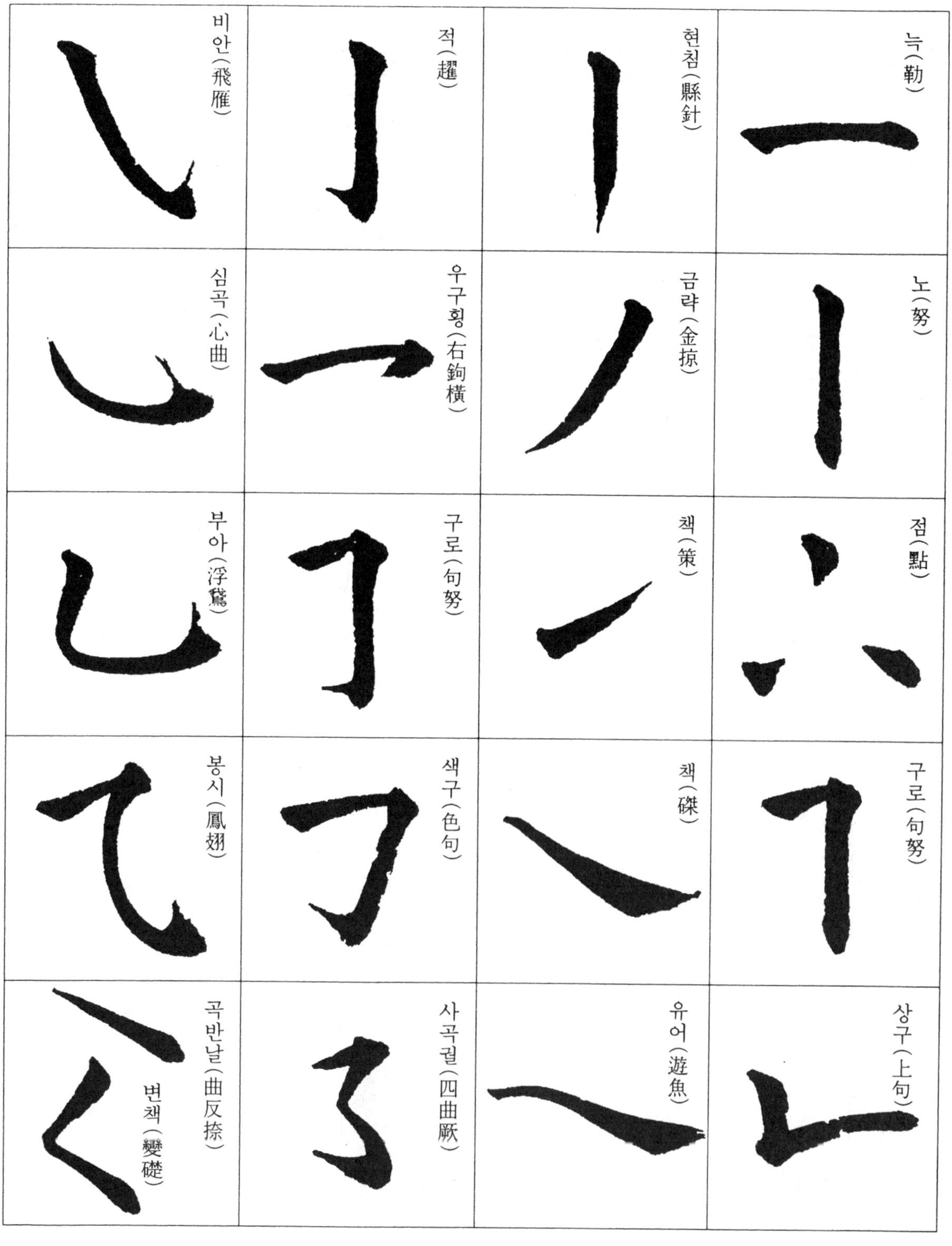

## 5. 500자(字)수준 한자익히기

* 표시는 300자 수준 기초글자임

| 漢字 | 訓音 | 漢字 | 訓音 | 漢字 | 訓音 | 漢字 | 訓音 |
|---|---|---|---|---|---|---|---|
| *家 | 집 가 | 健 | 굳셀 건 | *工 | 장인 공 | *球 | 공 구 |
| *歌 | 노래 가 | 格 | 격식 격 | *空 | 빌 공 | *區 | 구분할 구 |
| *價 | 값 가 | 見 | 볼 견 | *公 | 공평할 공 | 舊 | 예 구 |
| 可 | 옳을 가 | 決 | 결단할 결 | *功 | 공 공 | 具 | 갖출 구 |
| 加 | 더할 가 | 結 | 맺을 결 | *共 | 한가지 공 | 救 | 구원할 구 |
| *角 | 뿔 각 | *京 | 서울 경 | *科 | 과목 과 | *國 | 나라 국 |
| *各 | 각각 각 | 敬 | 공경 경 | *果 | 실과 과 | 局 | 판 국 |
| *間 | 사이 간 | 景 | 볕 경 | 課 | 과할 과 | *軍 | 군사 군 |
| *感 | 느낄 감 | 輕 | 가벼울 경 | 過 | 지날 과 | *郡 | 고을 군 |
| *江 | 강 강 | 競 | 다툴 경 | 關 | 관계할 관 | 貴 | 귀할 귀 |
| *强 | 강할 강 | *界 | 지경 계 | 觀 | 볼 관 | 規 | 법 규 |
| *開 | 열 개 | *計 | 셀 계 | *光 | 빛 광 | *根 | 뿌리 근 |
| 改 | 고칠 개 | *高 | 높을 고 | 廣 | 넓을 광 | *近 | 가까울 근 |
| 客 | 손 객 | *苦 | 쓸 고 | *校 | 학교 교 | *金 | 쇠·성 금 |
| *車 | 수레 거·차 | *古 | 예 고 | *敎 | 가르칠 교 | *今 | 이제 금 |
| 擧 | 들 거 | *告 | 고할 고 | *交 | 사귈 교 | *急 | 급할 급 |
| 去 | 갈 거 | 考 | 생각할 고 | 橋 | 다리 교 | *級 | 등급 급 |
| 建 | 세울 건 | 固 | 굳을 고 | *九 | 아홉 구 | 給 | 줄 급 |
| 件 | 물건 건 | 曲 | 굽을 곡 | *口 | 입 구 | *氣 | 기운 기 |

| 漢字 | 訓音 | 漢字 | 訓音 | 漢字 | 訓音 | 漢字 | 訓音 |
|---|---|---|---|---|---|---|---|
| *記 | 기록할 기 | *答 | 대답 답 | *童 | 아이 동 | 勞 | 일할 로 |
| *旗 | 기 기 | *堂 | 집 당 | *頭 | 머리 두 | *綠 | 푸를 록 |
| 己 | 몸 기 | *當 | 마땅 당 | *登 | 오를 등 | 料 | 헤아일 료 |
| 基 | 터 기 | *大 | 큰 대 | *等 | 무리 등 | 類 | 무리 류 |
| 技 | 재주 기 | *代 | 대신할 대 | *樂 | 즐길 락<br>노래 악 | 流 | 흐를 류 |
| 汽 | 물끓는김 기 | *對 | 대할 대 | 落 | 떨어질 락 | *六 | 여섯 륙 |
| 期 | 기약할 기 | *待 | 기다릴 대 | 郎 | 밝을 랑 | 陸 | 뭍 륙 |
| 吉 | 길할 길 | *德 | 큰 덕 | *來 | 올 래 | *里 | 마을 리 |
| *南 | 남녘 남 | *道 | 길 도 | 冷 | 찰 랭 | *理 | 다스릴 리 |
| *男 | 사내 남 | *圖 | 그림 도 | 良 | 어질 량 | *利 | 이로울 리 |
| *內 | 안 내 | *度 | 법도 도 | 量 | 헤아릴 량 | *李 | 오얏·성 리 |
| *女 | 계집 녀 | 到 | 이를 도 | 旅 | 나그네 려 | *林 | 수풀 림 |
| *年 | 해 년 | 島 | 섬 도 | *力 | 힘 력 | *立 | 설 립 |
| 念 | 생각 념 | 都 | 도읍 도 | 歷 | 지날 력 | 馬 | 말 마 |
| *農 | 농사 농 | *讀 | 읽을 독 | 練 | 익힐 련 | *萬 | 일만 만 |
| 能 | 능할 능 | 獨 | 홀로 독 | 領 | 거느릴 령 | 末 | 끝 말 |
| *多 | 많을 다 | *東 | 동녘 동 | 令 | 하여금 령 | 望 | 바랄 망 |
| *短 | 짧을 단 | *動 | 움직일 동 | *例 | 법식 례 | 亡 | 망할 망 |
| 團 | 둥글 단 | *洞 | 고을 동 | *禮 | 예도 례 | *每 | 매양 매 |
| 壇 | 단 단 | *同 | 한가지 동 | *老 | 늙을 로 | 賣 | 팔 매 |
| 談 | 말씀 담 | *冬 | 겨울 동 | *路 | 길 로 | 買 | 살 매 |

| 漢字 | 訓音 | 漢字 | 訓音 | 漢字 | 訓音 | 漢字 | 訓音 |
|---|---|---|---|---|---|---|---|
| *面 | 낯 면 | *方 | 모 방 | 比 | 견줄 비 | 商 | 장사 상 |
| *名 | 이름 명 | *放 | 놓을 방 | 鼻 | 코 비 | 賞 | 상줄 상 |
| *命 | 목숨 명 | 倍 | 곱 배 | 費 | 쓸 비 | *色 | 빛 색 |
| *明 | 밝을 명 | *白 | 흰 백 | 氷 | 얼음 빙 | *生 | 날 생 |
| *母 | 어미 모 | *百 | 일백 백 | *四 | 넉 사 | *西 | 서녘 서 |
| *木 | 나무 목 | *番 | 차례 번 | *事 | 일 사 | *書 | 글 서 |
| *目 | 눈 목 | 法 | 법 법 | *社 | 모일 사 | 序 | 차례 서 |
| 無 | 없을 무 | 變 | 변할 변 | *使 | 하여금 사 | *夕 | 저녁 석 |
| *門 | 문 문 | *别 | 다를 별<br>나눌 별 | *死 | 죽을 사 | *石 | 돌 석 |
| *文 | 글월 문 | *病 | 병 병 | 使 | 섬길 사 | *席 | 자리 석 |
| *問 | 물을 문 | 兵 | 병사 병 | 士 | 선비 사 | *先 | 먼저 선 |
| *聞 | 들을 문 | *服 | 옷 복 | 史 | 사기 사 | *線 | 줄 선 |
| *物 | 물건 물 | 福 | 복 복 | 思 | 생각 사 | 仙 | 신선 선 |
| *米 | 쌀 미 | *本 | 근본 본 | 寫 | 베낄 사 | 鮮 | 고울 선 |
| *美 | 아름다울 미 | 奉 | 받들 봉 | 査 | 조사할 사 | 善 | 착할 선 |
| *民 | 백성 민 | *父 | 아비 부 | *山 | 메 산 | 船 | 배 선 |
| *朴 | 성 박 | *夫 | 지아비 부 | *算 | 셈 산 | 選 | 가릴 선 |
| *反 | 돌이킬 반 | *部 | 떼 부 | 産 | 낳을 산 | *雪 | 눈 설 |
| *半 | 반 반 | *北 | 북녘 북 | *三 | 석 삼 | 說 | 말씀 설 |
| *班 | 나눌 반 | *分 | 나눌 분 | *上 | 위 상 | *姓 | 성 성 |
| *發 | 필 발 | *不 | 아닐 불·부 | 相 | 서로 상 | *成 | 이룰 성 |

| 漢字 | 訓音 | 漢字 | 訓音 | 漢字 | 訓音 | 漢字 | 訓音 |
|---|---|---|---|---|---|---|---|
| *省 | 살필 성<br>덜 생 | *勝 | 이길 승 | *安 | 편안 안 | *永 | 길 영 |
| 性 | 성품 성 | *市 | 저자 시 | 案 | 책상 안 | *五 | 다섯 오 |
| *世 | 인간 세 | *時 | 때 시 | *愛 | 사랑 애 | *午 | 낮 오 |
| 歲 | 해 세 | *始 | 비로소 시 | *野 | 들 야 | 屋 | 집 옥 |
| 洗 | 씻을 세 | 示 | 보일 시 | *夜 | 밤 야 | *溫 | 따뜻할 온 |
| *小 | 작을 소 | *食 | 밥 식 | *弱 | 약할 약 | 完 | 완전할 완 |
| *少 | 적을 소 | *植 | 심을 식 | *藥 | 약 약 | *王 | 임금 왕 |
| *所 | 바 소 | *式 | 법 식 | 約 | 맺을 약 | *外 | 바깥 외 |
| *消 | 사라질 소 | 識 | 알 식 | *洋 | 큰바다 양 | 要 | 요긴할 요 |
| *速 | 빠를 속 | *信 | 믿을 신 | *陽 | 볕 양 | 曜 | 빛날 요 |
| 束 | 묶을 속 | *身 | 몸 신 | 養 | 기를 양 | 浴 | 목욕할 욕 |
| *孫 | 손자 손 | *新 | 새 신 | *語 | 말씀 어 | *勇 | 날랠 용 |
| *水 | 물 수 | *神 | 귀신 신 | 魚 | 고기 어 | *用 | 쓸 용 |
| *手 | 손 수 | 臣 | 신하 신 | 漁 | 고기잡을 어 | *右 | 오를 우 |
| *數 | 셈 수 | *室 | 집 실 | 億 | 억 억 | 雨 | 비 우 |
| *樹 | 나무 수 | *失 | 잃을 실 | *言 | 말씀 언 | 友 | 벗 우 |
| 首 | 머리 수 | 實 | 열매 실 | *業 | 업 업 | 牛 | 소 우 |
| 宿 | 잘 숙 | *心 | 마음 심 | *然 | 그럴 연 | 運 | 옮길 운 |
| 順 | 순할 순 | *十 | 열 십 | 熱 | 더울 열 | 雲 | 구름 운 |
| *術 | 재주 술 | 兒 | 아이 아 | 葉 | 잎 엽 | 雄 | 수컷 웅 |
| *習 | 익힐 습 | 惡 | 악할 악 | *英 | 꽃부리 영 | *園 | 동산 원 |

| 漢字 | 訓音 | 漢字 | 訓音 | 漢字 | 訓音 | 漢字 | 訓音 |
|---|---|---|---|---|---|---|---|
| *遠 | 멀 원 | 耳 | 귀 이 | 再 | 두 재 | *第 | 차례 제 |
| 元 | 으뜸 원 | *人 | 사람 인 | 爭 | 다툴 쟁 | *題 | 제목 제 |
| 願 | 원할 원 | 因 | 인할 인 | 貯 | 쌓을 저 | *祖 | 할아비 조 |
| 原 | 언덕 원 | *一 | 한 일 | 的 | 과녁 적 | *朝 | 아침 조 |
| 院 | 집 원 | *日 | 날 일 | 赤 | 붉을 적 | 調 | 고를 조 |
| *月 | 달 월 | 任 | 맡길 임 | *電 | 번개 전 | 操 | 잡을 조 |
| 偉 | 클 위 | *入 | 들 입 | *全 | 온전 전 | *足 | 발 족 |
| 位 | 자리 위 | *自 | 스스로 자 | *前 | 앞 전 | *族 | 겨레 족 |
| *有 | 있을 유 | *子 | 아들 자 | *戰 | 싸움 전 | 卒 | 마칠 졸 |
| *由 | 말미암을 유 | *字 | 글자 자 | 典 | 법 전 | 種 | 씨 종 |
| *油 | 기름 유 | *者 | 놈 자 | 傳 | 전할 전 | 終 | 마칠 종 |
| *育 | 기를 육 | *昨 | 어제 작 | 展 | 펼 전 | *左 | 왼 좌 |
| *銀 | 은 은 | *作 | 지을 작 | 節 | 마디 절 | 罪 | 허물 죄 |
| *音 | 소리 음 | *長 | 긴 장 | 切 | 끊을 절<br>온통 체 | *主 | 주인 주 |
| *飮 | 마실 음 | *場 | 마당 장 | 店 | 가게 점 | *住 | 살 주 |
| *邑 | 고을 읍 | *章 | 글 장 | *正 | 바를 정 | *注 | 부을 주 |
| *意 | 뜻 의 | *才 | 재주 재 | *庭 | 뜰 정 | *晝 | 낮 주 |
| *醫 | 의원 의 | *在 | 있을 재 | *定 | 정할 정 | 週 | 주일 주 |
| *衣 | 옷 의 | 財 | 재물 재 | 情 | 뜻 정 | 州 | 고을 주 |
| *二 | 두 이 | 材 | 재목 재 | 停 | 머무를 정 | *中 | 가운데 중 |
| 以 | 써 이 | 災 | 재앙 재 | *弟 | 아우 제 | *重 | 무거울 중 |

| 漢字 | 訓音 | 漢字 | 訓音 | 漢字 | 訓音 | 漢字 | 訓音 |
|---|---|---|---|---|---|---|---|
| *紙 | 종이 지 | *村 | 마을 촌 | 敗 | 패할 패 | *現 | 나타날 현 |
| *地 | 따 지 | 最 | 가장 최 | *便 | 편할 편<br>똥오줌 변 | *兄 | 형 형 |
| 知 | 알 지 | *秋 | 가을 추 | *平 | 평평할 평 | *形 | 모양 형 |
| 止 | 그칠 지 | 祝 | 빌 축 | *表 | 겉 표 | *號 | 이름 호 |
| *直 | 곧을 직 | *春 | 봄 춘 | *品 | 물건 품 | 湖 | 호수 호 |
| 質 | 바탕 질 | *出 | 날 출 | *風 | 바람 풍 | *火 | 불 화 |
| *集 | 모을 집 | 充 | 채울 충 | 必 | 반드시 필 | *話 | 말씀 화 |
| 着 | 붙을 착 | 致 | 이를 치 | 筆 | 붓 필 | *花 | 꽃 화 |
| 參 | 참여할 참 | 則 | 법칙 칙 | *下 | 아래 하 | *和 | 화할 화 |
| *窓 | 창 창 | *親 | 친할 친 | *夏 | 여름 하 | *畵 | 그림 화<br>그을 획 |
| 唱 | 부를 창 | *七 | 일곱 칠 | 河 | 물 하 | 化 | 될 화 |
| 責 | 꾸짖을 책 | 打 | 칠 타 | *學 | 배울 학 | 患 | 근심 환 |
| *川 | 내 천 | 他 | 다를 타 | *韓 | 한국 한 | *活 | 살 활 |
| *千 | 일천 천 | 卓 | 높을 탁 | *漢 | 한강 한 | *黃 | 누를 황 |
| *天 | 하늘 천 | 炭 | 숯 탄 | 寒 | 찰 한 | *會 | 모일 회 |
| 鐵 | 쇠 철 | 太 | 클 태 | *合 | 합할 합 | *孝 | 효도 효 |
| *靑 | 푸를 청 | 宅 | 집 택·댁 | *海 | 바다 해 | 效 | 본받을 효 |
| *淸 | 맑을 청 | *土 | 흙 토 | 害 | 해할 해 | *後 | 뒤 후 |
| *體 | 몸 체 | *通 | 통할 통 | *幸 | 다행 행 | *訓 | 가르칠 훈 |
| *草 | 풀 초 | *特 | 특별할 특 | *行 | 다닐 행 | *休 | 쉴 휴 |
| 初 | 처음 초 | 板 | 널 판 | *向 | 향할 향 | 凶 | 흉할 흉 |
| *寸 | 마디 촌 | *八 | 여덟 팔 | 許 | 허락할 허 | 黑 | 검을 흑 |

# 6. 1000자(字) 수준 한자 익히기

| 漢字 | 訓音 | 漢字 | 訓音 | 漢字 | 訓音 | 漢字 | 訓音 |
|---|---|---|---|---|---|---|---|
| 假 | 거짓 가 | 拒 | 막을 거 | 係 | 맬 계 | 究 | 연구할 구 |
| 街 | 거리 가 | 居 | 살 거 | 繼 | 이을 계 | 句 | 글귀 구 |
| 暇 | 틈·겨를 가 | 傑 | 뛰어날 걸 | 階 | 섬돌 계 | 構 | 얽을 구 |
| 覺 | 깨달을 각 | 檢 | 검소할 검 | 戒 | 경계할 계 | 君 | 임금 군 |
| 刻 | 새길 각 | 儉 | 검사할 검 | 季 | 계절 계 | 群 | 무리 군 |
| 看 | 볼 간 | 擊 | 칠 격 | 鷄 | 닭 계 | 屈 | 굽힐 굴 |
| 簡 | 대쪽 간 | 激 | 격할 격 | 系 | 이어맬 계 | 宮 | 집 궁 |
| 干 | 방패 간 | 堅 | 굳을 견 | 故 | 연고 고 | 窮 | 다할 궁 |
| 監 | 볼 감 | 犬 | 개 견 | 孤 | 외로울 고 | 權 | 권세 권 |
| 減 | 덜 감 | 潔 | 깨끗할 결 | 庫 | 곳집 고 | 勸 | 권할 권 |
| 甘 | 달 감 | 缺 | 이지러질 결 | 穀 | 곡식 곡 | 卷 | 책 권 |
| 敢 | 감히 감<br>구태여 감 | 經 | 지날 경<br>글 경 | 困 | 곤할 곤 | 券 | 문서 권 |
| 甲 | 갑옷 갑 | 境 | 지경 경 | 骨 | 뼈 골 | 歸 | 돌아갈 귀 |
| 康 | 편안 강 | 慶 | 경사 경 | 孔 | 구멍 공 | 均 | 고를 균 |
| 講 | 욀 강 | 警 | 깨우칠 경 | 攻 | 칠 공 | 極 | 극진할 극 |
| 降 | 내릴 강<br>항복할 항 | 驚 | 놀랄 경 | 官 | 벼슬 관 | 劇 | 심할 극 |
| 個 | 낱 개 | 傾 | 기울 경 | 管 | 대롱 관<br>주관할 관 | 筋 | 힘줄 근 |
| 巨 | 클 거 | 更 | 고칠 경<br>다시 갱 | 鑛 | 쇳돌 광 | 勤 | 부지런할 근 |
| 據 | 근거 거 | 鏡 | 거울 경 | 求 | 구할 구 | 禁 | 금할 금 |

| 漢字 | 訓音 | 漢字 | 訓音 | 漢字 | 訓音 | 漢字 | 訓音 |
|---|---|---|---|---|---|---|---|
| 器 | 그릇 기 | 導 | 인도할 도 | 列 | 벌릴 렬 | 務 | 힘쓸 무 |
| 起 | 일어날 기 | 徒 | 무리 도 | 烈 | 매울 렬 | 舞 | 춤출 무 |
| 奇 | 기특할 기 | 逃 | 도망 도 | 錄 | 기록할 록 | 味 | 맛 미 |
| 機 | 틀 기 | 盜 | 도둑 도 | 論 | 논할 론 | 未 | 아닐 미 |
| 紀 | 벼리 기 | 督 | 감독할 독 | 龍 | 용 룡 | 密 | 빽빽할 밀 |
| 寄 | 부칠 기 | 毒 | 독 독 | 留 | 머무를 류 | 博 | 넓을 박 |
| 暖 | 따뜻할 난 | 銅 | 구리 동 | 柳 | 버들 류 | 拍 | 칠 박 |
| 難 | 어려울 난 | 豆 | 콩 두 | 輪 | 바퀴 륜 | 髮 | 터럭 발 |
| 納 | 들일 납 | 斗 | 말 두 | 律 | 법칙 률 | 房 | 방 방 |
| 努 | 힘쓸 노 | 得 | 얻을 득 | 離 | 떠날 리 | 防 | 막을 방 |
| 怒 | 성낼 노 | 燈 | 등 등 | 滿 | 찰 만 | 訪 | 찾을 방 |
| 斷 | 끊을 단 | 羅 | 벌릴 라 | 妹 | 누이 매 | 妨 | 방해할 방 |
| 端 | 끝 단 | 亂 | 어지러울 란 | 脈 | 줄기 맥 | 配 | 나눌 배 |
| 單 | 홑 단 | 卵 | 알 란 | 勉 | 힘쓸 면 | 背 | 등 배 |
| 檀 | 박달나무 단 | 覽 | 볼 람 | 鳴 | 울 명 | 拜 | 절 배 |
| 段 | 층계 단 | 略 | 약할 략 | 毛 | 터럭 모 | 罰 | 벌 벌 |
| 達 | 통달할 달 | 兩 | 두 량 | 模 | 본뜰 모 | 伐 | 칠 벌 |
| 擔 | 멜 담 | 糧 | 양식 량 | 牧 | 칠 목 | 範 | 법 범 |
| 黨 | 무리 당 | 麗 | 고울 려 | 妙 | 묘할 묘 | 犯 | 범할 범 |
| 隊 | 무리 대 | 慮 | 생각할 려 | 墓 | 무덤 묘 | 壁 | 벽 벽 |
| 帶 | 띠 대 | 連 | 이을 련 | 武 | 호반 무 | 邊 | 가 변 |

| 漢字 | 訓音 | 漢字 | 訓音 | 漢字 | 訓音 | 漢字 | 訓音 |
|---|---|---|---|---|---|---|---|
| 辯 | 말씀 변 | 飛 | 날 비 | 宣 | 베풀 선 | 頌 | 칭송할 송 |
| 報 | 알릴 보 | 秘 | 숨길 비 | 設 | 베풀 설 | 收 | 거둘 수 |
| 寶 | 보배 보 | 批 | 비평할 비 | 舌 | 혀 설 | 授 | 줄 수 |
| 保 | 지킬 보 | 碑 | 비석 비 | 誠 | 정성 성 | 受 | 받을 수 |
| 步 | 걸을 보 | 貧 | 가난할 빈 | 聖 | 성인 성 | 修 | 닦을 수 |
| 普 | 넓을 보 | 謝 | 사례할 사 | 城 | 재 성 | 守 | 지킬 수 |
| 伏 | 엎드릴 복 | 師 | 스승 사 | 聲 | 소리 성 | 秀 | 빼어날 수 |
| 複 | 겹칠 복 | 舍 | 집 사 | 星 | 별 성 | 肅 | 엄숙할 숙 |
| 婦 | 며느리 부 | 寺 | 절 사 | 盛 | 성할 성 | 叔 | 아재비 숙 |
| 富 | 부자 부 | 辭 | 말씀 사 | 勢 | 형세 세 | 純 | 순수할 순 |
| 復 | 다시 부<br>돌아올 복 | 絲 | 실 사 | 細 | 가늘 세 | 崇 | 높을 숭 |
| 副 | 버금 부 | 私 | 사사 사 | 稅 | 세금 세 | 承 | 이을 승 |
| 府 | 마을 부<br>관청 부 | 射 | 쏠 사 | 掃 | 쓸 소 | 視 | 볼 시 |
| 否 | 아닐 부 | 散 | 흩을 산 | 笑 | 웃음 소 | 試 | 시험 시 |
| 負 | 질 부 | 殺 | 죽일 살 | 素 | 본디 소 | 詩 | 시 시 |
| 憤 | 분할 분 | 狀 | 형상 상<br>문서 장 | 俗 | 풍속 속 | 施 | 베풀 시 |
| 粉 | 가루 분 | 床 | 상 상 | 續 | 이을 속 | 是 | 이 시 |
| 佛 | 부처 불 | 常 | 떳떳할 상 | 屬 | 붙일 속 | 息 | 쉴 식 |
| 備 | 갖출 비 | 想 | 생각 상 | 損 | 덜 손 | 申 | 납 신 |
| 悲 | 슬플 비 | 象 | 코끼리 상 | 送 | 보낼 송 | 深 | 깊을 심 |
| 非 | 아닐 비 | 傷 | 다칠 상 | 松 | 소나무 송 | 氏 | 각시 씨 |

| 漢字 | 訓音 | 漢字 | 訓音 | 漢字 | 訓音 | 漢字 | 訓音 |
|---|---|---|---|---|---|---|---|
| 眼 | 눈 안 | 榮 | 영화 영 | 圍 | 에워쌀 위 | 益 | 더할 익 |
| 暗 | 어두울 암 | 營 | 경영할 영 | 危 | 위태할 위 | 認 | 알 인 |
| 壓 | 누를 압 | 迎 | 맞을 영 | 威 | 위엄 위 | 印 | 도장 인 |
| 液 | 진 액 | 映 | 비칠 영 | 委 | 맡길 위 | 引 | 끌 인 |
| 額 | 이마 액 | 藝 | 재주 예 | 慰 | 위로할 위 | 仁 | 어질 인 |
| 羊 | 양 양 | 豫 | 미리 예 | 遺 | 남길 유 | 姿 | 모양 자 |
| 樣 | 모양 양 | 誤 | 그르칠 오 | 乳 | 젖 유 | 姉 | 누이 자 |
| 嚴 | 엄할 엄 | 玉 | 구슬 옥 | 遊 | 놀 유 | 資 | 재물 자 |
| 餘 | 남을 여 | 往 | 갈 왕 | 儒 | 선비 유 | 殘 | 남을 잔 |
| 如 | 같을 여 | 謠 | 노래 요 | 肉 | 고기 육 | 雜 | 섞일 잡 |
| 與 | 더불·줄 여 | 容 | 얼굴 용 | 恩 | 은혜 은 | 將 | 장수 장 |
| 逆 | 거스를 역 | 遇 | 만날 우 | 隱 | 숨을 은 | 障 | 막을 장 |
| 易 | 바꿀 역<br>쉬울 이 | 優 | 넉넉할 우 | 陰 | 그늘 음 | 壯 | 장할 장 |
| 域 | 지경 역 | 郵 | 우편 우 | 應 | 응할 응 | 腸 | 창자 장 |
| 煙 | 연기 연 | 員 | 인원 원 | 義 | 의로울 의 | 裝 | 꾸밀 장 |
| 演 | 펼 연 | 圓 | 둥글 원 | 議 | 의논할 의 | 奬 | 장려할 장 |
| 硏 | 갈 연 | 怨 | 원망할 원 | 依 | 의지할 의 | 帳 | 장막 장 |
| 延 | 늘일 연 | 援 | 도울 원 | 疑 | 의심할 의 | 張 | 베풀 장 |
| 緣 | 인연 연 | 源 | 근원 원 | 儀 | 거동 의 | 低 | 낮을 저 |
| 鉛 | 납 연 | 爲 | 하 위 | 移 | 옮길 이 | 底 | 밑 저 |
| 燃 | 탈 연 | 衛 | 지킬 위 | 異 | 다를 이 | 敵 | 대적할 적 |

| 漢字 | 訓音 | 漢字 | 訓音 | 漢字 | 訓音 | 漢字 | 訓音 |
|---|---|---|---|---|---|---|---|
| 適 | 맞을 적 | 濟 | 건널 제 | 周 | 두루 주 | 陣 | 진칠 진 |
| 籍 | 문서 적 | 製 | 지을 제 | 朱 | 붉을 주 | 次 | 버금 차 |
| 賊 | 도둑 적 | 際 | 사이 제 | 酒 | 술 주 | 差 | 다를 차 |
| 績 | 길쌈 적 | 制 | 절제할 제 | 竹 | 대 죽 | 讚 | 기릴 찬 |
| 積 | 쌓을 적 | 提 | 끌 제 | 準 | 준할 준 | 察 | 살필 찰 |
| 田 | 밭 전 | 除 | 덜 제 | 衆 | 무리 중 | 創 | 비롯할 창 |
| 專 | 오로지 전 | 帝 | 임금 제 | 增 | 더할 증 | 採 | 캘 채 |
| 轉 | 구를 전 | 助 | 도울 조 | 證 | 증거 증 | 册 | 책 책 |
| 錢 | 돈 전 | 鳥 | 새 조 | 至 | 이를 지 | 處 | 곳 처 |
| 絶 | 끊을 절 | 造 | 지을 조 | 志 | 뜻 지 | 泉 | 샘 천 |
| 折 | 꺾을 절 | 早 | 이를 조 | 支 | 지탱할 지 | 請 | 청할 청 |
| 點 | 점 점 | 條 | 가지 조 | 指 | 가리킬 지 | 聽 | 들을 청 |
| 占 | 점령할 점 | 組 | 짤 조 | 誌 | 기록할 지 | 廳 | 관청 청 |
| 接 | 이을 접 | 潮 | 조수 조 | 持 | 가질 지 | 招 | 부를 초 |
| 精 | 정할 정 | 尊 | 높을 존 | 智 | 지혜 지 | 銃 | 총 총 |
| 程 | 한도·길 정 | 存 | 있을 존 | 職 | 직분 직 | 總 | 다 총 |
| 政 | 정사 정 | 宗 | 마루 종 | 織 | 짤 직 | 推 | 밀 추 |
| 丁 | 고무래 정<br>장정 정 | 從 | 좇을 종 | 進 | 나아갈 진 | 築 | 쌓을 축 |
| 整 | 가지런할 정 | 鐘 | 쇠북 종 | 眞 | 참 진 | 畜 | 모을 축 |
| 靜 | 고요할 정 | 座 | 자리 좌 | 盡 | 다할 진 | 縮 | 줄일 축 |
| 祭 | 제사 제 | 走 | 달릴 주 | 珍 | 보배 진 | 蟲 | 벌레 충 |

| 漢字 | 訓音 | 漢字 | 訓音 | 漢字 | 訓音 | 漢字 | 訓音 |
|---|---|---|---|---|---|---|---|
| 忠 | 충성 충 | 痛 | 아플 통 | 限 | 한할 한 | 護 | 도울 호 |
| 取 | 가질 취 | 退 | 물러날 퇴 | 閑 | 한가할 한 | 好 | 좋을 호 |
| 趣 | 뜻 취 | 鬪 | 싸움 투 | 恨 | 한 한 | 戶 | 집 호 |
| 就 | 나아갈 취 | 投 | 던질 투 | 港 | 항구 항 | 或 | 혹 혹 |
| 測 | 헤아릴 측 | 波 | 물결 파 | 航 | 배 항 | 混 | 섞을 혼 |
| 層 | 층 층 | 破 | 깨뜨릴 파 | 抗 | 겨룰 항 | 婚 | 혼인할 혼 |
| 置 | 둘 치 | 派 | 갈래 파 | 解 | 풀 해 | 紅 | 붉을 홍 |
| 齒 | 이 치 | 判 | 판단할 판 | 核 | 씨 핵 | 貨 | 재물 화 |
| 治 | 다스릴 치 | 篇 | 책 편 | 香 | 향기 향 | 華 | 빛날 화 |
| 侵 | 침노할 침 | 評 | 평할 평 | 鄕 | 시골 향 | 確 | 굳을 확 |
| 寢 | 잘 침 | 閉 | 닫을 폐 | 虛 | 빌 허 | 環 | 고리 환 |
| 針 | 바늘 침 | 砲 | 대포 포 | 憲 | 법 헌 | 歡 | 기쁠 환 |
| 稱 | 일컬을 칭 | 包 | 쌀 포 | 驗 | 시험 험 | 況 | 상황 황 |
| 快 | 쾌할 쾌 | 布 | 베·펼 포 | 險 | 험할 험 | 回 | 돌아올 회 |
| 彈 | 탄알 탄 | 胞 | 세포 포 | 革 | 가죽 혁 | 灰 | 재 회 |
| 歎 | 탄식할 탄 | 暴 | 사나울 폭<br>모질 포 | 賢 | 어질 현 | 候 | 기후 후 |
| 脫 | 벗을 탈 | 爆 | 불터질 폭 | 顯 | 나타날 현 | 厚 | 두터울 후 |
| 探 | 찾을 탐 | 票 | 표 표 | 血 | 피 혈 | 揮 | 휘두를 휘 |
| 態 | 모습 태 | 標 | 표할 표 | 協 | 화할 협 | 吸 | 마실 흡 |
| 擇 | 가릴 택 | 豊 | 풍년 풍 | 刑 | 형벌 형 | 興 | 일 흥 |
| 討 | 칠 토 | 疲 | 피곤할 피 | 惠 | 은혜 혜 | 希 | 바랄 희 |
| 統 | 거느릴 통 | 避 | 피할 피 | 呼 | 부를 호 | 喜 | 기쁠 희 |

## 7. 1800자(字) 수준 한자 익히기

| 漢字 | 訓音 | 漢字 | 訓音 | 漢字 | 訓音 | 漢字 | 訓音 |
|---|---|---|---|---|---|---|---|
| 佳 | 아름다울 가 | 槪 | 대개 개 | 桂 | 계수나무 계 | 寡 | 적을 과 |
| 架 | 시렁 가 | 距 | 상거할 거 | 啓 | 열 계 | 郭 | 둘레 곽 |
| 却 | 물리칠 각 | 乾 | 하늘 건 | 械 | 기계 계 | 冠 | 갓 관 |
| 脚 | 다리 각 | 劍 | 칼 검 | 溪 | 시내 계 | 貫 | 꿸 관 |
| 閣 | 집 각 | 憩 | 쉴 게 | 姑 | 시어미 고 | 寬 | 너그러울 관 |
| 刊 | 새길 간 | 肩 | 어깨 견 | 枯 | 마를 고 | 慣 | 익숙할 관 |
| 肝 | 간 간 | 遣 | 보낼 견 | 鼓 | 북 고 | 館 | 집 관 |
| 姦 | 간음할 간 | 絹 | 비단 견 | 稿 | 원고 고 | 掛 | 걸 괘 |
| 幹 | 줄기 간 | 兼 | 겸할 겸 | 顧 | 돌아볼 고 | 怪 | 괴이할 괴 |
| 懇 | 간절할 간 | 謙 | 겸손할 겸 | 谷 | 골 곡 | 塊 | 흙덩이 괴 |
| 渴 | 목마를 갈 | 庚 | 별 경 | 哭 | 울 곡 | 愧 | 부끄러울 괴 |
| 鑑 | 거울 감 | 徑 | 길 경 | 坤 | 따 곤 | 壞 | 무너질 괴 |
| 剛 | 굳셀 강 | 耕 | 갈 경 | 供 | 이바지할 공 | 巧 | 공교할 교 |
| 綱 | 벼리 강 | 竟 | 마침내 경 | 恭 | 공손할 공 | 郊 | 들 교 |
| 鋼 | 강철 강 | 頃 | 이랑 경 | 貢 | 바칠 공 | 較 | 견줄 교 |
| 介 | 낄 개 | 卿 | 벼슬 경 | 恐 | 두려울 공 | 久 | 오랜 구 |
| 皆 | 다 개 | 硬 | 굳을 경 | 戈 | 창 과 | 丘 | 언덕 구 |
| 蓋 | 덮을 개 | 癸 | 천간 계 | 瓜 | 외 과 | 苟 | 구차할 구 |
| 慨 | 슬퍼할 개 | 契 | 맺을 계 | 誇 | 자랑할 과 | 拘 | 잡을 구 |

| 漢字 | 訓音 | 漢字 | 訓音 | 漢字 | 訓音 | 漢字 | 訓音 |
|---|---|---|---|---|---|---|---|
| 狗 | 개 구 | 及 | 미칠 급 | 寧 | 편안 녕 | 桃 | 복숭아 도 |
| 俱 | 함께 구 | 肯 | 즐길 긍 | 奴 | 종 노 | 陶 | 질그릇 도 |
| 懼 | 두려워할 구 | 企 | 꾀할 기 | 濃 | 짙을 농 | 渡 | 건널 도 |
| 驅 | 몰 구 | 忌 | 꺼릴 기 | 惱 | 번뇌할 뇌 | 跳 | 뛸 도 |
| 鷗 | 갈매기 구 | 汽 | 물끓는김 기 | 腦 | 골 뇌 | 稻 | 벼 도 |
| 龜 | 거북 구 | 其 | 그 기 | 泥 | 진흙 니 | 篤 | 도타울 독 |
| 菊 | 국화 국 | 祈 | 빌 기 | 茶 | 차나무 다 | 豚 | 돼지 돈 |
| 弓 | 활 궁 | 豈 | 어찌 기 | 丹 | 붉을 단 | 敦 | 도타울 돈 |
| 拳 | 주먹 권 | 飢 | 주릴 기 | 旦 | 아침 단 | 突 | 갑자기 돌 |
| 厥 | 그 궐 | 旣 | 이미 기 | 但 | 다만 단 | 凍 | 얼 동 |
| 鬼 | 귀신 귀 | 棄 | 버릴 기 | 淡 | 맑을 담 | 桐 | 오동 동 |
| 叫 | 부르짖을 규 | 幾 | 몇 기 | 潭 | 못 담 | 鈍 | 둔할 둔 |
| 閨 | 안방 규 | 欺 | 속일 기 | 畓 | 논 답 | 洛 | 물이름 락 |
| 菌 | 버섯 균 | 畿 | 경기 기 | 踏 | 밟을 답 | 絡 | 얽힐 락 |
| 克 | 이길 극 | 騎 | 말탈 기 | 唐 | 당나라 당 | 蘭 | 난초 란 |
| 斤 | 도끼 근 | 緊 | 긴할 긴 | 糖 | 사탕 당 | 欄 | 난간 란 |
| 筋 | 힘줄 근 | 那 | 어찌 나 | 貸 | 빌릴 대 | 爛 | 빛날 란 |
| 僅 | 겨우 근 | 諾 | 허락할 낙 | 臺 | 대 대 | 藍 | 쪽 람 |
| 謹 | 삼갈 근 | 娘 | 계집 낭 | 刀 | 칼 도 | 濫 | 넘칠 람 |
| 禽 | 새 금 | 乃 | 이에 내 | 挑 | 돋울 도 | 浪 | 물결 랑 |
| 琴 | 거문고 금 | 奈 | 어찌 내 | 倒 | 넘어질 도 | 郎 | 사내 랑 |
| 錦 | 비단 금 | 耐 | 견딜 내 | 途 | 길 도 | 廊 | 사랑채 랑 |

| 漢字 | 訓音 | 漢字 | 訓音 | 漢字 | 訓音 | 漢字 | 訓音 |
|---|---|---|---|---|---|---|---|
| 掠 | 노략질할 략 | 雷 | 우레 뢰 | 幕 | 장막 막 | 滅 | 멸할 멸 |
| 涼 | 서늘할 량 | 賴 | 의뢰할 뢰 | 漠 | 넓을 막 | 冥 | 어두울 명 |
| 梁 | 들보 량 | 了 | 마칠 료 | 晩 | 늦을 만 | 銘 | 새길 명 |
| 諒 | 살펴알 량 | 累 | 여러 루 | 慢 | 거만할 만 | 矛 | 창 모 |
| 勵 | 힘쓸 려 | 淚 | 눈물 루 | 漫 | 흩어질 만 | 某 | 아무 모 |
| 曆 | 책 력 | 屢 | 자주 루 | 蠻 | 오랑캐 만 | 募 | 모을 모 |
| 蓮 | 연꽃 련 | 漏 | 샐 루 | 妄 | 망령될 망 | 慕 | 그릴 모 |
| 憐 | 불쌍히여길 련 | 樓 | 다락 루 | 忙 | 바쁠 망 | 暮 | 저물 모 |
| 聯 | 연이을 련 | 倫 | 인륜 륜 | 忘 | 잊을 망 | 貌 | 모양 모 |
| 鍊 | 단련할 련 | 栗 | 밤 률 | 罔 | 없을 망 | 謨 | 꾀 모 |
| 戀 | 그리워할 련 | 率 | 비율 률<br>거스릴 솔 | 茫 | 아득할 망 | 沐 | 머리감을 목 |
| 劣 | 못할 렬 | 隆 | 높을 륭 | 埋 | 묻을 매 | 睦 | 화목할 목 |
| 裂 | 찢어질 렬 | 陵 | 언덕 릉 | 梅 | 매화 매 | 沒 | 빠질 몰 |
| 廉 | 청렴할 렴 | 裏 | 속 리 | 媒 | 중매 매 | 夢 | 꿈 몽 |
| 零 | 떨어질 령 | 梨 | 배나무 리 | 麥 | 보리 맥 | 蒙 | 아이 몽 |
| 嶺 | 고개 령 | 履 | 밟을 리 | 盲 | 소경 맹 | 卯 | 토끼 묘 |
| 靈 | 신령 령 | 吏 | 관리 리 | 孟 | 맏 맹 | 苗 | 모 묘 |
| 露 | 이슬 로 | 隣 | 이웃 린 | 猛 | 사나울 맹 | 廟 | 사당 묘 |
| 爐 | 화로 로 | 臨 | 임할 림 | 盟 | 맹세 맹 | 戊 | 천간 무 |
| 鹿 | 사슴 록 | 麻 | 삼 마 | 免 | 면할 면 | 茂 | 무성할 무 |
| 祿 | 녹 록 | 磨 | 갈 마 | 眠 | 잘 면 | 貿 | 무역할 무 |
| 弄 | 희롱할 롱 | 莫 | 없을 막 | 綿 | 솜 면 | 霧 | 안개 무 |

| 漢字 | 訓音 | 漢字 | 訓音 | 漢字 | 訓音 | 漢字 | 訓音 |
|---|---|---|---|---|---|---|---|
| 墨 | 먹 묵 | 杯 | 잔 배 | 峯 | 산봉우리 봉 | 妃 | 왕비 비 |
| 默 | 잠잠할 묵 | 培 | 북돋을 배 | 逢 | 만날 봉 | 肥 | 살찔 비 |
| 勿 | 말 물 | 排 | 밀칠 배 | 蜂 | 벌 봉 | 卑 | 낮을 비 |
| 尾 | 꼬리 미 | 輩 | 무리 배 | 鳳 | 새 봉 | 婢 | 계집종 비 |
| 眉 | 눈썹 미 | 伯 | 맏 백 | 付 | 부칠 부 | 賓 | 손 빈 |
| 迷 | 미혹할 미 | 栢 | 측백 백 | 扶 | 도울 부 | 頻 | 자주 빈 |
| 微 | 작을 미 | 煩 | 번거로울 번 | 附 | 붙을 부 | 聘 | 부를 빙 |
| 憫 | 민첩할 민 | 繁 | 번성할 번 | 赴 | 갈 부 | 巳 | 여섯째지지 사 |
| 蜜 | 꿀 밀 | 飜 | 번역할 번 | 浮 | 뜰 부 | 司 | 맡을 사 |
| 泊 | 머무를 박 | 凡 | 무릇 범 | 符 | 부호 부 | 似 | 비슷할 사 |
| 迫 | 핍박할 박 | 汎 | 넓을 범 | 腐 | 썩을 부 | 沙 | 모래 사 |
| 薄 | 엷을 박 | 碧 | 푸를 벽 | 膚 | 살갗 부 | 邪 | 간사할 사 |
| 返 | 돌이킬 반 | 辨 | 분별할 변 | 賦 | 부세 부 | 祀 | 제사 사 |
| 叛 | 배반할 반 | 丙 | 남녘 병 | 簿 | 문서 부 | 捨 | 버릴 사 |
| 般 | 일반 반 | 屛 | 병풍 병 | 奔 | 달릴 분 | 蛇 | 뱀 사 |
| 飯 | 밥 반 | 竝 | 나란히 병 | 紛 | 어지러울 분 | 斜 | 비낄 사 |
| 盤 | 소반 반 | 補 | 기울 보 | 墳 | 무덤 분 | 詐 | 속일 사 |
| 拔 | 뽑을 발 | 譜 | 족보 보 | 奮 | 떨칠 분 | 詞 | 말·글 사 |
| 芳 | 꽃다울 방 | 卜 | 점 복 | 弗 | 아닐 불 | 斯 | 이 사 |
| 邦 | 나라 방 | 復 | 회복할 복<br>다시 부 | 拂 | 떨칠 불 | 賜 | 줄 사 |
| 倣 | 본뜰 방 | 腹 | 배 복 | 朋 | 벗 붕 | 削 | 깎을 삭 |
| 傍 | 곁 방 | 封 | 봉할 봉 | 崩 | 무너질 붕 | 朔 | 초하루 삭 |

| 漢字 | 訓音 | 漢字 | 訓音 | 漢字 | 訓音 | 漢字 | 訓音 |
|---|---|---|---|---|---|---|---|
| 酸 | 실 산 | 昔 | 옛 석 | 囚 | 가둘 수 | 循 | 좇을 순 |
| 森 | 수풀 삼 | 析 | 쪼갤 석 | 帥 | 정수 수 | 瞬 | 눈깜짝일 순 |
| 尙 | 오히려 상 | 惜 | 아낄 석 | 殊 | 다를 수 | 戌 | 개 술 |
| 桑 | 뽕나무 상 | 釋 | 풀 석 | 須 | 모름지기 수 | 述 | 펼 술 |
| 祥 | 상서 상 | 旋 | 돌 선 | 遂 | 드디어 수 | 拾 | 주을 습<br>열 십 |
| 喪 | 잃을 상 | 禪 | 선 선 | 愁 | 근심 수 | 濕 | 젖을 습 |
| 詳 | 자세할 상 | 召 | 부를 소 | 睡 | 졸음 수 | 襲 | 엄습할 습 |
| 裳 | 치마 상 | 昭 | 밝을 소 | 需 | 구할 수 | 升 | 되 승 |
| 嘗 | 맛볼 상 | 疎 | 드물 소 | 壽 | 목숨 수 | 昇 | 오를 승 |
| 像 | 모양 상 | 訴 | 호소할 소 | 隨 | 따를 수 | 乘 | 탈 승 |
| 霜 | 서리 상 | 蔬 | 나물 소 | 誰 | 누구 수 | 僧 | 중 승 |
| 償 | 갚을 상 | 燒 | 사를 소 | 輸 | 보낼 수 | 矢 | 화살 시 |
| 雙 | 쌍 쌍 | 蘇 | 되살아날 소 | 雖 | 비록 수 | 侍 | 모실 시 |
| 塞 | 막힐 색<br>변방 새 | 騷 | 떠들 소 | 獸 | 짐승 수 | 飾 | 꾸밀 식 |
| 索 | 찾을 색<br>노 삭 | 粟 | 조 속 | 淑 | 맑을 숙 | 辛 | 매울 신 |
| 恕 | 용서할 서 | 損 | 덜 손 | 孰 | 누구 숙 | 伸 | 펼 신 |
| 徐 | 천천할 서 | 訟 | 송사할 송 | 熟 | 익을 숙 | 晨 | 새벽 신 |
| 庶 | 무리 서 | 誦 | 욀 송 | 旬 | 열흘 순 | 愼 | 삼갈 신 |
| 敍 | 펼 서 | 刷 | 인쇄할 쇄 | 巡 | 돌 순 | 甚 | 심할 심 |
| 暑 | 더울 서 | 鎖 | 쇠사슬 쇄 | 盾 | 방패 순 | 尋 | 찾을 심 |
| 署 | 관청 서 | 衰 | 쇠할 쇠 | 殉 | 따라죽을 순 | 審 | 살필 심 |
| 緖 | 실마리 서 | 手 | 손 수 | 脣 | 입술 순 | 牙 | 어금니 아 |

| 漢字 | 訓音 | 漢字 | 訓音 | 漢字 | 訓音 | 漢字 | 訓音 |
|---|---|---|---|---|---|---|---|
| 芽 | 싹 아 | 揚 | 날릴 양 | 燕 | 제비 연 | 曰 | 가로 왈 |
| 我 | 나 아 | 楊 | 버들 양 | 悅 | 기쁠 열 | 畏 | 두려워할 외 |
| 亞 | 버금 아 | 壤 | 흙덩이 양 | 染 | 물들 염 | 搖 | 흔들 요 |
| 阿 | 언덕 아 | 讓 | 사양할 양 | 鹽 | 소금 염 | 遙 | 멀 요 |
| 雅 | 맑을 아 | 於 | 어조사 어<br>탄식할 오 | 泳 | 헤엄칠 영 | 腰 | 허리 요 |
| 餓 | 주릴 아 | 御 | 거느릴 어 | 詠 | 읊을 영 | 曜 | 빛날 요 |
| 岳 | 큰산 악 | 抑 | 누를 억 | 影 | 그림자 영 | 辱 | 욕될 욕 |
| 岸 | 언덕 안 | 憶 | 생각할 억 | 銳 | 날카로울 예 | 欲 | 하고자할 욕 |
| 雁 | 기러기 안 | 焉 | 어찌 언 | 譽 | 기릴 예 | 慾 | 욕심 욕 |
| 顏 | 낯 안 | 予 | 나 여 | 汚 | 더러울 오 | 庸 | 떳떳할 용 |
| 謁 | 뵐 알 | 汝 | 너 여 | 吾 | 나 오 | 傭 | 품팔 용 |
| 巖 | 바위 암 | 余 | 나 여 | 烏 | 까마귀 오 | 又 | 또 우 |
| 央 | 가운데 앙 | 輿 | 수레 여 | 悟 | 깨달을 오 | 于 | 어조사 우 |
| 仰 | 우러를 앙 | 亦 | 또 역 | 娛 | 즐길 오 | 尤 | 더욱 우 |
| 殃 | 재앙 앙 | 役 | 부릴 역 | 梧 | 오동 오 | 宇 | 집 우 |
| 哀 | 슬플 애 | 疫 | 전염병 역 | 嗚 | 슬플 오 | 羽 | 깃 우 |
| 涯 | 물가 애 | 譯 | 번역할 역 | 傲 | 거만할 오 | 偶 | 짝 우 |
| 厄 | 액 액 | 驛 | 역 역 | 獄 | 옥 옥 | 愚 | 어리석을 우 |
| 液 | 진 액 | 沿 | 물따라갈 연 | 翁 | 늙은이 옹 | 憂 | 근심 우 |
| 也 | 이끼 야 | 宴 | 잔치 연 | 瓦 | 기와 와 | 云 | 이를 운 |
| 耶 | 어조사 야 | 軟 | 연할 연 | 臥 | 누울 와 | 韻 | 운 운 |
| 若 | 같을 약<br>반야 야 | 硯 | 벼루 연 | 緩 | 느릴 완 | 越 | 넘을 월 |

| 漢字 | 訓音 | 漢字 | 訓音 | 漢字 | 訓音 | 漢字 | 訓音 |
|---|---|---|---|---|---|---|---|
| 胃 | 밥통 위 | 泣 | 울 읍 | 爵 | 벼슬 작 | 摘 | 딸 적 |
| 違 | 어긋날 위 | 矣 | 어조사 의 | 暫 | 잠깐 잠 | 蹟 | 자취 적 |
| 僞 | 거짓 위 | 宜 | 마땅 의 | 潛 | 잠길 잠 | 漸 | 점차 점 |
| 緯 | 씨 위 | 已 | 이미 이 | 蠶 | 누에 잠 | 蝶 | 나비 접 |
| 謂 | 이를 위 | 而 | 말이을 이 | 丈 | 어른 장 | 井 | 우물 정 |
| 幼 | 어릴 유 | 夷 | 오랑캐 이 | 莊 | 씩씩할 장 | 廷 | 조정 정 |
| 酉 | 닭 유 | 貳 | 두 이 | 掌 | 손바닥 장 | 征 | 칠 정 |
| 柔 | 부드러울 유 | 翼 | 날개 익 | 葬 | 장사지낼 장 | 亭 | 정자 정 |
| 幽 | 그윽할 유 | 刃 | 칼날 인 | 粧 | 단장할 장 | 貞 | 곧을 정 |
| 悠 | 멀 유 | 忍 | 참을 인 | 藏 | 감출 장 | 訂 | 바로잡을 정 |
| 唯 | 오직 유 | 姻 | 혼인 인 | 臟 | 오장 장 | 頂 | 정수리 정 |
| 惟 | 생각할 유 | 寅 | 범 인 | 墻 | 담 장 | 淨 | 깨끗할 정 |
| 猶 | 오히려 유 | 逸 | 편안할 일 | 哉 | 어조사 재 | 堤 | 둑 제 |
| 裕 | 넉넉할 유 | 壹 | 한 일 | 栽 | 심을 재 | 齊 | 가지런할 제 |
| 愈 | 나을 유 | 壬 | 북방 임 | 裁 | 옷마를 재 | 諸 | 모두 제 |
| 維 | 벼리 유 | 刺 | 찌를 자<br>찌를 척 | 載 | 실을 재 | 弔 | 조상할 조 |
| 誘 | 꾈 유 | 玆 | 이 자 | 抵 | 대항할 저 | 兆 | 억조 조 |
| 閏 | 윤달 윤 | 恣 | 방자할 자 | 著 | 나타낼 저 | 租 | 조세 조 |
| 潤 | 불을 윤 | 紫 | 자주빛 자 | 寂 | 고요할 적 | 照 | 비칠 조 |
| 乙 | 새 을 | 慈 | 사랑 자 | 笛 | 피리 적 | 操 | 마를 조 |
| 吟 | 읊을 음 | 雌 | 암컷 자 | 跡 | 발자취 적 | 拙 | 졸할 졸 |
| 淫 | 음란할 음 | 酌 | 술부을 작 | 滴 | 물방울 적 | 縱 | 세로 종 |

| 漢字 | 訓音 | 漢字 | 訓音 | 漢字 | 訓音 | 漢字 | 訓音 |
|---|---|---|---|---|---|---|---|
| 坐 | 앉을 좌 | 辰 | 별 진<br>때 신 | 暢 | 화창할 창 | 替 | 바꿀 체 |
| 佐 | 도울 좌 | 振 | 떨친 진 | 菜 | 나물 채 | 肖 | 닮을 초 |
| 舟 | 배 주 | 陳 | 묵을 진 | 彩 | 채색 채 | 抄 | 뽑을 초 |
| 宙 | 집 주 | 鎭 | 진압할 진 | 債 | 빚 채 | 超 | 뛰어넘을 초 |
| 洲 | 물가 주 | 姪 | 조카 질 | 策 | 꾀 책 | 礎 | 주춧돌 초 |
| 柱 | 기둥 주 | 疾 | 병 질 | 妻 | 아내 처 | 促 | 재촉할 촉 |
| 株 | 그루 주 | 秩 | 차례 질 | 悽 | 슬퍼할 처 | 燭 | 촛불 촉 |
| 週 | 주일 주 | 執 | 잡을 집 | 尺 | 자 척 | 觸 | 닿을 촉 |
| 俊 | 준걸 준 | 徵 | 부를 징 | 斥 | 물리칠 척 | 聰 | 귀밝을 총 |
| 遵 | 좇을 준 | 懲 | 징계할 징 | 拓 | 넓힐 척 | 催 | 재촉할 최 |
| 仲 | 버금 중 | 且 | 또 차 | 戚 | 친척 척 | 抽 | 뽑을 추 |
| 卽 | 곧 즉 | 此 | 이 차 | 淺 | 얕을 천 | 追 | 쫓을 추 |
| 症 | 증세 증 | 借 | 빌릴 차 | 踐 | 밟을 천 | 醜 | 추할 추 |
| 曾 | 일찍 증 | 捉 | 잡을 착 | 賤 | 천할 천 | 丑 | 소 축 |
| 蒸 | 찔 증 | 錯 | 어긋날 착 | 遷 | 옮길 천 | 畜 | 짐승 축 |
| 憎 | 미울 증 | 贊 | 도울 찬 | 薦 | 천거할 천 | 逐 | 쫓을 축 |
| 贈 | 줄 증 | 慘 | 참혹할 참 | 哲 | 밝을 철 | 衝 | 찌를 충 |
| 之 | 갈 지 | 慙 | 부끄러울 참 | 徹 | 통할 철 | 吹 | 불 취 |
| 只 | 다만 지 | 昌 | 창성 창 | 尖 | 뾰족할 첨 | 臭 | 냄새 취 |
| 枝 | 가지 지 | 倉 | 곳집 창 | 添 | 더할 첨 | 醉 | 취할 취 |
| 池 | 못 지 | 蒼 | 푸를 창 | 妾 | 첩 첩 | 側 | 곁 측 |
| 遲 | 더딜 지 | 滄 | 큰바다 창 | 晴 | 갤 청 | 値 | 값 치 |

| 漢字 | 訓音 | 漢字 | 訓音 | 漢字 | 訓音 | 漢字 | 訓音 |
|---|---|---|---|---|---|---|---|
| 恥 | 부끄러울 치 | 兎 | 토끼 토 | 漂 | 떠다닐 표 | 該 | 그 해 |
| 稚 | 어릴 치 | 透 | 사무칠 투 | 楓 | 단풍 풍 | 享 | 누릴 향 |
| 漆 | 옻 칠 | 頗 | 자못 파 | 皮 | 가죽 피 | 響 | 울릴 향 |
| 沈 | 잠길 침<br>성(姓) 심 | 罷 | 마칠 파 | 彼 | 지 피 | 軒 | 집 헌 |
| 枕 | 베게 침 | 播 | 뿌릴 파 | 被 | 입을 피 | 獻 | 드릴 헌 |
| 浸 | 잠길 침 | 版 | 판목 판 | 匹 | 짝 필 | 玄 | 검을 현 |
| 妥 | 온당할 타 | 販 | 팔 판 | 畢 | 마칠 필 | 弦 | 시위 현 |
| 墮 | 떨어질 타 | 貝 | 조개 패 | 何 | 어찌 하 | 絃 | 줄 현 |
| 托 | 맡길 탁 | 片 | 조각 편 | 荷 | 멜 하 | 縣 | 고을 현 |
| 卓 | 높을 탁 | 遍 | 두루 편 | 賀 | 하례할 하 | 懸 | 달 현 |
| 琢 | 다듬을 탁 | 編 | 엮을 편 | 鶴 | 학 학 | 穴 | 굴 혈 |
| 濁 | 흐릴 탁 | 肺 | 허파 폐 | 汗 | 땀 한 | 脅 | 위협할 협 |
| 濯 | 씻을 탁 | 廢 | 버릴 폐 | 旱 | 가물 한 | 亨 | 형통할 형 |
| 奪 | 빼앗을 탈 | 蔽 | 덮을 폐 | 割 | 벨 할 | 螢 | 반딧불 형 |
| 貪 | 탐낼 탐 | 弊 | 폐단 폐 | 含 | 머금을 함 | 兮 | 어조사 혜 |
| 塔 | 탑 탑 | 幣 | 화폐 폐 | 咸 | 다 함 | 慧 | 슬기로울 혜 |
| 湯 | 끓을 탕 | 抱 | 안을 포 | 陷 | 빠질 함 | 互 | 서로 호 |
| 怠 | 게으를 태 | 浦 | 개 포 | 巷 | 거리 항 | 乎 | 어조사 호 |
| 胎 | 거의 태 | 捕 | 잡을 포 | 恒 | 항상 항 | 虎 | 범 호 |
| 泰 | 클 태 | 砲 | 대포 포 | 項 | 항목 항 | 胡 | 오랑캐 호 |
| 澤 | 못 택 | 飽 | 배부를 포 | 亥 | 돼지 해 | 浩 | 넓을 호 |
| 吐 | 토할 토 | 幅 | 폭 폭 | 奚 | 어찌 해 | 毫 | 터럭 호 |

| 漢字 | 訓音 | 漢字 | 訓音 | 漢字 | 訓音 | 漢字 | 訓音 |
|---|---|---|---|---|---|---|---|
| 豪 | 호걸 호 | 禍 | 재앙 화 | 懷 | 품을 회 | 携 | 이끌 휴 |
| 惑 | 미혹할 혹 | 擴 | 넓힐 확 | 劃 | 그을 획 | 胸 | 가슴 흉 |
| 昏 | 어두울 혼 | 穫 | 거둘 확 | 獲 | 얻을 획 | 稀 | 드물 희 |
| 魂 | 넋 혼 | 丸 | 둥글 환 | 橫 | 가로 횡 | 熙 | 밝을 희 |
| 忽 | 갑자기 홀 | 換 | 바꿀 환 | 曉 | 새벽 효 | 噫 | 한숨쉴 희 |
| 弘 | 클 홍 | 還 | 돌아올 환 | 侯 | 제후 후 | 戲 | 놀이 희 |
| 洪 | 넓을 홍 | 皇 | 임금 황 | 喉 | 목구멍 후 | | |
| 鴻 | 기러기 홍 | 荒 | 거칠 황 | 毁 | 헐 훼 | | |
| 禾 | 벼 화 | 悔 | 뉘우칠 회 | 輝 | 빛날 휘 | | |

# 한자어따라쓰기

| 부수·획 | 한자 | 훈음 | 따라 쓰기 | | | | | | | 한자어 |
|---|---|---|---|---|---|---|---|---|---|---|
| 口 2 | 可 | 옳을 가 | 可 | | | | | | | 可能(가능)<br>可否(가부)<br>能力(능력) |
| 肉 6 | 能 | 능할 능 | 能 | | | | | | | |
| 一 丁 可 可 可 | | | 𠂉 厶 肙 肙 肙 能 能 能 | | | | | 가능 : 할 수 있음 | | |
| 行 6 | 街 | 거리 가 | 街 | | | | | | | 街道(가도)<br>街販(가판)<br>頭髮(두발) |
| 頁 7 | 頭 | 머리 두 | 頭 | | | | | | | |
| 丿 彳 彳 彳 彳 往 街 街 | | | 一 ㄇ 戸 豆 豆 頭 頭 頭 | | | | | 가두 : 길 가 | | |
| 欠 10 | 歌 | 노래 가 | 歌 | | | | | | | 歌舞(가무)<br>歌唱(가창)<br>謠誦(요송) |
| 言 10 | 謠 | 노래 요 | 謠 | | | | | | | |
| 一 丁 可 可 哥 哥 哥 歌 | | | 言 言 訁 訁 訁 謠 謠 謠 | | | | | 가요 : 대중가요를 말함 | | |
| 亻 9 | 假 | 거짓 가 | 假 | | | | | | | 假裝(가장)<br>假飾(가식)<br>面談(면담) |
| 面 0 | 面 | 낯 면 | 面 | | | | | | | |
| 亻 亻 亻 亻 亻 假 假 假 | | | 一 丆 丙 而 面 面 | | | | | 가면 : 종이·흙으로 만든 얼굴 형상 | | |
| 亻 6 | 佳 | 아름다울 가 | 佳 | | | | | | | 佳約(가약)<br>佳作(가작)<br>景氣(경기) |
| 日 8 | 景 | 볕 경 | 景 | | | | | | | |
| 丿 亻 亻 仁 件 佳 佳 | | | 丶 口 日 旦 昌 景 景 景 | | | | | 가경 : 아름다운 경치 | | |
| 力 3 | 加 | 더할 가 | 加 | | | | | | | 加工(가공)<br>加減(가감)<br>入社(입사) |
| 入 0 | 入 | 들 입 | 入 | | | | | | | |
| フ カ 力 加 加 | | | 丿 入 | | | | | 가입 : 단체나 조직에 들어감 | | |

**佳人薄命 : 아름다운 여자는 수명이 짧다는 것을 말함. ㉥ 美人薄命**
**(아름다울 가, 사람 인, 엷을 박, 목숨 명)**

| 부수/획 | 한자 | 훈음 | 본보기 | | | | | | | 단어 |
|---|---|---|---|---|---|---|---|---|---|---|
| 亻 13 | 價 | 값 가 | 價 | | | | | | | 價格(가격) 價額(가액) |
| 亻 8 | 値 | 값 치 | 値 | | | | | | | 値數(치수) |
| 亻 亻 価 価 価 價 價 價 ノ 亻 亻 仁 什 件 値 値 | | | | | | | | | | 가치 : 사물이 지닌 값이나 쓸모 |
| 宀 6 | 家 | 가정 가 | 家 | | | | | | | 家計(가계) 家屋(가옥) |
| 广 7 | 庭 | 뜰 정 | 庭 | | | | | | | 庭園(정원) |
| 丶 丷 宀 宁 字 家 家 家 丶 亠 广 广 庄 庄 庭 庭 | | | | | | | | | | 가정 : 한 집안 |
| 日 9 | 暇 | 한가할 가 | 暇 | | | | | | | 暇餘(가여) 暇隙(가극) |
| 日 0 | 日 | 날 일 | 日 | | | | | | | 日給(일급) |
| 丨 冂 日 日 日 日 日 日 丨 冂 日 日 | | | | | | | | | | 가일 : 한가한 날 |
| 口 3 | 各 | 각 각 | 各 | | | | | | | 各界(각계) 各自(각자) |
| 頁 3 | 項 | 항목 항 | 項 | | | | | | | 項目(항목) |
| ノ ク 夂 冬 各 各 一 T 工 工 巧 項 項 項 | | | | | | | | | | 각항 : 각 항목 |
| 刂 6 | 刻 | 새길 각 | 刻 | | | | | | | 刻苦(각고) 刻銘(각명) |
| 卩 4 | 印 | 인 인 | 印 | | | | | | | 印章(인장) |
| 丶 亠 亠 亥 亥 亥 亥 刻 ノ 厂 F E E 印 | | | | | | | | | | 각인 : 도장을 새김 |
| 見 13 | 覺 | 깨달을 각 | 覺 | | | | | | | 覺非(각비) 覺知(각지) |
| 酉 9 | 醒 | 깨달을 성 | 醒 | | | | | | | 醒悟(성오) |
| 乍 乍 臼 臼 臼 與 譽 覺 一 万 酉 酉 酉 酉 醒 醒 | | | | | | | | | | 각성 : 깨달아 뉘우침 |

**刻舟求劍** : 배에서 떨어뜨린 칼을 찾는데 배의 움직임을 생각하지 않고 그 칼을 찾는다는 데서 온 말로써 판단력이 둔하고 세상일에 어리석음을 비유한 말. (새길 각, 배 주, 구할 구, 칼 검)

| 부수/획 | 한자 | 훈음 | 따라쓰기 | | | | | | | 한자어 |
|---|---|---|---|---|---|---|---|---|---|---|
| 肉 7 | 脚 | 다리 각 | 脚 | | | | | | | 脚本(각본)<br>脚色(각색)<br>光明(광명) |
| 儿 4 | 光 | 빛 광 | 光 | | | | | | | |
| 丿 刀 月 月 肚 肚 肚 脚   丨 丨' 丬 业 光 | | | | | | | | | | 각광 : 널리 주목을 받음 |
| 角 0 | 角 | 뿔 각 | 角 | | | | | | | 角冠(각관)<br>角弓(각궁)<br>度量(도량) |
| 广 6 | 度 | 법도 도 | 度 | | | | | | | |
| ノ ク ⺈ 角 角 角 角   丶 亠 广 广 庐 庐 度 度 | | | | | | | | | | 각도 : 각의 크기 |
| 目 4 | 看 | 볼 간 | 看 | | | | | | | 看客(간객)<br>看病(간병)<br>護國(호국) |
| 言 14 | 護 | 지킬 호 | 護 | | | | | | | |
| 一 三 手 禾 看 看 看 看   言 言 訁 訁 訁 諺 謹 護 | | | | | | | | | | 간호 : 환자를 돌보아 줌 |
| 竹 12 | 簡 | 간략할 간 | 簡 | | | | | | | 簡略(간략)<br>簡易(간이)<br>單位(단위) |
| 口 9 | 單 | 홑 단 | 單 | | | | | | | |
| ⺮ 竺 竹 竹 節 箾 箾 簡   丨 口 口 吅 吅 罒 罝 單 | | | | | | | | | | 간단 : 간략하고 단순함 |
| 女 6 | 姦 | 간사할 간 | 姦 | | | | | | | 姦通(간통)<br>姦險(간험)<br>淫亂(음란) |
| 氵 8 | 淫 | 음란 음 | 淫 | | | | | | | |
| ㇛ 女 女 女 女 女 姦 姦   氵 氵 氵 氵 沪 淫 淫 淫 | | | | | | | | | | 간음 : 부부 아닌 남녀가 성관계를 맺음 |
| 心 13 | 懇 | 간절할 간 | 懇 | | | | | | | 懇求(간구)<br>懇曲(간곡)<br>切實(절실) |
| 刀 2 | 切 | 끊을 절 | 切 | | | | | | | |
| 乡 豸 豸 豸 豸 貇 懇 懇   一 七 切 切 | | | | | | | | | | 간절 : 간곡함 |

**看雲步月** : 고향과 가족생각이 간절하여, 낮이면 고향쪽 하늘의 구름을 바라보고, 밤이면 달을 바라보며 거닌다는 뜻을 말함. (볼 간, 구름 운, 걸을 보, 달 월)

| 부수/획 | 한자 | 훈음 | 쓰기 | | | | | | | 낱말 |
|---|---|---|---|---|---|---|---|---|---|---|
| 肉 3 | 肝 | 간 간 | 肝 | | | | | | | 肝膽(간담) 肝臟(간장) |
| 肉 9 | 腸 | 창자 장 | 腸 | | | | | | | 胃腸(위장) |
| 丿 月 月 月 肝 肝 肝 | | | 丿 月 月 月 月 胆 腸 腸 | | | | 간장 : 간과 창자 | | | |
| 刂 3 | 刊 | 새길 간 | 刊 | | | | | | | 刊改(간개) 刊行(간행) |
| 巾 2 | 布 | 펼 포 | 布 | | | | | | | 布告(포고) |
| 一 二 干 刊 刊 | | | ノ ナ 才 右 布 | | | | 간포 : 간행해서 널리 폄 | | | |
| 干 10 | 幹 | 줄기 간 | 幹 | | | | | | | 幹事(간사) 幹線(간선) |
| 阝 8 | 部 | 떼 부 | 部 | | | | | | | 部落(부락) |
| 一 十 古 古 卓 幹 幹 幹 | | | 亠 立 立 音 音 部 部 | | | | 간부 : 단체의 우두머리 | | | |
| 氵 9 | 渴 | 목마를 갈 | 渴 | | | | | | | 渴求(갈구) 渴望(갈망) |
| 疒 5 | 症 | 증세 증 | 症 | | | | | | | 症狀(증상) |
| 氵 氵 氵 沪 沪 渇 渇 渴 | | | 亠 广 疒 疒 疔 疔 症 症 | | | | 갈증 : 목이 마름 | | | |
| 甘 0 | 甘 | 달 감 | 甘 | | | | | | | 甘酒(감주) 甘露(감로) |
| 言 0 | 言 | 말씀 언 | 言 | | | | | | | 言辯(언변) |
| 一 十 廿 廿 甘 | | | 亠 亠 亠 亠 言 言 | | | | 감언 : 달콤한 말 | | | |
| 心 9 | 感 | 느낄 감 | 感 | | | | | | | 感覺(감각) 感動(감동) |
| 言 10 | 謝 | 사례할 사 | 謝 | | | | | | | 謝罪(사죄) |
| 丿 厂 厂 后 咸 咸 咸 感 | | | 言 言 訂 詂 詂 謝 謝 謝 | | | | 감사 : 고맙게 사의를 표함 | | | |

**甘言利說** : 남의 비위에 맞게 꾸며서 이로운 조건을 내세워 남을 그럴듯하게 꾀는 말임.
(달 감, 말씀 언, 이로울 리, 말씀 설)

| 부수/획수 | 한자 | 훈음 | 따라 쓰기 | | | | | | | 한자어 |
|---|---|---|---|---|---|---|---|---|---|---|
| 攵 8 | 敢 | 감히 감 | 敢 | | | | | | | 敢死(감사)<br>敢戰(감전)<br>勇氣(용기) |
| 力 7 | 勇 | 용감할 용 | 勇 | | | | | | | |
| ㄱ 丅 干 耳 耳 耴 耴 敢 | | | | 乛 ㄕ 丙 丙 甬 甬 勇 勇 | | | | 감용 : 과감하고 용맹함 | | |
| 皿 9 | 監 | 살필 감 | 監 | | | | | | | 監禁(감금)<br>監視(감시)<br>督促(독촉) |
| 目 8 | 督 | 감독할 독 | 督 | | | | | | | |
| 厂 厂 戶 臣 臤 臤 監 監 | | | | ⺊ 上 卡 未 叔 叔 督 督 | | | | 감독 : 살펴 단속함. 또는 사람 | | |
| 田 0 | 甲 | 첫째 갑 | 甲 | | | | | | | 甲種(갑종)<br>甲蟲(갑충)<br>富貴(부귀) |
| 宀 9 | 富 | 부자 부 | 富 | | | | | | | |
| 丶 冂 日 曰 甲 | | | | 丶 宀 宀 宀 宫 富 富 富 | | | | 갑부 : 부자의 으뜸 | | |
| 氵 3 | 江 | 물이름 강 | 江 | | | | | | | 江湖(강호)<br>江山(강산)<br>邊境(변경) |
| 辶 15 | 邊 | 가 변 | 邊 | | | | | | | |
| 丶 丶 氵 氵 汀 江 | | | | 自 自 臯 臱 臱 臱 臱 邊 | | | | 강변 : 강 주위 | | |
| 阝 6 | 降 | 내릴 강 | 降 | | | | | | | 降等(강등)<br>降臨(강림)<br>雨傘(우산) |
| 雨 0 | 雨 | 비 우 | 雨 | | | | | | | |
| ㇇ 阝 阝 阝 陊 陊 降 降 | | | | 一 厂 冂 币 币 雨 雨 雨 | | | | 강우 : 내린 비 | | |
| 言 10 | 講 | 강의 강 | 講 | | | | | | | 講堂(강당)<br>講師(강사)<br>義理(의리) |
| 羊 7 | 義 | 옳을 의 | 義 | | | | | | | |
| 言 訁 訁 訁 講 講 講 講 | | | | ⺍ 䒑 羊 羊 羊 義 義 | | | | 강의 : 문서·학설 등의 뜻을 해석함 | | |

**甲論乙駁** : 여러 사람들이 서로 자기 의견을 내세우고 논하여 남의 의견을 반박함을 말함. (첫째 갑, 논할 논, 새 을, 논박할 박)

| 부수 | 한자 | 훈음 | 쓰기 | | | | | | | 어휘 |
|---|---|---|---|---|---|---|---|---|---|---|
| 弓 8 | 强 | 강할 강 | 强 | | | | | | | 强弱(강약)<br>强制(강제)<br>力量(역량) |
| 力 0 | 力 | 힘 력 | 力 | | | | | | | |
| ㄱ 弓 弘 弘 弨 強 強 强 　 ㄱ 力 | | | | | | | | 강력 : 강한 힘 | | |
| 糸 8 | 綱 | 벼리 강 | 綱 | | | | | | | 綱里(강리)<br>綱常(강상)<br>領收(영수) |
| 頁 5 | 領 | 거느릴 령 | 領 | | | | | | | |
| 幺 糸 糸 糹 糽 網 綱 綱 　 丿 人 今 令 令 領 領 領 | | | | | | | | 강령 : 일에 으뜸이 되는 큰 줄기 | | |
| 刀 8 | 剛 | 굳셀 강 | 剛 | | | | | | | 剛介(강개)<br>剛急(강급)<br>直營(직영) |
| 目 3 | 直 | 곧을 직 | 直 | | | | | | | |
| 冂 冂 冈 冈 岡 岡 剛 剛 　 一 十 十 冇 有 直 直 | | | | | | | | 강직 : 굳세며 곧음 | | |
| 攴 3 | 改 | 고칠 개 | 改 | | | | | | | 改良(개량)<br>改造(개조)<br>善行(선행) |
| 口 9 | 善 | 착할 선 | 善 | | | | | | | |
| ㄱ ㄱ 己 己 己 改 改 　 丷 䒑 羊 羊 羊 善 善 善 | | | | | | | | 개선 : 좋게 고침 | | |
| 白 4 | 皆 | 다 개 | 皆 | | | | | | | 皆骨(개골)<br>皆旣(개기)<br>勤務(근무) |
| 力 11 | 勤 | 부지런할 근 | 勤 | | | | | | | |
| 一 ㅌ 比 比 比 皆 皆 皆 　 一 廿 昔 革 革 堇 勤 勤 | | | | | | | | 개근 : 하루도 빠짐없이 출석함 | | |
| 亻 8 | 個 | 낱 개 | 個 | | | | | | | 個別(개별)<br>個性(개성)<br>人格(인격) |
| 亻 0 | 人 | 사람 인 | 人 | | | | | | | |
| 丿 亻 亻 们 们 們 個 個 　 丿 人 | | | | | | | | 개인 : 개개의 사람 | | |

**蓋世之才** : 위력과 기상이 온 세상을 뒤엎을 만큼 뛰어난 재주와 재기를 말함.
(덮을 개, 세상 세, 갈 지, 재주 재)

| 부수 | 한자 | 훈음 | | | | | | | | 한자어 |
|---|---|---|---|---|---|---|---|---|---|---|
| 門 4 | 開 | 열 개 | 開 | | | | | | | 開發(개발) 開催(개최) 拓地(척지) |
| 扌 5 | 拓 | 넓힐 척 | 拓 | | | | | | | |
| 丨 ㄗ ㄗ 門 門 門 閂 開 一 丨 扌 扌 扌 扩 拓 拓 | | | | | | | | | | 개척 : 거친 땅을 일구어 논밭을 만듦 |
| 忄 11 | 慨 | 분개할 개 | 慨 | | | | | | | 慨息(개식) 慨然(개연) 歎息(탄식) |
| 欠 11 | 歎 | 한탄 탄 | 歎 | | | | | | | |
| 丨 忄 忄 忄 忄 忄 慨 慨 廿 廿 昔 莒 菓 菓 歎 歎 | | | | | | | | | | 개탄 : 분하고 못마땅하여 탄식함 |
| 足 5 | 距 | 떨어질 거 | 距 | | | | | | | 距骨(거골) 距陸(거륙) 離脫(이탈) |
| 隹 11 | 離 | 떠날 리 | 離 | | | | | | | |
| 口 ㅁ 모 足 趴 趴 距 距 亠 亠 离 离 离 離 離 離 | | | | | | | | | | 거리 : 두 곳 사이의 떨어진 곳 |
| 工 2 | 巨 | 클 거 | 巨 | | | | | | | 巨金(거금) 巨富(거부) 額面(액면) |
| 頁 9 | 額 | 이마 액 | 額 | | | | | | | |
| 丨 厂 戶 巨 巨 宀 宀 安 客 客 額 額 額 | | | | | | | | | | 거액 : 큰 액수의 금액 |
| 手 14 | 擧 | 들 거 | 擧 | | | | | | | 擧論(거론) 擧事(거사) 動物(동물) |
| 力 9 | 動 | 움직일 동 | 動 | | | | | | | |
| ⺊ 𦥑 𦥑 𦥑 𦥑 與 舉 擧 亻 台 台 重 重 重 動 動 | | | | | | | | | | 거동 : 일어나 움직임 |
| 扌 5 | 拒 | 막을 거 | 拒 | | | | | | | 拒否(거부) 拒絶(거절) 逆順(역순) |
| 辶 6 | 逆 | 거스릴 역 | 逆 | | | | | | | |
| 一 丨 扌 扌 扌 拒 拒 拒 丷 丷 㞢 屰 屰 屰 逆 逆 | | | | | | | | | | 거역 : 따르지 않고 거스르는 일 |

**居安思危** : 편안한 경우에 있을 때 위태로움을 생각하며 정신을 가다듬음을 말함.

(살 거, 편안 안, 생각 사, 위태할 위)

| 부수·획수 | 한자 | 훈음 | 쓰기 | | | | | | | 낱말 |
|---|---|---|---|---|---|---|---|---|---|---|
| 尸 5 | 居 | 살 거 | 居 | | | | | | | 居留(거류) 居室(거실) |
| 亻 5 | 住 | 머무를 주 | 住 | | | | | | | 住宅(주택) |
| ㄱ コ 尸 尸 尸 居 居 居 ／ 亻 亻 亻 仁 住 住 | | | | | | | | | | 거주 : 일정한 곳에 살면서 머물음 |
| 亻 9 | 健 | 굳셀 건 | 健 | | | | | | | 健在(건재) 健全(건전) |
| 广 8 | 康 | 편안 강 | 康 | | | | | | | 康寧(강령) |
| 亻 亻 亻 亻 佳 律 侓 健 健 ㅗ 广 户 户 声 唐 康 康 | | | | | | | | | | 건강 : 몸이 굳세고 튼튼함 |
| 乙 10 | 乾 | 하늘 건 | 乾 | | | | | | | 乾坤(건곤) 乾魚(건어) |
| 火 13 | 燥 | 마를 조 | 燥 | | | | | | | 燥濕(조습) |
| 一 十 古 古 卓 卓 乾 乾 丶 火 灯 炉 焊 燥 燥 燥 | | | | | | | | | | 건조 : 습기가 없음 |
| 亻 4 | 件 | 물건 건 | 件 | | | | | | | 件件(건건) 一件(일건) |
| 攵 11 | 數 | 셈 수 | 數 | | | | | | | 數學(수학) |
| ／ 亻 亻 仁 仁 件 日 目 申 婁 婁 數 數 數 | | | | | | | | | | 건수 : 사물의 가짓수 |
| 廴 6 | 建 | 세울 건 | 建 | | | | | | | 建物(건물) 建設(건설) |
| ⺮ 10 | 築 | 쌓을 축 | 築 | | | | | | | 築造(축조) |
| ㄱ ㅋ ㅋ 클 聿 律 建 建 ／ ト ㅆ 竹 竺 筑 筑 築 | | | | | | | | | | 건축 : 집·다리·건물 등을 세움 |
| 亻 10 | 傑 | 준걸 걸 | 傑 | | | | | | | 傑起(걸기) 傑人(걸인) |
| 亻 5 | 作 | 지을 작 | 作 | | | | | | | 作品(작품) |
| 亻 亻 亻 亻 伜 傑 傑 傑 ／ 亻 亻 竹 作 作 作 | | | | | | | | | | 걸작 : 썩 잘 된 글이나 작품 |

**乾坤一擲** : 주사위를 던져 승패를 가린다는 뜻으로 온 힘을 다 기울여 마지막 승부를 겨룸을 이르는 말임. (하늘 건, 땅 곤, 한 일, 던질 척)

| 부수 | 한자 | 훈음 | 쓰기 | | | | | | | 한자어 |
|---|---|---|---|---|---|---|---|---|---|---|
| 亻 13 | 儉 | 검소할 검 | 儉 | | | | | | | 儉朴(검박) 儉約(검약) |
| 糸 4 | 素 | 흴 소 | 素 | | | | | | | 素質(소질) |
| 亻 伀 伀 佮 倫 倹 儉 | | | | 亠 丰 圭 圭 妻 妻 素 素 | | | | 검소 : 사치하지 않고 소박함 | | |
| 木 13 | 檢 | 조사할 검 | 檢 | | | | | | | 檢査(검사) 檢索(검색) |
| 言 3 | 討 | 토의할 토 | 討 | | | | | | | 討論(토론) |
| 十 木 朴 朴 枱 榆 榆 檢 | | | | 亠 亠 亠 言 言 訁 討 討 | | | | 검토 : 내용을 검사하면서 살펴봄 | | |
| 力 5 | 劫 | 겁탈할 겁 | 劫 | | | | | | | 劫姦(겁간) 劫掠(겁략) |
| 大 11 | 奪 | 빼앗을 탈 | 奪 | | | | | | | 奪取(탈취) |
| 一 十 土 去 去 劫 | | | | 六 夲 夲 夵 奞 奞 奞 奪 | | | | 겁탈 : 폭력으로 빼앗음 | | |
| 氵 13 | 激 | 격동할 격 | 激 | | | | | | | 激減(격감) 激突(격돌) |
| 力 15 | 勵 | 힘쓸 려 | 勵 | | | | | | | 督勵(독려) |
| 氵 氵 泊 泊 湧 滶 激 激 | | | | 厂 厂 厈 厝 厲 厲 厲 勵 | | | | 격려 : 용기나 의욕을 북돋아 줌 | | |
| 手 13 | 擊 | 칠 격 | 擊 | | | | | | | 擊滅(격멸) 擊殺(격살) |
| 辶 6 | 退 | 물러날 퇴 | 退 | | | | | | | 退步(퇴보) |
| 亘 車 車 車 軗 毄 擊 擊 | | | | ㄱ ㅋ 尸 艮 艮 ˋ艮 裉 退 | | | | 격퇴 : 쳐서 물리침 | | |
| 見 0 | 見 | 볼 견 | 見 | | | | | | | 見聞(견문) 見習(견습) |
| 禾 11 | 積 | 쌓을 적 | 積 | | | | | | | 積善(적선) |
| 丨 冂 月 目 貝 見 | | | | 二 千 禾 禾 秆 秸 積 積 | | | | 견적 : 어림잡아 계산함 | | |

**見危授命** : 나라가 위태로울 때 목숨을 아끼지 않고 나라를 위해 싸우는 것을 뜻함.
(볼 견, 위태로울 위, 줄 수, 목숨 명)

| 부수/획수 | 한자 | 훈 | 음 | 용례 |
|---|---|---|---|---|
| 犬 0 | 犬 | 개 | 견 | 犬馬(견마) 犬猿(견원) 豚足(돈족) |
| 豕 4 | 豚 | 돼지 | 돈 | |
| 一ナ大犬 丿 刀 月 月' 肜 肜 肜 豚 | | | | 견돈 : 개와 돼지 |
| 土 8 | 堅 | 굳을 | 견 | 堅固(견고) 堅持(견지) 實現(실현) |
| 宀 11 | 實 | 열매 | 실 | |
| 厂 𠂤 臣 臤 臤 臤 堅 堅 宀 宀 宀 宀 宀 實 實 實 | | | | 견실 : 튼튼하고 충실함 |
| 肉 4 | 肩 | 어깨 | 견 | 肩骨(견골) 肩部(견부) 章句(장구) |
| 立 6 | 章 | 글 | 장 | |
| 丶 ㇇ 户 户 户 肩 肩 肩 亠 亠 立 立 音 音 章 | | | | 견장 : 옷 어깨에 붙이는 계급장 |
| 牛 7 | 牽 | 끌 | 견 | 牽牛(견우) 牽制(견제) 引率(인솔) |
| 弓 1 | 引 | 끌 | 인 | |
| 亠 玄 玄 玄 玄 牽 牽 牽 ㇕ ㇕ 弓 引 | | | | 견인 : 줄을 매어 끌어 당김 |
| 糸 7 | 絹 | 비단 | 견 | 絹帛(견백) 絹絲(견사) 織造(직조) |
| 糸 12 | 織 | 짤 | 직 | |
| 𠃋 幺 糸 糸 糸' 絹 絹 絹 幺 糸 糸 紷 紷 緒 織 織 | | | | 견직 : 비단직물 |
| 氵 4 | 決 | 정할 | 결 | 決算(결산) 決勝(결승) 定石(정석) |
| 宀 5 | 定 | 정할 | 정 | |
| 丶 冫 氵 氵 江 決 決 丶 丶 宀 宀 宁 宁 定 定 | | | | 결정 : 정함 |

**堅忍不拔** : 굳게 참고 버티어 마음이 흔들리거나 마음을 빼앗기지 않음을 말함.
(굳을 견, 참을 인, 아니 불, 뺄 발)

| 부수 획수 | 한자 | 훈음 | 한자어 |
|---|---|---|---|
| 糸 6 | 結 | 맺을 결 | 結果(결과) 結實(결실) |
| 女 8 | 婚 | 혼인 혼 | 婚姻(혼인) |

結 結 結 結 結 結 結 結　婚 婚 婚 婚 婚 婚 婚 婚　결혼 : 남녀가 부부관계를 맺음

| 부수 획수 | 한자 | 훈음 | 한자어 |
|---|---|---|---|
| 缶 4 | 缺 | 모자랄 결 | 缺席(결석) 缺如(결여) |
| 木 6 | 格 | 법식 격 | 格調(격조) |

缺 缺 缺 缺 缺 缺 缺 缺　格 格 格 格 格 格 格 格　결격 : 자격이 모자람

| 부수 획수 | 한자 | 훈음 | 한자어 |
|---|---|---|---|
| 氵 12 | 潔 | 깨끗할 결 | 潔癖(결벽) 淸潔(청결) |
| 白 0 | 白 | 흰 백 | 白色(백색) |

潔 潔 潔 潔 潔 潔 潔 潔　白 白 白 白 白　결백 : 깨끗하여 흼

| 부수 획수 | 한자 | 훈음 | 한자어 |
|---|---|---|---|
| 八 8 | 兼 | 겸할 겸 | 兼備(겸비) 兼任(겸임) |
| 耳 12 | 職 | 직분 직 | 職場(직장) |

兼 兼 兼 兼 兼 兼 兼 兼　職 職 職 職 職 職 職 職　겸직 : 다른 직분을 겸함

| 부수 획수 | 한자 | 훈음 | 한자어 |
|---|---|---|---|
| 言 10 | 謙 | 겸손 겸 | 謙遜(겸손) 謙讓(겸양) |
| 虍 6 | 虛 | 빌 허 | 虛費(허비) |

謙 謙 謙 謙 謙 謙 謙 謙　虛 虛 虛 虛 虛 虛 虛 虛　겸허 : 자신을 낮추어 겸손함

| 부수 획수 | 한자 | 훈음 | 한자어 |
|---|---|---|---|
| 亠 6 | 京 | 서울 경 | 京城(경성) 京仁(경인) |
| 田 10 | 畿 | 경기 기 | 畿湖(기호) |

京 京 京 京 京 京 京 京　畿 畿 畿 畿 畿 畿 畿 畿　경기 : 서울 근처의 땅

**結者解之** : 맺은 사람이 풀어야 한다는 뜻으로 자기가 저지른 일은 자기가 해결해야 한다는 뜻을 말함. (맺을 결, 놈 자, 풀 해, 갈 지)

| 부수 획수 | 한자 | 훈음 | 따라쓰기 | | | | | | | 낱말 |
|---|---|---|---|---|---|---|---|---|---|---|
| 車 7 | 輕 | 가벼울 경 | 輕 | | | | | | | 輕減(경감)<br>輕視(경시)<br>重要(중요) |
| 里 2 | 重 | 무거울 중 | 重 | | | | | | | |
| 亓 亘 車 軒 軽 輕 輕 輕 　 一 二 亍 台 亩 亩 重 重 重 | | | | | | | | | | 경중 : 가벼움과 무거움 |
| 广 5 | 庚 | 일곱째 천간 경 | 庚 | | | | | | | 庚戌(경술)<br>庚申(경신)<br>壬辰(임진) |
| 辰 0 | 辰 | 별 진 | 辰 | | | | | | | |
| 丶 亠 广 户 庐 庐 庚 庚 　 一 厂 厂 斤 后 后 辰 | | | | | | | | | | 경진 : 육십갑자의 열일곱째 |
| 言 13 | 警 | 경계할 경 | 警 | | | | | | | 警告(경고)<br>警察(경찰)<br>戒律(계율) |
| 戈 3 | 戒 | 경계할 계 | 戒 | | | | | | | |
| 亠 艹 芍 苟 苟 敬 敬 警 　 一 二 于 开 戒 戒 戒 | | | | | | | | | | 경계 : 미리 조심해 대비함 |
| 糸 7 | 經 | 지날 경 | 經 | | | | | | | 經歷(경력)<br>經理(경리)<br>過失(과실) |
| 辶 9 | 過 | 지날 과 | 過 | | | | | | | |
| 𠃋 幺 糸 糹 糹 經 經 經 　 口 冂 冎 冎 咼 咼 過 過 | | | | | | | | | | 경과 : 때를 지남 |
| 頁 2 | 頃 | 잠깐 경 | 頃 | | | | | | | 頃刻(경각)<br>頃年(경년)<br>步兵(보병) |
| 止 3 | 步 | 걸음 보 | 步 | | | | | | | |
| 一 ヒ 匕 匕 頃 頃 頃 頃 　 丨 ト 止 止 步 步 | | | | | | | | | | 경보 : 반 걸음 |
| 亻 11 | 傾 | 기울 경 | 傾 | | | | | | | 傾聽(경청)<br>傾向(경향)<br>斜陽(사양) |
| 斗 7 | 斜 | 기울 사 | 斜 | | | | | | | |
| 亻 亻 化 化 傾 傾 傾 傾 　 丿 人 合 余 余 余 斜 斜 | | | | | | | | | | 경사 : 비스듬히 기울어짐 |

**耕當問奴** : 농사일은 당연히 머슴에게 물어야 한다는 뜻으로 모르는 일은 잘 아는 사람과 상의해야 한다는 것을 말함. (밭갈 경, 마땅 당, 물을 문, 사내종 노)

| 부수/획수 | 한자 | 뜻·음 | 따라 쓰기 | | | | | | | 한자어 |
|---|---|---|---|---|---|---|---|---|---|---|
| 心 11 | 慶 | 경사 경 | 慶 | | | | | | | 慶宴(경연)<br>慶弔(경조)<br>事件(사건) |
| 亅 7 | 事 | 일 사 | 事 | | | | | | | |
| 广 户 庐 庐 庶 廖 廖 慶 ㅡ ㄱ ㅁ ㅁ 彐 彐 彐 事 경사 : 기쁜 일 | | | | | | | | | | |
| 石 7 | 硬 | 강할 경 | 硬 | | | | | | | 硬音(경음)<br>硬直(경직)<br>軟弱(연약) |
| 車 4 | 軟 | 연할 연 | 軟 | | | | | | | |
| 一 丆 石 石 石 矿 硬 硬 ㄱ 百 亘 車 車 軟 軟 軟 경연 : 단단함과 부드러움 | | | | | | | | | | |
| 攵 9 | 敬 | 공경 경 | 敬 | | | | | | | 敬虔(경건)<br>敬老(경로)<br>畏懼(외구) |
| 田 4 | 畏 | 두려울 외 | 畏 | | | | | | | |
| 艹 艹 艹 芍 苟 苟 敬 敬 丨 口 日 田 田 罒 畏 畏 경외 : 공경하고 두려워함 | | | | | | | | | | |
| 土 11 | 境 | 지경 경 | 境 | | | | | | | 境界(경계)<br>境地(경지)<br>遇待(우대) |
| 辶 9 | 遇 | 만날 우 | 遇 | | | | | | | |
| 一 十 土 圹 垃 培 培 境 口 四 罒 禺 禺 禺 禺 遇 경우 : 부닥친 형편이나 사정 | | | | | | | | | | |
| 立 15 | 競 | 다툴 경 | 競 | | | | | | | 競技(경기)<br>競合(경합)<br>爭鬪(쟁투) |
| 爫 4 | 爭 | 다툴 쟁 | 爭 | | | | | | | |
| 立 立 音 竞 竞 竞 竸 競 ノ ⺈ ⺈ 爫 乌 乌 乌 爭 경쟁 : 같은 목적으로 서로 다툼 | | | | | | | | | | |
| 耒 4 | 耕 | 밭갈 경 | 耕 | | | | | | | 耕田(경전)<br>耕種(경종)<br>作家(작가) |
| 亻 5 | 作 | 지을 작 | 作 | | | | | | | |
| 二 三 丰 耒 耒 耒 耕 耕 ノ 亻 亻 亻 作 作 作 경작 : 밭을 갊 | | | | | | | | | | |

**驚天動地** : 하늘을 놀라게 하거나 땅을 뒤흔든다는 뜻으로, 세상에 몹시 놀라운 일이 일어남을 이르는 말. (놀랄 경, 하늘 천, 움직일 동, 땅 지)

| 부수·획수 | 한자 | 훈음 | 쓰기 | | | | | | | 용례 |
|---|---|---|---|---|---|---|---|---|---|---|
| 癶 4 | 癸 | 열째천간계 | 癸 | | | | | | | 癸卯(계묘) 癸巳(계사) |
| 一 3 | 丑 | 소 축 | 丑 | | | | | | | 丑時(축시) |
| ノ ヲ ヺ 癶 癶 癶 癸 癸 | | ㄱ 刀 丑 丑 | | | | 계축 : 육십갑자의 쉰째 | | | | |
| 子 5 | 季 | 끝 계 | 季 | | | | | | | 季刊(계간) 季誌(계지) |
| 竹 9 | 節 | 마디 절 | 節 | | | | | | | 節約(절약) |
| 一 二 千 禾 禾 季 季 季 | | 竹 竺 笁 笞 笸 笸 節 節 | | | | 계절 : 사시사철 | | | | |
| 氵 10 | 溪 | 시내 계 | 溪 | | | | | | | 溪流(계류) 溪川(계천) |
| 谷 0 | 谷 | 골 곡 | 谷 | | | | | | | 谷泉(곡천) |
| 氵 氵 氵 氵 浮 淫 溪 溪 | | ノ ハ 八 父 谷 谷 谷 | | | | 계곡 : 물이 흐르는 골짜기 | | | | |
| 言 2 | 計 | 셈할 계 | 計 | | | | | | | 計定(계정) 計策(계책) |
| 竹 8 | 算 | 셈할 산 | 算 | | | | | | | 算出(산출) |
| 亠 亠 亠 亠 言 言 言 計 | | 竹 竹 竹 竹 笞 笪 筫 算 | | | | 계산 : 셈을 헤아림 | | | | |
| 糸 1 | 系 | 실 계 | 系 | | | | | | | 系譜(계보) 系列(계열) |
| 糸 5 | 統 | 거느릴 통 | 統 | | | | | | | 統率(통솔) |
| 一 ㄥ 玄 玄 系 系 系 | | 幺 幺 糸 糸 紅 紘 紡 統 | | | | 계통 : 혈통 | | | | |
| 大 6 | 契 | 맺을 계 | 契 | | | | | | | 契約(계약) 契員(계원) |
| 木 12 | 機 | 기계 기 | 機 | | | | | | | 機械(기계) |
| 一 三 丰 刧 刧 契 契 契 | | 十 木 朾 栊 棥 楼 機 機 | | | | 계기 : 어떤 일의 결정적인 기회 | | | | |

**鷄口牛後** : 큰 단체의 꼴찌보다는 작은 단체의 우두머리가 됨이 오히려 나음을 이르는 말임. (닭 계, 입 구, 소 우, 뒤 후)

| 부수/획수 | 한자 | 훈음 | 따라 쓰기 | | | | | | | 한자어 |
|---|---|---|---|---|---|---|---|---|---|---|
| 木 7 | 械 | 형틀 계 | 械 | | | | | | | 械繫(계계) 械用(계용) 器具(기구) |
| 口 13 | 器 | 그릇 기 | 器 | | | | | | | |
| 木 朩 朩 柝 柝 械 械 械 ㅁ ㅁㅁ ㅁㅁ 㗊 哭 哭 器 器 계기 : 기계나 기구 | | | | | | | | | | |
| 鳥 10 | 鷄 | 닭 계 | 鷄 | | | | | | | 鷄冠(계관) 鷄鳴(계명) 卵子(난자) |
| 卩 5 | 卵 | 알 란 | 卵 | | | | | | | |
| ⺈ 爫 爫 奚 奚 鄈 鷄 鷄 ´ 𠂉 𠂊 卯 卯 卵 卵 계란 : 달걀 | | | | | | | | | | |
| 口 8 | 啓 | 열 계 | 啓 | | | | | | | 啓導(계도) 啓示(계시) 蒙幼(몽유) |
| 艹 10 | 蒙 | 어릴 몽 | 蒙 | | | | | | | |
| ㇀ ⺈ 户 户 户 戶 政 啓 ⺈ 艹 芦 芦 萝 萝 蒙 蒙 계몽 : 어두운 자에게 밝게 깨우쳐 줌 | | | | | | | | | | |
| 糸 14 | 繼 | 이을 계 | 繼 | | | | | | | 繼母(계모) 繼承(계승) 續版(속판) |
| 糸 15 | 續 | 이을 속 | 續 | | | | | | | |
| 糸 糸 糸 絲 絲 繼 繼 繼 糸 糸 紅 紨 續 續 續 續 계속 : 끊이지 아니하고 이어짐 | | | | | | | | | | |
| 木 6 | 桂 | 계수나무계 | 桂 | | | | | | | 桂月(계월) 桂皮(계피) 樹木(수목) |
| 木 12 | 樹 | 나무 수 | 樹 | | | | | | | |
| 一 十 才 木 朩 杜 桂 桂 木 朩 朩 桔 桔 桔 樹 樹 계수 : 계수나무 | | | | | | | | | | |
| 口 2 | 古 | 옛 고 | 古 | | | | | | | 古今(고금) 古代(고대) 城門(성문) |
| 土 6 | 城 | 재 성 | 城 | | | | | | | |
| 一 十 十 古 古 - 土 圠 圻 城 城 城 城 고성 : 옛 성 | | | | | | | | | | |

**鷄卵有骨** : 계란에도 뼈가 있다는 뜻으로 공교롭게도 좋은 기회를 만나 일을 하여도 일이 방해가 됨을 이르는 말임. (닭 계, 알 란, 있을 유, 뼈 골)

| 부수·획수 | 한자 | 훈음 | 본보기 | | | | | | | 용례 |
|---|---|---|---|---|---|---|---|---|---|---|
| 攵 5 | 故 | 연고 고 | 故 | | | | | | | 故意(고의)<br>故障(고장) |
| 阝 10 | 鄕 | 시골 향 | 鄕 | | | | | | | 鄕愁(향수) |
| 一 十 十 古 古 古 故 故 　 ㄥ 乡 乡 乡 乡 鄉 鄉 鄕 | | | | | | | | 고향 : 태어나 자란 곳 | | |
| 木 5 | 枯 | 마를 고 | 枯 | | | | | | | 枯木(고목)<br>枯葉(고엽) |
| 氵 9 | 渴 | 목마를 갈 | 渴 | | | | | | | 渴症(갈증) |
| 一 十 木 木 朩 朾 枯 枯 　 丶 氵 氵 沪 沪 涡 渇 渴 | | | | | | | | 고갈 : 자원이나 물이 말라서 없어짐 | | |
| 艹 5 | 苦 | 쓸 고 | 苦 | | | | | | | 苦難(고난)<br>苦心(고심) |
| 忄 9 | 惱 | 번뇌할 뇌 | 惱 | | | | | | | 煩惱(번뇌) |
| 丶 丷 艹 艹 苎 苦 苦 苦 　 忄 忄 忄 忄 忄 惱 惱 惱 | | | | | | | | 고뇌 : 마음이 괴롭고 고통스러움 | | |
| 頁 12 | 顧 | 돌아볼 고 | 顧 | | | | | | | 顧慮(고려)<br>顧問(고문) |
| 宀 6 | 客 | 손 객 | 客 | | | | | | | 客室(객실) |
| 户 户 肩 扉 雇 雇 顧 顧 　 丶 宀 宀 岁 客 客 客 客 | | | | | | | | 고객 : 단골 손님 | | |
| 子 5 | 孤 | 외로울 고 | 孤 | | | | | | | 孤立(고립)<br>孤兒(고아) |
| 犭 13 | 獨 | 홀로 독 | 獨 | | | | | | | 獨善(독선) |
| 乛 了 孑 孒 孓 孤 孤 孤 　 犭 犭 犭 犸 犸 猬 獨 獨 | | | | | | | | 고독 : 홀로 되어 의지할 곳이 없음 | | |
| 高 0 | 高 | 높을 고 | 高 | | | | | | | 高校(고교)<br>高等(고등) |
| 亻 5 | 低 | 낮을 저 | 低 | | | | | | | 低價(저가) |
| 亠 亠 亠 亠 亠 高 高 高 　 ノ 亻 亻 亻 亻 低 低 | | | | | | | | 고저 : 높고 낮음 | | |

**孤陋寡聞** : 외롭게 자라서 세상일에 견문이 좁음을 이르는 말임.

(외로울 고, 더러울 루, 적을 과, 들을 문)

| 부수/획 | 한자 | 훈음 | 따라 쓰기 | | | | | | | 한자어 |
|---|---|---|---|---|---|---|---|---|---|---|
| 女 5 | 姑 | 시어미 고 | 姑 | | | | | | | 姑母(고모) 姑婦(고부) 從來(종래) |
| 彳 8 | 從 | 따를 종 | 從 | | | | | | | |
| ㄑ 女 女 女 女一 女十 姑 姑 / 丿 彳 彳 彳' 彳從 從 從 從 | | | | | | | | | | 고종 : 고종사촌 |
| 鼓 0 | 鼓 | 북 고 | 鼓 | | | | | | | 鼓舞(고무) 鼓手(고수) 吹打(취타) |
| 口 4 | 吹 | 불 취 | 吹 | | | | | | | |
| 十 士 吉 吉 壴 壴 鼓 鼓 / 丨 口 口' 口' 吹 吹 | | | | | | | | | | 고취 : 용기나 기운을 북돋음 |
| 口 5 | 固 | 굳을 고 | 固 | | | | | | | 固守(고수) 固體(고체) 定規(정규) |
| 宀 5 | 定 | 정할 정 | 定 | | | | | | | |
| 丨 冂 冂 円 周 周 固 / 丶 丶 宀 宀 宁 宁 定 定 | | | | | | | | | | 고정 : 일정한 곳에 움직이지 아니함 |
| 尹 2 | 考 | 상고할 고 | 考 | | | | | | | 考究(고구) 考試(고시) 證據(증거) |
| 言 12 | 證 | 증명할 증 | 證 | | | | | | | |
| 一 十 土 耂 耂 考 / 言 訁 訁 訁' 訁癶 證 證 證 | | | | | | | | | | 고증 : 상고하여 증명함 |
| 曰 2 | 曲 | 굽을 곡 | 曲 | | | | | | | 曲流(곡류) 曲木(곡목) 線路(선로) |
| 糸 9 | 線 | 실 선 | 線 | | | | | | | |
| 丨 冂 巾 曲 曲 曲 / 纟 纟 纟 糸 約 約 綿 線 | | | | | | | | | | 곡선 : 구부러진 선 |
| 口 7 | 哭 | 울 곡 | 哭 | | | | | | | 哭泣(곡읍) 哭歎(곡탄) 聲量(성량) |
| 耳 11 | 聲 | 소리 성 | 聲 | | | | | | | |
| 丶 口 口 吅 吅 哭 哭 哭 / 士 圭 声 殸 殸 殸 聲 聲 | | | | | | | | | | 곡성 : 슬피우는 소리 |

姑息之計 : 처자식만 생각하는 소극적인 계책이란 뜻으로 눈 앞에 있는 어려움만을 우선 피하려는 계책을 말함. (시어미 고, 쉴 식, 갈 지, 셈 계)

| 부수/획 | 한자 | 훈음 | 따라쓰기 | | | | | | | | 용례 |
|---|---|---|---|---|---|---|---|---|---|---|---|
| 口 4 | 困 | 곤할 곤 | 困 | | | | | | | | 困難(곤란) 困辱(곤욕) |
| 穴 10 | 窮 | 궁구할 궁 | 窮 | | | | | | | | 窮究(궁구) |
| 丨 冂 冃 用 闲 困 困 | | | | 宀 穴 穵 穷 窅 窮 窮 窮 | | | | 곤궁 : 빈곤함 | | | |
| 骨 0 | 骨 | 뼈 골 | 骨 | | | | | | | | 骨格(골격) 骨盤(골반) |
| 肉 0 | 肉 | 고기 육 | 肉 | | | | | | | | 肉食(육식) |
| 冂 冎 冎 咼 骨 骨 骨 骨 | | | | 丨 冂 内 内 肉 肉 | | | | 골육 : 뼈와 살 | | | |
| 攵 3 | 攻 | 칠 공 | 攻 | | | | | | | | 攻略(공략) 攻防(공방) |
| 手 13 | 擊 | 칠 격 | 擊 | | | | | | | | 擊墜(격추) |
| 一 丅 工 卫 圷 玏 攻 | | | | 亘 車 軎 軎 毄 毄 擊 擊 | | | | 공격 : 나아가 적을 침 | | | |
| 工 0 | 工 | 장인 공 | 工 | | | | | | | | 工事(공사) 工作(공작) |
| 禾 7 | 程 | 조정 정 | 程 | | | | | | | | 課程(과정) |
| 一 丅 工 | | | | 二 千 禾 和 和 和 程 程 | | | | 공정 : 생산이나 작업이 되어가는 정도 | | | |
| 八 2 | 公 | 공변될 공 | 公 | | | | | | | | 公共(공공) 公正(공정) |
| 禾 2 | 私 | 사사로울 사 | 私 | | | | | | | | 私有(사유) |
| 丿 八 公 公 | | | | 丿 二 千 禾 禾 私 私 | | | | 공사 : 공적인 것과 사사로운 일 | | | |
| 八 4 | 共 | 함께 공 | 共 | | | | | | | | 共同(공동) 共謀(공모) |
| 犭 2 | 犯 | 범할 범 | 犯 | | | | | | | | 犯罪(범죄) |
| 一 十 廾 丑 共 共 | | | | 丿 犭 犭 犯 犯 | | | | 공범 : 몇 사람이 모의하여 저지른 범죄 | | | |

**骨肉相殘** : 부자 · 형제 · 숙질 등등 가까운 친척끼리 서로 해치는 것을 말함.
(뼈 골, 고기 육, 서로 상, 해칠 잔)

| 부수·획수 | 한자 | 훈음 | 따라쓰기 | | | | | | | 한자어 |
|---|---|---|---|---|---|---|---|---|---|---|
| 穴 3 | 空 | 빌 공 | 空 | | | | | | | 空間(공간) 空白(공백) 港口(항구) |
| 氵 9 | 港 | 항구 항 | 港 | | | | | | | |
| 丶 丷 宀 穴 穵 空 空 空 / 氵 汀 汫 洪 洪 洪 港 港 공항 : 항공기의 비행장 | | | | | | | | | | |
| 子 1 | 孔 | 구멍 공 | 孔 | | | | | | | 孔雀(공작) 孔孟(공맹) 穴居(혈거) |
| 穴 0 | 穴 | 구멍 혈 | 穴 | | | | | | | |
| 乛 了 子 孔 / 丶 丷 宀 穴 穴 공혈 : 구멍, 틈 | | | | | | | | | | |
| 心 6 | 恭 | 공손할 공 | 恭 | | | | | | | 恭敬(공경) 恭遜(공손) 待遇(대우) |
| 彳 6 | 待 | 기다릴 대 | 待 | | | | | | | |
| 一 廾 共 共 共 恭 恭 恭 / 彡 彳 彳 彳 往 往 待 待 공대 : 공손히 대접함 | | | | | | | | | | |
| 心 6 | 恐 | 두려울 공 | 恐 | | | | | | | 恐怖(공포) 恐慌(공황) 懼然(구연) |
| 忄 18 | 懼 | 두려울 구 | 懼 | | | | | | | |
| 一 工 玑 巩 巩 巩 恐 恐 / 忄 愳 愳 愳 愳 懼 懼 懼 공구 : 심히 두려움 | | | | | | | | | | |
| 亻 6 | 供 | 이바지할 공 | 供 | | | | | | | 供養(공양) 供出(공출) 給料(급료) |
| 糸 6 | 給 | 줄 급 | 給 | | | | | | | |
| 丿 亻 仁 什 仕 供 供 供 / 乙 幺 幺 糸 糸 紒 紒 給 공급 : 물품을 제공함 | | | | | | | | | | |
| 貝 3 | 貢 | 바칠 공 | 貢 | | | | | | | 貢物(공물) 貢納(공납) 獻身(헌신) |
| 犬 16 | 獻 | 바칠 헌 | 獻 | | | | | | | |
| 一 丅 工 干 肻 肻 貢 貢 / 卜 卢 广 虍 虜 鬳 獻 獻 공헌 : 공물을 상납함 | | | | | | | | | | |

**公平無私** : 공평하여 사사로움이 없음을 이르는 말임.

(공평할 공, 평할 평, 없을 무, 사사로울 사)

| 부수 획수 | 한자 | 훈음 | 본보기 | | | | | | | 용례 |
|---|---|---|---|---|---|---|---|---|---|---|
| 言 8 | 課 | 매길 과 | 課 | | | | | | | 課稅(과세) 課業(과업) 題目(제목) |
| 頁 9 | 題 | 제목 제 | 題 | | | | | | | |
| 亠 言 訂 詚 諝 諢 課 課 | | | 口 旦 早 早 是 是 題 題 | | | | 과제 : 주어진 문제나 임무 | | | |
| 宀 11 | 寡 | 적을 과 | 寡 | | | | | | | 寡默(과묵) 寡婦(과부) 慾求(욕구) |
| 心 11 | 慾 | 욕심 욕 | 慾 | | | | | | | |
| 宀 宀 宀 宜 宣 寘 寡 寡 | | | 夕 夂 谷 谷 谷 谷 慾 慾 | | | | 과욕 : 욕심이 적음 | | | |
| 禾 4 | 科 | 과거 과 | 科 | | | | | | | 科客(과객) 科場(과장) 目標(목표) |
| 目 0 | 目 | 눈 목 | 目 | | | | | | | |
| 丿 二 千 禾 禾 禾 禾 科 | | | 丨 冂 月 月 目 | | | | 과목 : 학문의 구분 | | | |
| 言 6 | 誇 | 자랑할 과 | 誇 | | | | | | | 誇大(과대) 誇示(과시) 伸張(신장) |
| 弓 8 | 張 | 베풀 장 | 張 | | | | | | | |
| 亠 言 言 訁 訡 誇 誇 誇 | | | 乛 コ 弓 弓 弓 弡 張 張 | | | | 과장 : 실지보다 크게 부풀림 | | | |
| 辶 9 | 過 | 허물 과 | 過 | | | | | | | 過飮(과음) 過重(과중) 誤報(오보) |
| 言 7 | 誤 | 잘못할 오 | 誤 | | | | | | | |
| 冂 冋 冎 冎 咼 咼 過 過 | | | 亠 言 言 訁 誤 誤 誤 誤 | | | | 과오 : 잘못, 실책 | | | |
| 阝 8 | 郭 | 둘레 곽 | 郭 | | | | | | | 外郭(외곽) 輪郭(윤곽) 田畓(전답) |
| 田 0 | 田 | 밭 전 | 田 | | | | | | | |
| 亠 亩 享 享 享 享 享 郭 | | | 丨 冂 冊 冊 田 | | | | 곽전 : 성곽 밖의 땅 | | | |

**過猶不及** : 정도를 지나침은 도리어 미치지 못하는 것과 같다는 말로 중용의 중요함을 비유한 말임. (지날 과, 오히려 유, 아니 불, 미칠 급)

| 부수·획수 | 한자 | 훈음 | 따라쓰기 | | | | | | | 한자어 |
|---|---|---|---|---|---|---|---|---|---|---|
| 宀 5 | 官 | 벼슬 관 | 官 | | | | | | | 官僚(관료) 官民(관민) |
| 广 22 | 廳 | 관청 청 | 廳 | | | | | | | 廳舍(청사) |
| 丶 丷 宀 宀 宁 官 官 官 　 广 庁 庁 庁 庁 廳 廳 廳 　 관청 : 국가기관 | | | | | | | | | | |
| 門 11 | 關 | 빗장 관 | 關 | | | | | | | 關聯(관련) 關門(관문) |
| 亻 7 | 係 | 맬 계 | 係 | | | | | | | 係員(계원) |
| 𠃍 門 門 門 門 関 關 關 　 亻 亻 仫 伾 伾 係 係 係 　 관계 : 둘 이상의 연관이 있음 | | | | | | | | | | |
| 冖 7 | 冠 | 갓 관 | 冠 | | | | | | | 冠帶(관대) 冠禮(관례) |
| 言 5 | 詞 | 말 사 | 詞 | | | | | | | 詞兄(사형) |
| 丶 冖 冖 冖 完 冠 冠 冠 　 亠 言 言 言 訁 訂 詞 詞 　 관사 : 명사를 한정하는 품사 | | | | | | | | | | |
| 忄 11 | 慣 | 익숙할 관 | 慣 | | | | | | | 慣習(관습) 慣行(관행) |
| 亻 6 | 例 | 법식 례 | 例 | | | | | | | 例示(예시) |
| 丨 忄 忄 忄 忄 愢 慣 慣 　 丿 亻 亻 仂 伢 伢 例 例 　 관례 : 관습이 되어버린 전례 | | | | | | | | | | |
| 貝 4 | 貫 | 꿸 관 | 貫 | | | | | | | 貫徹(관철) 貫通(관통) |
| 示 8 | 祿 | 녹 록 | 祿 | | | | | | | 祿俸(녹봉) |
| 𠄌 口 毌 毌 貫 貫 貫 貫 　 ㇇ 礻 礻 礻 祁 祿 祿 祿 　 관록 : 몸에 익숙하게 갖추어진 위엄 | | | | | | | | | | |
| 宀 12 | 寬 | 너그러울 관 | 寬 | | | | | | | 寬大(관대) 寬容(관용) |
| 心 6 | 恕 | 용서 서 | 恕 | | | | | | | 恕諒(서량) |
| 丶 丷 宀 宀 宵 寛 寛 寬 　 𡿨 女 如 如 如 如 恕 恕 　 관서 : 너그럽게 용서함 | | | | | | | | | | |

**管鮑之交** : 시세에 따라서도 변치않은 아주 지극히 친밀한 친구 사이의 사귐을 말함.

(대롱 관, 절인고기 포, 갈 지, 사귈 교)

| 부수·획 | 한자 | 훈음 | 따라쓰기 | | | | | | | 용례 |
|---|---|---|---|---|---|---|---|---|---|---|
| 竹 8 | 管 | 대롱 관 | 管 | | | | | | | 管理(관리) 管掌(관장) 絃樂(현악) |
| 糸 5 | 絃 | 악기줄 현 | 絃 | | | | | | | |
| ⺈ ⺮ 竹 竺 竺 笞 管 管 | | | 幺 乡 糸 糸 紅 紆 絃 絃 | | | 관현 : 관악기와 현악기 | | | | |
| 广 12 | 廣 | 넓을 광 | 廣 | | | | | | | 廣告(광고) 廣場(광장) 領域(영역) |
| 土 8 | 域 | 지경 역 | 域 | | | | | | | |
| 广 庀 庐 庐 庐 庿 庿 廣 | | | 一 十 土 圹 圻 域 域 域 | | | 광역 : 넓은 구역 | | | | |
| 扌 8 | 掛 | 걸 괘 | 掛 | | | | | | | 掛鏡(괘경) 掛念(괘념) 鐘閣(종각) |
| 金 12 | 鐘 | 쇠북 종 | 鐘 | | | | | | | |
| 扌 扌 扌 扌 扗 挂 掛 掛 | | | 𠂉 亼 金 釒 鈩 鉝 鍾 鐘 | | | 괘종 : 벽에 걸게 된 자명종 | | | | |
| 忄 6 | 怪 | 괴이할 괴 | 怪 | | | | | | | 怪力(괴력) 怪漢(괴한) 巖壁(암벽) |
| 山 20 | 巖 | 바위 암 | 巖 | | | | | | | |
| 丶 丷 忄 忄 怀 怪 怪 怪 | | | 屵 岸 岸 岸 嵒 巗 巖 巖 | | | 괴암 : 괴상하게 생긴 바위 | | | | |
| 攵 7 | 敎 | 가르칠 교 | 敎 | | | | | | | 敎師(교사) 敎授(교수) 育英(육영) |
| 肉 4 | 育 | 기를 육 | 育 | | | | | | | |
| 丿 乄 爻 孝 孝 孝 孝 敎 | | | 丶 亠 亡 云 亣 育 育 育 | | | 교육 : 인성·지식 등을 가르침 | | | | |
| 木 6 | 校 | 학교 교 | 校 | | | | | | | 校長(교장) 校正(교정) 家庭(가정) |
| 广 7 | 庭 | 뜰 정 | 庭 | | | | | | | |
| 一 十 木 朩 杧 杧 校 校 | | | 丶 亠 广 广 庁 庭 庭 庭 | | | 교정 : 학교 뜰 | | | | |

**敎學相長** : 가르치는 것과 배우는 것은 서로 도움이 된다는 말임.
(가르칠 교, 배울 학, 서로 상, 긴 장)

| 부수·획수 | 한자 | 훈음 | | 한자어 |
|---|---|---|---|---|
| 木 12 | 橋 | 다리 교 | 橋 | 橋脚(교각) 橋塔(교탑) |
| 木 7 | 梁 | 들보 량 | 梁 | 棟梁(동량) |

丨 木 朩 杧 柸 桥 橋 橋　　氵 汈 沕 沕 泅 沙 梁 梁　　교량 : 다리의 총칭

| 부수·획수 | 한자 | 훈음 | | 한자어 |
|---|---|---|---|---|
| 工 2 | 巧 | 기교 교 | 巧 | 巧言(교언) 巧態(교태) |
| 女 4 | 妙 | 묘할 묘 | 妙 | 妙味(묘미) |

一 丅 工 工一 巧　　乚 夂 女 女l 女ll 女小 妙　　교묘 : 묘하고 약삭빠름

| 부수·획수 | 한자 | 훈음 | | 한자어 |
|---|---|---|---|---|
| 亠 4 | 交 | 바꿀 교 | 交 | 交流(교류) 交易(교역) |
| 氵 7 | 涉 | 건널 섭 | 涉 | 涉外(섭외) |

丶 亠 六 六 亣 交　　氵 氵丨 汁 沚 沚 涉 涉 涉　　교섭 : 어떤 일의 성사를 위한 논의

| 부수·획수 | 한자 | 훈음 | | 한자어 |
|---|---|---|---|---|
| 矢 12 | 矯 | 날랠 교 | 矯 | 矯飾(교식) 矯正(교정) |
| 寸 13 | 導 | 이끌 도 | 導 | 先導(선도) |

𠂉 矢 矢 矢 矫 矫 矯 矯　　丷 产 首 道 道 道 導 導　　교도 : 교도소의 준말

| 부수·획수 | 한자 | 훈음 | | 한자어 |
|---|---|---|---|---|
| 亻 8 | 俱 | 함께 구 | 俱 | 俱全(구전) 俱存(구존) |
| 王 7 | 現 | 나타날 현 | 現 | 現狀(현상) |

亻 亻| 们 们 俱 俱 俱 俱　　一 丅 王 玑 玑 珇 現 現　　구현 : 어떤 사실을 구체적으로 나타냄

| 부수·획수 | 한자 | 훈음 | | 한자어 |
|---|---|---|---|---|
| 一 4 | 丘 | 언덕 구 | 丘 | 丘木(구목) 丘山(구산) |
| 阝 8 | 陵 | 무덤 릉 | 陵 | 陵墓(능묘) |

丿 𠂆 斤 斤 丘　　阝 阝 阝一 阝十 阝圭 陈 陵 陵　　구릉 : 언덕

**口蜜腹劍** : 입에는 꿀, 뱃속에는 칼이라는 뜻으로, 말로는 친하나 속으로는 해칠 생각을 품는다는 말임. (입 구, 꿀 밀, 배 복, 칼 검)

| 부수/획 | 한자 | 훈음 | 본 | | | | | | | 낱말 |
|---|---|---|---|---|---|---|---|---|---|---|
| 扌 5 | 拘 | 잡을 구 | 拘 | | | | | | | 拘禁(구금) 拘束(구속) |
| 氵 5 | 泥 | 진흙 니 | 泥 | | | | | | | 泥土(이토) |
| 一 十 扌 扌 扚 扚 拘 拘 　 丶 丶 氵 氵 氵 沪 沪 泥 | | | | | | | | | | 구니 : 어떤 일이 마음에 꺼리낌 |
| 臼 12 | 舊 | 옛 구 | 舊 | | | | | | | 舊面(구면) 舊法(구법) |
| 弋 3 | 式 | 법 식 | 式 | | | | | | | 式場(식장) |
| 艹 萨 萨 萑 雈 雈 舊 舊 　 一 二 亍 〒 式 式 | | | | | | | | | | 구식 : 옛 방식 |
| 匸 9 | 區 | 지역 구 | 區 | | | | | | | 區別(구별) 區域(구역) |
| 刀 2 | 分 | 나눌 분 | 分 | | | | | | | 分析(분석) |
| 一 丅 亓 百 咅 品 區 區 　 丿 八 分 分 | | | | | | | | | | 구분 : 따로 갈라서 나눔 |
| 木 10 | 構 | 얽을 구 | 構 | | | | | | | 構想(구상) 構造(구조) |
| 戈 3 | 成 | 이룰 성 | 成 | | | | | | | 成就(성취) |
| 木 朩 栉 栉 構 構 構 構 　 丿 厂 万 成 成 成 | | | | | | | | | | 구성 : 여러 요소를 얽어서 하나로 만듦 |
| 攵 7 | 救 | 도울 구 | 救 | | | | | | | 救急(구급) 救援(구원) |
| 氵 14 | 濟 | 구제할 제 | 濟 | | | | | | | 濟民(제민) |
| 十 才 求 求 求 求 救 救 　 氵 氵 汸 汸 浐 潹 濟 濟 | | | | | | | | | | 구제 : 불행한 사람을 도와줌 |
| 艹 5 | 苟 | 구차할 구 | 苟 | | | | | | | 苟生(구생) 苟安(구안) |
| 一 4 | 且 | 또 차 | 且 | | | | | | | 且置(차치) |
| 艹 艹 艹 芍 芍 苟 苟 苟 　 丨 冂 冃 月 且 | | | | | | | | | | 구차 : 옹색스럽고 구구함 |

**九折羊腸** : 아홉번 꺾어진 양의 창자라는 뜻으로 세상이 복잡하여 살아가기 어렵다는 뜻을 말함. (아홉 구, 꺾을 절, 양 양, 창자 장)

| 부수/획수 | 한자 | 훈음 | 어휘 |
|---|---|---|---|
| 馬 11 | 驅 | 몰 구 | 驅迫(구박) |
| 辶 7 | 逐 | 쫓을 축 | 驅步(구보)<br>角逐(각축) |
| 厂 F 用 馬 馬 馬ˊ 騙 驅 | 一 丆 豕 豕 豕 ˋ豕 豕 逐 | | 구축 : 어떤 세력을 몰아서 쫓아냄 |
| 王 7 | 球 | 둥글물체 구 | 球團(구단) |
| 扌 4 | 技 | 재주 기 | 球形(구형)<br>技術(기술) |
| 一 Ŧ Ŧ Ŧˉ 玏 玗 球 球 | 一 十 扌 扌 扩 扗 技 | | 구기 : 공을 사용하는 운동경기 |
| 口 8 | 國 | 나라 국 | 國家(국가) |
| 心 12 | 憲 | 법 헌 | 國際(국제)<br>憲法(헌법) |
| 冂 冂 同 同 國 國 國 國 | 宀 宀 宔 宔 害 害 憲 憲 | | 국헌 : 나라의 근본이 되는 헌법 |
| 羊 7 | 群 | 무리 군 | 群像(군상) |
| 山 7 | 島 | 섬 도 | 群衆(군중)<br>孤島(고도) |
| ㄱ ⺕ ⺕ 尹 君 君ˊ 君兰 群 | ſ 户 白 白 鳥 鳥 島 島 | | 군도 : 무리를 이룬 많은 섬 |
| 阝 7 | 郡 | 고을 군 | 郡守(군수) |
| 氏 1 | 民 | 백성 민 | 郡廳(군청)<br>民族(민족) |
| ㄱ ⺕ ⺕ 尹 君 君ˊ 君㇋ 郡 | ㄱ ㄱ 尸 巳 民 | | 군민 : 군에 사는 주민 |
| 車 2 | 軍 | 군사 군 | 軍紀(군기) |
| 十 6 | 卒 | 군사 졸 | 軍隊(군대)<br>卒業(졸업) |
| ᐟ 冖 冖 冖 冝 冝 亘 軍 | 亠 亠 亠 亣 亣 亣 卒 | | 군졸 : 군대에서 일반 병사 |

**群雄割據** : 많은 영웅들이 제각기 각지에서 자리잡고 서로 세력을 다툼을 말함.
(무리 군, 수컷 웅, 나눌 할, 의거할 거)

| 부수 | 한자 | 훈음 | | 쓰기 | | | | | | | 용례 |
|---|---|---|---|---|---|---|---|---|---|---|---|
| 尸 5 | 屈 | 굽을 | 굴 | 屈 | | | | | | | 屈服(굴복) 屈辱(굴욕) |
| 曰 2 | 曲 | 굽을 | 곡 | 曲 | | | | | | | 曲線(곡선) |
| ㄱ ㅋ 尸 尸 屈 屈 屈 屈 丨 冂 巾 曲 曲 曲 | | | | | | | | | | | 굴곡 : 상하 좌우로 꺽이고 굽음 |
| 弓 0 | 弓 | 활 | 궁 | 弓 | | | | | | | 弓手(궁수) 弓術(궁술) |
| 矢 0 | 矢 | 화살 | 시 | 矢 | | | | | | | 嚆矢(효시) |
| ㄱ ㅋ 弓 丿 ㅗ 느 午 矢 | | | | | | | | | | | 궁시 : 활과 화살 |
| 宀 7 | 宮 | 대궐 | 궁 | 宮 | | | | | | | 宮闕(궁궐) 宮城(궁성) |
| 廴 4 | 廷 | 조정 | 정 | 廷 | | | | | | | 法廷(법정) |
| 丶 宀 宀 宀 宁 宫 宮 宮 丿 二 千 壬 廷 廷 廷 | | | | | | | | | | | 궁정 : 임금이 거처하며 정사를 보는 곳 |
| 穴 10 | 窮 | 궁구할 | 궁 | 窮 | | | | | | | 窮究(궁구) 窮理(궁리) |
| 土 10 | 塞 | 변방 | 색 | 塞 | | | | | | | 塞源(색원) |
| 宀 穴 穴 穷 窮 窮 窮 窮 宀 宀 宀 宙 寉 寒 寒 塞 | | | | | | | | | | | 궁색 : 가세나 차림이 몹시 곤궁함 |
| 力 18 | 勸 | 권할 | 권 | 勸 | | | | | | | 勸告(권고) 勸誘(권유) |
| 大 11 | 奬 | 장려 | 장 | 奬 | | | | | | | 奬勵(장려) |
| 艹 茾 萈 雚 雚 雚 勸 勸 爿 爿 爿 爿 將 將 將 奬 | | | | | | | | | | | 권장 : 권하며 장려함 |
| 手 6 | 拳 | 주먹 | 권 | 拳 | | | | | | | 拳法(권법) 拳銃(권총) |
| 門 10 | 鬪 | 싸움 | 투 | 鬪 | | | | | | | 鬪爭(투쟁) |
| 丶 丷 䒑 𠂔 关 关 叁 拳 丨 𠃊 𠃊 𠃊 門 門 鬪 鬪 | | | | | | | | | | | 권투 : 주먹으로 싸우는 경기 |

**捲土重來** : 한 번 실패한 뒤에 세력을 회복하여 다시 쳐들어옴을 비유한 말임.
(말 권, 흙 토, 무거울 중, 올 래)

| 부수/획 | 한자 | 훈음 | 따라 쓰기 | | | | | | | 한자어 |
|---|---|---|---|---|---|---|---|---|---|---|
| 木 18 | 權 | 권세 권 | 權 | | | | | | | 權力(권력) 權利(권리) 座談(좌담) |
| 广 7 | 座 | 자리 좌 | 座 | | | | | | | |
| 木 杧 杧 柑 榷 權 權 權 | | | | 亠 广 广 応 庅 座 座 座 | | | | 권좌 : 권력·통치권을 가진 자리 | | |
| 厂 10 | 厥 | 그 궐 | 厥 | | | | | | | 厥子(궐자) 厥後(궐후) 角巾(각건) |
| 角 0 | 角 | 뿔 각 | 角 | | | | | | | |
| 厂 厂 尸 厈 屃 屏 厥 厥 | | | | ′ ク 介 角 角 角 角 | | | | 궐각 : 고개숙여 절을 함 | | |
| 車 2 | 軌 | 굴대 궤 | 軌 | | | | | | | 軌範(궤범) 軌跡(궤적) 道理(도리) |
| 辶 9 | 道 | 길 도 | 道 | | | | | | | |
| 一 厂 百 百 亘 車 軌 軌 | | | | ‵′ 丷 䒑 䒑 首 首 道 道 | | | | 궤도 : 일정하게 운동하는 경로 | | |
| 貝 5 | 貴 | 귀할 귀 | 貴 | | | | | | | 貴中(귀중) 貴下(귀하) 賓客(빈객) |
| 貝 7 | 賓 | 손 빈 | 賓 | | | | | | | |
| 口 中 虫 冉 冑 貴 貴 貴 | | | | 宀 宀 宀 宀 宊 宾 賓 賓 | | | | 귀빈 : 귀한 손님 | | |
| 止 14 | 歸 | 돌아갈 귀 | 歸 | | | | | | | 歸農(귀농) 歸路(귀로) 國風(국풍) |
| 口 8 | 國 | 나라 국 | 國 | | | | | | | |
| 亻 𠂤 𠂤 𠂤 𠂤 𠂤 歸 歸 | | | | 冂 冂 冋 冋 國 國 國 國 | | | | 귀국 : 제나라로 돌아감 | | |
| 龜 0 | 龜 | 거북이 귀 | 龜 | | | | | | | 龜甲(귀갑) 龜頭(귀두) 鑑賞(감상) |
| 金 14 | 鑑 | 거울 감 | 鑑 | | | | | | | |
| 𠂊 龟 龟 龟 龜 龜 龜 龜 | | | | 𠆢 今 金 金 釒 鉅 鍳 鑑 | | | | 귀감 : 모범이 되는 본보기 | | |

龜毛兎角 : 거북이의 털과 토끼의 뿔이라는 뜻으로 도저히 있을 수 없는 일을 비유한 말임.

(거북 귀, 털 모, 토끼 토, 뿔 각)

| | | | | | | | | | | |
|---|---|---|---|---|---|---|---|---|---|---|
| 糸 2 | 糾 | 살필 규 | 糾 | | | | | | | 糾明(규명) 糾彈(규탄) |
| 口 3 | 合 | 합할 합 | 合 | | | | | | | 合格(합격) |

ㄥ 幺 幺 糸 糸 糸 糾 糾　丿 人 亼 仒 合 合　규합 : 많은 사람들을 끌어 모음

| | | | | | | | | | | |
|---|---|---|---|---|---|---|---|---|---|---|
| 見 4 | 規 | 법 규 | 規 | | | | | | | 規格(규격) 規定(규정) |
| 彳 6 | 律 | 법률 률 | 律 | | | | | | | 律令(율령) |

= 夫 扣 担 規 規 規　′ ㇇ 彳 彳 彳 律 律　규율 : 행위의 기준이 되는 것

| | | | | | | | | | | |
|---|---|---|---|---|---|---|---|---|---|---|
| 土 4 | 均 | 고를 균 | 均 | | | | | | | 均等(균등) 平均(평균) |
| 行 10 | 衡 | 저울 형 | 衡 | | | | | | | 平衡(평형) |

一 十 土 圴 均 均 均　彳 彳 彳 彳 徝 衡 衡　균형 : 기울거나 치우치지 않고 고름

| | | | | | | | | | | |
|---|---|---|---|---|---|---|---|---|---|---|
| 儿 5 | 克 | 이길 극 | 克 | | | | | | | 克己(극기) 克明(극명) |
| 月 4 | 服 | 옷 복 | 服 | | | | | | | 服役(복역) |

一 十 十 古 古 古 声 克　丿 刀 月 月 月 肌 服 服　극복 : 어려움이나 곤란을 이겨냄

| | | | | | | | | | | |
|---|---|---|---|---|---|---|---|---|---|---|
| 木 9 | 極 | 다할 극 | 極 | | | | | | | 極東(극동) 極致(극치) |
| 示 5 | 秘 | 숨길 비 | 秘 | | | | | | | 秘密(비밀) |

木 朩 朽 柯 極 極 極　一 丁 亍 示 示 秘 秘 秘　극비 : 더없이 중요한 비밀

| | | | | | | | | | | |
|---|---|---|---|---|---|---|---|---|---|---|
| 斤 0 | 斤 | 도끼 근 | 斤 | | | | | | | 斤數(근수) 貫斤(관근) |
| 里 5 | 量 | 헤아릴 량 | 量 | | | | | | | 度量(도량) |

′ 厂 斤 斤　口 日 旦 昌 昌 量 量 量　근량 : 저울로 단 무게

**克己復禮** : 자기의 사욕이나 사념을 양심과 이성으로 눌러 이기고 예로 돌아옴을 말함.
(이길 극, 몸 기, 돌아올 복, 예도 례)

| 부수/획수 | 한자 | 훈음 | 따라 쓰기 | | | | | | | 한자어 |
|---|---|---|---|---|---|---|---|---|---|---|
| 亻 11 | 僅 | 겨우 근 | 僅 | | | | | | | 僅僅(근근) 僅存(근존) 少年(소년) |
| 小 1 | 少 | 적을 소 | 少 | | | | | | | |
| 亻 仕 伴 伴 偣 僅 僅 僅 　 亅 亅 小 少 | | | | | | | | | | 근소 : 아주 적음 |
| 辶 4 | 近 | 가까울 근 | 近 | | | | | | | 近代(근대) 近接(근접) 郊外(교외) |
| 阝 6 | 郊 | 들 교 | 郊 | | | | | | | |
| ′ 厂 𠂆 斤 ′斤 䜣 近 　 亠 亣 六 交 交 交′ 交阝 郊 | | | | | | | | | | 근교 : 도시와 가까운 변두리 |
| 言 11 | 謹 | 삼갈 근 | 謹 | | | | | | | 謹弔(근조) 謹厚(근후) 愼重(신중) |
| 忄 10 | 愼 | 삼갈 신 | 愼 | | | | | | | |
| 亠 亖 言 言 言艹 謹 謹 謹 　 ′ 忄 忄′ 忄匕 愪 愪 愼 愼 | | | | | | | | | | 근신 : 언행을 삼가해서 조심함 |
| 木 6 | 根 | 뿌리 근 | 根 | | | | | | | 根幹(근간) 根本(근본) 源流(원류) |
| 氵 10 | 源 | 근원 원 | 源 | | | | | | | |
| 木 木ㄱ 木ヨ 朩ヨ 相 根 根 　 氵 氵 汇 沥 沥 源 源 源 | | | | | | | | | | 근원 : 어떤 일이 생겨나는 본바탕 |
| 金 0 | 金 | 쇠 금 | 金 | | | | | | | 金利(금리) 金額(금액) 剛直(강직) |
| 刂 8 | 剛 | 굳셀 강 | 剛 | | | | | | | |
| 丿 人 亼 今 全 伞 余 金 　 冂 冂 円 冈 岡 岡 剛 剛 | | | | | | | | | | 금강 : 금강산의 준말 |
| 人 2 | 今 | 이제 금 | 今 | | | | | | | 今年(금년) 今番(금번) 昔賢(석현) |
| 日 4 | 昔 | 옛 석 | 昔 | | | | | | | |
| 丿 人 亼 今 　 一 十 卄 廾 共 昔 昔 昔 | | | | | | | | | | 금석 : 지금과 옛날 |

**近朱者赤** : 붉은 것에 가까이 하면 붉어진다는 것으로 사람이 그 환경에 따라 변해감을 말함.
(가까울 근, 붉을 주, 놈 자, 붉을 적)

| 부수/획수 | 한자 | 훈음 | 따라쓰기 | | | | | | | 용례 |
|---|---|---|---|---|---|---|---|---|---|---|
| 示 8 | 禁 | 금할 금 | 禁 | | | | | | | 禁忌(금기) 禁食(금식) 煙氣(연기) |
| 火 9 | 煙 | 연기 연 | 煙 | | | | | | | |
| 十 木 村 林 林 埜 埜 禁 丷 火 炉 烟 烟 烟 煙 煙 | | | | | | | | | | 금연 : 담배 피우는 것을 금함 |
| 内 8 | 禽 | 날짐승 금 | 禽 | | | | | | | 禽鳥(금조) 夜禽(야금) 獸醫(수의) |
| 犬 15 | 獸 | 짐승 수 | 獸 | | | | | | | |
| 人 亼 今 侌 侌 禽 禽 禽 罒 罒 罒 畱 畱 嘼 嘼 獸 | | | | | | | | | | 금수 : 날짐승과 길짐승 |
| 金 8 | 錦 | 비단 금 | 錦 | | | | | | | 錦營(금영) 錦地(금지) 衣類(의류) |
| 衣 0 | 衣 | 옷 의 | 衣 | | | | | | | |
| 丿 𠆢 今 全 金 釒 鉑 錦 丶 亠 ナ 衣 衣 衣 | | | | | | | | | | 금의 : 비단 옷 |
| 糸 6 | 給 | 줄 급 | 給 | | | | | | | 給供(급공) 給米(급미) 與奪(여탈) |
| 臼 7 | 與 | 줄 여 | 與 | | | | | | | |
| 乙 幺 幺 糸 糸 紒 給 給 丨 𠂉 𦥑 𦥑 𦥑 𦥑 䑐 與 | | | | | | | | | | 급여 : 물품을 줌 |
| 心 5 | 急 | 급할 급 | 急 | | | | | | | 急求(급구) 急報(급보) 增加(증가) |
| 土 12 | 增 | 더할 증 | 增 | | | | | | | |
| 丿 勹 刍 刍 刍 急 急 急 一 土 土 圹 坩 堷 增 增 | | | | | | | | | | 급증 : 갑자기 늘어남 |
| 肉 4 | 肯 | 감히 긍 | 肯 | | | | | | | 肯諾(긍낙) 首肯(수긍) 定期(정기) |
| 宀 5 | 定 | 정할 정 | 定 | | | | | | | |
| 丨 卜 止 𣥂 肯 肯 肯 肯 丶 丷 宀 宀 宁 宇 宇 定 | | | | | | | | | | 긍정 : 그러하다고 인정함 |

**錦上添花** : 비단 위에 꽃을 더한다는 뜻으로 그렇지 않아도 좋은데 그 위에 더 좋은 것을 보태는 것을 말함. (비단 금, 위 상, 더할 첨, 꽃 화)

| 부수/획수 | 한자 | 훈 | 음 | 낱말 |
|---|---|---|---|---|
| 土 8 | 基 | 터 | 기 | 基本(기본) 基因(기인) 準備(준비) |
| 氵 10 | 準 | 고를 | 준 | |
| | | 기준 : 사물의 기본이 되는 표준 | | |
| 己 0 | 己 | 몸 | 기 | 自己(자기) 利己(이기) 乙亥(을해) |
| 亠 4 | 亥 | 돼지 | 해 | |
| | | 기해 : 육십갑자의 서른 여섯째 | | |
| 言 3 | 記 | 적을 | 기 | 記名(기명) 記事(기사) 登錄(등록) |
| 金 8 | 錄 | 적을 | 록 | |
| | | 기록 : 어떤 사실을 적음 | | |
| 豆 3 | 豈 | 어찌 | 기 | 豈能(기능) 豈不(기불) 勇敢(용감) |
| 攵 8 | 敢 | 감히 | 감 | |
| | | 기감 : 어찌 감히 | | |
| 宀 8 | 寄 | 부칠 | 기 | 寄附(기부) 寄贈(기증) 投稿(투고) |
| 禾 10 | 稿 | 원고 | 고 | |
| | | 기고 : 원고 등을 신문·방송사에 보냄 | | |
| 示 4 | 祈 | 빌 | 기 | 祈禱(기도) 祈願(기원) 求職(구직) |
| 水 2 | 求 | 구할 | 구 | |
| | | 기구 : 구할 바를 기도함 | | |

**起死回生** : 중병으로 죽을 뻔 하다가 다시 살아남을 말함.

(일어날 **기**, 죽을 **사**, 돌아올 **회**, 날 **생**)

| 부수 | 한자 | 훈음 | 본 | | | | | | | 단어 |
|---|---|---|---|---|---|---|---|---|---|---|
| 糸 3 | 紀 | 벼리 기 | 紀 | | | | | | | 紀綱(기강) 紀律(기율) |
| 心 4 | 念 | 생각할 념 | 念 | | | | | | | 念頭(염두) |
| 𠃋 幺 幺 糸 糸 糸 紀 紀 | | | ノ 人 亼 今 今 念 念 | | | | 기념 : 사적을 기리어 전함 | | | |
| 馬 8 | 騎 | 말탈 기 | 騎 | | | | | | | 騎馬(기마) 騎將(기장) |
| 八 5 | 兵 | 병사 병 | 兵 | | | | | | | 兵卒(병졸) |
| 丨 𠃍 馬 馬 馬 騎 騎 騎 | | | 丿 𠂆 斤 斤 丘 乒 兵 | | | | 기병 : 말을 탄 병사 | | | |
| 扌 4 | 技 | 재주 기 | 技 | | | | | | | 技能(기능) 技法(기법) |
| 行 5 | 術 | 재주 술 | 術 | | | | | | | 術策(술책) |
| 一 十 扌 扌 扌 技 技 | | | 丿 彳 彳 升 狱 狱 術 術 | | | | 기술 : 어떤 일을 정확히 해내는 솜씨 | | | |
| 食 2 | 飢 | 주릴 기 | 飢 | | | | | | | 飢渴(기갈) 飢饉(기근) |
| 食 7 | 餓 | 주릴 아 | 餓 | | | | | | | 餓死(아사) |
| 丿 人 今 今 食 食 飣 飢 | | | 今 食 飠 飠 餓 餓 餓 | | | | 기아 : 굶주림 | | | |
| 无 7 | 旣 | 이미 기 | 旣 | | | | | | | 旣得(기득) 旣定(기정) |
| 子 3 | 存 | 있을 존 | 存 | | | | | | | 存在(존재) |
| 白 皀 皀 皀 皀 旣 | | | 一 ナ 𠂇 存 存 存 | | | | 기존 : 이미 되어 있음 | | | |
| 幺 9 | 幾 | 얼마 기 | 幾 | | | | | | | 幾微(기미) 幾死(기사) |
| 十 1 | 千 | 일천 천 | 千 | | | | | | | 千倍(천배) |
| 幺 幺 丝 丝 丝 幾 幾 幾 | | | 丿 二 千 | | | | 기천 : 몇 천 | | | |

**奇想天外** : 착상이나 생각이 보통사람은 쉽게 짐작할 수 없을 정도로 엉뚱하고 기발한 것을 말함. (기이할 기, 생각할 상, 하늘 천, 바깥 외)

| 부수/획수 | 한자 | 훈음 | 따라쓰기 | | | | | | | 한자어 |
|---|---|---|---|---|---|---|---|---|---|---|
| 八 6 | 其 | 그 기 | 其 | | | | | | | 其時(기시) 其中(기중) 他鄕(타향) |
| 亻 3 | 他 | 다를 타 | 他 | | | | | | | |
| 一 十 廾 廾 甘 甘 其 其 　 ノ 亻 仁 仲 他 | | | | | | | | | | 기타 : 그 외에 다른 것 |

| 부수/획수 | 한자 | 훈음 | 따라쓰기 | | | | | | | 한자어 |
|---|---|---|---|---|---|---|---|---|---|---|
| 月 8 | 期 | 기약 기 | 期 | | | | | | | 期間(기간) 期待(기대) 局限(국한) |
| 阝 6 | 限 | 한정 한 | 限 | | | | | | | |
| 一 廾 甘 甘 其 期 期 期 　 阝 阝 阝 阝 阝 限 限 限 | | | | | | | | | | 기한 : 미리 정한 일정한 시기 |

| 부수/획수 | 한자 | 훈음 | 따라쓰기 | | | | | | | 한자어 |
|---|---|---|---|---|---|---|---|---|---|---|
| 人 4 | 企 | 도모할 기 | 企 | | | | | | | 企圖(기도) 企業(기업) 劃數(획수) |
| 刂 12 | 劃 | 그을 획 | 劃 | | | | | | | |
| ノ 人 个 个 亼 企 　 ㇕ 彐 聿 聿 書 書 畫 劃 | | | | | | | | | | 기획 : 일이나 사업을 계획함 |

| 부수/획수 | 한자 | 훈음 | 따라쓰기 | | | | | | | 한자어 |
|---|---|---|---|---|---|---|---|---|---|---|
| 糸 8 | 緊 | 긴할 긴 | 緊 | | | | | | | 緊急(긴급) 緊迫(긴박) 密偵(밀정) |
| 宀 8 | 密 | 비밀 밀 | 密 | | | | | | | |
| 臣 臤 臤 堅 緊 緊 　 宀 宀 宓 宓 宓 密 密 密 | | | | | | | | | | 긴밀 : 관계가 서로 밀접함 |

| 부수/획수 | 한자 | 훈음 | 따라쓰기 | | | | | | | 한자어 |
|---|---|---|---|---|---|---|---|---|---|---|
| 口 3 | 吉 | 길할 길 | 吉 | | | | | | | 吉夢(길몽) 吉運(길운) 凶惡(흉악) |
| 凵 2 | 凶 | 흉할 흉 | 凶 | | | | | | | |
| 一 十 士 吉 吉 吉 　 ノ 乂 凶 凶 | | | | | | | | | | 길흉 : 길함과 흉함 |

| 부수/획수 | 한자 | 훈음 | 따라쓰기 | | | | | | | 한자어 |
|---|---|---|---|---|---|---|---|---|---|---|
| 阝 4 | 那 | 어찌 나 | 那 | | | | | | | 那落(나락) 那何(나하) 海邊(해변) |
| 辶 15 | 邊 | 변방 변 | 邊 | | | | | | | |
| 丁 刁 刁 冄 冄 那 那 　 白 自 臬 臱 臱 臱 臱 邊 | | | | | | | | | | 나변 : 그 곳, 어느 곳 |

杞人之憂 : 일에 대한 쓸데없는 무익한 근심을 말함.

(구기자 기, 사람 인, 갈 지, 근심할 우)

| 부수/획수 | 한자 | 뜻·음 | 한자 | | | | | | | 낱말 |
|---|---|---|---|---|---|---|---|---|---|---|
| 日 9 | 暖 | 따뜻할 난 | 暖 | | | | | | | 暖氣(난기) 暖帶(난대) |
| 戶 4 | 房 | 방 방 | 房 | | | | | | | 房貰(방세) |
| 日 日 日 日 日 日 暖 暖 | | | ` ㄱ ㅋ 户 户 户 房 房 | | | | | 난방 : 방을 따뜻하게 하는 일 | | |
| 隹 11 | 難 | 어려울 난 | 難 | | | | | | | 難關(난관) 難易(난이) |
| 舟 5 | 船 | 배 선 | 船 | | | | | | | 船舶(선박) |
| 艹 苎 菫 菓 歎 歎 難 難 | | | 丿 亇 月 舟 舟 舟 舡 船 | | | | | 난선 : 폭풍우를 만나 위태로운 배 | | |
| 十 7 | 南 | 남녘 남 | 南 | | | | | | | 南部(남부) 南風(남풍) |
| 韋 8 | 韓 | 나라 한 | 韓 | | | | | | | 韓國(한국) |
| 一 十 冂 内 内 南 南 南 | | | 一 十 古 卓 卓 韓 韓 韓 | | | | | 남한 : 삼팔선 이남의 한국 | | |
| 田 2 | 男 | 사내 남 | 男 | | | | | | | 男女(남녀) 男妹(남매) |
| 寸 9 | 尊 | 높을 존 | 尊 | | | | | | | 尊敬(존경) |
| 丨 冂 冃 田 田 男 男 | | | ˇ 丷 䒑 酋 酋 酋 尊 尊 | | | | | 남존 : 남자만을 존귀하게 여김 | | |
| 女 7 | 娘 | 각시 낭 | 娘 | | | | | | | 嬌娘(교낭) 愛娘(애낭) |
| 子 0 | 子 | 아들 자 | 子 | | | | | | | 子息(자식) |
| ㄑ 女 女 女 女 女 娘 娘 | | | 乛 了 子 | | | | | 낭자 : 성숙한 미혼 여성 | | |
| 入 2 | 內 | 안 내 | 內 | | | | | | | 內陸(내륙) 內室(내실) |
| 巾 11 | 幕 | 장막 막 | 幕 | | | | | | | 幕後(막후) |
| 丨 冂 冂 內 | | | 艹 艹 艹 苩 莫 莫 幕 幕 | | | | | 내막 : 내부의 사정 | | |

**難攻不落** : 공격하기 어려워 좀처럼 함락되지 않음을 말함.
(어려울 난, 칠 공, 아니 불, 떨어질 락)

| 부수/획 | 한자 | 훈음 | | | | | | | | 용례 |
|---|---|---|---|---|---|---|---|---|---|---|
| 丿 2 | 乃 | 이에 내 | | | | | | | | 乃父(내부) 乃後(내후) 至誠(지성) |
| 至 0 | 至 | 이를 지 | | | | | | | | |
| 丿 乃 乃 | | | | 一 ㄊ 乙 至 至 | | | | 내지 : 얼마에서 얼마까지 | | |
| 大 5 | 奈 | 어찌 내 | | | | | | | | 可奈(가내) 奈落(나락) 何等(하등) |
| 亻 5 | 何 | 어찌 하 | | | | | | | | |
| 一 ナ 大 太 夲 夲 奈 奈 | | | | 丿 亻 仁 仃 何 何 何 | | | | 내하 : 어찌함 | | |
| 心 4 | 念 | 생각할 념 | | | | | | | | 念頭(염두) 念佛(염불) 願望(원망) |
| 頁 10 | 願 | 바랄 원 | | | | | | | | |
| 丿 人 亼 今 今 念 念 | | | | 厂 厈 盾 原 原 願 願 願 | | | | 염원 : 내심 생각하고 바라는 바 | | |
| 女 2 | 奴 | 사내종 노 | | | | | | | | 奴僕(노복) 奴隷(노예) 婢僕(비복) |
| 女 8 | 婢 | 계집종 비 | | | | | | | | |
| ㄑ 女 女 奴 奴 | | | | 女 女' 女' 女白 婢 婢 婢 婢 | | | | 노비 : 사내종과 계집종의 총칭 | | |
| 力 5 | 努 | 힘쓸 노 | | | | | | | | 努目(노목) 努肉(노육) 實力(실력) |
| 力 0 | 力 | 힘 력 | | | | | | | | |
| ㄑ 女 女 如 奴 努 努 | | | | ㄱ 力 | | | | 노력 : 애를 쓰고 힘을 씀 | | |
| 辰 6 | 農 | 농사 농 | | | | | | | | 農業(농업) 農場(농장) 耕作(경작) |
| 禾 4 | 耕 | 밭갈 경 | | | | | | | | |
| 口 曲 曲 曲 芦 農 農 農 | | | | 二 三 丰 耒 耒 耓 耕 耕 | | | | 농경 : 논밭을 갈아 농사를 지음 | | |

**內憂外患** : 나라 안에도 근심이 있고, 나라 밖으로 부터도 외적이 쳐들어 오는 불안정한 시국을 말함. (안 내, 근심 우, 바깥 외, 근심 환)

| 부수·획수 | 한자 | 훈 | 음 | 쓰기 | | | | | | | 용례 |
|---|---|---|---|---|---|---|---|---|---|---|---|
| 肉 9 | 腦 | 머리 | 뇌 | 腦 | | | | | | | 腦病(뇌병)<br>洗腦(세뇌)<br>裏面(이면) |
| 衣 7 | 裏 | 속 | 리 | 裏 | | | | | | | |
| 丿 刀 月 月' 月巛 腦 腦 腦 | | | | 亠 亠 亩 亩 重 重 重 裏 | | | | | | | 뇌리 : 생각하는 머릿속 |
| 氵 5 | 泥 | 진흙 | 니 | 泥 | | | | | | | 泥沙(이사)<br>泥土(이토)<br>工程(공정) |
| 工 0 | 工 | 장인 | 공 | 工 | | | | | | | |
| 丶 冫 氵 氵 氵 泥 泥 泥 | | | | 一 丅 工 | | | | | | | 이공 : 미장이 |
| 夕 3 | 多 | 많을 | 다 | 多 | | | | | | | 多感(다감)<br>多情(다정)<br>彩色(채색) |
| 彡 8 | 彩 | 무늬 | 채 | 彩 | | | | | | | |
| 丿 ク 夕 多 多 多 | | | | 𠂊 爫 爫 乎 采 采 彩 彩 | | | | | | | 다채 : 다양하고 화려함 |
| 丶 3 | 丹 | 붉을 | 단 | 丹 | | | | | | | 丹色(단색)<br>丹楓(단풍)<br>化粧(화장) |
| 米 6 | 粧 | 단장 | 장 | 粧 | | | | | | | |
| 丿 冂 冂 丹 | | | | 丷 丷 半 米 米 粧 粧 粧 | | | | | | | 단장 : 얼굴 등을 곱게 꾸밈 |
| 殳 5 | 段 | 층계 | 단 | 段 | | | | | | | 段落(단락)<br>手段(수단)<br>階級(계급) |
| 阝 9 | 階 | 섬돌 | 계 | 階 | | | | | | | |
| ´ 丨 F F 𠂤 𠂤 段 段 | | | | 阝 阝 阝 阝 阝 階 階 階 | | | | | | | 단계 : 일이 되어 나가는 과정 |
| 亻 5 | 但 | 다만 | 단 | 但 | | | | | | | 但見(단견)<br>但書(단서)<br>只今(지금) |
| 口 2 | 只 | 다만 | 지 | 只 | | | | | | | |
| 丿 亻 亻 仴 仴 但 但 | | | | 丨 口 口 只 只 | | | | | | | 단지 : 겨우. 오직. 다만 |

**泥田鬪狗** : 진흙 속에서 싸우는 개라는 뜻으로, 엉망진창 형편없는 모습을 말함.

(진흙 니, 밭 전, 싸움 투, 개 구)

| 부수/획수 | 한자 | 훈음 | 따라 쓰기 | | | | | | | 한자어 |
|---|---|---|---|---|---|---|---|---|---|---|
| 口 11 | 團 | 모일 단 | 團 | | | | | | | 團結(단결) 團體(단체) |
| 木 3 | 束 | 묶을 속 | 束 | | | | | | | 拘束(구속) |
| 冂 冋 冋 圍 圍 圍 團 | | | 一 下 㠯 申 束 束 | | | | 단속 : 규칙 등을 어기지 않게 통제함 | | | |
| 辶 9 | 達 | 통할 달 | 達 | | | | | | | 達人(달인) 達筆(달필) |
| 見 18 | 觀 | 볼 관 | 觀 | | | | | | | 觀光(관광) |
| 土 圭 幸 幸 幸 達 達 達 | | | 艹 卝 茳 萑 萑 雚 觀 觀 | | | | 달관 : 널리 두루 봄 | | | |
| 言 8 | 談 | 이야기 담 | 談 | | | | | | | 談客(담객) 談笑(담소) |
| 言 8 | 論 | 논할 론 | 論 | | | | | | | 論議(논의) |
| 言 言 言 訁 訁 談 談 談 | | | 言 言 訁 訟 訡 訡 論 論 | | | | 담론 : 서로 이야기함 | | | |
| 足 8 | 踏 | 밟을 답 | 踏 | | | | | | | 踏步(답보) 踏査(답사) |
| 衣 16 | 襲 | 엄습할 습 | 襲 | | | | | | | 空襲(공습) |
| 口 早 早 足 趴 趴 趴 踏 | | | 育 育 韵 韵 龍 龍 龔 襲 | | | | 답습 : 선인의 행적을 따라 행함 | | | |
| 竹 6 | 答 | 대답할 답 | 答 | | | | | | | 答禮(답례) 答案(답안) |
| 辛 14 | 辯 | 말잘할 변 | 辯 | | | | | | | 辯護(변호) |
| 𠂉 竺 竺 竺 答 答 答 答 | | | 立 辛 辛 辛 辡 辡 辯 辯 | | | | 답변 : 물음에 대답하여 하는 변명 | | | |
| 米 10 | 糖 | 사탕 당 | 糖 | | | | | | | 糖米(당미) 糖分(당분) |
| 广 6 | 度 | 법도 도 | 度 | | | | | | | 速度(속도) |
| 米 米 粁 粁 粓 糖 糖 糖 | | | 亠 广 庀 庀 庐 庐 度 度 | | | | 당도 : 당의 양 | | | |

**當然之事** : 이치로 보아 마땅히 그러한 일을 말함.

(마땅할 당, 그럴 연, 갈 지, 일 사)

| 부수 획수 | 한자 | 훈 | 음 | 따라쓰기 | | | | | | | 용례 |
|---|---|---|---|---|---|---|---|---|---|---|---|
| 大 0 | 大 | 큰 | 대 | 大 | | | | | | | 大綱(대강) 大量(대량) |
| 木 11 | 概 | 대개 | 개 | 概 | | | | | | | 概要(개요) |
| 一ナ大 十木朩村根根椻概 | | | | | | | | | | | 대개 : 대체적인 줄거리 |
| 貝 5 | 貸 | 빌릴 | 대 | 貸 | | | | | | | 貸與(대여) 貸出(대출) |
| 亻 3 | 付 | 줄 | 부 | 付 | | | | | | | 納付(납부) |
| 亻仁代代佟貸貸貸 ノ亻仁付付 | | | | | | | | | | | 대부 : 기한을 정하고 돈을 빌려줌 |
| 寸 11 | 對 | 대할 | 대 | 對 | | | | | | | 對立(대립) 對象(대상) |
| 灬 9 | 照 | 비칠 | 조 | 照 | | | | | | | 照明(조명) |
| 丨丨丨 业 业 丵 丵 對對 丨 冂 日 日7 日刀 昭 照 照 | | | | | | | | | | | 대조 : 맞대어 봄 |
| 亻 3 | 代 | 대신 | 대 | 代 | | | | | | | 代金(대금) 代理(대리) |
| 日 8 | 替 | 바꿀 | 체 | 替 | | | | | | | 交替(교체) |
| ノ亻仁代代 二 キ 夫 夫二 夫夫 扶 替 替 | | | | | | | | | | | 대체 : 다른 것으로 바꿈 |
| 彳 12 | 德 | 덕 | 덕 | 德 | | | | | | | 德性(덕성) 德澤(덕택) |
| 行 0 | 行 | 다닐 | 행 | 行 | | | | | | | 行動(행동) |
| 彳彳彳彳德德德德 ノ ク 彳 彳 行行 | | | | | | | | | | | 덕행 : 어질고 두터운 행실 |
| 木 6 | 桃 | 복숭아 | 도 | 桃 | | | | | | | 桃色(도색) 桃花(도화) |
| 木 3 | 李 | 오얏 | 리 | 李 | | | | | | | 李氏(이씨) |
| 一十木 村 村 机 桃 桃 一 十 才 木 李 李 李 | | | | | | | | | | | 도리 : 복숭아와 오얏 |

**大悟覺醒** : 번뇌에서 벗어나 진리를 크게 깨닫고 자기의 허물을 아는 것을 말함.
(큰 대, 깨달을 오, 깨달을 각, 술깰 성)

| 부수·획수 | 한자 | 훈음 | 따라 쓰기 | | | | | | | 한자어 |
|---|---|---|---|---|---|---|---|---|---|---|
| 口 11 | 圖 | 그림 도 | 圖 | | | | | | | 圖面(도면)<br>圖案(도안)<br>謀略(모략) |
| 言 9 | 謀 | 꾀할 모 | 謀 | | | | | | | |

冂 冂 冂 冋 冎 圖 圖 圖　　言 言 言 計 諆 謀 謀 謀　　도모 : 어떤 일에 대책을 세움

| 부수·획수 | 한자 | 훈음 | 따라 쓰기 | | | | | | | 한자어 |
|---|---|---|---|---|---|---|---|---|---|---|
| 彳 7 | 徒 | 무리 도 | 徒 | | | | | | | 徒步(도보)<br>徒食(도식)<br>先輩(선배) |
| 車 8 | 輩 | 무리 배 | 輩 | | | | | | | |

彡 彳 什 往 往 徒 徒 徒　　丨 ヨ ヨ 非 背 輩 輩 輩　　도배 : 어울려 같은 짓을 하는 무리

| 부수·획수 | 한자 | 훈음 | 따라 쓰기 | | | | | | | 한자어 |
|---|---|---|---|---|---|---|---|---|---|---|
| 足 6 | 跳 | 뛸 도 | 跳 | | | | | | | 跳梁(도량)<br>跳襲(도습)<br>躍進(약진) |
| 足 14 | 躍 | 뛸 약 | 躍 | | | | | | | |

口 口 足 趴 跳 跳 跳 跳　　足 趵 趵 踻 躍 躍 躍　　도약 : 뛰어 오름

| 부수·획수 | 한자 | 훈음 | 따라 쓰기 | | | | | | | 한자어 |
|---|---|---|---|---|---|---|---|---|---|---|
| 阝 8 | 陶 | 질그릇 도 | 陶 | | | | | | | 陶器(도기)<br>陶冶(도야)<br>演藝(연예) |
| 艹 15 | 藝 | 재주 예 | 藝 | | | | | | | |

阝 阝 阝 門 陶 陶 陶 陶　　艹 芢 芸 埶 埶 蓺 蓺 藝　　도예 : 도자기에 관한 공예

| 부수·획수 | 한자 | 훈음 | 따라 쓰기 | | | | | | | 한자어 |
|---|---|---|---|---|---|---|---|---|---|---|
| 阝 9 | 都 | 도읍 도 | 都 | | | | | | | 都賣(도매)<br>都市(도시)<br>邑長(읍장) |
| 邑 0 | 邑 | 고을 읍 | 邑 | | | | | | | |

十 土 耂 者 者 者 都 都　　口 口 口 吕 吕 邑 邑　　도읍 : 한 나라의 수도

| 부수·획수 | 한자 | 훈음 | 따라 쓰기 | | | | | | | 한자어 |
|---|---|---|---|---|---|---|---|---|---|---|
| 扌 6 | 挑 | 돋을 도 | 挑 | | | | | | | 挑發(도발)<br>挑出(도출)<br>戰爭(전쟁) |
| 戈 12 | 戰 | 싸움 전 | 戰 | | | | | | | |

扌 扌 扌 扌 挑 挑 挑　　口 吅 罒 單 單 戰 戰 戰　　도전 : 싸움을 걸거나 도발함

**倒行逆施** : 차례를 바꾸어 행한다는 뜻으로 행하는 바가 도리에 맞지 아니함을 이르는 말임. (넘어질 도, 갈 행, 거스릴 역, 베풀 시)

| 부수 획수 | 한자 | 훈음 | 따라쓰기 | | | | | | | 용례 |
|---|---|---|---|---|---|---|---|---|---|---|
| 辶 6 | 逃 | 달아날 도 | 逃 | | | | | | | 逃亡(도망) 逃避(도피) |
| 走 0 | 走 | 달아날 주 | 走 | | | | | | | 走破(주파) |
| 丿 丬 兆 兆 兆 兆 洮 逃 　 一 十 土 キ 丰 赱 走 　 도주 : 피하여 달아남 | | | | | | | | | | |
| 毋 4 | 毒 | 독 독 | 毒 | | | | | | | 毒物(독물) 毒殺(독살) |
| 虫 5 | 蛇 | 뱀 사 | 蛇 | | | | | | | 蛇足(사족) |
| 一 十 主 圭 青 青 青 毒 　 口 中 虫 虫 虻 虻 虻 蛇 　 독사 : 독이 있는 뱀 | | | | | | | | | | |
| 言 15 | 讀 | 읽을 독 | 讀 | | | | | | | 讀誦(독송) 讀破(독파) |
| 日 6 | 書 | 글 서 | 書 | | | | | | | 書庫(서고) |
| 言 言 言 計 請 請 讀 讀 　 ㄱ ㅋ ヨ 申 聿 書 書 書 　 독서 : 책을 읽음 | | | | | | | | | | |
| 攵 8 | 敦 | 도타울 돈 | 敦 | | | | | | | 敦睦(돈목) 敦厚(돈후) |
| 竹 10 | 篤 | 두터울 독 | 篤 | | | | | | | 篤實(독실) |
| 亠 亨 享 享 享 享 敦 敦 　 ⺮ ⺮ 竹 竹 筲 篤 篤 篤 　 돈독 : 인정이 두터움 | | | | | | | | | | |
| 豕 4 | 豚 | 돼지 돈 | 豚 | | | | | | | 豚犢(돈독) 豚皮(돈피) |
| 犬 0 | 犬 | 개 견 | 犬 | | | | | | | 犬公(견공) |
| 丿 刀 月 肀 肟 豚 豚 豚 　 一 ナ 大 犬 　 돈견 : 돼지와 개. 어리석은 자식 | | | | | | | | | | |
| 穴 4 | 突 | 부딪칠 돌 | 突 | | | | | | | 突變(돌변) 突然(돌연) |
| 石 5 | 破 | 깨뜨릴 파 | 破 | | | | | | | 破裂(파열) |
| 丶 宀 宀 穴 空 突 突 突 　 一 ア 石 石 矿 矿 破 破 　 돌파 : 뚫고 나아감 | | | | | | | | | | |

**獨不將軍** : 혼자서는 장군이 못된다는 뜻으로 혼자 잘난체 하고 제 생각대로 혼자 처리하는 사람을 말함. (홀로 독, 아니 불, 장수 장, 군사 군)

| 부수/획수 | 한자 | 훈음 | 따라 쓰기 | | | | | | | 한자어 |
|---|---|---|---|---|---|---|---|---|---|---|
| 口 3 | 同 | 같을 동 | 同 | | | | | | | 同等(동등) 同胞(동포) 閣僚(각료) |
| 亻 12 | 僚 | 동관 료 | 僚 | | | | | | | |
| 丨 冂 冂 同 同 同 | | | 亻 伙 伙 侪 偺 偺 僚 僚 | | | | 동료 : 같은 직장에서 일하는 사람 | | | |
| 氵 6 | 洞 | 고을 동 | 洞 | | | | | | | 洞內(동내) 洞長(동장) 里程(이정) |
| 里 0 | 里 | 마을 리 | 里 | | | | | | | |
| 氵 氵 氵 洞 洞 洞 洞 洞 | | | 丨 口 日 日 甲 甲 里 | | | | 동리 : 마을 | | | |
| 金 6 | 銅 | 구리 동 | 銅 | | | | | | | 銅賞(동상) 銅錢(동전) 賞金(상금) |
| 貝 8 | 賞 | 상줄 상 | 賞 | | | | | | | |
| 金 金 金 釒 釗 釗 銅 | | | 丨 丨 丬 尚 尚 常 賞 賞 | | | | 동상 : 금·은·동상에서 셋째상 | | | |
| 頁 7 | 頭 | 머리 두 | 頭 | | | | | | | 頭腦(두뇌) 頭緖(두서) 理髮(이발) |
| 髟 5 | 髮 | 터럭 발 | 髮 | | | | | | | |
| 一 豆 豆 豆 豆 頭 頭 頭 | | | 丨 F 𠂉 镸 髟 髟 髮 髮 | | | | 두발 : 사람의 머리털 | | | |
| 豆 0 | 豆 | 콩 두 | 豆 | | | | | | | 豆肥(두비) 豆油(두유) 乳房(유방) |
| 乙 7 | 乳 | 젖 유 | 乳 | | | | | | | |
| 一 丆 丙 百 戸 亘 豆 | | | ノ ノ 爫 爫 乎 孚 孚 乳 | | | | 두유 : 콩으로 만든 액체 | | | |
| 金 4 | 鈍 | 무딜 둔 | 鈍 | | | | | | | 鈍悶(둔민) 鈍才(둔재) 濁聲(탁성) |
| 氵 13 | 濁 | 흐릴 탁 | 濁 | | | | | | | |
| 金 金 金 金 金 鈍 鈍 | | | 氵 氵 氵 泗 渇 渇 濁 濁 | | | | 둔탁 : 성질이 둔하고 흐리터분함 | | | |

**同價紅裳** : 같은 값이면 다홍치마라는 뜻으로 같은 값이면 좋은 물건을 가짐을 말함.
(한가지 동, 값 가, 붉을 홍, 치마 상)

| 부수/획수 | 한자 | 훈음 | | | | | | | | 용례 |
|---|---|---|---|---|---|---|---|---|---|---|
| 彳 8 | 得 | 얻을 득 | 得 | | | | | | | 得道(득도)<br>得失(득실)<br>勢家(세가) |
| 力 11 | 勢 | 세력 세 | 勢 | | | | | | | |
| 彳 彳 彳 彳 彳 得 得 得   圥 圭 坴 埶 埶 埶 勢 勢 | | | | | | | | | | 득세 : 세력을 얻음 |
| 癶 7 | 登 | 오를 등 | 登 | | | | | | | 登校(등교)<br>登山(등산)<br>場所(장소) |
| 土 9 | 場 | 마당 장 | 場 | | | | | | | |
| 丿 癶 癶 癶 癶 登 登 登   一 土 坦 坦 坦 埸 場 場 | | | | | | | | | | 등장 : 무대 등에 나타남 |
| 网 14 | 羅 | 그물 라 | 羅 | | | | | | | 羅城(나성)<br>羅列(나열)<br>唐詩(당시) |
| 口 7 | 唐 | 나라 당 | 唐 | | | | | | | |
| 罒 罒 罒 罒 罒 羅 羅 羅   亠 广 户 户 户 唐 唐 唐 | | | | | | | | | | 나당 : 신라와 당나라 |
| 艹 9 | 落 | 떨어질 락 | 落 | | | | | | | 落葉(낙엽)<br>落第(낙제)<br>雷電(뇌전) |
| 雨 5 | 雷 | 천둥 뢰 | 雷 | | | | | | | |
| 艹 艹 艹 艹 莎 落 落 落   𠂉 帀 帀 雨 雨 雷 雷 雷 | | | | | | | | | | 낙뢰 : 벼락을 침. |
| 木 17 | 欄 | 난간 란 | 欄 | | | | | | | 空欄(공란)<br>句欄(구란)<br>干涉(간섭) |
| 干 0 | 干 | 방패 간 | 干 | | | | | | | |
| 朩 朩 朩 朩 欄 欄 欄 欄   一 二 干 | | | | | | | | | | 난간 : 층계나 다리의 가장자리 보호대 |
| 氵 14 | 濫 | 넘칠 람 | 濫 | | | | | | | 濫發(남발)<br>氾濫(범람)<br>使用(사용) |
| 用 0 | 用 | 쓸 용 | 用 | | | | | | | |
| 氵 氵 氵 氵 氵 濫 濫   丿 冂 月 月 用 | | | | | | | | | | 남용 : 함부로 마구 씀 |

**燈下不明** : 등잔밑이 어둡다는 뜻으로 가까이에서 생긴 일을 오히려 잘 모름을 이르는 말임. (등잔 등, 아래 하, 아니 불, 밝을 명)

| 부수·획수 | 한자 | 훈음 | 쓰기 | | | | | | | 한자어 |
|---|---|---|---|---|---|---|---|---|---|---|
| 阝 7 | 郎 | 사내 랑 | | | | | | | | 郎徒(낭도)<br>新郎(신랑)<br>夫君(부군) |
| 口 4 | 君 | 임금 군 | | | | | | | | |
| 郎 필순 | | | | | | | | | | |
| 君 필순: ㄱ ㅋ ㅋ 尹 尹 君 君 | | | | | | | | | | |
| 낭군 : 아내가 남편을 이르는 말 | | | | | | | | | | |
| 冫 5 | 冷 | 찰 랭 | | | | | | | | 冷却(냉각)<br>冷淡(냉담)<br>凍結(동결) |
| 冫 8 | 凍 | 얼 동 | | | | | | | | |
| 冷 필순: 丶 冫 冫 冫 冷 冷 冷 | | | | | | | | | | |
| 凍 필순: 冫 冫 冫 冫 冫 凍 凍 凍 | | | | | | | | | | |
| 냉동 : 인공으로 얼림 | | | | | | | | | | |
| 田 6 | 略 | 간략할 략 | | | | | | | | 略言(약언)<br>略稱(약칭)<br>歷代(역대) |
| 止 12 | 歷 | 지낼 력 | | | | | | | | |
| 略 필순: 口 日 田 田 田 畂 畋 略 | | | | | | | | | | |
| 歷 필순: 厂 厂 厤 厤 厤 厤 歴 歷 | | | | | | | | | | |
| 약력 : 간단하게 적은 이력 | | | | | | | | | | |
| 扌 8 | 掠 | 노략질 략 | | | | | | | | 掠劫(약겁)<br>掠笞(약태)<br>奪還(탈환) |
| 大 11 | 奪 | 빼앗을 탈 | | | | | | | | |
| 掠 필순: 扌 扌 扌 扩 扩 掂 掠 掠 | | | | | | | | | | |
| 奪 필순: 大 夵 夵 夵 奞 奞 奞 奪 | | | | | | | | | | |
| 약탈 : 폭력을 써서 억지로 빼앗음 | | | | | | | | | | |
| 艮 1 | 良 | 어질 량 | | | | | | | | 良民(양민)<br>良質(양질)<br>妻妾(처첩) |
| 女 5 | 妻 | 아내 처 | | | | | | | | |
| 良 필순: 丶 ㅋ ㅋ ㅋ 良 良 良 | | | | | | | | | | |
| 妻 필순: 一 ㅋ ㅋ ㅋ 妻 妻 妻 | | | | | | | | | | |
| 양처 : 좋은 아내 | | | | | | | | | | |
| 米 12 | 糧 | 양식 량 | | | | | | | | 糧食(양식)<br>糧車(양차)<br>穀倉(곡창) |
| 禾 10 | 穀 | 곡식 곡 | | | | | | | | |
| 糧 필순: 丬 米 粎 粎 粎 糧 糧 糧 | | | | | | | | | | |
| 穀 필순: 十 士 声 壳 壳 壳 𣪊 穀 | | | | | | | | | | |
| 양곡 : 양식으로 쓰이는 곡식 | | | | | | | | | | |

**兩者擇一** : 두 사람 또는 두 사물 중에서 하나를 골라잡음을 말함.

(두 량, 놈 자, 가릴 택, 한 일)

| 부수/획수 | 한자 | 훈음 | 따라쓰기 | | | | | | | 낱말 |
|---|---|---|---|---|---|---|---|---|---|---|
| 方 6 | 旅 | 여행할 려 | 旅 | | | | | | | 旅館(여관) 旅券(여권) 費用(비용) |
| 貝 5 | 費 | 쓸 비 | 費 | | | | | | | |
| 亠 方 方 方' 㫃 旅 旅 旅 　 ㄱ ㅋ 弓 冉 弗 弗 費 費 | | | | | | | | | | 여비 : 여행할 때 드는 돈 |
| 糸 9 | 練 | 익힐 련 | 練 | | | | | | | 練達(연달) 練武(연무) 習字(습자) |
| 羽 5 | 習 | 익힐 습 | 習 | | | | | | | |
| ㄥ 幺 糸 糹 絧 緬 緙 練 　 ㄱ ㅋ 习 羽 羽 羽 習 習 | | | | | | | | | | 연습 : 자꾸 되풀이하여 배움 |
| 金 9 | 鍊 | 단련할 련 | 鍊 | | | | | | | 鍊武(연무) 鍛鍊(단련) 磨擦(마찰) |
| 石 11 | 磨 | 갈 마 | 磨 | | | | | | | |
| 𠂉 今 金 釒 鉔 鉮 鍊 鍊 　 亠 广 庁 庥 麻 麽 磨 磨 | | | | | | | | | | 연마 : 돌·쇠 등등을 갈고 닦음 |
| 辶 7 | 連 | 이을 련 | 連 | | | | | | | 連帶(연대) 連絡(연락) 結果(결과) |
| 糸 6 | 結 | 맺을 결 | 結 | | | | | | | |
| 一 丙 亘 亘 車 連 連 連 　 ㄥ 幺 幺 糸 糸 糸 結 結 | | | | | | | | | | 연결 : 서로 이어서 맺음 |
| 灬 6 | 烈 | 매울 렬 | 烈 | | | | | | | 烈氣(열기) 烈女(열녀) 士林(사림) |
| 士 0 | 士 | 선비 사 | 士 | | | | | | | |
| 𠂆 歹 歹 列 列 列 烈 烈 　 一 十 士 | | | | | | | | | | 열사 : 절의를 굳게 지킨 선비 |
| 刀 4 | 列 | 벌릴 렬 | 列 | | | | | | | 列擧(열거) 列傳(열전) 强制(강제) |
| 弓 8 | 強 | 강할 강 | 強 | | | | | | | |
| 一 𠂆 歹 歹 列 列 　 ㄱ 弓 弘 弘 弨 弹 強 強 | | | | | | | | | | 열강 : 여러 강한 나라들 |

**連絡不絶** : 오고 가고 함이 끊이지 아니함을 말함.

(이을 련, 이을 락, 아니 불, 끊어질 절)

| 부수/획 | 한자 | 훈음 | 따라 쓰기 | | | | | | | 한자어 |
|---|---|---|---|---|---|---|---|---|---|---|
| 广 10 | 廉 | 청렴할 렴 | 廉 | | | | | | | 廉恥(염치)<br>廉探(염탐)<br>價格(가격) |
| 亻 13 | 價 | 값 가 | 價 | | | | | | | |
| 广 广 庐 庐 庐 廉 廉 廉　　亻 价 價 價 價 價 價 價　　염가 : 싼값 | | | | | | | | | | |
| 人 3 | 令 | 명령할 령 | 令 | | | | | | | 軍令(군령)<br>命令(명령)<br>狀元(장원) |
| 犬 4 | 狀 | 문서 장 | 狀 | | | | | | | |
| 丿 人 亼 今 令　　丨 丬 爿 爿 爿 狀 狀　　영장 : 관청에서 보내는 출두 | | | | | | | | | | |
| 山 14 | 嶺 | 산봉우리령 | 嶺 | | | | | | | 嶺南(영남)<br>嶺西(영서)<br>東洋(동양) |
| 木 4 | 東 | 동녘 동 | 東 | | | | | | | |
| 山 山 岁 岺 嶺 嶺 嶺 嶺　　一 厂 百 百 申 東 東 東　　영동 : 강원도 대관령 동쪽의 땅 | | | | | | | | | | |
| 雨 16 | 靈 | 신령 령 | 靈 | | | | | | | 靈驗(영험)<br>靈魂(영혼)<br>瑞氣(서기) |
| 王 9 | 瑞 | 상서 서 | 瑞 | | | | | | | |
| 雨 雨 雨 雨 靈 靈 靈 靈　　王 玒 玴 瑞 瑞 瑞 瑞　　영서 : 신령한 상서로움 | | | | | | | | | | |
| 亻 6 | 例 | 법식 례 | 例 | | | | | | | 例證(예증)<br>例話(예화)<br>事故(사고) |
| 亅 7 | 事 | 일 사 | 事 | | | | | | | |
| 丿 亻 亻 仃 伢 伢 例 例　　一 ㄱ 市 市 耳 耳 事 事　　예사 : 세상에 보통있는 일 | | | | | | | | | | |
| 老 0 | 老 | 늙을 로 | 老 | | | | | | | 老練(노련)<br>老少(노소)<br>翁姑(옹고) |
| 羽 4 | 翁 | 늙은이 옹 | 翁 | | | | | | | |
| 一 十 土 耂 老 老　　八 公 公 弁 弁 翁 翁 翁　　노옹 : 나이가 많은 남자 | | | | | | | | | | |

勞心焦思 : 마음으로 애를 쓰며 속을 태움을 말함.

(일할 로, 마음 심, 그슬릴 초, 생각 사)

| 부수 획 | 한자 | 훈음 | 쓰기 | | | | | | | 낱말 |
|---|---|---|---|---|---|---|---|---|---|---|
| 力 10 | 勞 | 수고할 로 | 勞 | | | | | | | 勞苦(노고) 勞動(노동) |
| 糸 5 | 組 | 조직 조 | 組 | | | | | | | 組織(조직) |
| 勞 組 노조 : 노동조합의 준말 | | | | | | | | | | |
| 糸 8 | 綠 | 푸를 록 | 綠 | | | | | | | 綠樹(녹수) 綠陰(녹음) |
| 艹 6 | 茶 | 차 다 | 茶 | | | | | | | 紅茶(홍차) |
| 綠 茶 녹다 : 녹차 | | | | | | | | | | |
| 鹿 0 | 鹿 | 사슴 록 | 鹿 | | | | | | | 鹿苑(녹원) 鹿茸(녹용) |
| 角 0 | 角 | 뿔 각 | 角 | | | | | | | 角逐(각축) |
| 鹿 角 녹각 : 약용으로 쓰이는 사슴뿔 | | | | | | | | | | |
| 言 8 | 論 | 논할 론 | 論 | | | | | | | 論駁(논박) 論題(논제) |
| 辶 5 | 述 | 말할 술 | 述 | | | | | | | 述語(술어) |
| 論 述 논술 : 의견을 진술함 | | | | | | | | | | |
| 廾 4 | 弄 | 희롱할 롱 | 弄 | | | | | | | 弄談(농담) 弄戲(농희) |
| 女 3 | 奸 | 간음할 간 | 奸 | | | | | | | 奸計(간계) |
| 弄 奸 농간 : 남을 속이려는 간사한 짓 | | | | | | | | | | |
| 雨 5 | 雷 | 천둥 뢰 | 雷 | | | | | | | 雷同(뇌동) 雷雨(뇌우) |
| 耳 11 | 聲 | 소리 성 | 聲 | | | | | | | 聲樂(성악) |
| 雷 聲 뇌성 : 천둥치는 소리 | | | | | | | | | | |

**論功行賞** : 공로를 따져서 상을 준다는 말로서 세운 공을 평가하고 의논하여 표창하고 상을 줌을 말함. (논할 론, 공 공, 행할 행, 상줄 상)

| 부수·획수 | 한자 | 훈 | 음 | 따라 쓰기 | 한자어 |
|---|---|---|---|---|---|
| 木 11 | 樓 | 다락 | 루 | 樓 | 樓閣(누각)<br>樓臺(누대)<br>閣僚(각료) |
| 門 6 | 閣 | 누각 | 각 | 閣 | |
| 木卩 木罒 木目 木𦣝 木婁 樓 樓 | | 門 門 門 門 閁 閔 閣 閣 | | 누각 : 사방이 트인 다락집 | |
| 尸 11 | 屢 | 여러 | 루 | 屢 | 屢代(누대)<br>屢世(누세)<br>次例(차례) |
| 欠 2 | 次 | 버금 | 차 | 次 | |
| 尸 尸 尸 尸 尸 屓 屢 屢 | | 丶 冫 冫 冫 冫 次 次 | | 누차 : 여러 차례 | |
| 氵 11 | 漏 | 샐 | 루 | 漏 | 漏落(누락)<br>漏水(누수)<br>電話(전화) |
| 雨 5 | 電 | 번개 | 전 | 電 | |
| 氵 氵 氵 氵 漏 漏 漏 | | 一 戸 币 雨 雨 雨 電 | | 누전 : 전기가 새어남 | |
| 田 5 | 留 | 머무를 | 류 | 留 | 留宿(유숙)<br>留學(유학)<br>保證(보증) |
| 亻 7 | 保 | 보전할 | 보 | 保 | |
| 𠂋 𠂋 卯 卯 留 留 留 留 | | 丿 亻 亻 佀 佀 保 保 保 | | 유보 : 멈추어 두고 보존함 | |
| 頁 10 | 類 | 비슷할 | 류 | 類 | 類例(유례)<br>類別(유별)<br>近似(근사) |
| 亻 5 | 似 | 같을 | 사 | 似 | |
| 丷 米 米 类 类 類 類 類 | | 亻 亻 亻 亻 似 似 | | 유사 : 서로 비슷함 | |
| 阝 8 | 陸 | 뭍 | 륙 | 陸 | 陸路(육로)<br>陸地(육지)<br>軍律(군율) |
| 車 2 | 軍 | 군사 | 군 | 軍 | |
| 了 阝 阝 阝 阝 陆 陸 陸 | | 丶 冖 冖 冖 冖 冒 冨 軍 | | 육군 : 육상의 전투 및 방어를 맡은 군대 | |

**類萬不同** : 비슷한 것이 많으나 서로 같지는 않은 것. 분수에 맞지 않은 것. 정도에 넘치는 것을 말함. (무리 류, 일만 만, 아니 불, 한가지 동)

| 부수/획 | 한자 | 훈음 | 따라쓰기 | | | | | | | 용례 |
|---|---|---|---|---|---|---|---|---|---|---|
| 亻 8 | 倫 | 인륜 륜 | 倫 | | | | | | | 不倫(불륜) 天倫(천륜) |
| 王 7 | 理 | 도리 리 | 理 | | | | | | | 理想(이상) |
| ノ 亻 仒 仒 伶 倫 倫 倫   二 千 王 王 玑 珇 理 理 | | | | | | | | 윤리 : 인간사회에서 지켜야 할 도리 | | |
| 彳 6 | 律 | 법 률 | 律 | | | | | | | 律動(율동) 律法(율법) |
| 巾 7 | 師 | 스승 사 | 師 | | | | | | | 事例(사례) |
| ノ 彡 彳 彳 彳 彳 律   亻 户 户 自 自 訂 師 師 | | | | | | | | 율사 : 덕이 높은 고승. 변호사 | | |
| 刂 5 | 利 | 이로울 리 | 利 | | | | | | | 利權(이권) 利益(이익) |
| 宀 7 | 害 | 해칠 해 | 害 | | | | | | | 害毒(해독) |
| 一 二 千 禾 禾 利 利   丶 宀 宀 宔 宔 宔 害 害 | | | | | | | | 이해 : 이익과 손해 | | |
| 手 11 | 摩 | 비빌 마 | 摩 | | | | | | | 摩壘(마루) 摩切(마절) |
| 扌 14 | 擦 | 비빌 찰 | 擦 | | | | | | | 擦筆(찰필) |
| 亠 广 广 庐 庐 麻 摩 摩   扌 扩 扩 扩 捺 搽 擦 擦 | | | | | | | | 마찰 : 서로 닿아서 비빔 | | |
| 艹 7 | 莫 | 없을 막 | 莫 | | | | | | | 莫大(막대) 莫逆(막역) |
| 弓 8 | 强 | 강할 강 | 强 | | | | | | | 强盜(강도) |
| 十 艹 艹 苩 苩 莫 莫   ㄱ 弓 弓 弘 弘 殆 殆 强 强 | | | | | | | | 막강 : 아주 강함 | | |
| 日 7 | 晩 | 늦을 만 | 晩 | | | | | | | 晩成(만성) 晩春(만춘) |
| 干 3 | 年 | 해 년 | 年 | | | | | | | 年俸(연봉) |
| 冂 日 日' 日' 昈 晗 晩 晩   ノ 𠂉 午 午 缶 年 | | | | | | | | 만년 : 늙바탕. 노후 | | |

**莫逆之友** : 거스르는 일이 없는 친구라는 뜻으로, 아주 허물없이 지내는 친구를 말함.
(아닐 막, 거스릴 역, 갈 지, 벗 우)

| 부수/획 | 한자 | 훈·음 | 따라 쓰기 | | | | | | | 한자어 |
|---|---|---|---|---|---|---|---|---|---|---|
| 氵 11 | 滿 | 찰 만 | 滿 | | | | | | | 滿期(만기) 滿員(만원) |
| 月 6 | 朔 | 초하루 삭 | 朔 | | | | | | | 朔月(삭월) |
| 氵 氵 汁 浒 浒 浒 滿 滿 | | | 丷 䒑 屰 屰 屰 朔 朔 朔 | | | | 만삭 : 아이를 낳을 달이 참 | | | |
| 艹 9 | 萬 | 일만 만 | 萬 | | | | | | | 萬能(만능) 萬物(만물) |
| 艹 5 | 若 | 같을 약 | 若 | | | | | | | 若干(약간) |
| 艹 芇 苜 莒 萬 萬 萬 萬 | | | 一 艹 艹 芐 芐 若 若 | | | | 만약 : 어떤 일이 있을 수 있는 경우 | | | |
| 氵 11 | 漫 | 흩어질 만 | 漫 | | | | | | | 漫談(만담) 漫評(만평) |
| 田 7 | 畵 | 그림 화 | 畵 | | | | | | | 畵房(화방) |
| 氵 沪 渭 渭 渭 温 漫 漫 | | | ⺕ 肀 聿 聿 書 書 畵 畵 | | | | 만화 : 어떤 줄거리가 있는 그림책 | | | |
| 木 1 | 末 | 끝 말 | 末 | | | | | | | 結末(결말) 月末(월말) |
| 立 9 | 端 | 끝 단 | 端 | | | | | | | 端緖(단서) |
| 一 二 キ 才 末 | | | 亠 ＋ 立 立' 竝 竩 端 端 | | | | 말단 : 맨 끝 | | | |
| 心 3 | 忘 | 잊을 망 | 忘 | | | | | | | 忘年(망년) 忘恩(망은) |
| 卩 5 | 却 | 물리칠 각 | 却 | | | | | | | 賣却(매각) |
| 丶 亠 亡 亡 忘 忘 忘 | | | 一 十 土 去 去 却 却 | | | | 망각 : 어떤 사실이나 기억을 잊어버림 | | | |
| 女 3 | 妄 | 망령될 망 | 妄 | | | | | | | 妄動(망동) 妄言(망언) |
| 心 9 | 想 | 생각 상 | 想 | | | | | | | 想像(상상) |
| 丶 亠 亡 妄 妄 妄 | | | 一 十 木 机 相 相 想 想 | | | | 망상 : 허황된 생각 | | | |

**萬壽無疆** : 아무탈없이 오래 오래 삶을 말함.

(일만 만, 목숨 수, 없을 무, 끝 강)

| 부수 | 한자 | 훈음 | 본보기 | | | | | | | 용례 |
|---|---|---|---|---|---|---|---|---|---|---|
| 艹 6 | 茫 | 아득할 망 | 茫 | | | | | | | 茫漠(망막) 茫洋(망양) |
| 灬 8 | 然 | 그럴 연 | 然 | | | | | | | 自然(자연) |
| 十 艹 艹 艹 艹 艹 茫 茫 ノ ク 夕 夕 夕 夕 然 然 | | | | | | | | 망연 : 넓고 멀어서 아득한 모양 | | |
| | 罔 | 없을 망 | 罔 | | | | | | | 罔極(망극) 欺罔(기망) |
| 氵 9 | 測 | 측량 측 | 測 | | | | | | | 測量(측량) |
| 丨 冂 冂 冂 冂 罔 罔 罔 氵 氵 汌 浿 浿 測 測 測 | | | | | | | | 망측 : 상리에 어긋나 헤아리지 못함 | | |
| 女 9 | 媒 | 중매 매 | 媒 | | | | | | | 仲媒(중매) 觸媒(촉매) |
| 人 2 | 介 | 낄 개 | 介 | | | | | | | 紹介(소개) |
| ㄑ 女 女 女 女 媒 媒 媒 ノ 人 介 介 | | | | | | | | 매개 : 서로 관계를 맺어줌 | | |
| 毋 3 | 每 | 매양 매 | 每 | | | | | | | 每年(매년) 每事(매사) |
| 日 0 | 日 | 날 일 | 日 | | | | | | | 日月(일월) |
| ノ 𠂉 𠂉 每 每 每 每 丨 冂 日 日 | | | | | | | | 매일 : 날마다 | | |
| 木 7 | 梅 | 매화나무 매 | 梅 | | | | | | | 梅實(매실) 梅花(매화) |
| 艹 17 | 蘭 | 난초 란 | 蘭 | | | | | | | 蘭草(난초) |
| 木 杧 杧 梅 梅 梅 梅 梅 艹 艹 艹 艹 蘭 蘭 蘭 蘭 | | | | | | | | 매란 : 매화와 난초 | | |
| 貝 8 | 賣 | 팔 매 | 賣 | | | | | | | 賣物(매물) 賣店(매점) |
| 貝 5 | 買 | 살 매 | 買 | | | | | | | 買入(매입) |
| 一 十 士 士 士 賣 賣 賣 冂 罒 罒 罒 買 買 買 買 | | | | | | | | 매매 : 물건 등을 팔고 삼 | | |

**買占賣惜** : 물건 값이 오를 것을 예상하고 폭리를 얻기 위하여 물건을 사두고 팔기를 꺼리는 일을 말함. (살 매, 차지할 점, 팔 매, 아낄 석)

| 부수/획 | 한자 | 훈음 | | | 한자어 |
|---|---|---|---|---|---|
| 土 7 | 埋 | 묻을 매 | 埋 | | 埋沒(매몰) 埋伏(매복) 貯藏(저장) |
| 艹 14 | 藏 | 감출 장 | 藏 | | |
| 一 十 土 圢 坦 坦 坤 埋 | | 芒 芦 芦 菲 藏 藏 藏 | | 매장 : 땅 속에 묻어 감춤 | |
| 犭 8 | 猛 | 사나울 맹 | 猛 | | 猛攻(맹공) 猛獸(맹수) 烈士(열사) |
| 灬 6 | 烈 | 매울 렬 | 烈 | | |
| 犭 犭 犴 犴 猛 猛 猛 猛 | | 歹 歹 歹 列 列 列 烈 烈 | | 맹렬 : 기세 따위가 매우 세참 | |
| 皿 8 | 盟 | 맹세 맹 | 盟 | | 盟誓(맹서) 盟約(맹약) 友邦(우방) |
| 阝 4 | 邦 | 나라 방 | 邦 | | |
| 冂 日 町 明 明 明 盟 盟 | | 一 二 三 丰 邦 邦 邦 | | 맹방 : 동일한 목적으로 화친한 나라 | |
| 目 3 | 盲 | 장님 맹 | 盲 | | 盲目(맹목) 盲從(맹종) 缺點(결점) |
| 黑 5 | 點 | 점 점 | 點 | | |
| 丶 亠 亡 亡 肓 肓 盲 盲 | | 冂 四 四 甲 里 黑 黔 點 | | 맹점 : 지나치기 쉽거나 오점인 것 | |
| 儿 5 | 免 | 면할 면 | 免 | | 免疫(면역) 免除(면제) 責任(책임) |
| 貝 4 | 責 | 꾸짖을 책 | 責 | | |
| ク 刀 各 备 缶 争 免 | | 一 十 キ 主 青 青 青 責 | | 면책 : 어떤 행위에 대한 책임을 면함 | |
| 面 0 | 面 | 낯 면 | 面 | | 面刀(면도) 面上(면상) 談笑(담소) |
| 言 8 | 談 | 이야기 담 | 談 | | |
| 一 丆 丆 丙 而 而 面 面 | | 言 言 言 訁 訁 談 談 談 | | 면담 : 서로 만나서 이야기함 | |

**面從腹背** : 겉으로는 복종하는 체하면서 마음으로는 배반하는 일을 말함.

(낯 면, 좇을 종, 배 복, 등 배)

| | | | | | | | | | | |
|---|---|---|---|---|---|---|---|---|---|---|
| 糸 8 | 綿 | 솜 면 | 綿 | | | | | | | 綿毛(면모) 綿密(면밀) 毛絲(모사) |
| 糸 6 | 絲 | 실 사 | 絲 | | | | | | | |

ㄥ 纟 糸 糹 紵 綿 綿 綿　ㄥ 纟 幺 糸 糸 糸 絲　면사 : 솜으로 만든 무명실

| | | | | | | | | | | |
|---|---|---|---|---|---|---|---|---|---|---|
| 力 7 | 勉 | 힘쓸 면 | 勉 | | | | | | | 勉强(면강) 勉行(면행) 學級(학급) |
| 子 13 | 學 | 배울 학 | 學 | | | | | | | |

ク 各 缶 缶 免 免 勉 勉　ｒ ｆ 𦥑 𦥑 𦥑 與 學 學　면학 : 학문에 힘을 씀

| | | | | | | | | | | |
|---|---|---|---|---|---|---|---|---|---|---|
| 氵 10 | 滅 | 멸망할 멸 | 滅 | | | | | | | 滅門(멸문) 滅族(멸족) 種類(종류) |
| 禾 9 | 種 | 씨 종 | 種 | | | | | | | |

氵 氵 汇 汇 派 滅 滅 滅　二 千 禾 秆 稆 種 種　멸종 : 씨가 없어짐

| | | | | | | | | | | |
|---|---|---|---|---|---|---|---|---|---|---|
| 金 6 | 銘 | 새길 명 | 銘 | | | | | | | 銘戒(명계) 碑銘(비명) 心境(심경) |
| 心 0 | 心 | 마음 심 | 心 | | | | | | | |

ノ ㅅ 今 金 釸 釸 銘 銘　ㆍ 心 心 心　명심 : 마음 속에 깊이 새겨 잊지 아니함

| | | | | | | | | | | |
|---|---|---|---|---|---|---|---|---|---|---|
| 口 3 | 名 | 이름 명 | 名 | | | | | | | 名分(명분) 名聲(명성) 榮譽(영예) |
| 言 14 | 譽 | 명예 예 | 譽 | | | | | | | |

ノ ク タ タ 名 名　ｆ 𦥑 𦥑 𦥑 𦥑 與 與 譽　명예 : 세상에 들리는 자랑스런 평판

| | | | | | | | | | | |
|---|---|---|---|---|---|---|---|---|---|---|
| 口 5 | 命 | 목숨 명 | 命 | | | | | | | 命令(명령) 生命(생명) 山脈(산맥) |
| 肉 6 | 脈 | 맥 맥 | 脈 | | | | | | | |

ノ 人 人 个 合 合 命 命　丿 刀 月 月 肵 肵 脈 脈　명맥 : 생명, 목숨

**明若觀火** : 불을 보는 것처럼 밝아서 더 말할 나위 없이 명백함을 말함.
(밝을 명, 같을 약, 볼 관, 불 화)

| 부수/획수 | 한자 | 훈음 | 따라 쓰기 | | | | | | | 한자어 |
|---|---|---|---|---|---|---|---|---|---|---|
| 冖 8 | 冥 | 어두울 명 | 冥 | | | | | | | 冥福(명복) 冥昏(명혼) |
| 心 8 | 想 | 생각 상 | 想 | | | | | | | 想像(상상) |
| ' 冖 冐 冐 冐 冝 冥 冥 　 一 十 木 杣 相 相 想 想 | | | | | | | | | | 명상 : 눈을 감고 조용히 생각함 |
| 毛 0 | 毛 | 터럭 모 | 毛 | | | | | | | 毛髮(모발) 毛皮(모피) |
| 竹 6 | 筆 | 붓 필 | 筆 | | | | | | | 筆記(필기) |
| ノ 二 三 毛 　 ケ ケ 竹 竹 笞 笞 筀 筆 | | | | | | | | | | 모필 : 털로 만든 붓 |
| 艹 11 | 暮 | 저물 모 | 暮 | | | | | | | 暮景(모경) 暮雲(모운) |
| 夕 5 | 夜 | 밤 야 | 夜 | | | | | | | 夜間(야간) |
| 艹 艹 艹 苩 苩 莫 暮 暮 　 亠 广 广 疒 疗 夜 夜 | | | | | | | | | | 모야 : 밤 |
| 木 5 | 某 | 아무 모 | 某 | | | | | | | 某氏(모씨) 某種(모종) |
| 虍 5 | 處 | 곳 처 | 處 | | | | | | | 處理(처리) |
| 一 十 廾 甘 苷 甘 某 某 　 ᅡ ᅡ 广 虍 虍 虎 處 處 | | | | | | | | | | 모처 : 어느 곳 |
| 木 11 | 模 | 본뜰 모 | 模 | | | | | | | 模範(모범) 模造(모조) |
| 亻 8 | 倣 | 본받을 방 | 倣 | | | | | | | 倣刻(방각) |
| 十 木 木 朩 栉 栉 模 模 　 丿 亻 亻 仿 仿 仿 倣 倣 | | | | | | | | | | 모방 : 본떠서 똑같이 함 |
| 豸 7 | 貌 | 모양 모 | 貌 | | | | | | | 外貌(외모) 容貌(용모) |
| 彡 4 | 形 | 형상 형 | 形 | | | | | | | 形態(형태) |
| 丿 乡 豸 豸 豹 豹 豹 貌 　 一 二 ニ 开 开 形 形 | | | | | | | | | | 모형 : 모습, 형상 |

**毛遂自薦** : 모수라는 사람이 스스로 자기를 추천함을 말함.
(털 모, 드디어 수, 스스로 자, 천거할 천)

| 부수 | 한자 | 훈음 | 쓰기 | | | | | | | 낱말 |
|---|---|---|---|---|---|---|---|---|---|---|
| 力 11 | 募 | 뽑을 모 | 募 | | | | | | | 募金(모금) 募兵(모병) |
| 隹 4 | 集 | 모을 집 | 集 | | | | | | | 集計(집계) |
| 艹 艹 苎 苩 莒 莫 募 募 | | | 亻 亻 仁 隹 隹 隼 集 集 | | | | 모집 : 사람·사물 따위를 모음 | | | |
| 亻 7 | 侮 | 업신여길모 | 侮 | | | | | | | 侮蔑(모멸) 侮言(모언) |
| 辰 3 | 辱 | 욕될 욕 | 辱 | | | | | | | 恥辱(치욕) |
| 亻 亻 亻 仁 侮 侮 侮 侮 | | | 一 厂 戶 戶 辰 辰 辱 辱 | | | | 모욕 : 깔보고 업신여김 | | | |
| 目 0 | 目 | 눈 목 | 目 | | | | | | | 目次(목차) 目標(목표) |
| 白 3 | 的 | 과녁 적 | 的 | | | | | | | 公的(공적) |
| 丨 冂 月 月 目 | | | ′ 亻 白 白 白 的 的 的 | | | | 목적 : 이루려고 하는 목표나 방향 | | | |
| 牛 4 | 牧 | 기를 목 | 牧 | | | | | | | 牧師(목사) 牧場(목장) |
| 田 5 | 畜 | 가축 축 | 畜 | | | | | | | 畜舍(축사) |
| ′ 𠂉 牛 牛 牜 牜 牧 牧 | | | 亠 亠 亡 玄 玄 玄 畜 畜 | | | | 목축 : 소·말 등의 가축을 기름 | | | |
| 氵 4 | 沒 | 빠질 몰 | 沒 | | | | | | | 沒頭(몰두) 沒敗(몰패) |
| 殳 7 | 殺 | 죽일 살 | 殺 | | | | | | | 殺蟲(살충) |
| 丶 丶 氵 氵 沪 沒 沒 | | | ノ 乂 㐅 杀 杀 粊 殺 殺 | | | | 몰살 : 죄다 죽임 | | | |
| 夕 11 | 夢 | 꿈 몽 | 夢 | | | | | | | 夢想(몽상) 夢幻(몽환) |
| 辶 9 | 遊 | 놀 유 | 遊 | | | | | | | 遊興(유흥) |
| 艹 艹 芇 苗 苗 苗 夢 夢 | | | 亠 方 方 方 斿 斿 游 遊 | | | | 몽유 : 꿈에 놂 | | | |

**目不識丁** : 아주 간단한 글자인 丁를 보고도 그것이 고무래임을 알지 못한다는 뜻으로 "낫 놓고 ㄱ자도 모른다"는 말과 같은 말임. (눈 목, 아니 불, 알 식, 넷째천간 정)

| 부수 | 한자 | 훈음 | | | | | | | | 한자어 |
|---|---|---|---|---|---|---|---|---|---|---|
| 艹 5 | 苗 | 싹 묘 | 苗 | | | | | | | 苗床(묘상) |
| 木 0 | 木 | 나무 목 | 木 | | | | | | | 苗板(묘판) 木器(목기) |
| 丶 ⺊ 艹 艹 芇 苗 苗 苗 | | | 一 十 才 木 | | | | | 묘목 : 어린 나무 | | |
| 土 11 | 墓 | 무덤 묘 | 墓 | | | | | | | 墓所(묘소) |
| 石 8 | 碑 | 비 비 | 碑 | | | | | | | 墓地(묘지) 碑閣(비각) |
| 艹 艹 苩 苩 莫 莫 墓 墓 | | | 丆 石 石 砶 砷 碑 碑 | | | | | 묘비 : 산소 앞에 세우는 비석 | | |
| 灬 8 | 無 | 없을 무 | 無 | | | | | | | 無能(무능) |
| 攵 5 | 故 | 일 고 | 故 | | | | | | | 無限(무한) 故事(고사) |
| 𠂉 𠂉 𠂉 無 無 無 無 無 | | | 一 十 十 古 古 古 故 故 | | | | | 무고 : 다른 연고가 없음. | | |
| 舛 8 | 舞 | 춤출 무 | 舞 | | | | | | | 舞踊(무용) |
| 至 8 | 臺 | 토대 대 | 臺 | | | | | | | 舞姬(무희) 臺本(대본) |
| 𠂉 無 無 無 舞 舞 舞 舞 | | | 一 十 吉 吉 吉 臺 臺 臺 | | | | | 무대 : 공연을 위해 만든 단 | | |
| 艹 5 | 茂 | 우거질 무 | 茂 | | | | | | | 茂林(무림) |
| 皿 7 | 盛 | 성할 성 | 盛 | | | | | | | 茂草(무초) 盛行(성행) |
| 十 艹 艹 芦 茂 茂 茂 | | | 厂 万 成 成 成 盛 盛 盛 | | | | | 무성 : 초목이 많이 나서 우거짐 | | |
| 貝 5 | 貿 | 바꿀 무 | 貿 | | | | | | | 貿米(무미) |
| 日 4 | 易 | 바꿀 역 | 易 | | | | | | | 貿市(무시) 交易(교역) |
| 丆 丆 卬 卯 留 留 留 貿 | | | 丨 冂 日 日 月 易 易 易 | | | | | 무역 : 외국과 장사거래를 말함 | | |

**無爲徒食** : 아무 하는 일도 없이 놀고 먹기만 함을 말함.

(없을 무, 할 위, 무리 도, 밥 식)

| 부수/획 | 한자 | 훈음 | 쓰기 | | | | | | | 낱말 |
|---|---|---|---|---|---|---|---|---|---|---|
| 戈 1 | 戊 | 다섯째 천간 무 | 戊 | | | | | | | 戊戌(무술)<br>戊辰(무진) |
| 十 2 | 午 | 낮 오 | 午 | | | | | | | 午後(오후) |
| 丿 厂 戊 戊 戊 丿 𠂉 午 午 | | | | | | | | | | 무오 : 육십갑자의 쉰다섯째 |
| 止 4 | 武 | 굳셀 무 | 武 | | | | | | | 武器(무기)<br>武裝(무장) |
| 辶 9 | 道 | 길 도 | 道 | | | | | | | 道德(도덕) |
| 二 亍 亍 亍 正 武 武 丷 䒑 䒑 首 首 首 道 道 | | | | | | | | | | 무도 : 무인이 닦아야 할 도 |
| 雨 11 | 霧 | 안개 무 | 霧 | | | | | | | 霧雨(무우)<br>霧中(무중) |
| 攵 8 | 散 | 흩어질 산 | 散 | | | | | | | 散漫(산만) |
| 雨 雨 雩 雩 雩 雩 霧 霧 一 艹 艹 昔 昔 背 散 散 | | | | | | | | | | 무산 : 안개가 걷히듯 흩어짐 |
| 土 12 | 墨 | 먹 묵 | 墨 | | | | | | | 墨客(묵객)<br>墨竹(묵죽) |
| 田 7 | 畫 | 그림 화 | 畫 | | | | | | | 畫幅(화폭) |
| 口 四 四 甲 里 黑 黑 墨 ㄱ 彐 聿 聿 書 書 畫 畫 | | | | | | | | | | 묵화 : 먹으로만 그린 그림 |
| 口 8 | 問 | 물을 문 | 問 | | | | | | | 問安(문안)<br>問題(문제) |
| 竹 6 | 答 | 대답 답 | 答 | | | | | | | 答辯(답변) |
| 丨 ㄕ ㄕ 門 門 門 問 問 𠂉 𠂉 竹 笁 笅 答 答 答 | | | | | | | | | | 문답 : 물음과 대답 |
| 牛 4 | 物 | 만물 물 | 物 | | | | | | | 物價(물가)<br>物質(물질) |
| 亻 4 | 件 | 것 건 | 件 | | | | | | | 件數(건수) |
| 丿 𠂉 牛 牛 牜 牞 物 物 物 丿 亻 亻 件 件 件 | | | | | | | | | | 물건 : 물품 |

**聞一知十** : 한가지를 듣고 열가지를 미루어 안다는 뜻으로 총명하고 지혜로움을 이르는 말임. (들을 문, 한 일, 알 지, 열 십)

| 부수/획 | 한자 | 훈음 | 따라 쓰기 | | | | | | | 한자어 |
|---|---|---|---|---|---|---|---|---|---|---|
| 勹 2 | 勿 | 말 물 | 勿 | | | | | | | 勿論(물론)<br>勿施(물시) |
| 馬 13 | 驚 | 놀랄 경 | 驚 | | | | | | | 驚異(경이) |
| 丿 勹 勿 勿 | | | 艹 芍 敬 警 驚 驚 驚 | | | 물경 : 엄청난 것에 놀라지 말라는 뜻 | | | | |
| 米 0 | 米 | 쌀 미 | 米 | | | | | | | 米穀(미곡)<br>米粒(미립) |
| 米 4 | 粉 | 가루 분 | 粉 | | | | | | | 粉末(분말) |
| 丶 丷 䒑 半 米 米 | | | 丷 䒑 半 米 米 米八 粉 粉 | | | 미분 : 쌀가루 | | | | |
| 木 1 | 未 | 아닐 미 | 未 | | | | | | | 未來(미래)<br>未定(미정) |
| 辶 9 | 遂 | 드디어 수 | 遂 | | | | | | | 遂行(수행) |
| 一 二 キ 未 未 | | | 丷 䒑 彡 豕 豙 㒸 遂 遂 | | | 미수 : 행위를 이루지 못한 일 | | | | |
| 目 4 | 眉 | 눈섭 미 | 眉 | | | | | | | 眉間(미간)<br>眉月(미월) |
| 土 11 | 壽 | 목숨 수 | 壽 | | | | | | | 壽命(수명) |
| ㇇ ㇇ ㇇ 尸 尸 屈 眉 眉 | | | 一 士 圭 圭 壴 壴 壽 壽 | | | 미수 : 눈썹이 세고 길도록 오래사는 일 | | | | |
| 羊 3 | 美 | 아름다울 미 | 美 | | | | | | | 美女(미녀)<br>美德(미덕) |
| 酉 10 | 醜 | 추할 추 | 醜 | | | | | | | 醜女(추녀) |
| 丷 䒑 䒑 ¥ 羊 羊 美 美 | | | 𠀀 西 酉 酌 酌 酎 醜 醜 | | | 미추 : 아름다움과 추함 | | | | |
| 辶 6 | 迷 | 미혹할 미 | 迷 | | | | | | | 迷路(미로)<br>迷信(미신) |
| 心 8 | 惑 | 혹할 혹 | 惑 | | | | | | | 誘惑(유혹) |
| 丷 䒑 半 米 米 米 迷 迷 | | | 一 丆 式 或 或 或 惑 惑 | | | 미혹 : 마음이 무엇에 홀림 | | | | |

**尾生之信** : 미생의 신의라는 뜻으로 융통성없이 약속만을 굳게 지킴을 비유하여 이르는 말임. (꼬리 미, 날 생, 갈 지, 믿을 신)

| 부수 | 한자 | 훈음 | 따라쓰기 | | | | | | | 단어 |
|---|---|---|---|---|---|---|---|---|---|---|
| 彳 10 | 微 | 작을 미 | 微 | | | | | | | 微力(미력)<br>微細(미세) |
| 竹 4 | 笑 | 웃음 소 | 笑 | | | | | | | 失笑(실소) |
| ノ 彳 彳 彳 彳 彳 徵 微　⺈ ⺮ 竹 竹 竺 竺 竽 笑　미소 : 소리없이 빙그레 웃는 모습 | | | | | | | | | | |
| 尸 4 | 尾 | 꼬리 미 | 尾 | | | | | | | 尾蔘(미삼)<br>交尾(교미) |
| 行 0 | 行 | 다닐 행 | 行 | | | | | | | 行實(행실) |
| ㄱ コ 尸 尸 尸 尸 尾　ノ ク 彳 彳 彳 行　미행 : 몰래 뒤를 따라감 | | | | | | | | | | |
| 攵 7 | 敏 | 민첩할 민 | 敏 | | | | | | | 敏捷(민첩)<br>機敏(기민) |
| 心 9 | 感 | 느낄 감 | 感 | | | | | | | 感情(감정) |
| 𠂉 𠂉 每 每 每 每 敏 敏　ノ 厂 厂 后 咸 咸 咸 感　민감 : 감각이 예민함 | | | | | | | | | | |
| 虫 8 | 蜜 | 꿀 밀 | 蜜 | | | | | | | 蜜語(밀어)<br>蜜月(밀월) |
| 虫 7 | 蜂 | 벌 봉 | 蜂 | | | | | | | 蜂針(봉침) |
| 宀 宀 宓 宓 宓 宓 密 蜜　口 中 虫 虫 虫 蚉 蜂 蜂　밀봉 : 꿀벌 | | | | | | | | | | |
| 宀 8 | 密 | 은밀할 밀 | 密 | | | | | | | 密告(밀고)<br>密談(밀담) |
| 糸 3 | 約 | 맺을 약 | 約 | | | | | | | 約束(약속) |
| 宀 宀 宓 宓 宓 宓 密 密　幺 幺 幺 糸 糸 糸 約 約　밀약 : 비밀스러운 약속 | | | | | | | | | | |
| 扌 5 | 拍 | 칠 박 | 拍 | | | | | | | 拍手(박수)<br>拍車(박차) |
| 手 8 | 掌 | 손바닥 장 | 掌 | | | | | | | 掌握(장악) |
| 一 十 扌 扌 扌 拍 拍 拍　⺌ ⺌ 尚 尚 尚 堂 堂 掌　박장 : 손바닥을 침 | | | | | | | | | | |

**博而不精** : 여러 방면으로 많이 알기는 하나 자세하지는 못함을 이르는 말.
(넓을 박, 말이을 이, 아니 불, 정할 정)

| 부수/획수 | 한자 | 훈음 | 따라쓰기 | | | | | | | 한자어 |
|---|---|---|---|---|---|---|---|---|---|---|
| 又 2 | 反 | 돌이킬 반 | 反 | | | | | | | 反對(반대) 反應(반응) 抗議(항의) |
| 扌 4 | 抗 | 항거할 항 | 抗 | | | | | | | |

一 厂 万 反 　 一 十 扌 扌 扌 扩 抗 　 반항 : 순순히 따르지 않고 대듦

| 부수/획수 | 한자 | 훈음 | 따라쓰기 | | | | | | | 한자어 |
|---|---|---|---|---|---|---|---|---|---|---|
| 辶 4 | 返 | 돌아올 반 | 返 | | | | | | | 返送(반송) 返品(반품) 納入(납입) |
| 糸 4 | 納 | 들일 납 | 納 | | | | | | | |

一 厂 万 反 反 返 返 　 ㄥ 幺 幺 糸 糸 紃 納 納 　 반납 : 도로 돌려 줌

| 부수/획수 | 한자 | 훈음 | 따라쓰기 | | | | | | | 한자어 |
|---|---|---|---|---|---|---|---|---|---|---|
| 十 3 | 半 | 반 반 | 半 | | | | | | | 半減(반감) 半切(반절) 直徑(직경) |
| 彳 7 | 徑 | 지름길 경 | 徑 | | | | | | | |

丶 丷 丷 兰 半 　 ノ 彳 彳 彳 徑 徑 徑 徑 　 반경 : 반지름

| 부수/획수 | 한자 | 훈음 | 따라쓰기 | | | | | | | 한자어 |
|---|---|---|---|---|---|---|---|---|---|---|
| 又 7 | 叛 | 배반할 반 | 叛 | | | | | | | 叛軍(반군) 叛逆(반역) 國旗(국기) |
| 方 10 | 旗 | 깃발 기 | 旗 | | | | | | | |

丷 丷 兰 半 半 半 叛 叛 　 亠 亡 方 方 旃 旃 旗 旗 　 반기 : 반란을 일으킨 표시로 드는 기

| 부수/획수 | 한자 | 훈음 | 따라쓰기 | | | | | | | 한자어 |
|---|---|---|---|---|---|---|---|---|---|---|
| 王 6 | 班 | 나눌 반 | 班 | | | | | | | 班列(반열) 班長(반장) 異常(이상) |
| 巾 8 | 常 | 항상 상 | 常 | | | | | | | |

一 丅 王 王 玎 玔 班 班 　 丨 丨 丬 尚 尚 尚 常 常 　 반상 : 양반과 상사람

| 부수/획수 | 한자 | 훈음 | 따라쓰기 | | | | | | | 한자어 |
|---|---|---|---|---|---|---|---|---|---|---|
| 食 4 | 飯 | 밥 반 | 飯 | | | | | | | 飯酒(반주) 飯饌(반찬) 店員(점원) |
| 广 5 | 店 | 가게 점 | 店 | | | | | | | |

ノ 人 今 今 食 食 飣 飯 　 亠 广 广 庐 庐 店 店 　 반점 : 중국식당을 일컬음

反哺之孝 : 까마귀가 먹이를 물어다 늙은 어미새를 봉양하듯이 자식이 커서 어버이 은혜에 보답하는 효성을 말함. (돌이킬 반, 먹을 포, 갈 지, 효도 효)

| 부수·획 | 한자 | 훈음 | 본보기 | | | | | | | 용례 |
|---|---|---|---|---|---|---|---|---|---|---|
| 方 0 | 方 | 모 방 | 方 | | | | | | | 方法(방법) 方案(방안) |
| 辶 7 | 途 | 길 도 | 途 | | | | | | | 途中(도중) |
| 丶 亠 方 方　　人 亼 今 余 余 ˋ余 涂 途 | | | | | | | | | | 방도 : 어떤 일의 길 · 방법 |
| 攵 4 | 放 | 놓을 방 | 放 | | | | | | | 放流(방류) 放送(방송) |
| 氵 7 | 浪 | 물결 랑 | 浪 | | | | | | | 浪漫(낭만) |
| 亠 方 方 方 放 放　　丶 氵 氵 氵 沪 浪 浪 | | | | | | | | | | 방랑 : 정처없이 떠돌아 다님 |
| 艹 4 | 芳 | 꽃다울 방 | 芳 | | | | | | | 芳年(방년) 芳香(방향) |
| 艹 6 | 草 | 풀 초 | 草 | | | | | | | 草木(초목) |
| 丶 十 廾 艹 芒 芳 芳　　一 十 廾 艹 艹 苩 荁 草 | | | | | | | | | | 방초 : 꽃다운 풀들 |
| 女 4 | 妨 | 거리낄 방 | 妨 | | | | | | | 防止(방지) 無妨(무방) |
| 宀 7 | 害 | 해할 해 | 害 | | | | | | | 害惡(해악) |
| 𡿨 女 女 女 女 妨 妨　　丶 宀 宀 宝 宝 宔 害 害 | | | | | | | | | | 방해 : 남의 일에 헤살을 놓아 해롭게 함 |
| 亻 10 | 傍 | 곁 방 | 傍 | | | | | | | 傍系(방계) 傍聽(방청) |
| 見 18 | 觀 | 볼 관 | 觀 | | | | | | | 客觀(객관) |
| 亻 亻 亻 亻 亻 倍 傍 傍　　艹 艹 𦱳 雚 雚 雚 觀 觀 | | | | | | | | | | 방관 : 곁에서 보고만 있음 |
| 酉 3 | 配 | 짝 배 | 配 | | | | | | | 配達(배달) 配慮(배려) |
| 匸 2 | 匹 | 짝 필 | 匹 | | | | | | | 匹夫(필부) |
| 一 口 丙 酉 酉 酉 酉 配　　一 丆 兀 匹 | | | | | | | | | | 배필 : 부부의 짝 |

**傍若無人** : 곁에 사람이 없는 것 같다는 뜻으로 거리낌없이 함부로 행동함을 말함.

(곁 방, 같을 약, 없을 무, 사람 인)

| 부수/획 | 한자 | 뜻·음 | 따라 쓰기 | | | | | | | 한자어 |
|---|---|---|---|---|---|---|---|---|---|---|
| 肉 5 | 背 | 등 배 | 背 | | | | | | | 背信(배신) 背後(배후) |
| 日 8 | 景 | 빛 경 | 景 | | | | | | | 景致(경치) |

一 ㅓ ㅋ ㅋ' 北 北 背 背 背　　丨 口 日 旦 昌 昙 景 景 景　　배경 : 무대 뒤쪽 벽에 꾸민 경치

| 부수/획 | 한자 | 뜻·음 | 따라 쓰기 | | | | | | | 한자어 |
|---|---|---|---|---|---|---|---|---|---|---|
| 扌 8 | 排 | 밀칠 배 | 排 | | | | | | | 排除(배제) 排他(배타) |
| 斤 1 | 斥 | 내칠 척 | 斥 | | | | | | | 斥言(척언) |

一 十 扌 扌 扌 扫 捐 排 排　　丿 厂 斤 斤 斥　　배척 : 물리쳐 내침

| 부수/획 | 한자 | 뜻·음 | 따라 쓰기 | | | | | | | 한자어 |
|---|---|---|---|---|---|---|---|---|---|---|
| 亻 5 | 伯 | 맏 백 | 伯 | | | | | | | 伯父(백부) 伯兄(백형) |
| 亻 4 | 仲 | 중개 중 | 仲 | | | | | | | 仲媒(중매) |

丿 亻 亻' 亻' 伯 伯 伯　　丿 亻 亻 仲 仲 仲　　백중 : 팽팽함

| 부수/획 | 한자 | 뜻·음 | 따라 쓰기 | | | | | | | 한자어 |
|---|---|---|---|---|---|---|---|---|---|---|
| 田 7 | 番 | 번 번 | 番 | | | | | | | 番地(번지) 當番(당번) |
| 虍 7 | 號 | 부를 호 | 號 | | | | | | | 信號(신호) |

⺈ 二 平 采 采 悉 番 番　　号 号 号 号 号 號 號 號　　번호 : 차례를 나타내는 호의 수

| 부수/획 | 한자 | 뜻·음 | 따라 쓰기 | | | | | | | 한자어 |
|---|---|---|---|---|---|---|---|---|---|---|
| 火 9 | 煩 | 번민할 번 | 煩 | | | | | | | 煩悶(번민) 煩雜(번잡) |
| 忄 9 | 惱 | 괴로와할 뇌 | 惱 | | | | | | | 苦惱(고뇌) |

丷 火 火 灯 灯 炘 煩 煩　　忄 忄 忄 忄 忄 忄 惱 惱　　번뇌 : 욕정때문에 심신이 괴로움

| 부수/획 | 한자 | 뜻·음 | 따라 쓰기 | | | | | | | 한자어 |
|---|---|---|---|---|---|---|---|---|---|---|
| 糸 11 | 繁 | 성할 번 | 繁 | | | | | | | 繁盛(번성) 繁殖(번식) |
| 日 4 | 昌 | 창성할 창 | 昌 | | | | | | | 昌盛(창성) |

𠂉 亡 每 每 敏 繁 繁 繁　　丨 口 日 日 日 昌 昌 昌　　번창 : 번화하고 창성함

**白面書生** : 글만 읽고 세상일에는 조금도 경험이 없는 사람을 이르는 말임.
(흰 백, 낯 면, 글 서, 살 생)

| 부수/획수 | 한자 | 훈음 | 본 | | | | | | | 용례 |
|---|---|---|---|---|---|---|---|---|---|---|
| 飛 12 | 飜 | 번역할 번 | 飜 | | | | | | | 飜覆(번복) 飜案(번안) |
| 言 13 | 譯 | 번역할 역 | 譯 | | | | | | | 譯註(역주) |
| 丷 釆 番 番 飜 飜 飜 飜 | | | 言 訁 訁 訁 譯 譯 譯 譯 | | | | 번역 : 다른 나라 글을 해석함 | | | |
| 亻 4 | 伐 | 칠 벌 | 伐 | | | | | | | 伐木(벌목) 伐草(벌초) |
| 扌 8 | 採 | 캘 채 | 採 | | | | | | | 採用(채용) |
| ノ 亻 亻 代 伐 伐 | | | 扌 扌 扌 扌 扌 採 採 採 | | | | 벌채 : 나무를 베어냄 | | | |
| 几 1 | 凡 | 무릇 범 | 凡 | | | | | | | 凡例(범례) 凡事(범사) |
| 人 0 | 人 | 사람 인 | 人 | | | | | | | 人間(인간) |
| 丿 几 凡 | | | ノ 人 | | | | 범인 : 평범한 사람 | | | |
| 石 9 | 碧 | 푸를 벽 | 碧 | | | | | | | 碧眼(벽안) 碧海(벽해) |
| 氵 10 | 溪 | 시내 계 | 溪 | | | | | | | 溪澗(계간) |
| 丅 王 玎 珀 珀 珀 珀 碧 | | | 氵 氵 氵 氵 氵 溪 溪 溪 | | | | 벽계 : 물이 푸른 시내 | | | |
| 辛 9 | 辨 | 분별할 변 | 辨 | | | | | | | 辨論(변론) 辨別(변별) |
| 亻 15 | 償 | 갚을 상 | 償 | | | | | | | 報償(보상) |
| 立 辛 辛 辨 辨 辨 辨 辨 | | | 亻 亻 亻 亻 亻 償 償 償 | | | | 변상 : 손실이나 손해를 물어줌 | | | |
| 言 16 | 變 | 변할 변 | 變 | | | | | | | 變動(변동) 變化(변화) |
| 田 3 | 更 | 고칠 경 | 更 | | | | | | | 更迭(경질) |
| 言 結 結 絲 䜌 䜌 變 變 | | | 一 丆 丙 丙 百 更 更 | | | | 변경 : 다시 바꾸어 고침 | | | |

**伐性之斧** : 성명(性命)을 끊는 도끼라는 뜻으로 여색을 경계하여 이르는 말임.

(칠 벌, 성품 성, 갈 지, 도끼 부)

| 부수/획수 | 한자 | 훈음 | 따라 쓰기 | | | | | | | 한자어 |
|---|---|---|---|---|---|---|---|---|---|---|
| 刂<br>5 | 別 | 다를 별 | 別 | | | | | | | 別居(별거)<br>個別(개별)<br>間紙(간지) |
| 糸<br>4 | 紙 | 종이 지 | 紙 | | | | | | | |
| 丶 口 口 号 另 別 別 　 幺 幺 糸 糸 糹 紅 紙 紙 　 별지 : 서류에 덧붙이는 종이 | | | | | | | | | | |
| 一<br>4 | 丙 | 셋째간지 병 | 丙 | | | | | | | 丙夜(병야)<br>丙午(병오)<br>甲寅(갑인) |
| 宀<br>8 | 寅 | 셋째천간 인 | 寅 | | | | | | | |
| 一 厂 冂 丙 丙 　 丶 宀 宀 宀 宆 寅 寅 寅 　 병인 : 육십갑자의 셋째 | | | | | | | | | | |
| 疒<br>5 | 病 | 병 병 | 病 | | | | | | | 病苦(병고)<br>病院(병원)<br>患者(환자) |
| 心<br>7 | 患 | 근심 환 | 患 | | | | | | | |
| 丶 亠 广 疒 疒 疔 病 病 病 　 丶 口 口 吕 串 串 患 患 　 병환 : 병의 높임말 | | | | | | | | | | |
| 立<br>5 | 竝 | 나란히할 병 | 竝 | | | | | | | 竝設(병설)<br>竝行(병행)<br>獨立(독립) |
| 立<br>0 | 立 | 설 립 | 立 | | | | | | | |
| 丶 亠 亡 立 立 竝 竝 竝 　 丶 亠 亡 立 立 　 병립 : 나란히 동시에 존재함 | | | | | | | | | | |
| 亻<br>7 | 保 | 지킬 보 | 保 | | | | | | | 保管(보관)<br>保證(보증)<br>障壁(장벽) |
| 阝<br>11 | 障 | 막을 장 | 障 | | | | | | | |
| 丿 亻 亻 仁 伫 保 保 保 　 了 阝 阝 阝 陪 陪 障 障 　 보장 : 일이 하자가 없도록 보증함 | | | | | | | | | | |
| 土<br>9 | 報 | 갚을 보 | 報 | | | | | | | 報答(보답)<br>報道(보도)<br>告白(고백) |
| 口<br>4 | 告 | 알릴 고 | 告 | | | | | | | |
| 一 十 土 圭 幸 幸 郣 報 　 丿 ㅏ 屮 生 牛 告 告 　 보고 : 어떤 일의 내용을 상사에게 알림 | | | | | | | | | | |

**輔國安民** : 나라일을 돕고 백성을 편안하게 함을 말함.

(도울 보, 나라 국, 편안할 안, 백성 민)

| 부수/획수 | 한자 | 훈음 | 쓰기 | | | | | | | 단어 |
|---|---|---|---|---|---|---|---|---|---|---|
| 日 8 | 普 | 넓을 보 | 普 | | | | | | | 普及(보급) 普通(보통) |
| 辶 9 | 遍 | 두루 편 | 遍 | | | | | | | 遍在(편재) |
| 丷 亠 丫 并 並 普 普 | | | | 戶 扁 扁 編 遍 | | | | 보편 : 두루 널리 미침 | | |
| 衤 7 | 補 | 도울 보 | 補 | | | | | | | 補給(보급) 補助(보조) |
| 亻 5 | 佐 | 도울 좌 | 佐 | | | | | | | 佐酒(좌주) |
| 礻 衤 衤 袹 補 補 | | | | 丿 亻 仁 仕 佐 佐 佐 | | | | 보좌 : 윗사람 곁에서 도움 | | |
| 彳 9 | 復 | 회복할 복 | 復 | | | | | | | 復習(복습) 復職(복직) |
| 止 14 | 歸 | 돌아갈 귀 | 歸 | | | | | | | 歸鄕(귀향) |
| 丿 彡 彳 彳 彳 彳 復 復 | | | | 𠂆 𠂤 𠂤 歸 歸 | | | | 복귀 : 먼저 있던 곳으로 되돌아감 | | |
| 亻 4 | 伏 | 엎드릴 복 | 伏 | | | | | | | 伏兵(복병) 屈伏(굴복) |
| 乙 2 | 乞 | 구걸할 걸 | 乞 | | | | | | | 乞食(걸식) |
| 丿 亻 亻 仁 什 伏 伏 | | | | 丿 𠂉 乞 | | | | 복걸 : 엎드려 애원함 | | |
| 衤 9 | 複 | 겹옷 복 | 複 | | | | | | | 複利(복리) 複線(복선) |
| 宀 12 | 寫 | 베낄 사 | 寫 | | | | | | | 寫眞(사진) |
| 衤 衤 衤 衤 衤 複 複 | | | | 宀 宀 宀 寫 寫 | | | | 복사 : 베낀 것을 또 베끼는 일 | | |
| 卜 0 | 卜 | 점 복 | 卜 | | | | | | | 卜吉(복길) 卜日(복일) |
| 亻 11 | 債 | 빚질 채 | 債 | | | | | | | 債務(채무) |
| 丨 卜 | | | | 亻 仁 仕 佳 倩 債 債 | | | | 복채 : 점을 쳐준 값 | | |

**覆車之戒** : 앞 수레를 보고 뒷 수레는 엎어지지 않도록 한다는 뜻으로 남의 실패를 경계삼아 자기를 경계함을 말함. (엎을 복, 수레 거, 갈 지, 경계할 계)

| 부수/획 | 한자 | 훈음 | 쓰기 | | | | | | | 한자어 |
|---|---|---|---|---|---|---|---|---|---|---|
| 大 5 | 奉 | 받들 봉 | 奉 | | | | | | | 奉養(봉양) 奉祝(봉축) 出仕(출사) |
| 亻 3 | 仕 | 벼슬 사 | 仕 | | | | | | | |
| 一 = 三 丰 夫 夫 夫 奉 奉 ノ 亻 仁 什 仕 | | | | | | | | | | 봉사 : 남을 위해 헌신함 |
| 辶 7 | 逢 | 만날 봉 | 逢 | | | | | | | 逢變(봉변) 逢賊(봉적) 着陸(착륙) |
| 目 7 | 着 | 붙을 착 | 着 | | | | | | | |
| ノ ク 夂 夆 夆 逢 逢 逢 丷 ⺷ 羊 羊 羊 着 着 着 | | | | | | | | | | 봉착 : 어떤 처지나 상황에 부닥침 |
| 鳥 3 | 鳳 | 봉새 봉 | 鳳 | | | | | | | 鳳鳥(봉조) 鳳凰(봉황) 神仙(신선) |
| 亻 3 | 仙 | 신선 선 | 仙 | | | | | | | |
| 丿 几 凡 凤 凤 凤 鳳 鳳 ノ 亻 仆 仙 仙 | | | | | | | | | | 봉선 : 봉선화의 준말 |
| 寸 6 | 封 | 봉할 봉 | 封 | | | | | | | 封印(봉인) 封合(봉합) 閉鎖(폐쇄) |
| 金 10 | 鎖 | 자물쇠 쇄 | 鎖 | | | | | | | |
| 十 土 圭 圭 圭 圭 封 封 ⺈ 𠆢 金 釗 鈔 銷 鎖 鎖 | | | | | | | | | | 봉쇄 : 드나들지 못하도록 막음 |
| 父 0 | 父 | 아비 부 | 父 | | | | | | | 父子(부자) 父親(부친) 母情(모정) |
| 毋 1 | 母 | 어미 모 | 母 | | | | | | | |
| ノ 八 グ 父 乚 母 母 母 母 | | | | | | | | | | 부모 : 아버지와 어머니 |
| 大 1 | 夫 | 지아비 부 | 夫 | | | | | | | 農夫(농부) 漁夫(어부) 主婦(주부) |
| 女 8 | 婦 | 지어미 부 | 婦 | | | | | | | |
| 一 二 夫 夫 ㄑ 女 女 妇 妇 妇 婦 婦 | | | | | | | | | | 부부 : 남편과 아내 |

**逢人輒說** : 사람을 만나는 대로 이야기하여 널리 소문을 퍼뜨림을 말함.
(만날 봉, 사람 인, 문득 첩, 말씀 설)

| 부수·획수 | 한자 | 훈음 | 본보기 | | | | | | | 낱말 |
|---|---|---|---|---|---|---|---|---|---|---|
| 貝 2 | 負 | 질 부 | 負 | | | | | | | 負傷(부상) 負債(부채) |
| 扌 13 | 擔 | 질 담 | 擔 | | | | | | | 擔保(담보) |

ノ ク 勹 ⺈ 負 負 負　　扌 扌 扌 护 护 护 擔 擔　　부담 : 어떤 일에 책임 짐

| 부수·획수 | 한자 | 훈음 | 본보기 | | | | | | | 낱말 |
|---|---|---|---|---|---|---|---|---|---|---|
| 扌 4 | 扶 | 도울 부 | 扶 | | | | | | | 扶養(부양) 扶助(부조) |
| 食 7 | 餘 | 남을 여 | 餘 | | | | | | | 餘裕(여유) |

一 寸 扌 扌 扌 扶 扶　　ノ 人 今 食 飲 飲 飴 餘　　부여 : 고대 부여국

| 부수·획수 | 한자 | 훈음 | 본보기 | | | | | | | 낱말 |
|---|---|---|---|---|---|---|---|---|---|---|
| 走 2 | 赴 | 다다를 부 | 赴 | | | | | | | 赴告(부고) 赴救(부구) |
| 亻 4 | 任 | 맡길 임 | 任 | | | | | | | 任命(임명) |

十 土 キ 丰 𠦝 走 赴 赴　　ノ 亻 亻 仁 仟 任　　부임 : 임명을 받아 임지로 감

| 부수·획수 | 한자 | 훈음 | 본보기 | | | | | | | 낱말 |
|---|---|---|---|---|---|---|---|---|---|---|
| 阝 8 | 部 | 거느릴 부 | 部 | | | | | | | 部類(부류) 部分(부분) |
| 罒 9 | 署 | 관청 서 | 署 | | | | | | | 官署(관서) |

亠 立 立 咅 咅 咅 部　　冖 罒 罒 罒 罗 罗 署 署　　부서 : 근무여건으로 나누어진 부분

| 부수·획수 | 한자 | 훈음 | 본보기 | | | | | | | 낱말 |
|---|---|---|---|---|---|---|---|---|---|---|
| 刂 9 | 副 | 버금 부 | 副 | | | | | | | 副食(부식) 副題(부제) |
| 大 9 | 業 | 업 업 | 業 | | | | | | | 開業(개업) |

一 ㄇ 㕣 畐 畐 副 副　　丨 丨丨 业 业 业 丵 業 業　　부업 : 본업 이외의 직업

| 부수·획수 | 한자 | 훈음 | 본보기 | | | | | | | 낱말 |
|---|---|---|---|---|---|---|---|---|---|---|
| 宀 9 | 富 | 부자 부 | 富 | | | | | | | 富貴(부귀) 貧富(빈부) |
| 衤 7 | 裕 | 넉넉할 유 | 裕 | | | | | | | 裕福(유복) |

丶 宀 宀 宀 宀 宫 富 富　　ラ 衤 衤 衤 衤 衫 裕 裕　　부유 : 재산이 많아 생활이 넉넉함

**夫唱婦隨** : 남편이 주장하고 아내가 그에 잘 따르는 것이 부부의 도리라는 말임.
(지아비 부, 부를 창, 지어미 부, 따를 수)

| 부수/획수 | 한자 | 훈음 | 따라 쓰기 | | | | | | | 한자어 |
|---|---|---|---|---|---|---|---|---|---|---|
| 竹 5 | 符 | 부적 부 | 符 | | | | | | | 符信(부신) 符號(부호) |
| 竹 14 | 籍 | 호적 적 | 籍 | | | | | | | 書籍(서적) |

⺈ ⺮ 竹 笁 竹 笴 符 符 　 ⺈ 竹 笁 笋 笋 箝 籍 籍 　 부적 : 잡신을 막기 위한 그림이나 글씨

| 부수/획수 | 한자 | 훈음 | 따라 쓰기 | | | | | | | 한자어 |
|---|---|---|---|---|---|---|---|---|---|---|
| 口 4 | 否 | 아닐 부 | 否 | | | | | | | 否決(부결) 否認(부인) |
| 示 6 | 票 | 표 표 | 票 | | | | | | | 賣票(매표) |

一 丆 不 不 不 否 否 　 一 襾 襾 襾 覀 覀 票 票 　 부표 : 반대표

| 부수/획수 | 한자 | 훈음 | 따라 쓰기 | | | | | | | 한자어 |
|---|---|---|---|---|---|---|---|---|---|---|
| 氵 7 | 浮 | 뜰 부 | 浮 | | | | | | | 浮力(부력) 浮草(부초) |
| 氵 11 | 漂 | 뜰 표 | 漂 | | | | | | | 漂流(표류) |

丶 氵 氵 氵 氵 浮 浮 浮 　 丶 氵 氵 汀 沔 漂 漂 漂 　 부표 : 물에 떠서 떠돌아다님

| 부수/획수 | 한자 | 훈음 | 따라 쓰기 | | | | | | | 한자어 |
|---|---|---|---|---|---|---|---|---|---|---|
| 彳 9 | 復 | 다시 부 | 復 | | | | | | | 復生(부생) 復古(복고) |
| 氵 6 | 活 | 살 활 | 活 | | | | | | | 活用(활용) |

丿 彳 彳 彳 彳 彳 復 復 　 丶 氵 氵 汀 汗 汗 活 活 　 부활 : 죽었다가 다시 되살아남

| 부수/획수 | 한자 | 훈음 | 따라 쓰기 | | | | | | | 한자어 |
|---|---|---|---|---|---|---|---|---|---|---|
| 匕 3 | 北 | 북녘 북 | 北 | | | | | | | 北極(북극) 北韓(북한) |
| 斗 0 | 斗 | 말 두 | 斗 | | | | | | | 斗酒(두주) |

一 丨 丬 北 北 　 丶 丶 三 斗 　 북두 : 북두칠성

| 부수/획수 | 한자 | 훈음 | 따라 쓰기 | | | | | | | 한자어 |
|---|---|---|---|---|---|---|---|---|---|---|
| 大 6 | 奔 | 달아날 분 | 奔 | | | | | | | 奔放(분방) 奔走(분주) |
| 忄 3 | 忙 | 바쁠 망 | 忙 | | | | | | | 忙中(망중) |

ナ 大 太 本 夲 奔 奔 　 丨 忄 忄 忄 忙 忙 　 분망 : 매우 바쁨

**附和雷同** : 자기 주장이 없고 줏대없이 남의 의견에 따라 움직임을 말함.

(붙을 부, 화할 화, 천둥 뢰, 한가지 동)

| 부수/획수 | 한자 | 훈음 | 쓰기 | | | | | | | 낱말 |
|---|---|---|---|---|---|---|---|---|---|---|
| 糸 4 | 紛 | 어지러울 분 | 紛 | | | | | | | 紛糾(분규) 紛爭(분쟁) |
| 大 2 | 失 | 잃을 실 | 失 | | | | | | | 失手(실수) |

ㄥ ㄠ 幺 糸 糸 紒 紛 紛 　 ノ ㅡ ㄷ 牛 失 　 분실 : 무엇을 잃어버림

| 부수/획수 | 한자 | 훈음 | 쓰기 | | | | | | | 낱말 |
|---|---|---|---|---|---|---|---|---|---|---|
| 忄 12 | 憤 | 성낼 분 | 憤 | | | | | | | 憤慨(분개) 憤痛(분통) |
| 心 5 | 怒 | 성낼 노 | 怒 | | | | | | | 怒氣(노기) |

丨 忄 忙 忭 忭 恃 憤 憤 　 ㄑ 女 奴 奴 奴 怒 怒 怒 　 분노 : 분하여 성냄

| 부수/획수 | 한자 | 훈음 | 쓰기 | | | | | | | 낱말 |
|---|---|---|---|---|---|---|---|---|---|---|
| 土 12 | 墳 | 무덤 분 | 墳 | | | | | | | 古墳(고분) 石墳(석분) |
| 土 11 | 墓 | 무덤 묘 | 墓 | | | | | | | 墓所(묘소) |

土 圹 圹 坩 埣 埴 墳 墳 　 艹 苎 苗 莫 莫 墓 墓 墓 　 분묘 : 무덤

| 부수/획수 | 한자 | 훈음 | 쓰기 | | | | | | | 낱말 |
|---|---|---|---|---|---|---|---|---|---|---|
| 亻 5 | 佛 | 부처 불 | 佛 | | | | | | | 佛敎(불교) 佛供(불공) |
| 八 6 | 典 | 법 전 | 典 | | | | | | | 祭典(제전) |

ノ 亻 亻 仁 仴 佀 佛 佛 　 丨 冂 日 由 曲 典 典 典 　 불전 : 불교의 교리를 담은 경전

| 부수/획수 | 한자 | 훈음 | 쓰기 | | | | | | | 낱말 |
|---|---|---|---|---|---|---|---|---|---|---|
| 月 4 | 朋 | 벗 붕 | 朋 | | | | | | | 朋黨(붕당) 朋輩(붕배) |
| 又 2 | 友 | 벗 우 | 友 | | | | | | | 友情(우정) |

丿 刀 月 月 肌 朋 朋 朋 　 ノ ナ 方 友 　 붕우 : 벗. 친구

| 부수/획수 | 한자 | 훈음 | 쓰기 | | | | | | | 낱말 |
|---|---|---|---|---|---|---|---|---|---|---|
| 山 8 | 崩 | 무너질 붕 | 崩 | | | | | | | 崩落(붕락) 崩御(붕어) |
| 土 16 | 壞 | 무너질 괴 | 壞 | | | | | | | 破壞(파괴) |

丨 屮 山 屵 岃 岁 崩 崩 　 土 圹 坤 坤 堜 壞 壞 壞 　 붕괴 : 허물어져 무너짐

**粉骨碎身** : 뼈를 가루로 만들고 몸을 부순다는 뜻으로 자기 몸을 돌보지 않고 지극한 정성으로 전력을 다한다는 말임. (가루 분, 뼈 골, 부술 쇄, 몸 신)

| 부수 획수 | 한자 | 훈음 | 쓰기 | | | | | | | 한자어 |
|---|---|---|---|---|---|---|---|---|---|---|
| 非 0 | 非 | 아닐 비 | 非 | | | | | | | 非難(비난)<br>非常(비상)<br>理論(이론) |
| 玉 7 | 理 | 이치 리 | 理 | | | | | | | |
| 丿 ㇀ ㇉ 刲 非 非 非   一 ㇀ 王 玎 玾 玾 理 理 | | | | | | | | | | 비리 : 도리가 아님 |
| 比 0 | 比 | 견줄 비 | 比 | | | | | | | 比肩(비견)<br>比例(비례)<br>較差(교차) |
| 車 6 | 較 | 비교할 교 | 較 | | | | | | | |
| 一 ㇀ 比 比   一 冖 肓 亘 車 軒 較 較 | | | | | | | | | | 비교 : 둘 이상 서로 견주어 봄 |
| 十 6 | 卑 | 낮을 비 | 卑 | | | | | | | 卑怯(비겁)<br>卑賤(비천)<br>劣等(열등) |
| 力 4 | 劣 | 용렬할 렬 | 劣 | | | | | | | |
| ′ 亻 白 白 白 甶 甶 卑   丨 小 小 少 劣 劣 | | | | | | | | | | 비열 : 성품과 행실이 천하고 용렬함 |
| 亻 10 | 備 | 갖출 비 | 備 | | | | | | | 備蓄(비축)<br>備置(비치)<br>考案(고안) |
| 耂 2 | 考 | 상고할 고 | 考 | | | | | | | |
| 丿 亻 亻 仳 仳 併 備 備   一 十 土 耂 耂 考 | | | | | | | | | | 비고 : 문서 등에 보충하여 기록함 |
| 肉 4 | 肥 | 살찔 비 | 肥 | | | | | | | 肥滿(비만)<br>肥肉(비육)<br>料金(요금) |
| 斗 6 | 料 | 헤아릴 료 | 料 | | | | | | | |
| 丿 刀 月 月 月 肌 肥   ˋ ˊ 平 米 米 米 料 料 | | | | | | | | | | 비료 : 토양에 뿌리는 영양소 |
| 石 8 | 碑 | 비석 비 | 碑 | | | | | | | 碑閣(비각)<br>碑石(비석)<br>銘心(명심) |
| 金 6 | 銘 | 새길 명 | 銘 | | | | | | | |
| 厂 石 矿 矿 砷 碑 碑   ノ ㇇ 今 金 金 釸 銘 銘 | | | | | | | | | | 비명 : 묘비에 새긴 글 |

**悲憤慷慨** : 슬프고 분한 느낌이 마음속에 가득함을 말함.

(슬플 비, 분할 분, 강개할 강, 슬퍼할 개)

| 부수/획수 | 한자 | 훈음 | 쓰기 | | | | | | | 단어 |
|---|---|---|---|---|---|---|---|---|---|---|
| 心 8 | 悲 | 슬플 비 | 悲 | | | | | | | 悲劇(비극) 悲哀(비애) |
| 疒 7 | 痛 | 아플 통 | 痛 | | | | | | | 痛症(통증) |
| ㅋ ㅋ 非 非 非 非 悲 悲 广 疒 疒 疒 疒 病 痡 痛 | | | | | | | | | | 비통 : 몹시 슬프고 가슴이 아픔 |
| 扌 4 | 批 | 비평할 비 | 批 | | | | | | | 批答(비답) 批評(비평) |
| 刂 5 | 判 | 판단 판 | 判 | | | | | | | 判斷(판단) |
| 一 十 扌 扌 扌 扌 批 丶 丷 ⺷ 兰 半 半 判 | | | | | | | | | | 비판 : 사건·사물에 비평하여 판단함 |
| 貝 4 | 貧 | 가난할 빈 | 貧 | | | | | | | 貧困(빈곤) 貧弱(빈약) |
| 宀 9 | 富 | 부자 부 | 富 | | | | | | | 富貴(부귀) |
| 丿 八 分 分 貧 貧 貧 丶 宀 宀 宀 宫 宫 富 富 | | | | | | | | | | 빈부 : 가난함과 부자 |
| 頁 7 | 頻 | 자주 빈 | 頻 | | | | | | | 頻發(빈발) 頻繁(빈번) |
| 火 9 | 煩 | 번거로울 번 | 煩 | | | | | | | 煩惱(번뇌) |
| 丨 卜 ㅏ 止 步 步 頻 頻 丶 丷 火 火 灯 灯 炳 煩 煩 | | | | | | | | | | 빈번 : 어떤 일이 매우 잦음 |
| 水 1 | 氷 | 얼음 빙 | 氷 | | | | | | | 氷菓(빙과) 氷水(빙수) |
| 山 0 | 山 | 뫼 산 | 山 | | | | | | | 山河(산하) |
| 亅 冫 氵 氵 氷 丨 山 山 | | | | | | | | | | 빙산 : 바다에 떠 있는 얼음덩이 산 |
| 口 2 | 四 | 넉 사 | 四 | | | | | | | 四季(사계) 四柱(사주) |
| 扌 8 | 捨 | 버릴 사 | 捨 | | | | | | | 取捨(취사) |
| 丨 冂 冂 四 四 十 扌 扌 扌 拾 拾 拾 捨 捨 | | | | | | | | | | 사사 : 사사오입의 준말. 반올림 |

**氷炭之間** : 얼음처럼 흰것과 숯탄처럼 검은 것의 사이라는 뜻으로 정반대의 입장을 말함.
(얼음 빙, 숯 탄, 갈 지, 사이 간)

| 부수/획수 | 한자 | 훈음 | 따라 쓰기 | | | | | | | 한자어 |
|---|---|---|---|---|---|---|---|---|---|---|
| 舌 2 | 舍 | 집 사 | 舍 | | | | | | | 舍監(사감)<br>舍宅(사택)<br>廊下(낭하) |
| 广 10 | 廊 | 행랑 랑 | 廊 | | | | | | | |

ノ 人 亼 仒 仐 全 舍 舍　亠 广 庐 庐 庐 庐 廊 廊　사랑 : 남편이 주로 거주하는 방

| 부수/획수 | 한자 | 훈음 | 따라 쓰기 | | | | | | | 한자어 |
|---|---|---|---|---|---|---|---|---|---|---|
| 言 5 | 詐 | 속일 사 | 詐 | | | | | | | 詐取(사취)<br>詐稱(사칭)<br>欺瞞(기만) |
| 欠 8 | 欺 | 속일 기 | 欺 | | | | | | | |

亠 言 言 訁 訂 詐 詐 詐　一 卄 甘 甘 其 欺 欺 欺　사기 : 남을 속임

| 부수/획수 | 한자 | 훈음 | 따라 쓰기 | | | | | | | 한자어 |
|---|---|---|---|---|---|---|---|---|---|---|
| 氵 4 | 沙 | 모래 사 | 沙 | | | | | | | 沙工(사공)<br>沙器(사기)<br>漠然(막연) |
| 氵 11 | 漠 | 사막 막 | 漠 | | | | | | | |

丶 丷 氵 氵 氵 沙 沙　氵 氵 汁 汁 湝 湝 漠 漠　사막 : 모래의 땅

| 부수/획수 | 한자 | 훈음 | 따라 쓰기 | | | | | | | 한자어 |
|---|---|---|---|---|---|---|---|---|---|---|
| 心 5 | 思 | 생각 사 | 思 | | | | | | | 思考(사고)<br>思慕(사모)<br>惟獨(유독) |
| 忄 8 | 惟 | 생각할 유 | 惟 | | | | | | | |

丨 冂 日 田 田 思 思 思　丶 忄 忄 忄 忙 忙 惟 惟　사유 : 사물을 논리적으로 생각함

| 부수/획수 | 한자 | 훈음 | 따라 쓰기 | | | | | | | 한자어 |
|---|---|---|---|---|---|---|---|---|---|---|
| 歹 2 | 死 | 죽을 사 | 死 | | | | | | | 死亡(사망)<br>死活(사활)<br>傷處(상처) |
| 亻 11 | 傷 | 상할 상 | 傷 | | | | | | | |

一 厂 歹 歹 歹 死　亻 亻 作 作 作 傷 傷 傷　사상 : 죽거나 다침

| 부수/획수 | 한자 | 훈음 | 따라 쓰기 | | | | | | | 한자어 |
|---|---|---|---|---|---|---|---|---|---|---|
| 阝 4 | 邪 | 간사할 사 | 邪 | | | | | | | 邪心(사심)<br>邪惡(사악)<br>忠臣(충신) |
| 臣 0 | 臣 | 신하 신 | 臣 | | | | | | | |

一 二 干 牙 牙 邪 邪　丨 厂 厂 芦 芦 芦 臣　사신 : 사악한 신하

**沙上樓閣** : 모래 위에 세운 누각이라는 뜻으로 기초가 튼튼하지 못하여 오래 견디지 못할 일이나 물건을 비유하는 말임. (모래 사, 윗 상, 다락 루, 누각 각)

| 부수/획 | 한자 | 훈음 | 쓰기 | | | | | | | 용례 |
|---|---|---|---|---|---|---|---|---|---|---|
| 口 2 | 司 | 맡을 사 | 司 | | | | | | | 司祭(사제) 司會(사회) |
| 目 3 | 直 | 곧 직 | 直 | | | | | | | 直接(직접) |
| 丁 ㅋ 刁 司 司 | | | 一 十 ナ 冇 有 直 直 | | | | 사직 : 공명정직을 가리는 사람 | | | |
| 寸 7 | 射 | 쏠 사 | 射 | | | | | | | 射殺(사살) 射手(사수) |
| 凵 3 | 出 | 날 출 | 出 | | | | | | | 出世(출세) |
| 丿 亻 自 自 身 身 射 射 | | | 丨 屮 屮 出 出 | | | | 사출 : 쏘아 내보냄. 발사함 | | | |
| 寸 3 | 寺 | 절 사 | 寺 | | | | | | | 寺院(사원) 寺刹(사찰) |
| 土 10 | 塔 | 탑 탑 | 塔 | | | | | | | 塔身(탑신) |
| 一 十 土 圭 寺 寺 | | | 一 十 土 圠 圹 坎 埁 塔 | | | | 사탑 : 목재·석재로 만든 사찰 탑 | | | |
| 刂 7 | 削 | 깎을 삭 | 削 | | | | | | | 削髮(삭발) 削除(삭제) |
| 氵 9 | 減 | 덜 감 | 減 | | | | | | | 減少(감소) |
| 丨 丬 丬 𭕄 肖 肖 削 削 | | | 氵 氵 汇 沪 洉 減 減 減 | | | | 삭감 : 예산 따위를 줄임 | | | |
| 殳 7 | 殺 | 죽일 살 | 殺 | | | | | | | 殺伐(살벌) 殺害(살해) |
| 艹 8 | 菌 | 버섯 균 | 菌 | | | | | | | 病菌(병균) |
| ノ メ 㐅 杀 杀 杀 殺 殺 | | | 艹 艹 芇 芮 菌 菌 菌 菌 | | | | 살균 : 약품·열 따위로 세균들을 죽임 | | | |
| 一 2 | 三 | 석 삼 | 三 | | | | | | | 三進(삼진) 三陟(삼척) |
| 木 4 | 杯 | 잔 배 | 杯 | | | | | | | 乾杯(건배) |
| 一 二 三 | | | 十 才 木 木 杉 杯 杯 | | | | 삼배 : 술 석잔 | | | |

**事必歸正** : 모든 일은 반드시 올바른 이치대로 돌아감을 말함.
(일 사, 반드시 필, 돌아올 귀, 바를 정)

| 부수/획수 | 한자 | 훈음 | 따라 쓰기 | | | | | | | 한자어 |
|---|---|---|---|---|---|---|---|---|---|---|
| 一 2 | 上 | 윗 상 | 上 | | | | | | | 上記(상기) 上下(상하) 旬朔(순삭) |
| 日 2 | 旬 | 열흘 순 | 旬 | | | | | | | |
| 丨 ト 上 ノ 勹 勹 句 旬 旬 상순 : 초하루부터 열흘간 사이 | | | | | | | | | | |
| 言 6 | 詳 | 자세할 상 | 詳 | | | | | | | 詳說(상설) 仔詳(자상) 細部(세부) |
| 糸 5 | 細 | 가늘 세 | 細 | | | | | | | |
| 言 言 言 言' 言'' 詳 詳 詳 纟 纟 幺 糹 糸 糹 細 細 細 상세 : 자상하고 세밀함 | | | | | | | | | | |
| 示 6 | 祥 | 상서로울 상 | 祥 | | | | | | | 祥夢(상몽) 祥瑞(상서) 運動(운동) |
| 辶 9 | 運 | 운세 운 | 運 | | | | | | | |
| 丶 ラ ネ ネ ネ' ネ'' 祥 祥 祥 ' 冖 冐 冒 軍 軍 運 運 상운 : 상서로운 운수 | | | | | | | | | | |
| 口 11 | 嘗 | 맛볼 상 | 嘗 | | | | | | | 嘗膽(상담) 嘗試(상시) 味覺(미각) |
| 口 5 | 味 | 맛 미 | 味 | | | | | | | |
| ' '' 尚 尚 尚 嘗 嘗 嘗 丨 口 口 口' 口'' 咊 味 味 상미 : 맛을 봄 | | | | | | | | | | |
| 口 8 | 商 | 장사 상 | 商 | | | | | | | 商街(상가) 商店(상점) 品行(품행) |
| 口 6 | 品 | 물건 품 | 品 | | | | | | | |
| 亠 产 产 内 内 商 商 商 丨 口 口 口 口 口 品 品 상품 : 상거래를 목적으로 만든 물품 | | | | | | | | | | |
| 木 6 | 桑 | 뽕나무 상 | 桑 | | | | | | | 桑葉(상엽) 桑田(상전) 麻衣(마의) |
| 麻 0 | 麻 | 삼 마 | 麻 | | | | | | | |
| フ ヌ 叒 叒 叒 叒 桑 桑 广 广 庁 庁 床 麻 麻 麻 상마 : 뽕나무와 삼 | | | | | | | | | | |

傷弓之鳥 : 화살에 상처를 입은 새라는 뜻으로 한번 혼이 나서 늘 두려운 마음을 품고 있음을 말함. (상할 상, 활 궁, 갈 지, 새 조)

| 부수/획 | 한자 | 훈음 | 따라쓰기 | | | | | | | 용례 |
|---|---|---|---|---|---|---|---|---|---|---|
| 西 0 | 西 | 서녘 서 | 西 | | | | | | | 西歐(서구)<br>西方(서방)<br>洋畫(양화) |
| 氵 6 | 洋 | 큰바다 양 | 洋 | | | | | | | |
| 一 冂 西 西 | | | 丶 氵 氵 氵' 氵'' 洋 洋 洋 | | | | 서양 : 유럽·미주의 나라 | | | |
| 广 8 | 庶 | 무리 서 | 庶 | | | | | | | 庶幾(서기)<br>庶民(서민)<br>事務(사무) |
| 力 9 | 務 | 힘쓸 무 | 務 | | | | | | | |
| 亠 广 广 庐 庐 庶 庶 庶 | | | ㇇ ㇇ 予 矛 矛 矜 矜 務 | | | | 서무 : 사무적인 일을 맡아보는 사람 | | | |
| 日 6 | 書 | 글 서 | 書 | | | | | | | 書籍(서적)<br>書店(서점)<br>類似(유사) |
| 頁 10 | 類 | 무리 류 | 類 | | | | | | | |
| ㇇ ⺕ ⺕ 聿 聿 書 書 書 | | | 丷 米 米 类 类 類 類 類 | | | | 서류 : 사무에 관한 문서 | | | |
| 攴 7 | 敍 | 차례 서 | 敍 | | | | | | | 敍景(서경)<br>敍說(서설)<br>陳述(진술) |
| 辶 5 | 述 | 지을 술 | 述 | | | | | | | |
| 人 亼 全 余 余' 余ᅩ 敍 敍 | | | 一 十 才 木 朮 朮 述 述 | | | | 서술 : 차례대로 따라 말함 | | | |
| 言 7 | 誓 | 맹세할 서 | 誓 | | | | | | | 盟誓(맹서)<br>宣誓(선서)<br>先約(선약) |
| 糸 3 | 約 | 맺을 약 | 約 | | | | | | | |
| 扌 扌 扩 折 誓 誓 誓 誓 | | | 𠃋 幺 幺 糸 糸 糸' 約 約 | | | | 서약 : 맹서하며 약속함 | | | |
| 辶 7 | 逝 | 갈 서 | 逝 | | | | | | | 逝世(서세)<br>急逝(급서)<br>去來(거래) |
| 厶 3 | 去 | 갈 거 | 去 | | | | | | | |
| 扌 扌 扩 折 逝 逝 逝 逝 | | | 一 十 土 去 去 | | | | 서거 : 죽음의 높임말 | | | |

**書不盡言** : 글로는 의사를 충분히 표현할 수 없다는 뜻을 말함.

(글 서, 아닐 불, 다할 진, 말씀 언)

| 부수/획 | 한자 | 훈음 | 따라 쓰기 | | | | | | | 한자어 |
|---|---|---|---|---|---|---|---|---|---|---|
| 彳 7 | 徐 | 천천히 서 | 徐 | | | | | | | 徐來(서래) 徐行(서행) 緩急(완급) |
| 糸 9 | 緩 | 느릴 완 | 緩 | | | | | | | |
| 徐 緩 필순 | | | | | | | | | | 서완 : 느리게 함 |
| 石 0 | 石 | 돌 석 | 石 | | | | | | | 石窟(석굴) 石油(석유) 材料(재료) |
| 木 3 | 材 | 재목 재 | 材 | | | | | | | |
| 一 丆 不 石 石 / 一 十 才 木 杠 村 材 | | | | | | | | | | 석재 : 축조물에 쓰이는 돌 |
| 夕 0 | 夕 | 저녁 석 | 夕 | | | | | | | 夕食(석식) 夕陽(석양) 刊行(간행) |
| 刂 3 | 刊 | 새길 간 | 刊 | | | | | | | |
| ノ ク 夕 / 一 二 干 刊 刊 | | | | | | | | | | 석간 : 저녁에 발행된 신문 |
| 巾 7 | 席 | 자리 석 | 席 | | | | | | | 席次(석차) 座席(좌석) 卷末(권말) |
| 卩 6 | 卷 | 책 권 | 卷 | | | | | | | |
| 广 广 庐 庐 庐 庐 席 席 / 丶 丷 䒑 兰 关 关 券 卷 | | | | | | | | | | 석권 : 힘들이지 않고 모조리 빼앗음 |
| 宀 6 | 宣 | 베풀 선 | 宣 | | | | | | | 宣敎(선교) 宣揚(선양) 布告(포고) |
| 巾 2 | 布 | 펼 포 | 布 | | | | | | | |
| 丶 丷 宀 宀 宀 宣 宣 宣 / ノ ナ 𠂇 右 布 | | | | | | | | | | 선포 : 공적으로 세상에 널리 알림 |
| 辶 12 | 選 | 가릴 선 | 選 | | | | | | | 選定(선정) 選擇(선택) 拔擢(발탁) |
| 扌 5 | 拔 | 뺄 발 | 拔 | | | | | | | |
| 巳 巳巳 巺 巽 選 選 / 一 十 扌 扌 扩 抜 拔 拔 | | | | | | | | | | 선발 : 추려 뽑음 |

**席藁待罪** : 거적을 깔고 엎드려 처벌을 기다린다는 뜻으로 저지른 죄에 대한 처벌을 기다림을 말함. (자리 석, 짚 고, 기다릴 대, 허물 죄)

| 부수/획수 | 한자 | 훈음 | 본 | | | | | | | 용례 |
|---|---|---|---|---|---|---|---|---|---|---|
| 方 7 | 旋 | 돌 선 | 旋 | | | | | | | 旋律(선율) 旋風(선풍) |
| 口 3 | 回 | 돌아올 회 | 回 | | | | | | | 回轉(회전) |
| 亠 亠 方 方 方 斿 旋 旋　丨 冂 冂 冋 回 回 | | | | | | | 선회 : 원을 그리듯 돎 | | | |
| 言 4 | 設 | 베풀 설 | 設 | | | | | | | 設定(설정) 架設(가설) |
| 言 2 | 計 | 셈 계 | 計 | | | | | | | 計算(계산) |
| 亠 言 言 言 言 訁 設 設　亠 亠 亠 亠 言 言 言 計 | | | | | | | 설계 : 도면을 그림 | | | |
| 扌 18 | 攝 | 다스릴 섭 | 攝 | | | | | | | 攝生(섭생) 攝政(섭정) |
| 又 6 | 取 | 취할 취 | 取 | | | | | | | 取消(취소) |
| 扌 扌 扌 扌 扌 扌 攝 攝　一 丅 F E 耳 取 取 | | | | | | | 섭취 : 양분을 취함 | | | |
| 日 5 | 星 | 별 성 | 星 | | | | | | | 星群(성군) 星雲(성운) |
| 日 7 | 晨 | 새벽 신 | 晨 | | | | | | | 晨省(신성) |
| 丨 口 日 日 旦 早 星 星　口 日 旦 尸 尸 尸 晨 晨 | | | | | | | 성신 : 새벽에 떠있는 샛별 | | | |
| 女 5 | 姓 | 성 성 | 姓 | | | | | | | 姓名(성명) 姓字(성자) |
| 氏 0 | 氏 | 성 씨 | 氏 | | | | | | | 氏族(씨족) |
| 𡿨 女 女 女 女 女 姓 姓　一 𠂆 𠂆 氏 | | | | | | | 성씨 : 성을 높인말 | | | |
| 目 4 | 省 | 살필 성 | 省 | | | | | | | 省墓(성묘) 省悟(성오) |
| 宀 11 | 察 | 살필 찰 | 察 | | | | | | | 考察(고찰) |
| 丨 丨 小 少 少 省 省 省　宀 宀 宀 宀 宀 宀 察 察 | | | | | | | 성찰 : 자기 자신을 돌아보아 살핌 | | | |

**仙風道骨** : 신선의 풍채와 도인의 골격이란 뜻으로 뛰어나게 고아한 풍채를 말함.
(신선 선, 바람 풍, 길 도, 뼈 골)

| 부수/획수 | 한자 | 훈음 | 따라 쓰기 | | | | | | | 한자어 |
|---|---|---|---|---|---|---|---|---|---|---|
| 耳 7 | 聖 | 성인 성 | 聖 | | | | | | | 聖域(성역) 聖恩(성은) 誕生(탄생) |
| 言 7 | 誕 | 탄생할 탄 | 誕 | | | | | | | |
| 一 ㄒ F 耳 耶 聖 聖 聖 　 言 言 訁 訁 訁 証 誕 誕 　 성탄 : 예수의 탄생 | | | | | | | | | | |
| 氵 6 | 洗 | 씻을 세 | 洗 | | | | | | | 洗腦(세뇌) 洗面(세면) 濯足(탁족) |
| 氵 14 | 濯 | 빨 탁 | 濯 | | | | | | | |
| 丶 氵 氵 氵 氵 洪 洪 洗 　 氵 氵 氵 氵 氵 濯 濯 濯 　 세탁 : 물에 빠는 일 | | | | | | | | | | |
| 一 4 | 世 | 인간 세 | 世 | | | | | | | 世代(세대) 世上(세상) 限界(한계) |
| 田 4 | 界 | 지경 계 | 界 | | | | | | | |
| 一 十 卄 廿 世 　 丨 冂 冃 田 罒 界 界 　 세계 : 온 세상 | | | | | | | | | | |
| 戶 4 | 所 | 바 소 | 所 | | | | | | | 所感(소감) 所得(소득) 新聞(신문) |
| 耳 8 | 聞 | 들을 문 | 聞 | | | | | | | |
| ′ 𠃌 户 户 所 所 所 　 𠃌 門 門 門 門 門 聞 聞 　 소문 : 여러 사람 입에서 오르내리는 말 | | | | | | | | | | |
| 氵 7 | 消 | 사라질 소 | 消 | | | | | | | 消耗(소모) 消息(소식) 費用(비용) |
| 貝 5 | 費 | 비용 비 | 費 | | | | | | | |
| 氵 氵 氵 氵 氵 消 消 消 　 ㇇ ㇇ 弓 弗 弗 弗 費 費 　 소비 : 돈·물품 등을 써 없앰 | | | | | | | | | | |
| 艹 16 | 蘇 | 깨날 소 | 蘇 | | | | | | | 蘇生(소생) 蘇活(소활) 聯邦(연방) |
| 耳 11 | 聯 | 연한 련 | 聯 | | | | | | | |
| 十 艹 艹 苏 苏 蘇 蘇 蘇 　 耳 耶 聯 聯 聯 聯 聯 聯 　 소련 : 구 러시아를 말함 | | | | | | | | | | |

**盛者必衰** : 융성하던 것도 반드시 쇠퇴하여 진다는 말임.

(성할 성, 놈 자, 반드시 필, 쇠잔할 쇠)

| 부수/획 | 한자 | 훈음 | 따라쓰기 | | | | | | | 낱말 |
|---|---|---|---|---|---|---|---|---|---|---|
| 言 5 | 訴 | 하소연할 소 | 訴 | | | | | | | 訴願(소원) 訴請(소청) |
| 言 4 | 訟 | 송사 송 | 訟 | | | | | | | 訟事(송사) |
| 亠 亖 言 言' 訂 訢 訢 訴　亠 亖 亖 言 言 訟 訟 訟 | | | | | | | | | | 소송 : 법원에 판결을 요구하는 절차 |
| 火 12 | 燒 | 불사를 소 | 燒 | | | | | | | 燒却(소각) 燒盡(소진) |
| 氵 10 | 滅 | 멸할 멸 | 滅 | | | | | | | 滅種(멸종) |
| 丷 火 炷 炷 燵 燵 燒 燒　氵 氵 氵 汇 沥 滅 滅 滅 | | | | | | | | | | 소멸 : 타서 없어짐 |
| 馬 10 | 騷 | 떠들 소 | 騷 | | | | | | | 騷亂(소란) 騷動(소동) |
| 音 0 | 音 | 소리 음 | 音 | | | | | | | 音聲(음성) |
| 丨 F 馬 馬 馬 騷 騷 騷　亠 亠 立 产 音 音 音 | | | | | | | | | | 소음 : 시끄러운 소리 |
| 日 5 | 昭 | 밝을 소 | 昭 | | | | | | | 昭詳(소상) 昭蘇(소소) |
| 心 13 | 應 | 응할 응 | 應 | | | | | | | 應諾(응낙) |
| 丨 П 日 日 昭 昭 昭 昭　亠 广 广 府 府 府 應 應 | | | | | | | | | | 소응 : 반응이 뚜렷이 나타남 |
| 疋 7 | 疎 | 드물 소 | 疎 | | | | | | | 疎外(소외) 疎忽(소홀) |
| 月 7 | 脫 | 벗을 탈 | 脫 | | | | | | | 脫線(탈선) |
| 丁 了 子 𤴓 𤴓 䟽 䟽 疎　丿 刀 月 月 月 胪 胪 脫 | | | | | | | | | | 소탈 : 데면데면하여 빠뜨림 |
| 口 2 | 召 | 부를 소 | 召 | | | | | | | 召命(소명) 召集(소집) |
| 辶 13 | 還 | 돌아올 환 | 還 | | | | | | | 返還(반환) |
| 丁 刀 召 召 召　冖 罒 罒 罒 睘 睘 睘 還 | | | | | | | | | | 소환 : 불러 들임 |

**小貪大失** : 작은 것을 탐내다 오히려 큰 것을 잃음을 말함.

(적을 소, 탐낼 탐, 큰 대, 잃을 실)

| 부수/획수 | 한자 | 훈음 | 한자어 |
|---|---|---|---|
| 亻 7 | 俗 | 풍속 속 | 俗世(속세)<br>風俗(풍속) |
| 言 8 | 談 | 말씀 담 | 談笑(담소) |
| 亻 亻 亻 亻 亻 亻 俗 俗 | 言 言 言 言 言 言 談 談 | 속담 : 구전되어 오는 민간 격언 | |
| 米 6 | 粟 | 조 속 | 粟豆(속두)<br>粟米(속미) |
| 木 6 | 栗 | 밤 률 | 生栗(생률) |
| 一 丆 西 西 西 覀 覀 粟 | 一 丆 丆 丙 西 覀 覀 栗 | 속률 : 조와 밤 | |
| 木 4 | 松 | 소나무 송 | 松柏(송백)<br>松枝(송지) |
| 竹 0 | 竹 | 대 죽 | 竹刀(죽도) |
| 一 十 才 木 木 杪 松 松 | ノ 𠂉 𠂉 竹 竹 竹 | 송죽 : 소나무와 대나무 | |
| 言 7 | 誦 | 읽을 송 | 誦經(송경)<br>暗誦(암송) |
| 言 15 | 讀 | 읽을 독 | 讀書(독서) |
| 言 訁 訁 訁 誦 誦 誦 誦 | 言 言 言 詰 請 讀 讀 讀 | 송독 : 외어서 소리내어 읽음 | |
| 刂 6 | 刷 | 닦을 쇄 | 刷掃(쇄소)<br>印刷(인쇄) |
| 斤 9 | 新 | 새 신 | 新舊(신구) |
| 𠃌 コ 尸 尸 吊 吊 刷 刷 | 亠 立 辛 亲 亲 新 新 新 | 쇄신 : 묵은 것을 닦아서 새롭게 함 | |
| 衣 4 | 衰 | 쇠할 쇠 | 衰弱(쇠약)<br>衰退(쇠퇴) |
| 歹 8 | 殘 | 쇠잔할 잔 | 殘月(잔월) |
| 亠 亠 亠 亠 亨 衰 衰 衰 | 一 歹 歹 歹 歹 殘 殘 殘 | 쇠잔 : 아주 약해짐 | |

**束手無策** : 손이 묶이어 어찌할 도리가 없이 꼼짝 못함을 이르는 말임.

(묶을 속, 손 수, 없을 무, 꾀 책)

| 부수/획수 | 한자 | 훈음 | | 쓰기 | | | | | | 낱말 |
|---|---|---|---|---|---|---|---|---|---|---|
| 亻 8 | 修 | 닦을 수 | 修 | | | | | | | 修理(수리)<br>修繕(수선)<br>心身(심신) |
| 身 0 | 身 | 몸 신 | 身 | | | | | | | |
| 丿 亻 亻 亻 攸 修 修 修 | | | ′ 亻 门 月 自 身 身 | | | | 수신 : 마음과 몸을 닦음 | | | |
| 手 0 | 手 | 손 수 | 手 | | | | | | | 手記(수기)<br>手段(수단)<br>滿足(만족) |
| 足 0 | 足 | 발 족 | 足 | | | | | | | |
| 一 二 三 手 | | | 丨 口 口 口 早 足 足 | | | | 수족 : 손과 발 | | | |
| 攵 2 | 收 | 거둘 수 | 收 | | | | | | | 收金(수금)<br>收穫(수확)<br>有益(유익) |
| 皿 5 | 益 | 더할 익 | 益 | | | | | | | |
| 丨 丩 丩 丩 收 收 | | | ′ 八 八 八 仌 仌 益 益 | | | | 수익 : 이익을 얻음 | | | |
| 雨 6 | 需 | 구할 수 | 需 | | | | | | | 需給(수급)<br>必需(필수)<br>要領(요령) |
| 襾 3 | 要 | 구할 요 | 要 | | | | | | | |
| 冖 雨 雨 雨 雨 需 需 | | | 一 厂 冖 襾 襾 要 要 要 | | | | 수요 : 필요한 것을 얻고자 하는 일 | | | |
| 土 5 | 垂 | 드리울 수 | 垂 | | | | | | | 垂直(수직)<br>垂訓(수훈)<br>範圍(범위) |
| 竹 9 | 範 | 규범 범 | 範 | | | | | | | |
| 一 二 三 千 乒 乒 垂 垂 | | | ⺈ ⺮ 竹 竹 笣 笵 範 範 | | | | 수범 : 어떤 일에 모범을 보임 | | | |
| 目 8 | 睡 | 졸음 수 | 睡 | | | | | | | 睡蓮(수련)<br>睡語(수어)<br>熟眠(숙면) |
| 目 5 | 眠 | 잠잘 면 | 眠 | | | | | | | |
| 冂 目 目 目 盱 盽 睡 睡 | | | 冂 月 目 目 盿 盿 眠 眠 | | | | 수면 : 잠을 잠 | | | |

**首邱初心** : 여우가 죽을 때에 머리를 살던 굴쪽으로 향한다는 뜻으로 고향을 그리워하는 마음을 이르는 말임. (머리 수, 언덕 구, 처음 초, 마음 심)

| 阝 13 | 隨 | 따를 수 | 隨 | | | | | | | 隨筆(수필) 隨行(수행) 伴侶(반려) |
|---|---|---|---|---|---|---|---|---|---|---|
| 亻 5 | 伴 | 짝 반 | 伴 | | | | | | | |
| 阝 阝 阝 陏 陏 隋 隋 隨 | | 丿 亻 亻 亻 仁 仨 伴 | | | | 수반 : 함께 나타남 | | | | |
| 攵 11 | 數 | 셈 수 | 數 | | | | | | | 數量(수량) 倍數(배수) 百姓(백성) |
| 白 1 | 百 | 일백 백 | 百 | | | | | | | |
| 口 日 串 婁 婁 婁 數 數 | | 一 丆 丅 百 百 百 | | | | 수백 : 백의 서너배 | | | | |
| 扌 10 | 搜 | 찾을 수 | 搜 | | | | | | | 搜訪(수방) 搜索(수색) 調査(조사) |
| 木 5 | 査 | 사실할 사 | 査 | | | | | | | |
| 扌 扌 扌 扌 扣 抻 搜 搜 | | 一 十 才 木 木 杏 杳 査 | | | | 수사 : 증거 따위를 조사함 | | | | |
| 車 9 | 輸 | 보낼 수 | 輸 | | | | | | | 輸入(수입) 輸出(수출) 送年(송년) |
| 辶 6 | 送 | 보낼 송 | 送 | | | | | | | |
| 車 軩 軩 輪 輸 輸 輸 輸 | | 丶 丷 丷 兰 关 关 送 送 | | | | 수송 : 사람이나 물건을 실어 옮김 | | | | |
| 扌 8 | 授 | 줄 수 | 授 | | | | | | | 授業(수업) 授與(수여) 受領(수령) |
| 又 6 | 受 | 받을 수 | 受 | | | | | | | |
| 扌 扌 扌 扌 扌 扌 授 授 | | 丿 丆 丆 爫 爫 爫 受 受 | | | | 수수 : 금품 따위를 주고 받음 | | | | |
| 隹 9 | 雖 | 비록 수 | 雖 | | | | | | | 雖不(수불) 雖怨(수원) 自然(자연) |
| 灬 8 | 然 | 그럴 연 | 然 | | | | | | | |
| 口 吕 吊 虽 虽 虽 雖 雖 | | 丿 ク 夕 夕 夕 夕 然 然 | | | | 수연 : 비록 그러하다 | | | | |

**袖手傍觀** : 팔짱을 끼고 보고만 있다는 뜻으로 간섭치 아니하고 그대로 버려둠을 말함. (소매 수, 손 수, 곁 방, 볼 관)

| 부수 획수 | 한자 | 훈음 | | 따라쓰기 | | | | | | | 용례 |
|---|---|---|---|---|---|---|---|---|---|---|---|
| 言 8 | 誰 | 누구 | 수 | 誰 | | | | | | | 誰得(수득) 誰何(수하) |
| 木 5 | 某 | 아무 | 모 | 某 | | | | | | | 某處(모처) |
| 言 言 言 言 訁 訃 誰 誰 | | | | 一 十 廾 廿 甘 苷 某 某 | | | | 수모 : 아무개라는 뜻 | | | |
| 宀 8 | 宿 | 묵을 | 숙 | 宿 | | | | | | | 宿命(숙명) 宿醉(숙취) |
| 氵 5 | 泊 | 머물 | 박 | 泊 | | | | | | | 淡泊(담박) |
| 宀 宀 宀 宀 宀 宿 宿 宿 | | | | 丶 冫 氵 氵 氵 泊 泊 泊 | | | | 숙박 : 남의 집에서 자고 머무름 | | | |
| 又 6 | 叔 | 아재비 | 숙 | 叔 | | | | | | | 叔母(숙모) 堂叔(당숙) |
| 女 6 | 姪 | 조카 | 질 | 姪 | | | | | | | 姪女(질녀) |
| 丨 ⺊ 上 卡 才 未 叔 叔 | | | | く 女 女 女 妊 姪 姪 姪 | | | | 숙질 : 아저씨와 조카 | | | |
| 巛 4 | 巡 | 순행할 | 순 | 巡 | | | | | | | 巡視(순시) 巡察(순찰) |
| 辶 9 | 遊 | 놀 | 유 | 遊 | | | | | | | 遊覽(유람) |
| く 巛 巛 巛 巡 巡 | | | | 亠 方 方 方 斿 斿 游 遊 | | | | 순유 : 여러 곳을 떠돌며 유랑함 | | | |
| 彳 9 | 循 | 돌 | 순 | 循 | | | | | | | 循次(순차) 循行(순행) |
| 王 13 | 環 | 고리 | 환 | 環 | | | | | | | 環境(환경) |
| 彡 彳 彳 彳 彳 循 循 循 | | | | 环 環 環 環 環 環 環 環 | | | | 순환 : 일정한 구역을 돌고 돎 | | | |
| 月 7 | 脣 | 입술 | 순 | 脣 | | | | | | | 脣齒(순치) 脣形(순형) |
| 舌 0 | 舌 | 혀 | 설 | 舌 | | | | | | | 舌戰(설전) |
| 厂 斤 斤 斤 辰 辰 脣 脣 | | | | 丿 二 千 千 舌 舌 | | | | 순설 : 입술과 혀 | | | |

**水滴石穿** : 물방울도 돌을 뚫는다는 의미로 작은 것이라도 꾸준히 하면 크게 된다는 말임. (물 수, 물방울 적, 돌 석, 뚫을 천)

| 부수/획수 | 한자 | 훈음 | 쓰기 | | | | | | | 한자어 |
|---|---|---|---|---|---|---|---|---|---|---|
| 歹 6 | 殉 | 따라죽을 순 | 殉 | | | | | | | 殉教(순교) 殉職(순직) 葬禮(장례) |
| 艹 9 | 葬 | 장례 장 | 葬 | | | | | | | |
| 丆 歹 歹 歹' 歺 歽 殉 殉 | | | | 艹 艹 苎 茾 莚 葬 葬 葬 | | | | 순장 : 죽은 사람과 함께 묻는 일 | | |
| 糸 4 | 純 | 순수할 순 | 純 | | | | | | | 純潔(순결) 純情(순정) 眞理(진리) |
| 目 5 | 眞 | 참 진 | 眞 | | | | | | | |
| 幺 幺 糸 糸 糸 紅 紅 純 | | | | 一 匕 片 片 肯 旨 直 眞 | | | | 순진 : 마음이 착하고 꾸밈이 없음 | | |
| 目 12 | 瞬 | 눈깜짝할 순 | 瞬 | | | | | | | 瞬間(순간) 一瞬(일순) 發付(발부) |
| 癶 7 | 發 | 필 발 | 發 | | | | | | | |
| 目 目' 目'' 瞬 瞬 瞬 瞬 瞬 | | | | ﾉ 癶 癶 癶 癶 発 發 發 | | | | 순발 : 순간적인 반응 능력 | | |
| 山 8 | 崇 | 높을 숭 | 崇 | | | | | | | 崇高(숭고) 崇拜(숭배) 高尙(고상) |
| 小 5 | 尙 | 오히려 상 | 尙 | | | | | | | |
| ' 山 山 屵 岂 峑 崇 崇 | | | | 丨 丨 小 小' 尙 尙 尙 尙 | | | | 숭상 : 높이어 소중히 여김 | | |
| 扌 6 | 拾 | 주울 습 | 拾 | | | | | | | 拾遺(습유) 收拾(수습) 得票(득표) |
| 彳 8 | 得 | 얻을 득 | 得 | | | | | | | |
| 一 十 才 扌 扑 拎 拎 拾 | | | | 彳 彳 彳 得 得 得 得 得 | | | | 습득 : 주어서 얻음 | | |
| 氵 14 | 濕 | 젖을 습 | 濕 | | | | | | | 濕氣(습기) 濕疹(습진) 症狀(증상) |
| 疒 5 | 症 | 증세 증 | 症 | | | | | | | |
| 氵 氵 浬 浬 湿 濕 濕 濕 | | | | 亠 广 疒 疒 疔 疔 症 症 | | | | 습증 : 습기로 인해 생긴 병 | | |

**脣亡齒寒** : 입술이 없으면 이가 시리다는 뜻으로 서로 의지하는 사이에 있어 하나가 망하면 다른 하나도 온전하는 못하다는 것을 말함.(입술 순, 망할 망, 이 치, 찰 한)

| 부수 | 한자 | 훈음 | 쓰기 | | | | | | | 용례 |
|---|---|---|---|---|---|---|---|---|---|---|
| 手 4 | 承 | 이을 승 | 承 | | | | | | | 承諾(승낙)<br>承服(승복)<br>認定(인정) |
| 言 7 | 認 | 인정할 인 | 認 | | | | | | | |
| ㄱ 了 子 孑 手 手 承 承 言 言 訁 訒 訒 訒 認 認 승인 : 사실을 인정함 | | | | | | | | | | |
| 日 4 | 昇 | 오를 승 | 昇 | | | | | | | 昇降(승강)<br>昇進(승진)<br>進級(진급) |
| 糸 4 | 級 | 등급 급 | 級 | | | | | | | |
| 丶 ㅁ 日 旦 旦 旦 昇 昇 ㄥ 幺 幺 糸 糸 紉 級 級 승급 : 등급이 오름 | | | | | | | | | | |
| 亻 6 | 侍 | 모실 시 | 侍 | | | | | | | 侍從(시종)<br>侍下(시하)<br>衛生(위생) |
| 行 10 | 衛 | 막을 위 | 衛 | | | | | | | |
| ノ 亻 仁 什 仕 仕 侍 侍 彳 彳 征 徫 徫 徫 衛 衛 시위 : 임금을 모시고 호위함 | | | | | | | | | | |
| 巾 2 | 市 | 저자 시 | 市 | | | | | | | 市場(시장)<br>市廳(시청)<br>販促(판촉) |
| 貝 4 | 販 | 팔 판 | 販 | | | | | | | |
| 丶 亠 亣 市 市 丨 冂 目 貝 貝 貶 販 販 시판 : 상품 따위를 파는 것 | | | | | | | | | | |
| 日 6 | 時 | 때 시 | 時 | | | | | | | 時局(시국)<br>時流(시류)<br>節約(절약) |
| 竹 9 | 節 | 마디 절 | 節 | | | | | | | |
| 冂 日 日 旪 旹 時 時 ⺮ 竺 筜 筜 筫 節 節 시절 : 일생 동안의 한 시기 | | | | | | | | | | |
| 言 6 | 試 | 시험 시 | 試 | | | | | | | 試圖(시도)<br>試鍊(시련)<br>經驗(경험) |
| 馬 13 | 驗 | 시험할 험 | 驗 | | | | | | | |
| 言 言 訁 訁 証 試 試 ㄏ 馬 駖 駖 駖 驗 驗 시험 : 문제를 통해 수준을 알아봄 | | | | | | | | | | |

**昇天入地** : 하늘에 오르고 땅에 들어감을 말하는 뜻으로 자취를 감춘다는 말을 이름.
(오를 승, 하늘 천, 들 입, 땅 지)

| 부수 획수 | 한자 | 훈음 | 따라 쓰기 | | | | | | | 한자어 |
|---|---|---|---|---|---|---|---|---|---|---|
| 女 5 | 始 | 비로소 시 | 始 | | | | | | | 始作(시작)<br>始終(시종)<br>初面(초면) |
| 刀 5 | 初 | 처음 초 | 初 | | | | | | | |
| ㄑ 女 女 女' 女ㄙ 女台 始 始 | | | | ` ㄗ 衤 衤 衤 衤刀 初 | | | | 시초 : 맨 처음 | | |
| 見 5 | 視 | 볼 시 | 視 | | | | | | | 視線(시선)<br>視聽(시청)<br>覺悟(각오) |
| 見 13 | 覺 | 깨달을 각 | 覺 | | | | | | | |
| ニ 亍 示 示ㄇ 示月 示目 示貝 視 | | | | 𠂉 ⺌ 𦥑 𦥑 𦥑 與 譽 覺 | | | | 시각 : 망막을 통해 보이는 감각 | | |
| 方 5 | 施 | 베풀 시 | 施 | | | | | | | 施賞(시상)<br>施設(시설)<br>政策(정책) |
| 竹 6 | 策 | 꾀 책 | 策 | | | | | | | |
| ニ 亠 方 方' 方𠂉 方𠃌 旃 施 | | | | ⺈ ⺮ 竹 竺 笞 笫 第 策 | | | | 시책 : 계책을 베풂 | | |
| 木 8 | 植 | 심을 식 | 植 | | | | | | | 植物(식물)<br>植樹(식수)<br>木材(목재) |
| 木 0 | 木 | 나무 목 | 木 | | | | | | | |
| 一 十 木 木' 木𠂉 木古 植 植 | | | | 一 十 才 木 | | | | 식목 : 나무를 심음 | | |
| 食 0 | 食 | 먹을 식 | 食 | | | | | | | 食單(식단)<br>食費(식비)<br>客室(객실) |
| 宀 6 | 客 | 손 객 | 客 | | | | | | | |
| 人 今 今 今 食 食 食 食 | | | | ' 宀 宀 宊 安 客 客 客 | | | | 식객 : 문하에서 기식하는 선비 | | |
| 亻 7 | 信 | 믿을 신 | 信 | | | | | | | 信念(신념)<br>信仰(신앙)<br>依賴(의뢰) |
| 貝 9 | 賴 | 의뢰할 뢰 | 賴 | | | | | | | |
| ノ 亻 亻' 亻一 亻二 亻言 信 信 | | | | ㅁ 申 束 束' 束刀 剌 賴 | | | | 신뢰 : 믿고 의지함 | | |

**始終一貫** : 처음부터 끝까지 한결같이 함을 말함.

(비로소 시, 마칠 종, 한 일, 꿸 관)

| 부수/획수 | 한자 | 훈음 | 본 | | | | | | | 단어 |
|---|---|---|---|---|---|---|---|---|---|---|
| 田 0 | 申 | 납 신 | 申 | | | | | | | 申告(신고)<br>申時(신시)<br>請婚(청혼) |
| 言 8 | 請 | 청할 청 | 請 | | | | | | | |
| 丨 口 日 日 申 | | | 言 計 計 詰 詰 請 請 請 | | | | 신청 : 신고하여 청구함 | | | |
| 辛 0 | 辛 | 매울 신 | 辛 | | | | | | | 辛苦(신고)<br>辛辣(신랄)<br>丙酉(병유) |
| 酉 0 | 酉 | 닭 유 | 酉 | | | | | | | |
| 丶 亠 亠 立 立 立 辛 | | | 一 丅 丌 丙 丙 西 酉 | | | | 신유 : 육십갑자의 쉰 여덟째 | | | |
| 亻 5 | 伸 | 펼 신 | 伸 | | | | | | | 伸張(신장)<br>追伸(추신)<br>縮小(축소) |
| 糸 11 | 縮 | 줄 축 | 縮 | | | | | | | |
| 丿 亻 亻 仆 伯 伯 伸 | | | 𠃋 幺 糸 紒 紵 紵 縮 縮 | | | | 신축 : 늘어나고 줆 | | | |
| 示 5 | 神 | 귀신 신 | 神 | | | | | | | 神秘(신비)<br>神聖(신성)<br>對話(대화) |
| 言 6 | 話 | 말씀 화 | 話 | | | | | | | |
| 礻 礻 礻 礻 礻 和 和 神 | | | 亠 言 言 訁 訂 話 話 話 | | | | 신화 : 신성한 이야기 | | | |
| 宀 11 | 實 | 열매 실 | 實 | | | | | | | 實務(실무)<br>實戰(실전)<br>效果(효과) |
| 攵 6 | 效 | 본받을 효 | 效 | | | | | | | |
| 宀 宀 宀 宀 宀 實 實 實 | | | 亠 六 方 交 交 交 效 效 | | | | 실효 : 확실한 효험 | | | |
| 大 2 | 失 | 잃을 실 | 失 | | | | | | | 失格(실격)<br>失性(실성)<br>望月(망월) |
| 月 7 | 望 | 바라볼 망 | 望 | | | | | | | |
| 丿 𠂉 𠂉 失 失 | | | 亠 亡 切 切 切 胡 望 望 | | | | 실망 : 바라는 대로 되지 않아 낙심함 | | | |

**信賞必罰** : 공이 있는 사람에게 상을 주고 죄가 있는 사람에게는 벌을 준다는 뜻으로 상벌을 규정대로 하는 일. (믿을 신, 상줄 상, 반드시 필, 벌줄 벌)

| 부수/획 | 한자 | 훈음 | 따라 쓰기 | | | | | | | 한자어 |
|---|---|---|---|---|---|---|---|---|---|---|
| 氵 8 | 深 | 깊을 심 | 深 | | | | | | | 深夜(심야) 深化(심화) 層階(층계) |
| 尸 12 | 層 | 층계 층 | 層 | | | | | | | |
| 氵 氵 氵 氵 氵 㴱 深 深 　 ㇆ 尸 屄 屄 屆 層 層 | | | | | | | | | | 심층 : 깊은 속과 층 |
| 宀 12 | 審 | 살필 심 | 審 | | | | | | | 審査(심사) 審議(심의) 判決(판결) |
| 刂 5 | 判 | 가를 판 | 判 | | | | | | | |
| 丶 宀 宀 宀 宷 宷 審 審 　 丶 丷 丷 兰 半 判 判 | | | | | | | | | | 심판 : 일의 시비를 가림 |
| 寸 9 | 尋 | 찾을 심 | 尋 | | | | | | | 尋究(심구) 尋常(심상) 訪問(방문) |
| 言 4 | 訪 | 찾을 방 | 訪 | | | | | | | |
| ㇆ ⺕ ⺕ ⺕ 𢑏 𢑏 尋 尋 　 亠 亠 亠 言 言 訁 訪 訪 | | | | | | | | | | 심방 : 방문하여 찾음 |
| 十 0 | 十 | 열 십 | 十 | | | | | | | 十干(십간) 十升(십승) 倍加(배가) |
| 亻 8 | 倍 | 곱 배 | 倍 | | | | | | | |
| 一 十 　 ノ 亻 亻 亻 位 倍 倍 倍 | | | | | | | | | | 십배 : 어떤 수나 양의 열갑절 |
| 隹 10 | 雙 | 둘 쌍 | 雙 | | | | | | | 雙璧(쌍벽) 雙手(쌍수) 峯上(봉상) |
| 山 7 | 峯 | 봉우리 봉 | 峯 | | | | | | | |
| 亻 亻 亻 亻 亻 雔 雙 雙 　 丨 山 山 山 岁 岁 峯 峯 | | | | | | | | | | 쌍봉 : 두개의 산 봉우리 |
| 隹 4 | 雅 | 우아할 아 | 雅 | | | | | | | 雅調(아조) 雅號(아호) 淡白(담백) |
| 氵 8 | 淡 | 담박할 담 | 淡 | | | | | | | |
| 一 二 于 牙 牙 牙 雅 雅 　 丶 氵 氵 氵 氵 氵 淡 淡 | | | | | | | | | | 아담 : 고아하고 담박함 |

**深思熟考** : 깊이 잘 생각하여 처리하는 생각을 말함.

(깊을 심, 생각 사, 익힐 숙, 상고할 고)

| 부수 | 한자 | 훈음 | 쓰기 | 단어 |
|---|---|---|---|---|
| 儿 6 | 兒 | 아이 아 | 兒 | 健兒(건아) 男兒(남아) 童心(동심) |
| 立 7 | 童 | 아이 동 | 童 | |
| ノ 亻 ㇀ 臼 臼 臼 皃 兒 　 亠 立 立 产 音 音 竜 童 童 | | 아동 : 어린이 | | |
| 二 6 | 亞 | 동서 아 | 亞 | 亞流(아류) 亞鉛(아연) 阿洲(아주) |
| 氵 6 | 洲 | 물가 주 | 洲 | |
| 一 丅 丌 丏 亞 亞 亞 亞 　 丶 氵 氵 氵 氵 洲 洲 洲 | | 아주 : 아세아주의 준말 | | |
| 山 5 | 岳 | 큰산 악 | 岳 | 岳母(악모) 山岳(산악) 丈人(장인) |
| 一 2 | 丈 | 어른 장 | 丈 | |
| ノ 𠂆 𠂇 斤 丘 乒 岳 岳 　 一 ナ 丈 | | 악장 : 장인. 아내의 아버지 | | |
| 宀 3 | 安 | 편안 안 | 安 | 安否(안부) 安息(안식) 康寧(강녕) |
| 宀 11 | 寧 | 편안할 녕 | 寧 | |
| 丶 丷 宀 它 安 安 　 宀 宁 宓 寍 寍 寍 寍 寧 | | 안녕 : 질서가 있어 편안한 상태 | | |
| 目 6 | 眼 | 눈 안 | 眼 | 眼鏡(안경) 眼光(안광) 科目(과목) |
| 禾 4 | 科 | 과목 과 | 科 | |
| 冂 月 目 目 目 眼 眼 眼 　 ノ 二 千 矛 禾 禾 科 | | 안과 : 눈을 연구하고 치료하는 의학 | | |
| 木 6 | 案 | 책상 안 | 案 | 案內(안내) 起案(기안) 條件(조건) |
| 亻 4 | 件 | 사건 건 | 件 | |
| 丷 宀 它 安 安 案 案 案 　 ノ 亻 亻 亻 仁 件 | | 안건 : 토의해야 할 문제 | | |

**啞然失色** : 뜻밖의 일로 너무 놀라 얼굴빛을 잃음을 말함.

(벙어리 아, 그럴 연, 잃을 실, 빛 색)

| 부수·획 | 한자 | 훈 | 음 | 따라 쓰기 | | | | | | | 한자어 |
|---|---|---|---|---|---|---|---|---|---|---|---|
| 言 9 | 謁 | 뵈올 | 알 | 謁 | | | | | | | 謁候(알후)<br>拜謁(배알)<br>見本(견본) |
| 見 0 | 見 | 뵐 | 현 | 見 | | | | | | | |
| 亠 言 言 訁 訂 謁 謁 謁　丨 冂 冃 目 貝 見　알현 : 높은 사람을 찾아 뵘 | | | | | | | | | | | |
| 日 9 | 暗 | 어두울 | 암 | 暗 | | | | | | | 暗室(암실)<br>暗行(암행)<br>黑幕(흑막) |
| 黑 0 | 黑 | 검을 | 흑 | 黑 | | | | | | | |
| 冂 日 日' 日' 暗 暗 暗 暗　冂 罒 罒 甲 甲 里 黑 黑　암흑 : 어둡고 캄캄함 | | | | | | | | | | | |
| 土 14 | 壓 | 누를 | 압 | 壓 | | | | | | | 壓卷(압권)<br>壓縮(압축)<br>倒産(도산) |
| 亻 8 | 倒 | 넘어질 | 도 | 倒 | | | | | | | |
| 一 厂 厂 戸 肙 厭 厭 壓　亻 亻 亻 侄 侄 侄 倒 倒　압도 : 눌러서 거꾸러 뜨림 | | | | | | | | | | | |
| 亻 4 | 仰 | 우러를 | 앙 | 仰 | | | | | | | 仰望(앙망)<br>信仰(신앙)<br>騰落(등락) |
| 馬 10 | 騰 | 오를 | 등 | 騰 | | | | | | | |
| ノ 亻 亻 亻 仰 仰　月 月 胖 胖 胖 朕 騰 騰　앙등 : 값이 뛰어오름 | | | | | | | | | | | |
| 心 9 | 愛 | 사랑 | 애 | 愛 | | | | | | | 愛玩(애완)<br>愛情(애정)<br>憎惡(증오) |
| 忄 12 | 憎 | 미워할 | 증 | 憎 | | | | | | | |
| 〃 〃 爫 爫 爫 愛 愛 愛　忄 忄 忄 忄 忄 憎 憎 憎　애증 : 사랑과 미움 | | | | | | | | | | | |
| 口 6 | 哀 | 슬플 | 애 | 哀 | | | | | | | 哀悼(애도)<br>哀歡(애환)<br>惜敗(석패) |
| 忄 8 | 惜 | 아낄 | 석 | 惜 | | | | | | | |
| 亠 亠 亣 古 户 哀 哀 哀　忄 忄 忄 忄 惜 惜 惜 惜　애석 : 슬프고 안타까움 | | | | | | | | | | | |

**仰天而唾** : 하늘을 쳐다보고 침 뱉기라는 뜻으로 남을 해치려고 하다가 도리어 자기가 상하였을 때를 비유하는 말임. (우러를 앙, 하늘 천, 말이을 이, 침 타)

| 부수·획수 | 한자 | 훈음 | 쓰기 | | | | | | | 어휘 |
|---|---|---|---|---|---|---|---|---|---|---|
| 里 4 | 野 | 들 야 | 野 | | | | | | | 野圈(야권) 野望(야망) |
| 黑 8 | 黨 | 무리 당 | 黨 | | | | | | | 黨論(당론) |
| 日 甲 甲 里 里' 野 野 野 ··· 丶 丷 尚 当 當 當 黨 黨 | | | | | | | | | | 야당 : 정권을 담당치 아니한 정당 |
| 艹 15 | 藥 | 약 약 | 藥 | | | | | | | 藥房(약방) 藥草(약초) |
| 巾 7 | 師 | 스승 사 | 師 | | | | | | | 師範(사범) |
| 艹 苜 茴 蓜 蔹 藥 藥 藥 ··· 丿 𠂇 𠂤 𠂤 自 𠂤 師 師 | | | | | | | | | | 약사 : 국가시험에 합격한 약제사 |
| 食 6 | 養 | 기를 양 | 養 | | | | | | | 養育(양육) 培養(배양) |
| 豕 4 | 豚 | 돼지 돈 | 豚 | | | | | | | 豚肉(돈육) |
| 䒑 兰 羊 美 养 养 養 養 ··· 丿 月 月 肜 肟 豚 豚 豚 | | | | | | | | | | 양돈 : 돼지를 기름 |
| 木 9 | 楊 | 버들 양 | 楊 | | | | | | | 楊幕(양막) 楊枝(양지) |
| 木 5 | 柳 | 버들 류 | 柳 | | | | | | | 細柳(세류) |
| 木 杩 柙 梍 椙 楊 楊 楊 ··· 十 木 木' 杠 柯 柳 柳 | | | | | | | | | | 양류 : 버드나무 |
| 羊 0 | 羊 | 양 양 | 羊 | | | | | | | 羊毛(양모) 羊肉(양육) |
| 皮 0 | 皮 | 가죽 피 | 皮 | | | | | | | 皮膚(피부) |
| 丶 丷 䒑 兰 兰 羊 ··· 丿 厂 广 皮 皮 | | | | | | | | | | 양피 : 양가죽 |
| 方 4 | 於 | 어조사 어 | 於 | | | | | | | 於是(어시) 於越(어월) |
| 灬 7 | 焉 | 어찌 언 | 焉 | | | | | | | 焉敢(언감) |
| 丶 亠 方 方 方' 於 於 於 ··· 一 丅 下 正 正 焉 焉 焉 | | | | | | | | | | 어언 : 어언간의 준말. 어느덧. |

**羊頭狗肉** : 양의 머리를 걸어두고 실제로는 개고기를 판다는 뜻으로 겉은 그럴듯하나 속은 변변치 않음을 말함. (양 양, 머리 두, 개 구, 고기 육)

| 부수·획수 | 한자 | 훈음 | 따라 쓰기 | | | | | | | 한자어 |
|---|---|---|---|---|---|---|---|---|---|---|
| 言 7 | 語 | 말씀 어 | 語 | | | | | | | 語辭(어사) 語源(어원) |
| 尸 4 | 尾 | 꼬리 미 | 尾 | | | | | | | 末尾(말미) |
| 亠 亠 言 訁 訂 語 語 語 | | | | ㄱ コ 尸 尸 尸 屋 尾 | | | | 어미 : 어간에 붙어서 쓰이는 말 | | |
| 魚 0 | 魚 | 고기 어 | 魚 | | | | | | | 魚類(어류) 魚種(어종) |
| 貝 0 | 貝 | 조개 패 | 貝 | | | | | | | 貝塚(패총) |
| ノ ク ⺈ 㑒 角 角 魚 魚 | | | | 丨 冂 冃 月 目 貝 貝 | | | | 어패 : 물기고와 조개 | | |
| 氵 11 | 漁 | 고기잡을 어 | 漁 | | | | | | | 漁夫(어부) 漁村(어촌) |
| 犭 14 | 獲 | 얻을 획 | 獲 | | | | | | | 獲得(획득) |
| 丶 氵 氵 沪 渔 渔 漁 漁 | | | | ノ 犭 犭 犷 狦 獾 獲 獲 | | | | 어획 : 고기·패류를 잡음 | | |
| 彳 9 | 御 | 어거할 어 | 御 | | | | | | | 御駕(어가) 御命(어명) |
| 亻 6 | 使 | 부릴 사 | 使 | | | | | | | 使用(사용) |
| ノ 彳 彳 彳 徉 徉 御 御 | | | | ノ 亻 亻 仁 佢 佢 使 使 | | | | 어사 : 왕명으로 지방에 시찰가는 관리 | | |
| 扌 4 | 抑 | 누를 억 | 抑 | | | | | | | 抑留(억류) 抑壓(억압) |
| 扌 9 | 揚 | 오를 양 | 揚 | | | | | | | 引揚(인양) |
| 一 扌 扌 扌 扌 抑 抑 | | | | 扌 扌 扌 押 押 押 揚 揚 | | | | 억양 : 말의 높고 낮음 | | |
| 亻 13 | 億 | 억 억 | 億 | | | | | | | 億劫(억겁) 億測(억측) |
| 儿 4 | 兆 | 조 조 | 兆 | | | | | | | 兆朕(조짐) |
| 亻 亻 伫 倍 僐 億 億 億 | | | | ノ 丿 丬 兆 兆 兆 | | | | 억조 : 억과 조. 많은 수 | | |

**漁父之利** : 양자가 다투는 바람에 엉뚱한 제 삼자가 이익을 보게 됨을 말함.

(고기잡을 어, 지아비 부, 갈 지, 이로울 리)

| 부수/획 | 한자 | 훈음 | 쓰기 | | | | | | | 어휘 |
|---|---|---|---|---|---|---|---|---|---|---|
| 口 17 | 嚴 | 엄할 엄 | 嚴 | | | | | | | 嚴格(엄격) 嚴責(엄책) |
| 聿 7 | 肅 | 엄숙할 숙 | 肅 | | | | | | | 肅然(숙연) |
| ㅁ 吅 严 严 嚴 嚴 嚴 嚴 | | | 肀 肀 聿 肀 肃 肃 肅 肅 | | | | 엄숙 : 장엄하고 정숙함 | | | |
| 人 5 | 余 | 나 여 | 余 | | | | | | | 余等(여등) 余輩(여배) |
| 亅 3 | 予 | 나 여 | 予 | | | | | | | 予奪(여탈) |
| ノ 人 𠆢 亼 全 佘 余 | | | ㄱ ㄱ 㔾 予 | | | | 여여 : 나를 나타냄 | | | |
| 氵 3 | 汝 | 너 여 | 汝 | | | | | | | 汝等(여등) 汝輩(여배) |
| 矢 2 | 矣 | 어조사 의 | 矣 | | | | | | | 矣哉(의재) |
| 丶 冫 氵 氵 汝 汝 | | | ㄥ 厶 厶 厶 厶 矣 矣 | | | | 여의 : 여의도의 준말 | | | |
| 女 3 | 如 | 같을 여 | 如 | | | | | | | 如干(여간) 如意(여의) |
| 斤 8 | 斯 | 어조사 사 | 斯 | | | | | | | 斯界(사계) |
| ㄑ 女 女 如 如 如 | | | 一 卄 甘 其 其 斯 斯 斯 | | | | 여사 : 이와 같음 | | | |
| 車 10 | 輿 | 수레 여 | 輿 | | | | | | | 輿望(여망) 輿議(여의) |
| 言 8 | 論 | 논할 론 | 論 | | | | | | | 論文(논문) |
| 𦥑 … 輿 輿 | | | 言 言 訁 訟 訟 訡 論 論 | | | | 여론 : 대중들의 주장하는 의견 | | | |
| 亠 4 | 亦 | 또한 역 | 亦 | | | | | | | 亦然(역연) 亦恥(역치) |
| 日 5 | 是 | 옳을 시 | 是 | | | | | | | 是非(시비) |
| 丶 亠 广 亣 亦 亦 | | | 丨 ㄇ 日 日 旦 早 昰 是 | | | | 역시 : 또한, 또 | | | |

**焉敢生心** : 감히 그런 마음을 품을 수도 없음을 말함.

(어조사 언, 감히 감, 날 생, 마음 심)

| 부수 | 한자 | 훈음 | 따라쓰기 | | | | | | | 한자어 |
|---|---|---|---|---|---|---|---|---|---|---|
| 疒 4 | 疫 | 염병할 역 | 疫 | | | | | | | 免疫(면역)<br>防疫(방역)<br>疾病(질병) |
| 疒 5 | 疾 | 병 질 | 疾 | | | | | | | |
| 丶 亠 广 疒 疒 疒 疫 疫 　 丶 亠 广 疒 疒 疒 疾 疾 　 역질 : 천연두를 말함 | | | | | | | | | | |
| 馬 13 | 驛 | 역 역 | 驛 | | | | | | | 驛舍(역사)<br>驛長(역장)<br>前後(전후) |
| 刂 7 | 前 | 앞 전 | 前 | | | | | | | |
| 丨 ㄈ 馬 馬 馬 驛 驛 驛 　 丶 丷 䒑 广 前 前 前 前 　 역전 : 역의 앞 광장 | | | | | | | | | | |
| 石 4 | 研 | 갈 연 | 研 | | | | | | | 研磨(연마)<br>研修(연수)<br>究明(구명) |
| 穴 2 | 究 | 궁구할 구 | 究 | | | | | | | |
| 一 丆 石 石 石 矸 研 　 丶 丶 宀 宀 穴 究 究 　 연구 : 깊이있게 조사하고 생각함 | | | | | | | | | | |
| 火 12 | 燃 | 태울 연 | 燃 | | | | | | | 燃燒(연소)<br>燃料(연료)<br>燈油(등유) |
| 火 12 | 燈 | 등불 등 | 燈 | | | | | | | |
| 丶 丷 火 灼 燃 燃 燃 　 丷 火 灯 灯 烬 燈 燈 　 연등 : 불교행사에 쓰이는 등불 | | | | | | | | | | |
| 氵 5 | 沿 | 물따라 갈 연 | 沿 | | | | | | | 沿海(연해)<br>沿革(연혁)<br>海岸(해안) |
| 山 5 | 岸 | 언덕 안 | 岸 | | | | | | | |
| 丶 氵 氵 氵 沿 沿 沿 　 丨 山 山 屵 岸 岸 岸 岸 　 연안 : 강·바다에 인접해 있는 지방 | | | | | | | | | | |
| 灬 12 | 燕 | 제비 연 | 燕 | | | | | | | 燕子(연자)<br>燕休(연휴)<br>麥酒(맥주) |
| 麥 0 | 麥 | 보리 맥 | 麥 | | | | | | | |
| 一 廿 甘 甘 甘 燕 燕 燕 　 一 厂 从 夾 夾 夾 麥 麥 　 연맥 : 귀리의 또 다른 말 | | | | | | | | | | |

**易地思之** : 처지를 바꾸어 생각함을 말함.

(바꿀 역, 땅 지, 생각 사, 갈 지)

| 부수·획 | 한자 | 훈 음 | 한자 | | | | | | | 용례 |
|---|---|---|---|---|---|---|---|---|---|---|
| 氵 11 | 演 | 행할 연 | 演 | | | | | | | 演技(연기)<br>演說(연설) |
| 大 6 | 奏 | 아뢸 주 | 奏 | | | | | | | 奏效(주효) |
| 氵 氵 氵 沪 淙 渲 演 演　一 三 丰 夫 夫 叁 奏 奏　연주 : 남 앞에서 음악을 아룀 | | | | | | | | | | |
| 火 11 | 熱 | 더울 열 | 熱 | | | | | | | 熱氣(열기)<br>熱望(열망) |
| 犭 4 | 狂 | 미칠 광 | 狂 | | | | | | | 狂奔(광분) |
| 十 圥 圥 坴 坴 埶 埶 熱　ノ 犭 犭 犭 犴 犴 狂　열광 : 너무 좋아서 미친듯이 날뜀 | | | | | | | | | | |
| 門 7 | 閱 | 읽을 열 | 閱 | | | | | | | 閱兵(열병)<br>閱視(열시) |
| 見 14 | 覽 | 볼 람 | 覽 | | | | | | | 觀覽(관람) |
| 冂 冂 門 門 門 閂 閲 閱　丨 𠂇 臣 臣 臨 臨 覧 覽　열람 : 내용을 조사하면서 죽 훑어봄 | | | | | | | | | | |
| 水 1 | 永 | 길 영 | 永 | | | | | | | 永劫(영겁)<br>永遠(영원) |
| 生 0 | 生 | 날 생 | 生 | | | | | | | 生涯(생애) |
| 丶 亅 刁 永 永　ノ 𠂉 牛 牛 生　영생 : 영원히 생존함 | | | | | | | | | | |
| 艹 5 | 英 | 꽃 영 | 英 | | | | | | | 英明(영명)<br>英雄(영웅) |
| 扌 0 | 才 | 재주 재 | 才 | | | | | | | 才能(재능) |
| 一 十 艹 艹 芇 苂 英 英　一 十 才　영재 : 영민한 재주나 또 그 사람 | | | | | | | | | | |
| 木 10 | 榮 | 빛 영 | 榮 | | | | | | | 榮光(영광)<br>榮華(영화) |
| 車 11 | 轉 | 구를 전 | 轉 | | | | | | | 轉倒(전도) |
| 丶 丷 火 炏 炏 𤇾 𤇾 榮　亘 車 軻 軻 輔 輔 轉 轉　영전 : 더욱 좋은 지위로 옮김 | | | | | | | | | | |

**緣木求魚** : 나무에 올라가서 물고기를 구한다는 뜻으로 불가능한 일을 이루려고 하는 것을 비유하는 말임. (인연 연, 나무 목, 구할 구, 고기 어)

| | | | | | | | | | | |
|---|---|---|---|---|---|---|---|---|---|---|
| 雨 5 | 零 | 떨어질 영 | 零 | | | | | | | 零度(영도) 零時(영시) 敗因(패인) |
| 貝 4 | 敗 | 패할 패 | 敗 | | | | | | | |
| ⼀ 雨 雫 雫 雫 雺 零 零 | | | | 冂 月 目 貝 貝' 貯 敗 敗 | | | | 영패 : 경기 따위에서 영점으로 짐 | | |
| 彡 12 | 影 | 그림자 영 | 影 | | | | | | | 影像(영상) 撮影(촬영) 音響(음향) |
| 音 13 | 響 | 울릴 향 | 響 | | | | | | | |
| 口 日 旦 몸 景 景 景' 影 | | | | 乡 乡' 乡⁼ 絈 鄉 鄉 響 響 | | | | 영향 : 사물이 다른 사물에 미치는 결과 | | |
| 金 7 | 銳 | 날카로울 예 | 銳 | | | | | | | 銳利(예리) 銳鋒(예봉) 敏感(민감) |
| 攵 7 | 敏 | 민첩할 민 | 敏 | | | | | | | |
| 𠆢 今 金 金 釒 鉛 銳 銳 | | | | 𠂉 𠂉 勾 勾 每 每 每' 敏 | | | | 예민 : 감각 등이 날쌔고 민감함 | | |
| 二 2 | 五 | 다섯 오 | 五 | | | | | | | 五經(오경) 五倫(오륜) 臟器(장기) |
| 肉 18 | 臟 | 오장 장 | 臟 | | | | | | | |
| 一 丆 五 五 | | | | 月 月' 月' 月' 月' 月' 臟 | | | | 오장 : 폐장, 심장, 비장, 간장, 신장 | | |
| 氵 3 | 汚 | 더러울 오 | 汚 | | | | | | | 汚名(오명) 汚點(오점) 染料(염료) |
| 木 5 | 染 | 물들일 염 | 染 | | | | | | | |
| 丶 冫 氵 氵 汚 汚 | | | | 氵 氿 氿 氿 染 染 染 染 | | | | 오염 : 더러워짐 | | |
| 女 7 | 娛 | 즐거워할 오 | 娛 | | | | | | | 娛遊(오유) 娛嬉(오희) 樂觀(낙관) |
| 木 11 | 樂 | 즐거울 락 | 樂 | | | | | | | |
| 亠 亠 言 訂 詚 誤 誤 誤 | | | | 白 伯 纳 纳 䌛 䌛 樂 樂 | | | | 오락 : 쉬는 시간에 재미있게 노는 일 | | |

**炎凉世態** : 권세가 있을 때는 아첨하며 따르고 권세가 없어지면 푸대접하는 세속의 인심을 말함. (불꽃 염, 서늘할 량, 인간 세, 태도 태)

| 부수 획수 | 한자 | 훈음 | 한자 | | | | | | | 용례 |
|---|---|---|---|---|---|---|---|---|---|---|
| 亻 11 | 傲 | 거만할 오 | 傲 | | | | | | | 傲視(오시) 傲然(오연) |
| 忄 11 | 慢 | 거만할 만 | 慢 | | | | | | | 怠慢(태만) |
| 亻 仁 仹 仹 侍 俦 傲 傲 | | | 忄 忄 忄 悍 悍 愠 慢 慢 | | | | | 오만 : 잘난체 하며 거드럭 거림 | | |
| 火 6 | 烏 | 까마귀 오 | 烏 | | | | | | | 烏竹(오죽) 烏鷄(오계) |
| 鳥 0 | 鳥 | 새 조 | 鳥 | | | | | | | 鳥類(조류) |
| ′ 亻 户 户 乌 烏 烏 烏 | | | ′ 亻 户 户 乌 鳥 鳥 鳥 | | | | | 오조 : 까마귀와 새 | | |
| 氵 10 | 溫 | 따뜻할 온 | 溫 | | | | | | | 溫情(온정) 溫和(온화) |
| 水 5 | 泉 | 샘 천 | 泉 | | | | | | | 泉水(천수) |
| 氵 氵 氵 氵 氵 溫 溫 溫 | | | ′ ′ 白 白 白 身 泉 泉 | | | | | 온천 : 뜨거운 물이 나오는 샘 | | |
| 瓦 0 | 瓦 | 기와 와 | 瓦 | | | | | | | 瓦家(가옥) 瓦解(와해) |
| 尸 6 | 屋 | 집 옥 | 屋 | | | | | | | 屋上(옥상) |
| 一 丆 丆 瓦 瓦 | | | ㇆ 尸 尸 层 层 层 屋 屋 | | | | | 와옥 : 기와로 지붕을 얹은 집 | | |
| 宀 4 | 完 | 완전할 완 | 完 | | | | | | | 完成(완성) 完全(완전) |
| 亅 1 | 了 | 마칠 료 | 了 | | | | | | | 滿了(만료) |
| 丶 ⺀ 宀 宀 宀 宇 完 | | | ㇇ 了 | | | | | 완료 : 어떤 일 따위를 완전히 끝냄 | | |
| 王 0 | 王 | 임금 왕 | 王 | | | | | | | 君王(군왕) 帝王(제왕) |
| 女 3 | 妃 | 왕비 비 | 妃 | | | | | | | 大妃(대비) |
| 一 T 干 王 | | | ㄑ 女 女 女 妃 妃 | | | | | 왕비 : 임금의 아내. 중전 | | |

**烏飛梨落** : 까마귀 날자 마자 배 떨어진다는 뜻으로 우연히 억울하게 난처한 입장에 서게 됨을 말함. (까마귀 오, 날 비, 배 리, 떨어질 락)

| 부수/획수 | 한자 | 뜻과 음 | 따라 쓰기 | | | | | | | 한자어 |
|---|---|---|---|---|---|---|---|---|---|---|
| 夕 2 | 外 | 바깥 외 | 外 | | | | | | | 外部(외부) 外叔(외숙) 時勢(시세) |
| 刀 11 | 勢 | 세력 세 | 勢 | | | | | | | |
| 丿 ク タ 夕 外 | | | 土 圭 坴 刲 埶 埶 勢 勢 | | | | | 외세 : 밖의 형세나 외국의 세력 | | |
| 肉 9 | 腰 | 허리 요 | 腰 | | | | | | | 腰刀(요도) 腰痛(요통) 革帶(혁대) |
| 巾 8 | 帶 | 띠 대 | 帶 | | | | | | | |
| 丿 月 肝 腰 腰 腰 腰 腰 | | | 卄 卅 卌 卌 帶 帶 帶 帶 | | | | | 요대 : 허리에 매는 허리띠 | | |
| 辶 10 | 遙 | 멀 요 | 遙 | | | | | | | 遙望(요망) 遙然(요연) 拜禮(배례) |
| 手 5 | 拜 | 절 배 | 拜 | | | | | | | |
| ク 夕 夕 夕 夕 䍃 遙 遙 | | | 丿 二 三 手 手 手 拜 拜 | | | | | 요배 : 멀리 바라보고 절함 | | |
| 扌 10 | 搖 | 흔들릴 요 | 搖 | | | | | | | 搖動(요동) 搖籃(요람) 之子(지자) |
| 丿 3 | 之 | 갈 지 | 之 | | | | | | | |
| 扌 扌 扌 扌 扌 搖 搖 搖 | | | 丶 ㇇ 之 | | | | | 요지 : 흔들림 | | |
| 氵 7 | 浴 | 목욕할 욕 | 浴 | | | | | | | 浴湯(욕탕) 沐浴(목욕) 室長(실장) |
| 宀 6 | 室 | 집 실 | 室 | | | | | | | |
| 氵 氵 氵 氵 汾 浴 浴 浴 | | | 丶 宀 宀 宀 宀 宀 室 室 | | | | | 욕실 : 목욕실의 준말 | | |
| 欠 7 | 欲 | 바랄 욕 | 欲 | | | | | | | 欲求(욕구) 欲望(욕망) 諷刺(풍자) |
| 刀 6 | 刺 | 찌를 자 | 刺 | | | | | | | |
| 八 ク 谷 谷 谷 谷 谷 欲 | | | 冂 市 束 束 刺 刺 | | | | | 욕자 : 오욕이 바늘로 찌르듯 괴롭힘 | | |

**樂山樂水** : 산을 좋아하고 물을 좋아한다는 뜻으로 자연과 친숙함을 말함.

(좋아할 요, 뫼 산, 좋아할 요, 물 수)

| 부수/획수 | 한자 | 훈음 | 본보기 | | | | | | | 어휘 |
|---|---|---|---|---|---|---|---|---|---|---|
| 二<br>1 | 于 | 어조사 우 | 于 | | | | | | | 于今(우금)<br>于先(우선)<br>歸鄕(귀향) |
| 止<br>14 | 歸 | 돌아올 귀 | 歸 | | | | | | | |
| 一 二 于 | | | | 丨 丬 𠂤 𠂤 𠂤 歸 歸 歸 | | | | 우귀 : 신부가 처음 시집으로 감 | | |
| 宀<br>3 | 宇 | 집 우 | 宇 | | | | | | | 宇內(우내)<br>宇量(우량)<br>上宙(상주) |
| 宀<br>5 | 宙 | 집 주 | 宙 | | | | | | | |
| 丶 丶 宀 宀 宇 宇 | | | | 丶 丶 宀 宀 宀 宙 宙 宙 | | | | 우주 : 천지를 포함한 광할한 공간 | | |
| 邑<br>8 | 郵 | 역말 우 | 郵 | | | | | | | 郵票(우표)<br>郵便(우편)<br>遞信(체신) |
| 辶<br>10 | 遞 | 갈마들 체 | 遞 | | | | | | | |
| 二 三 垂 垂 垂 垂 郵 郵 | | | | 厂 厂 𠂤 𠂤 虒 虒 遞 遞 | | | | 우체 : 서신물을 송달하는 업무 | | |
| 又<br>0 | 又 | 또 우 | 又 | | | | | | | 又新(우신)<br>又生(우생)<br>狀況(상황) |
| 氵<br>5 | 況 | 하물며 황 | 況 | | | | | | | |
| フ 又 | | | | 丶 丶 氵 氵 氵 氵 氵 況 | | | | 우황 : 하물며의 뜻 | | |
| 心<br>9 | 愚 | 어리석을 우 | 愚 | | | | | | | 愚弄(우롱)<br>愚昧(우매)<br>鈍感(둔감) |
| 金<br>4 | 鈍 | 무딜 둔 | 鈍 | | | | | | | |
| 口 日 日 日 禺 禺 愚 愚 | | | | 人 今 金 金 金 鈍 鈍 | | | | 우둔 : 어리석고 둔함 | | |
| 亻<br>9 | 偶 | 짝 우 | 偶 | | | | | | | 偶發(우발)<br>偶然(우연)<br>想像(상상) |
| 亻<br>12 | 像 | 꼴 상 | 像 | | | | | | | |
| 丿 亻 亻 亻 亻 偶 偶 偶 | | | | 亻 亻 亻 亻 亻 像 像 像 | | | | 우상 : 숭배의 대상이 되는 인물 | | |

**牛刀割鷄** : 소잡는 칼로 닭을 잡는다는 뜻으로 작은 일에 어울리지 않는 지나치게 과장된 몸짓이나 표현을 말함. (소 우, 칼 도, 나눌 할, 닭 계)

| 부수/획수 | 한자 | 훈음 | 따라 쓰기 | | | | | | | 한자어 |
|---|---|---|---|---|---|---|---|---|---|---|
| 心 11 | 憂 | 근심 우 | 憂 | | | | | | | 憂慮(우려) 憂患(우환) |
| 心 9 | 愁 | 근심 수 | 愁 | | | | | | | 愁心(수심) |
| 一 百 百 頁 惪 惪 憂 憂 | | | 二 千 禾 禾' 秒 秋 愁 愁 | | | | 우수 : 근심 걱정 | | | |
| 亻 15 | 優 | 넉넉할 우 | 優 | | | | | | | 優待(우대) 優劣(우열) |
| 力 10 | 勝 | 이길 승 | 勝 | | | | | | | 勝負(승부) |
| 亻 亻 佰 佰 僡 僡 僡 優 | | | 刀 月 月' 胖 胖 朕 勝 勝 | | | | 우승 : 경기 등에서 첫째로 이김 | | | |
| 尢 1 | 尤 | 더욱 우 | 尤 | | | | | | | 尤妙(우묘) 尤物(우물) |
| 甘 4 | 甚 | 심할 심 | 甚 | | | | | | | 甚亂(심란) |
| 一 ナ 九 尤 | | | 一 十 卄 甘 甘 其 其 甚 | | | | 우심 : 더욱 심함 | | | |
| 牛 0 | 牛 | 소 우 | 牛 | | | | | | | 牛角(우각) 牛乳(우유) |
| 耳 0 | 耳 | 귀 이 | 耳 | | | | | | | 耳目(이목) |
| 丿 𠂉 仁 牛 | | | 一 丅 F F 耳 | | | | 우이 : 쇠 귀 | | | |
| 羽 0 | 羽 | 깃 우 | 羽 | | | | | | | 羽毛(우모) 羽化(우화) |
| 羽 11 | 翼 | 날개 익 | 翼 | | | | | | | 翼善(익선) |
| 丁 刁 习 羽 羽 羽 | | | 冂 冂 羽 習 留 留 翌 翼 | | | | 우익 : 새의 날개. 보좌하는 사람・사물 | | | |
| 二 2 | 云 | 이를 운 | 云 | | | | | | | 云云(운운) 云爲(운위) |
| 言 9 | 謂 | 이를 위 | 謂 | | | | | | | 所謂(소위) |
| 一 二 云 云 | | | 亠 言 言 訂 訶 謂 謂 謂 | | | | 운위 : 일러 말함 | | | |

**牛耳讀經** : 소 귀에 경을 읽는다는 뜻으로 가르치고 일러주어도 알아듣지 못함을 말함.
(소 우, 귀 이, 읽을 독, 경서 경)

| 부수·획수 | 한자 | 훈음 | 본보기 | | | | | | | 활용 |
|---|---|---|---|---|---|---|---|---|---|---|
| 音 10 | 韻 | 운율 운 | 韻 | | | | | | | 韻律(운률)<br>音韻(음운) |
| 至 3 | 致 | 이를 치 | 致 | | | | | | | 致賀(치하) |
| 亠 立 音 音 音' 韵 韻 韻 | | | | 一 工 至 至 至 致 致 致 | | | | 운치 : 고상하고 우아한 풍치 | | |
| 隹 4 | 雄 | 수컷 웅 | 雄 | | | | | | | 雄傑(웅걸)<br>雄飛(웅비) |
| 辛 14 | 辯 | 말잘할 변 | 辯 | | | | | | | 辯護(변호) |
| 一 ナ 左 厷 厷' 厷' 雄 雄 | | | | 立 辛 辛 辛' 辛言 辯 辯 辯 | | | | 웅변 : 힘있고 유창한 변설 | | |
| 儿 2 | 元 | 으뜸 원 | 元 | | | | | | | 元帥(원수)<br>元祖(원조) |
| 日 1 | 旦 | 아침 단 | 旦 | | | | | | | 旦昔(단석) |
| 一 二 テ 元 | | | | 丨 冂 日 日 旦 | | | | 원단 : 정월 초하루의 아침 | | |
| 厂 8 | 原 | 근원 원 | 原 | | | | | | | 原價(원가)<br>原因(원인) |
| 刂 7 | 則 | 법칙 칙 | 則 | | | | | | | 準則(준칙) |
| 一 厂 厂 屇 屇 盾 原 原 | | | | 丨 冂 月 目 貝 貝 則 則 | | | | 원칙 : 많은 현상 중에 근본이 되는 법칙 | | |
| 心 5 | 怨 | 원망할 원 | 怨 | | | | | | | 怨望(원망)<br>怨聲(원성) |
| 忄 6 | 恨 | 한할 한 | 恨 | | | | | | | 餘恨(여한) |
| ノ ク タ 夘 夗 怨 怨 | | | | ' ·' 忄 忄 忄 恨 恨 恨 | | | | 원한 : 원통하고 한되는 생각 | | |
| 口 10 | 圓 | 둥글 원 | 圓 | | | | | | | 圓熟(원숙)<br>圓活(원활) |
| 皿 10 | 盤 | 쟁반 반 | 盤 | | | | | | | 盤石(반석) |
| 丨 冂 冋 冐 圓 圓 圓 圓 | | | | 丿 力 舟 舟 舟' 般 盤 盤 | | | | 원반 : 던지기에 쓰는 운동기구 | | |

**旭日昇天** : 아침해가 하늘로 떠오르는 것과 같은 기세를 말함.

(빛날 욱, 날 일, 오를 승, 하늘 천)

| 부수 획수 | 한자 | 훈음 | 따라 쓰기 | | | | | | | 한자어 |
|---|---|---|---|---|---|---|---|---|---|---|
| 辶 10 | 遠 | 멀 원 | 遠 | | | | | | | 遠近(원근) 遠大(원대) |
| 彳 5 | 征 | 칠 정 | 征 | | | | | | | 征伐(정벌) |
| 一 十 土 吉 吉 袁 袁 遠 遠 | | | ノ 彳 彳 行 行 征 征 | | | | | 원정 : 먼 곳을 침. 먼 곳에 감 | | |
| 扌 9 | 援 | 구원할 원 | 援 | | | | | | | 援軍(원군) 援護(원호) |
| 力 5 | 助 | 도울 조 | 助 | | | | | | | 助言(조언) |
| 一 扌 扌 扌 扌 扌 援 援 | | | 丨 冂 冃 月 且 助 助 | | | | | 원조 : 식량 따위로 도와줌 | | |
| 辶 9 | 違 | 어길 위 | 違 | | | | | | | 違例(위례) 違反(위반) |
| 肉 5 | 背 | 등 배 | 背 | | | | | | | 背信(배신) |
| 丨 十 十 吉 韋 韋 韋 違 | | | 一 丨 丬 北 北 北 背 背 | | | | | 위배 : 법령 등을 어김 | | |
| 女 5 | 委 | 맡길 위 | 委 | | | | | | | 委任(위임) 委託(위탁) |
| 口 7 | 員 | 관원 원 | 員 | | | | | | | 滿員(만원) |
| 丿 二 千 禾 禾 秂 委 委 | | | 丨 冂 口 昌 昌 員 員 員 | | | | | 위원:단체에서 위임받은 사람 | | |
| 亻 9 | 偉 | 클 위 | 偉 | | | | | | | 偉業(위업) 偉人(위인) |
| 宀 7 | 容 | 얼굴 용 | 容 | | | | | | | 容態(용태) |
| 亻 亻 亻 亻 亻 偉 偉 偉 | | | 丶 丶 宀 宀 穴 穴 容 容 | | | | | 위용 : 뛰어나게 훌륭한 용모나 모양 | | |
| 亻 12 | 僞 | 거짓 위 | 僞 | | | | | | | 僞善(위선) 僞造(위조) |
| 心 8 | 惡 | 나쁠 악 | 惡 | | | | | | | 惡心(악심) |
| 亻 亻 亻 亻 亻 亻 僞 僞 | | | 一 丅 丅 亞 亞 亞 亞 惡 | | | | | 위악 : 일부러 악한 체 함 | | |

遠禍召福 : 재앙을 물리쳐 멀리하고 복을 불러 들임을 말함
(멀 원, 재화 화, 부를 소, 복 복)

| 부수·획 | 한자 | 훈음 | 쓰기 | | | | | | | 낱말 |
|---|---|---|---|---|---|---|---|---|---|---|
| 糸 9 | 緯 | 씨 위 | 緯 | | | | | | | 緯度(위도) 經緯(경위) 路線(노선) |
| 糸 9 | 線 | 줄 선 | 線 | | | | | | | |
| 幺 糸 糸' 糸+ 緯 緯 緯 緯 　 ㄥ 幺 幺 糸 約 約 線 線 | | | | | | | | | | 위선 : 지구 적도에 평행하여 그린 선 |
| 肉 5 | 胃 | 밥통 위 | 胃 | | | | | | | 胃臟(위장) 胃癌(위암) 炎症(염증) |
| 火 4 | 炎 | 더울 염 | 炎 | | | | | | | |
| 丶 冂 冋 田 田 門 胃 胃 　 丶 丷 少 火 炎 炎 炎 炎 | | | | | | | | | | 위염 : 위의 염증으로 인한 병 |
| 心 11 | 慰 | 위로할 위 | 慰 | | | | | | | 慰問(위문) 慰安(위안) 資格(자격) |
| 貝 6 | 資 | 재물 자 | 資 | | | | | | | |
| ㄱ 尸 尸 尸 尽 尉 尉 慰 　 冫 冫 次 次 次 资 資 資 | | | | | | | | | | 위자 : 위로하기 위한 재물 |
| 亻 5 | 位 | 자리 위 | 位 | | | | | | | 位階(위계) 位牌(위패) 置重(치중) |
| 网 8 | 置 | 둘 치 | 置 | | | | | | | |
| ノ 亻 亻 仁 仁 位 位 　 冖 罒 罒 罒 罟 罟 置 置 | | | | | | | | | | 위치 : 놓여 있는 자리 |
| 卩 4 | 危 | 위태할 위 | 危 | | | | | | | 危境(위경) 危篤(위독) 困殆(곤태) |
| 歹 5 | 殆 | 위태 태 | 殆 | | | | | | | |
| ノ ク 厃 产 危 危 　 一 歹 歹 歹 死 殆 殆 殆 | | | | | | | | | | 위태 : 형세·형편 따위가 매우 어려움 |
| 女 6 | 威 | 위엄 위 | 威 | | | | | | | 威勢(위세) 威嚴(위엄) 脅迫(협박) |
| 肉 6 | 脅 | 으를 협 | 脅 | | | | | | | |
| ノ 厂 厂 反 反 威 威 威 　 フ 力 劦 劦 劦 脅 脅 脅 | | | | | | | | | | 위협 : 으르고 협박함 |

**危機一髮** : 위태로움이 몹시 절박한 순간을 말함.

(위태로울 위, 베틀 기, 한 일, 터럭 발)

| 부수/획수 | 한자 | 훈 | 음 | 따라 쓰기 | | | | | | | 한자어 |
|---|---|---|---|---|---|---|---|---|---|---|---|
| 心 7 | 悠 | 멀 | 유 | 悠 | | | | | | | 悠然(유연) |
| 丿 2 | 久 | 오래 | 구 | 久 | | | | | | | 悠遠(유원)<br>持久(지구) |
| 亻 仆 㐅 攸 悠 悠 悠 | | | | ノ ク 久 | | | | 유구 : 연대가 오래됨 | | | |
| 亻 14 | 儒 | 선비 | 유 | 儒 | | | | | | | 儒教(유교) |
| 木 4 | 林 | 수풀 | 림 | 林 | | | | | | | 儒學(유학)<br>林野(임야) |
| 亻 仁 仁 佂 侢 傈 儒 儒 | | | | 一 十 才 木 木 村 材 林 | | | | 유림 : 유도를 닦는 학자들 | | | |
| 糸 8 | 維 | 맬 | 유 | 維 | | | | | | | 維新(유신) |
| 止 9 | 歲 | 해 | 세 | 歲 | | | | | | | 維持(유지)<br>歲月(세월) |
| 幺 幺 糸 糹 紣 紺 維 維 | | | | 止 止 产 产 岸 歲 歲 歲 | | | | 유세 : 제문·축문 따위에 쓰는 관용어 | | | |
| 月 2 | 有 | 있을 | 유 | 有 | | | | | | | 有能(유능) |
| 耳 3 | 耶 | 그런가 | 야 | 耶 | | | | | | | 有利(유리)<br>耶兮(야혜) |
| ノ ナ 才 冇 有 有 | | | | 一 Γ F E 耳 耳 耶 耶 | | | | 유야 : 있는 듯 ≒ 무야(無耶) | | | |
| 木 5 | 柔 | 부드러울 | 유 | 柔 | | | | | | | 柔軟(유연) |
| 頁 3 | 順 | 순할 | 순 | 順 | | | | | | | 柔和(유화)<br>順風(순풍) |
| 乛 マ 予 予 矛 柔 柔 柔 | | | | 丿 川 川 川 川 順 順 順 | | | | 유순 : 성질이 온화하고 공순함 | | | |
| 口 8 | 唯 | 오직 | 유 | 唯 | | | | | | | 唯物(유물) |
| 一 0 | 一 | 하나 | 일 | 一 | | | | | | | 唯我(유아)<br>一括(일괄) |
| 丶 口 미 吖 吖 唯 唯 唯 | | | | 一 | | | | 유일 : 오직 하나 | | | |

**有備無患** : 미리 준비가 갖추어져 있으면 근심될 것이 없음을 말함.

(있을 유, 갖출 비, 없을 무, 근심 환)

| 부수/획 | 한자 | 훈음 | 본 | | | | | | | 용례 |
|---|---|---|---|---|---|---|---|---|---|---|
| 犬 9 | 猶 | 오히려 유 | 猶 | | | | | | | 猶父(유부)<br>猶子(유자) |
| 豕 9 | 豫 | 미리 예 | 豫 | | | | | | | 豫算(예산) |
| 犭 犭 犷 犷 犹 猶 猶 猶 | | | ㄱ ㄱ 予 予 豫 豫 豫 豫 | | | | | | | 유예 : 의심하여 결정하지 않는 모양 |
| ⻌ 12 | 遺 | 남길 유 | 遺 | | | | | | | 遺憾(유감)<br>遺物(유물) |
| 足 6 | 跡 | 자취 적 | 跡 | | | | | | | 人跡(인적) |
| 口 中 虫 冑 冑 貴 遺 遺 | | | 口 㔾 㔾 𧾷 跡 跡 跡 跡 | | | | | | | 유적 : 선조가 남긴 사적이나 행적 |
| 言 7 | 誘 | 꾈 유 | 誘 | | | | | | | 誘導(유도)<br>誘惑(유혹) |
| 弓 1 | 引 | 끌 인 | 引 | | | | | | | 引下(인하) |
| ㇔ 言 訁 訁 訐 誘 誘 誘 | | | ㄱ ㄱ 弓 引 | | | | | | | 유인 : 좋은 말로 남을 꾀어 냄 |
| 幺 2 | 幼 | 어릴 유 | 幼 | | | | | | | 幼年(유년)<br>幼兒(유아) |
| 虫 12 | 蟲 | 벌레 충 | 蟲 | | | | | | | 害蟲(해충) |
| 𠃋 幺 幺 幻 幼 | | | 口 中 虫 虫 蛊 蛊 蟲 蟲 | | | | | | | 유충 : 알에서 갓나온 어린 벌레 |
| 幺 6 | 幽 | 그윽할 유 | 幽 | | | | | | | 幽靈(유령)<br>幽閉(유폐) |
| 玄 0 | 玄 | 검을 현 | 玄 | | | | | | | 玄關(현관) |
| 丨 ㇄ 幺 幺 丝 丝 幽 幽 | | | 丶 亠 ナ 玄 玄 | | | | | | | 유현 : 도리가 깊어서 알기 어려움 |
| 門 4 | 閏 | 윤 윤 | 閏 | | | | | | | 閏年(윤년)<br>閏餘(윤여) |
| 月 0 | 月 | 달 월 | 月 | | | | | | | 月賦(월부) |
| 丨 ㄏ ㄕ 門 門 閂 閏 閏 | | | 丿 冂 月 月 | | | | | | | 윤월 : 윤달 |

**有耶無耶** : 있는 듯 없는 듯 흐지부지한 것을 말함.
(있을 유, 어조사 야, 없을 무, 어조사 야)

| 부수/획수 | 한자 | 뜻 | 음 | 따라 쓰기 | | | | | | | 한자어 |
|---|---|---|---|---|---|---|---|---|---|---|---|
| 氵 12 | 潤 | 젖을 | 윤 | 潤 | | | | | | | 潤氣(윤기) |
| 氵 13 | 澤 | 윤 | 택 | 澤 | | | | | | | 潤滑(윤활) 德澤(덕택) |
| 潤 | | | | 澤 | | | | 윤택 : 윤이나게 함. 많음. | | | |
| 心 6 | 恩 | 은혜 | 은 | 恩 | | | | | | | 恩惠(은혜) |
| 力 3 | 功 | 공로 | 공 | 功 | | | | | | | 報恩(보은) 功勞(공로) |
| 恩 | | | | 功 | | | | 은공 : 은혜와 공로 | | | |
| 金 6 | 銀 | 은 | 은 | 銀 | | | | | | | 銀賞(은상) |
| 土 10 | 塊 | 덩이 | 괴 | 塊 | | | | | | | 銀行(은행) 金塊(금괴) |
| 銀 | | | | 塊 | | | | 은괴 : 은덩어리 | | | |
| 阝 14 | 隱 | 숨을 | 은 | 隱 | | | | | | | 隱居(은거) |
| 艹 12 | 蔽 | 가릴 | 폐 | 蔽 | | | | | | | 隱遁(은둔) 掩蔽(엄폐) |
| 隱 | | | | 蔽 | | | | 은폐 : 덮어 감춤. 가리어 숨김 | | | |
| 乙 0 | 乙 | 새 | 을 | 乙 | | | | | | | 乙種(을종) |
| 卩 3 | 卯 | 토끼 | 묘 | 卯 | | | | | | | 乙丑(을축) 卯年(묘년) |
| 乙 | | | | 卯 | | | | 을묘 : 육십갑자의 쉰두째 | | | |
| 食 4 | 飮 | 마실 | 음 | 飮 | | | | | | | 飮料(음료) |
| 食 0 | 食 | 먹을 | 식 | 食 | | | | | | | 飮酒(음주) 食事(식사) |
| 飮 | | | | 食 | | | | 음식 : 먹고 마심. 또 그 물건 | | | |

**隱忍自重** : 밖으로 드러내지 않고 참으며 몸가짐을 신중히 하는 것을 말함.
(숨을 은, 참을 인, 스스로 자, 무거울 중)

| 부수 | 한자 | 훈음 | 따라쓰기 | | | | | | | 용례 |
|---|---|---|---|---|---|---|---|---|---|---|
| 阝 8 | 陰 | 그늘 음 | 陰 | | | | | | | 陰影(음영)<br>陰沈(음침) |
| 阝 9 | 陽 | 양지 양 | 陽 | | | | | | | 陽地(양지) |
| ㇋ 阝 阝 阾 险 陰 陰 陰 ㇋ 阝 阝 阝 阝 陧 陽 陽 음양 : 음과 양. 성질이 상반된 것 | | | | | | | | | | |
| 口 4 | 吟 | 읊을 음 | 吟 | | | | | | | 吟味(음미)<br>呻吟(신음) |
| 言 5 | 詠 | 읊을 영 | 詠 | | | | | | | 詠嘆(영탄) |
| 丨 口 口 口 吟 吟 吟 ⼀ 言 言 言 訁 訪 詠 詠 음영 : 시가를 읊음 | | | | | | | | | | |
| 氵 5 | 泣 | 울 읍 | 泣 | | | | | | | 泣訴(읍소)<br>泣請(읍청) |
| 口 7 | 哭 | 울 곡 | 哭 | | | | | | | 痛哭(통곡) |
| 丶 冫 氵 氵 汁 汁 泣 泣 丨 口 口 吅 吅 哭 哭 哭 읍곡 : 소리내어 몹시 슬피 욺 | | | | | | | | | | |
| 冫 14 | 凝 | 엉길 응 | 凝 | | | | | | | 凝結(응결)<br>凝血(응혈) |
| 口 5 | 固 | 굳을 고 | 固 | | | | | | | 確固(확고) |
| 冫 冫 冫 冫 冫 凝 凝 凝 丨 冂 冂 冂 周 固 固 固 응고 : 액체가 굳어짐 | | | | | | | | | | |
| 羊 7 | 義 | 옳을 의 | 義 | | | | | | | 義理(의리)<br>義務(의무) |
| 大 13 | 奮 | 떨칠 분 | 奮 | | | | | | | 奮怒(분노) |
| ⺌ 丷 兰 羊 羊 義 義 義 一 大 大 大 奞 奞 奮 奮 의분 : 의를 위하여 분발함 | | | | | | | | | | |
| 亻 13 | 儀 | 거동 의 | 儀 | | | | | | | 儀式(의식)<br>儀訓(의훈) |
| 示 13 | 禮 | 예도 례 | 禮 | | | | | | | 禮節(예절) |
| 亻 亻 亻 亻 亻 儀 儀 儀 ㇇ 礻 礻 礻 禮 禮 禮 禮 의례 : 형식을 갖춘 예의 | | | | | | | | | | |

**陰德陽報** : 남이 모르게 덕행을 쌓은 사람은 후에 그 보답을 저절로 받음을 말함.
(그늘 음, 큰 덕, 볕 양, 갚을 보)

| 부수 획수 | 한자 | 훈음 | 따라 쓰기 | 한자어 |
|---|---|---|---|---|
| 心 9 | 意 | 뜻 의 | 意 | 意圖(의도) 意慾(의욕) |
| 心 5 | 思 | 생각할 사 | 思 | 思考(사고) |
| 亠 亣 立 产 音 音 意 意 意 | | 口 曰 田 田 田 思 思 思 | | 의사 : 무엇을 하려고 하는 생각 |
| 酉 11 | 醫 | 의원 의 | 醫 | 醫師(의사) 醫術(의술) |
| 阝 7 | 院 | 집 원 | 院 | 退院(퇴원) |
| 一 医 医 殹 殹 醫 醫 醫 | | 了 阝 阝 阝 阝 阝 阝 院 | | 의원 : 환자를 치료하는 집 |
| 亻 6 | 依 | 의지할 의 | 依 | 依賴(의뢰) 依存(의존) |
| 言 3 | 託 | 부탁할 탁 | 託 | 委託(위탁) |
| 丿 亻 亻 亻 依 依 依 | | 言 言 言 言 言 言 託 託 | | 의탁 : 남에게 맡기어 부탁함 |
| 田 6 | 異 | 다를 이 | 異 | 異性(이성) 異義(이의) |
| 巾 8 | 常 | 항상 상 | 常 | 常例(상례) |
| 口 田 田 田 異 異 異 異 | | 丨 丨 丷 尚 尚 常 常 常 | | 이상 : 보통과는 다름 |
| 而 0 | 而 | 어조사 이 | 而 | 而今(이금) 而立(이립) |
| 乙 2 | 也 | 어조사 야 | 也 | 也矣(야의) |
| 一 丆 丆 丙 而 而 | | 乛 乜 也 | | 이야 : 어조사 이와 야 |
| 己 0 | 已 | 이미 이 | 已 | 已決(이결) 已來(이래) |
| 彳 5 | 往 | 갈 왕 | 往 | 往臨(왕림) |
| 乛 コ 已 | | 丿 彡 彳 彳 彳 往 往 往 | | 이왕 : 이전, 과거, 이왕에 |

**意氣銷沈** : 기운이 없어지고 기세가 꺾여 풀이 죽음을 말함.
(뜻 의, 기운 기, 쇠녹일 소, 잠길 침)

| 부수·획수 | 한자 | 훈음 | 쓰기 | | | | | | | 어휘 |
|---|---|---|---|---|---|---|---|---|---|---|
| 禾<br>6 | 移 | 옮길 이 | 移 | | | | | | | 移徙(이사)<br>移送(이송) |
| 言<br>17 | 讓 | 사양할 양 | 讓 | | | | | | | 讓渡(양도) |
| ㇐ 千 禾 禾 秒 秒 移 移 | | | 言 訁 誩 諤 譁 譲 讓 讓 | | | | 이양 : 남에게 양보하여 넘겨 줌 | | | |
| 人<br>3 | 以 | 써 이 | 以 | | | | | | | 以內(이내)<br>以外(이외) |
| 彳<br>6 | 後 | 뒤 후 | 後 | | | | | | | 後患(후환) |
| ㇑ ㇙ ㇙ 以 以 | | | ㇒ 彡 彳 彳 㣼 𢓊 後 後 | | | | 이후 : 일정한 때로부터 뒤 | | | |
| 心<br>3 | 忍 | 참을 인 | 忍 | | | | | | | 忍苦(인고)<br>殘忍(잔인) |
| 而<br>3 | 耐 | 견딜 내 | 耐 | | | | | | | 耐乏(내핍) |
| ㇇ 刀 刃 刃 忍 忍 忍 | | | ㇐ ㇒ 丆 丙 而 而 耐 耐 | | | | 인내 : 참고 견딤 | | | |
| 口<br>3 | 因 | 인할 인 | 因 | | | | | | | 因緣(인연)<br>原因(원인) |
| 木<br>4 | 果 | 실과 과 | 果 | | | | | | | 結果(결과) |
| 丨 冂 冃 冄 闲 因 | | | 丨 冂 日 日 旦 甲 果 果 | | | | 인과 : 원인과 결과 | | | |
| 人<br>0 | 人 | 사람 인 | 人 | | | | | | | 人間(인간)<br>人類(인류) |
| 亻<br>8 | 倫 | 인륜 륜 | 倫 | | | | | | | 不倫(불륜) |
| ノ 人 | | | ノ 亻 仒 伶 伶 倫 倫 倫 | | | | 인륜 : 사람과 관계에서 지켜야할 도리 | | | |
| 亻<br>2 | 仁 | 어질 인 | 仁 | | | | | | | 仁德(인덕)<br>仁厚(인후) |
| 心<br>10 | 慈 | 사랑할 자 | 慈 | | | | | | | 慈悲(자비) |
| ノ 亻 仁 仁 | | | 丷 䒑 䒒 兹 兹 兹 慈 慈 | | | | 인자 : 마음이 후하고 자애스러움 | | | |

**以卵投石** : 달걀을 바위돌에 던진다는 뜻으로 아주 약한 것으로 강한 것에 대항하려는 어리석음을 비유하여 이르는 말. (써 이, 알 란, 던질 투, 돌 석)

| 부수/획수 | 한자 | 훈음 | | 따라 쓰기 | | | | | | | 한자어 |
|---|---|---|---|---|---|---|---|---|---|---|---|
| 卩 3 | 印 | 도장 | 인 | 印 | | | | | | | 印刷(인쇄) 印紙(인지) 朱紅(주홍) |
| 木 2 | 朱 | 붉을 | 주 | 朱 | | | | | | | |
| 丆 F E 𠨍 印 | | | | ノ 𠂉 牛 牛 牛 朱 | | | | 인주 : 도장에 묻히어 찍는 물건 | | | |
| 女 6 | 姻 | 시집갈 | 인 | 姻 | | | | | | | 姻兄(인형) 婚姻(혼인) 戚族(척족) |
| 戈 7 | 戚 | 겨레 | 척 | 戚 | | | | | | | |
| ㄑ 乆 女 如 如 㚃 姻 姻 姻 | | | | 一 厂 厂 厈 厈 戚 戚 戚 | | | | 인척 : 친가와 외가의 일족 | | | |
| 士 1 | 壬 | 아홉째 천간 | 임 | 壬 | | | | | | | 壬公(임공) 壬方(임방) 甲戌(갑술) |
| 戈 2 | 戌 | 개 | 술 | 戌 | | | | | | | |
| 一 二 千 壬 | | | | 丿 厂 F 戌 戌 戌 | | | | 임술 : 육십갑자의 쉰아홉째 | | | |
| 貝 6 | 賃 | 품삯 | 임 | 賃 | | | | | | | 賃貸(임대) 運賃(운임) 借用(차용) |
| 亻 8 | 借 | 빌릴 | 차 | 借 | | | | | | | |
| ノ 亻 亻 仁 任 賃 賃 賃 | | | | 亻 仁 仩 卄 借 借 借 借 | | | | 임차 : 유료로 물건 따위를 빌려 씀 | | | |
| 女 5 | 姉 | 누이 | 자 | 姉 | | | | | | | 姉弟(자제) 姉兄(자형) 妹夫(매부) |
| 女 5 | 妹 | 누이 | 매 | 妹 | | | | | | | |
| ㄑ 乆 女 女 女 姉 姉 | | | | ㄑ 乆 女 女 女 妹 妹 妹 | | | | 자매 : 손위 누이와 손아래 누이 | | | |
| 艹 6 | 玆 | 이에 | 자 | 玆 | | | | | | | 龜玆(구자) 今玆(금자) 東夷(동이) |
| 大 3 | 夷 | 오랑캐 | 이 | 夷 | | | | | | | |
| 亠 艹 艹 艹 玆 玆 玆 玆 | | | | 一 ㄱ ㅋ 弓 夷 夷 | | | | 자이 : 바다 거북이 | | | |

**人謀難測** : 사람 마음의 간사함을 헤아리기가 매우 어렵다는 것을 말함.

(사람 인, 꾀할 모, 어려울 난, 헤아릴 측)

| 부수/획 | 한자 | 훈음 | 쓰기 | | | | | | | 용례 |
|---|---|---|---|---|---|---|---|---|---|---|
| 糸 5 | 紫 | 자주빛 자 | 紫 | | | | | | | 紫色(자색) |
| 木 12 | 檀 | 박달 단 | 檀 | | | | | | | 紫煙(자연) 檀君(단군) |
| 丨 ㅏ 㐄 此 些 些 紫 紫 | | | 木 杧 栭 梔 檀 檀 檀 檀 | | | | 자단 : 콩과로 열대지방의 교목 | | | |
| 女 6 | 姿 | 맵시 자 | 姿 | | | | | | | 姿色(자색) |
| 心 10 | 態 | 모양 태 | 態 | | | | | | | 姿勢(자세) 態度(태도) |
| 冫 冫 冫 次 次 姿 姿 姿 | | | 厶 自 自 自 能 能 態 態 | | | | 자태 : 몸가짐과 맵시 | | | |
| 自 0 | 自 | 스스로 자 | 自 | | | | | | | 自筆(자필) |
| 日 11 | 暴 | 사나올 포 | 暴 | | | | | | | 自害(자해) 暴棄(포기) |
| ノ 亻 ∩ 白 自 自 | | | 曰 旦 早 昰 異 暴 暴 暴 | | | | 자포 : 자포자기의 준말 | | | |
| 心 6 | 恣 | 방자할 자 | 恣 | | | | | | | 狂恣(광자) |
| 行 0 | 行 | 다닐 행 | 行 | | | | | | | 放恣(방자) 品行(품행) |
| 冫 冫 冫 次 次 次 恣 恣 | | | ノ 夕 彳 彳 行 行 | | | | 자행 : 제멋대로 행동함 | | | |
| 亻 5 | 作 | 지을 작 | 作 | | | | | | | 作業(작업) |
| 爫 8 | 爲 | 할 위 | 爲 | | | | | | | 作破(작파) 爲主(위주) |
| ノ 亻 亻 仩 竹 作 作 | | | 〻 爫 爫 爫 爫 爲 爲 爲 | | | | 작위 : 의도적으로 지음, 만듦 | | | |
| 日 5 | 昨 | 어제 작 | 昨 | | | | | | | 昨今(작금) |
| 夕 11 | 夢 | 꿈 몽 | 夢 | | | | | | | 昨年(작년) 夢幻(몽환) |
| 丨 ∩ 日 日 日 旷 昨 昨 | | | 丷 艹 芇 苎 苎 苎 夢 夢 | | | | 작몽 : 어젯밤의 꿈 | | | |

**自家撞着** : 자기가 한 말의 앞 뒤가 모순되고 행동의 앞 뒤가 맞지 않는 일을 말함.

(스스로 자, 집 가, 칠 당, 붙을 착)

| 부수/획 | 한자 | 뜻 | 음 | 따라 쓰기 | | | | | | | 한자어 |
|---|---|---|---|---|---|---|---|---|---|---|---|
| 日 11 | 暫 | 잠깐 | 잠 | 暫 | | | | | | | 暫時(잠시) 暫定(잠정) 間食(간식) |
| 門 4 | 間 | 사이 | 간 | 間 | | | | | | | |
| 亘 亘 亘 車 斬 斬 斬 暫 | | | | 丨 冂 冃 門 門 問 間 間 | | | | 잠간 : 잠깐의 원말 | | | |
| 氵 12 | 潛 | 숨을 | 잠 | 潛 | | | | | | | 潛伏(잠복) 潛跡(잠적) 航空(항공) |
| 舟 4 | 航 | 건널 | 항 | 航 | | | | | | | |
| 氵 氵 氵 氵 氵 潛 潛 潛 | | | | 丿 力 月 舟 舟 舟 舟 航 | | | | 잠항 : 물 속으로 몰래 항행함 | | | |
| 隹 10 | 雜 | 섞일 | 잡 | 雜 | | | | | | | 雜念(잡념) 雜誌(잡지) 鬼神(귀신) |
| 鬼 0 | 鬼 | 귀신 | 귀 | 鬼 | | | | | | | |
| 亠 亣 立 辛 雜 雜 雜 雜 | | | | 丿 白 白 由 鬼 鬼 鬼 鬼 | | | | 잡귀 : 정체를 모를 못된 귀신 | | | |
| 士 4 | 壯 | 씩씩할 | 장 | 壯 | | | | | | | 壯觀(장관) 壯談(장담) 士氣(사기) |
| 士 0 | 士 | 선비 | 사 | 士 | | | | | | | |
| 丨 丬 丬 爿 爿 壯 壯 | | | | 一 十 士 | | | | 장사 : 기개가 있고 용감한 사람 | | | |
| 爿 13 | 牆 | 담 | 장 | 牆 | | | | | | | 牆角(장각) 牆外(장외) 壁報(벽보) |
| 土 13 | 壁 | 벽 | 벽 | 壁 | | | | | | | |
| 丶 丬 爿 爿 牆 牆 牆 牆 | | | | コ 尸 居 辟 辟 辟 辟 壁 | | | | 장벽 : 토담. 방해물 | | | |
| 寸 8 | 將 | 장수 | 장 | 將 | | | | | | | 將校(장교) 猛將(맹장) 帥長(수장) |
| 巾 6 | 帥 | 장수 | 수 | 帥 | | | | | | | |
| 丨 丬 丬 爿 將 將 將 將 | | | | 丿 亻 户 自 自 𠂤 帥 帥 | | | | 장수 : 군사를 지휘통솔하는 우두머리 | | | |

**作舍道傍** : 길가에 집을 짓는데 오고 가는 사람들의 의견이 서로 달라 주인의 마음이 흔들려 얼른 결정하지 못함을 말함. (지을 **작**, 집 **사**, 길 **도**, 곁 **방**)

| 부수·획수 | 한자 | 훈음 | 본보기 | | | | | | | 낱말 |
|---|---|---|---|---|---|---|---|---|---|---|
| 長 0 | 長 | 길 장 | 長 | | | | | | | 長久(장구) 長壽(장수) |
| 矢 7 | 短 | 짧을 단 | 短 | | | | | | | 短期(단기) |
| 丨 厂 F F 트 镸 镸 長 丿 𠂉 矢 矢 矢 矩 短 短 장단 : 길고 짧음 | | | | | | | | | | |
| 巾 8 | 帳 | 휘장 장 | 帳 | | | | | | | 帳幕(장막) 通帳(통장) |
| 竹 13 | 簿 | 장부 부 | 簿 | | | | | | | 名簿(명부) |
| 口 口 巾 巾 帐 帐 帳 帳 𥫗 𥫗 簿 簿 簿 簿 簿 簿 장부 : 수입·지출 등을 기록한 책 | | | | | | | | | | |
| 艹 7 | 莊 | 별장 장 | 莊 | | | | | | | 莊重(장중) 山莊(산장) |
| 口 10 | 園 | 동산 원 | 園 | | | | | | | 庭園(정원) |
| 一 艹 艹 艹 艹 艹 莊 莊 丨 冂 冂 冃 周 園 園 園 장원 : 별장과 딸린 동산 | | | | | | | | | | |
| 衣 7 | 裝 | 꾸밀 장 | 裝 | | | | | | | 裝甲(장갑) 裝置(장치) |
| 食 5 | 飾 | 꾸밀 식 | 飾 | | | | | | | 假飾(가식) |
| 丨 丬 丬 丬 壯 壯 裝 裝 丿 𠆢 今 今 食 飠 飾 飾 장식 : 치장하고 꾸밈 | | | | | | | | | | |
| 冂 4 | 再 | 두번 재 | 再 | | | | | | | 再請(재청) 再現(재현) |
| 臣 11 | 臨 | 임할 림 | 臨 | | | | | | | 臨迫(임박) |
| 一 厂 冂 丙 再 再 丨 𠃍 卩 臣 臣 臨 臨 臨 재림 : 다시 내려옴 | | | | | | | | | | |
| 木 6 | 栽 | 심을 재 | 栽 | | | | | | | 栽植(재식) 盆栽(분재) |
| 土 8 | 培 | 북돋을 배 | 培 | | | | | | | 培養(배양) |
| 一 十 土 士 丰 耒 栽 栽 一 土 圹 圻 坮 坮 培 培 재배 : 초목 따위를 북돋아 기름 | | | | | | | | | | |

**掌中寶玉** : 손 안에 든 보배로운 옥이라는 뜻으로 매우 소중한 물건을 말함.
(손바닥 장, 가운데 중, 보배 보, 구슬 옥)

# 대학한문 & 한자쓰기

2018년 2월 25일 초판 발행
2021년 2월 25일 3쇄 발행

지 은 이 최성일
발 행 인 배영환
발 행 처 도서출판 현우사
등록번호 제10-929호
주 소 서울시 영등포구 영중로 138-1(영등포동 8가 80-2) 드림프라자 B 901호
Tel 02) 2637-4806, 4863 Fax 02) 2637-4807
홈페이지 www.hyunwoosa.co.kr
E-mail okpress1208@naver.com
정 가 18,000 원
I S B N 978-89-8081-565-4 93720